郭齐勇 著

# 中国人的智慧

中華書局

**图书在版编目(CIP)数据**

中国人的智慧/郭齐勇著. —北京:中华书局,2018.8
(2019.10 重印)
ISBN 978-7-101-13176-5

Ⅰ.中… Ⅱ.郭… Ⅲ.中华文化 Ⅳ.K203

中国版本图书馆 CIP 数据核字(2018)第 074162 号

书　　名　中国人的智慧
著　　者　郭齐勇
责任编辑　李洪超　申作宏
出版发行　中华书局
　　　　　(北京市丰台区太平桥西里 38 号　100073)
　　　　　http://www.zhbc.com.cn
　　　　　E-mail:zhbc@zhbc.com.cn
印　　刷　北京瑞古冠中印刷厂
版　　次　2018 年 8 月北京第 1 版
　　　　　2019 年 10 月北京第 3 次印刷
规　　格　开本/880×1230 毫米　1/32
　　　　　印张 13¼　插页 2　字数 290 千字
印　　数　12001-18000 册
国际书号　ISBN 978-7-101-13176-5
定　　价　38.00 元

# 目　录

# 自　序

坊间有人捣鼓一些小聪明、权术、计谋、厚黑学等，有人据此竟把中国文化等同于权谋，甚为鄙视，这当然是大有问题的。我们认为，中国的智慧，不是雕虫小技，而是泱泱大国堂堂正正的大智大慧。

也有经过包装，被坊间热捧的所谓美文，因其无信无据无根，肤浅不堪，被学人置疑。我们强调的是对经典下过功夫，再反哺出来的真正的中国智慧。

有关中西方智慧的书籍，阿德勒博士有《西方的智慧》一书，根据2000多年的西方思想史，讨论了107个问题。中国台湾思想家韦政通先生仿此撰写了《中国的智慧》一书，讨论了90个问题，其中有70个与阿德勒相同，另20个有着中国思想的特质。这类著作的优点是有亮点，好读，缺点是太过零碎，不够深沉。英国大哲罗素也写过《西方的智慧》一书。这是他继自己的《西方哲学史》之后，又一部评述西方自古希腊至现代2500余年哲学发展史的著作。该书保留《西方哲学史》基本内容，篇幅减了一半以上，某些章节增加了若干新内容。罗素的《西方的智慧》评介了西方哲学史上的主要流派及哲学问题，集中在十来个方面，比较深入、厚实、系统，极具思想性。经过比较，我们倾向于罗素《西方的智慧》的写法。在下不才，不敢与罗素相比，但在下也是在写作了《中国哲学史》之后再来写本书的。在下的

《中国哲学史》以高教社版本影响较大，使用广泛，比较受欢迎，故斗胆仿效罗素，再作本书。

在本书中，在下力求深入到我国传统主要哲学流派与大哲学家的思想宝库中，发现、发掘其中的主要珍宝，尤其是具有元方法学意义的智慧。中国哲学史就是中国人最重要的智库！

我们希望帮助各位读者走近甚至走进具有原创性的古代大哲的心灵世界，学习、理解作为我国文化基因、历史上主要学术流派儒、道、墨、兵、法、名诸家的重要代表的主要思想与方法。这里涉及到先秦子学、魏晋玄学、佛教禅学和宋明理学，代表人物是：孔子、老子、墨子、孙子、孟子、庄子、惠施、公孙龙、荀子、商鞅、韩非、王弼、嵇康、慧能、马祖、朱子、王阳明等。本书方便读者理解上述大思想家的思想结晶及《周易》《礼记》等经典。我们重视对思想个案（专人专书）的深入探讨，因为从中可以体会先圣先贤的问题意识、提问与思考方式、分析与解决问题的能力，以及面对理论与实际困境难题的应对之方。这些个案中包含着极其丰富的人生、管理、生态、伦理的智慧，值得我们去咀嚼、深思，会得到不少启迪，有所收益，用以滋润自己的生命。

希望读者通过本书的引导，再去精读一些古代大哲的经典，反复思索，慢慢品味先哲们深邃的大智慧。希望各位多读经典，多思考问题，使我们的人生更有智慧！

郭齐勇

2017年三伏于武昌珞珈山

# 一、孔子的智慧

当传教士把中国文化传到西方时，西方思想家最惊异的是：中国人没有诸如西方基督教那样的一神教的宗教，但却有良好的道德文明与社会秩序，这是怎么做到的呢？在中国，不需要上帝的感召，人们通过学习、感悟，就能很自然地走出自我与功利，走向他者与道义。神学家汉斯·昆认为，这是中国的智慧，孔子的智慧。

孔子是中国和世界的文化伟人。孔子的思想和人格，两千多年来，影响了中国人的心灵和品行。司马迁称赞他说："孔子布衣，传十余世，学者宗之。自天子王侯，中国言六艺者折中于夫子，可谓至圣矣！"（《史记·孔子世家》）柳诒徵、钱穆等大学问家都说过，孔子生前的两千五百年的文化，赖孔子而传；孔子身后的两千五百年的文化，赖孔子而生！

孔门弟子与再传、三传弟子及后人编撰的《论语》，是记载孔子和弟子及当时人的对话及他们行为的书。一部《论语》，处处展现着孔子及其弟子的精神品格。《论语》第一篇是《学而》，第一句话，大家很熟悉，"子曰：'学而时习之，不亦说（悦）乎？'"那么，《论语》的第一个字，如果不算"子曰"的话，那就是"学"字。《论语》的第一个关键词应是"学习"。孔子强调学习，中国文化其实就是学习的文明，最重视的是人文的教育。学习什么？首先是学习做人，做一个堂堂正正的人！

中国人其实也有信仰信念，如对“天”、对自然与祖宗神灵、以及圣贤的礼拜与敬畏。但中国人的“教”，主要是人文的教化，人文的宗教。如果说，西方、印度、阿拉伯世界，他们的道德意识是通过宗教传达到民众的话；那么，中国人的道德文明则是通过人文的教育浸润到民间并代代相传的。这是拜孔子的智慧所赐！

## （一）孔子其人

孔子生于公元前551年，殁于公元前479年，姓孔名丘，字仲尼，鲁国陬邑（今山东曲阜市东南）人。孔子的远祖是宋国贵族，宋是殷王室的后裔。其先祖被迫逃到鲁国。孔子的父亲叔梁纥（叔梁为字，纥为名）是鲁国出名的勇士，与颜氏生下孔子。据说孔子的母亲曾去尼丘（即尼山）祈子。生下孔子之后，由于其出生与尼丘有关，且排行第二，故取名为丘，字仲尼。另有一种说法是，孔子生下来头顶中间凹陷，所以就取名叫丘。孔子三岁的时候，他父亲病逝。孔子从小聪颖好学，对诗书礼乐兴趣浓厚，但是地位卑贱，又缺乏资助，母子二人生活之艰难可想而知。孔子年少时开始学习文化，但多数时间不能不从事劳动。更为不幸的是，在他十六七岁的时候，他母亲也去世了。但是，艰难困苦的生活环境和常年的劳作，进一步锻炼了他，使他有了倔强不屈的品格和强健的体魄。二十一岁时，孔子当委吏（仓库保管员），管理统计准确无误；二十二岁时，孔子当乘田（管理牧场），使牧养的牲畜繁殖增多。他学无常师，敏而好学，不耻下问，最终学有大成。

在孔子生活的春秋末期，周王室衰微，礼崩乐坏。鲁国也被仲孙氏、叔孙氏和季孙氏“三家”贵族瓜分。他们专权行事，僭越礼制。孔子忧虑周代礼乐文化传统无人继承，注重对文化遗产的收集整理。孔子在三十岁前就开始聚徒办学，创立私学。从此，他主要从事文化教育事业，周游列国期间也不曾间断，直至终老。孔子多次批评季氏破坏周礼、犯上作乱的行为，因此辞去了官职，隐退下来，整理《诗》《书》《礼》《乐》。于是，弟子多了，纷纷从远方而来，接受孔子传授的学业。

五十岁的时候，孔子当上了鲁国的“中都宰”，职位也不高。孔子在此任职一年，政绩不错，“四方皆则之”。第二年，孔子升任鲁国的“小司空”，是掌管土木的副官。后升任“大司寇”，这是负责国家司法、刑狱和治安的最高长官，爵位为大夫。齐国和鲁国的夹谷之会，孔子以智谋使鲁国取得外交与军事胜利。鲁定公十四年，孔子五十六岁，出任司寇之职摄行相事，代理鲁国最高行政事务。在他代理国相事务的这三个月中，人们卖羊羔猪豚的不随意抬价，道不拾遗，夜不闭户，从四方来到城邑的客人不必向官吏请求，全都给予接待，如同回到了家里。可见孔子施政取得了很好的效果。

不久因政局动荡，齐人离间，孔子不得已率弟子离开鲁国，奔走于卫、宋、陈、蔡、齐、楚等国，苦心孤诣，奔走呼告，不遗余力，其间屡屡受挫，向列国诸侯进言，传播自己的社会理想，然而不被诸侯采纳。但他依然孜孜不倦，始终不放弃追求，“知其不可而为之”。实际上，越是这样，就越发显示孔子伟大的精神品格。孔子周游列国，颠沛流离，遭逢世人难以想象的困境、坎坷与磨难。其间主要有三次大难：一是过匡地被拘；二是司马桓魋要杀他；三是在陈绝粮。但他意志坚定地说，“三军可夺帅也，匹夫不可夺志也”。在困顿中，他并不怨天尤人，而是乐观通达，似乎情况越糟糕，他越坚定。

历经了十四年颠沛流离的生活之后，他晚年最终返回到鲁国，与弟子整理古代典籍《诗》《书》《礼》《乐》《易》《春秋》。孔子对文化的传承，是与他打破教育垄断，创办私学分不开的。孔子弟子多达三千人，其中贤人有七十二位。

## （二）复兴周礼与倡导仁德

孔子生当春秋末期礼崩乐坏之际，对王室衰微、诸侯纷争、臣弑其君、子弑其父、陪臣执国命等现象，对激烈的社会冲突与动荡，深感不安。但孔子并不固执于过时的礼，他主张因时制宜，随时损益，力图拯救礼乐中所包含的信念信仰与道德精神。

### 1. 礼与仁

孔子重点揭示了礼的内涵、本质与功能。孔子说："人而不仁，如礼何？人而不仁，如乐何？"（《论语·八佾》，以下引《论语》只注篇名。）[①]没有仁德、没有真情实感的礼乐，只是形式教条、虚伪的仪节，甚至会变成支配性的社会强制，使人不成其为真实的个体的人，这正是孔子要批评的。"林放问礼之本。子曰：'大哉问！礼，与其奢也，宁俭；丧，与其易（'易'在这里是'铺张'的意思）也，宁戚。'"（《八佾》）林放是鲁国的高人，孔子激赏他有很好的问题意识。礼与其奢华，不如俭朴；丧礼与其铺排周全，不如内心悲哀。在孔子看来，更为重

① 《论语》文本及今译，主要依据于杨伯峻：《论语译注》，中华书局，1980年。

要的是真情，是尊重人，是礼貌、礼敬与礼让，这是礼的内涵与本质。孔子主张依礼而行，每个人与别人相处，既不侮辱别人，也不与人亲昵失敬。君子待人接物时态度恭敬，凡事有节制，谦逊礼让。

“子曰：‘能以礼让为国乎？何有？不能以礼让为国，如礼何？’”（《里仁》）以礼治国，是以内在的敬、让为实际内容，在行为上以遵循一定的仪节表现出来。但这不是拘守礼文仪节，而是以敬、让为本质，做到内容与形式的统一。孔子又说：“君子义以为质，礼以行之，孙（逊）以出之，信以成之。君子哉！”（《卫灵公》）君子对待事业或一件事情，以合宜为原则，以礼来实行，用谦逊的语言表达，用诚信的态度完成。这表明：义在内，礼在外；仁义是内容，礼文是形式。孔子又说：“乡射之礼，所以仁乡党也；食飨之礼，所以仁宾客也。”（《礼记·仲尼燕居》）通过各种礼来“亲”邦国、万民、朋友，“仁”乡党、宾客等。可见，礼的功能在整饬秩序、节制欲望、增进交往、和谐社群、培养君子人格。

孔子不满意当时日益增加的僭越和破坏礼制的情况，表示了一种担忧和谴责。“孔子谓季氏：‘八佾舞于庭，是可忍也，孰不可忍也！’”（《八佾》）佾是行，古代舞蹈奏乐八个人一行，八佾是八行，六十四人。周礼规定天子八佾，诸侯六佾（鲁国作为周公封国，成王念周公功德，特赐可用天子之礼仪，故鲁公可用八佾），诸侯国大夫四佾。鲁国政在大夫，执政大夫季氏僭越礼制，因此孔子批评。春秋末年，周礼逐渐失去了社会制约作用和个人道德规范力量，原先互动共制、融为一体的德礼体系开始分离。

孔子面对德礼分离现实，提倡形式化的礼背后的内在精神，并称之为仁德。子曰："礼云礼云，玉帛云乎哉？乐云乐云，钟鼓云乎哉？"（《阳货》）礼的内在精神是仁德，如果失去了仁德的精神，不再实施和规范公平的权利分配和良好的社会秩序，那么繁琐的礼仪、行礼所用的玉帛钟鼓，就成了徒具形式的仪式，失去了礼的社会价值和道德意义。

### 2. 克己复礼与为仁由己

孔子强调以仁的精神充实礼，一生志愿恢复内容和形式兼备的周礼。"子曰：'克己复礼为仁。一日克己复礼，天下归仁焉。为仁由己，而由人乎哉？'"（《颜渊》）"克"是"约"的意思，"克己"是约束、克制、修养自己，"复礼"是合于礼。一旦都做到抑制自己，使言行合于礼，大家就会复归于仁德。一个人，遇事是做道德的选择还是做非道德的选择，都是自己给自己下命令的结果，而不是由他人或环境所决定的。可见，仁与礼之间有着创造性的张力，君子守礼、执礼，即是修养自己的过程，在这一过程中，可以丰富自己内在的德性。君子通过实践礼而有教养，同时又不执定于礼仪，努力体认礼之内核——仁德。

"仁远乎哉？我欲仁，斯仁至矣。"（《述而》）这里指出了礼乐形式背后的是生命的感通、人的内在的真情实感和道德自觉。仁道及其标准并不远离我们，现实的人只要有自觉，只要想去行仁，仁就在这里了。道德是真正显示人之自我主宰的行为，道德是自己对自己下命令，是"由己"，而不是"由人"，即不是听任他律的制约或他力的驱使。孔子是世界上最早认识道德主体性和道德自由的文化伟人之一。当然，这并不抹杀礼的积极意义，礼是社会的节与度，礼使君子的行为保持一定的节与度，亦有助于道德的主体性、自律性原则的建立。合于礼、实行礼的过程是人性化的过程，是仁（内在性的道德）在特殊社会条件下的外在表现。孔子维持了仁与礼之间的创造性紧张，这是培养君子人格，从事道德的自我修养的很好的方法。由上可知，仁的意义是修己，通过实践礼而有教养，同时不执定于礼，努力体认礼之内核，达到实践仁德的自觉、自愿、自律，挺立道德的主体性。

### 3. 以“爱人”为仁

“樊迟问仁。子曰：‘爱人。’问智，子曰：‘知人。’”（《颜渊》）孔子主张仁智双彰，以爱人为仁，知人为智。他继承周公以来的人道主义传统，不仅反对人殉人牲，甚至对以人形的木陶俑去陪葬都表示厌恶。据《论语·乡党》，有一次退朝，孔子闻知马厩被烧了，他首先问：“伤人乎？”不问马。孔子关心的是人，而不是马（及马所代表的财产）。他关心的人，包括饲养马的普通劳动者。这种爱人、同情人、关切人，包括爱、同情、关怀下层百姓，是仁的主旨。孔子所重在“民、食、丧、祭”（《尧曰》）。他反对暴政，主张如子产那样“惠民”，“养民也惠”“使民也义”（《公冶长》），希望统治者不违农时，使百姓维持生活、生产，有一定的生活保证。他肯定民生问题、老百姓吃饭问题是为政之本。孔子主张藏富于民并教化人民。

孔子和早期儒家主张的爱是有差等的爱，孔子虽主张“泛爱众”，但与基督的“博爱”、墨子的“兼爱”有很大的区别。爱有差等是人之常情。人对自己父母兄弟姐妹的爱是自然真挚的情感。“子曰：弟子入则孝，出则弟，谨而信，泛爱众而亲仁。”（《学而》）这是说，少年在家孝顺父母，出外敬爱年长的人，做事谨慎，说话信实，广泛地亲爱人众，亲近有仁德的人。可见泛爱众的前提是孝，即首先爱自己的父母，然后再推而广之。孔子的弟子有子说："君子务本，本立而道生。孝弟也者，其为仁之本与！"(《学而》)在这里，"为仁"即是"行仁"，是说行仁即实践仁从孝悌开始，孝悌是仁之一事、仁之起始，而不是仁的全部或根本。仁是本，孝悌是用。孔子主张把对父母兄长的真挚的爱与敬推己及人，推给他者。

### 4. 忠与恕接近于仁

孔子说："夫仁者，己欲立而立人，己欲达而达人。能近取譬，可谓仁之方也已。"(《雍也》) 什么是仁呢？仁就是自己要站得住，同时也启悟别人，让别人也站得住；自己通达了，也要帮助别人，让别人也能通达。人们都可以从当下的生活中一点一滴地去做，这是实践仁道的方法。孔子的意思不是外在强加地使别人立或达起来，而是创造一种气氛或环境，让人家自己去挺立自己的生命，在社会上站得住并通达人间。这才是仁人的品格。

春秋时人即以"敬"为仁的原则之一，敬事与尽忠有关。孔子进而指出，"己所不欲，勿施于人"的"恕"道也是仁的原则之一。"仲弓问仁。子曰：'出门如见大宾，使民如承大祭。己所不欲，勿施于人。在邦无怨，在家无怨。'"(《颜渊》)"子贡问曰：'有一言而可以终身行之者乎？'子曰：'其恕乎！己所不欲，勿施于人。'"(《卫灵公》) 君子终身奉行的恕道是：自己所不想要的东西，决不强加给别人。例如我不希望别人羞辱自己，那我决不要羞辱别人。尊重别人，是别人尊重自己的前提。这里强调的是一种宽容精神与沟通理性，设身处地地为别人着想。

什么是孔子的一以贯之之道？曾子说："夫子之道，忠恕而已矣。”（《里仁》）“忠”就是“中”，讲的是人的内心。“人之生也直，罔之生也幸而免。”（《雍也》）人的生存由于正直，不正直的人也可以生存，那是他侥幸地免于祸害。孔子讲内在的“直”德，就是内不自欺，外不欺人，反对巧言令色，虚伪佞媚。“忠”又是尽己之心，“己欲立而立人，己欲达而达人”。这是内心真诚的直德的不容已的发挥。“恕”讲的则是待人接物。“恕”是推己之心，“己所不欲，勿施于人”。前者是有所为，后者是有所不为，综合起来就叫忠恕之道或絜矩之道。实际上，忠中有恕，恕中有忠，“尽己”与“推己”很难分割开来，这是仁道的一体之两面。这不仅是人与人之间关系的仁道原则，推而广之，也是国家与国家、民族与民族、文化与文化、宗教与宗教的相互关系的准则，乃至是人类与自然之普遍和谐之道。仁的内涵包括物我之间、人人之间的情感相通、痛痒相关。《中庸》曰：“忠恕违道不远。”这里，道指人道，即仁。忠恕未足以尽仁，是为仁之方，所以说违道不远。

### 5. 仁道是人文主义的价值理想

子曰：“里仁为美。择不处仁，焉得知？”（《里仁》）居住在仁里面，也就是生活在仁的境界中。择，古人讲择业、择友、择邻。自我选择、追求生命的境界，不选择仁，哪能叫智慧的选择呢？子曰：“不仁者不可以久处约，不可以长处乐。仁者安仁，知者利仁。”（《里仁》）没有仁德的人，经不起困顿、贫贱的考验，也经不起安逸、富贵的考验。不仅逆境是考验，顺境也是考验。人的一生，会遇到无数坎坷，也会遇到安乐，这是锻炼自己的心志、人格的机会。

“富与贵是人之所欲也，不以其道得之，不处也；贫与贱是人之所恶也，不以其道得之，不去也。君子去仁，恶乎成名？君子无终食之间违仁，造次必于是，颠沛必于是。”（《里仁》）发大财，做大官，这是人人所盼望的，然而不用正当的手段去得到它，君子也不接受。君子没有在吃完一餐饭的时间离开过仁德，就是在仓促匆忙、颠沛流离的时候，都与仁德同在。人生存的价值就在于他能超越自然生命的欲求。

仁道的价值理想，尤其体现在人在道义与利欲发生冲突的时候。孔子不贬低人们的物质利益要求和食色欲望的满足，只是要求取之有道，节之以礼。孔子提出的道义原则，仁爱忠恕原则，仁、义、礼、智、信等价值理想，是以仁为中心的。孔子仁学是中国人安身立命、中国文化可大可久的依据。这些价值理想通过他自己践仁的生命与生活显示了出来，成为千百年来中国士人知识分子的人格典型。

## （三）为政以德与富民教民

孔子的政治思想与管理思想有丰富的内涵，在我国古代起了重大的作用，在今天仍有价值与意义。孔子是伟大的人本主义者，其仁学就是以人为本之学，其政论是仁学的推广。

### 1. 反对苛政，强调富民教民，取信于民

孔子说：“苛政猛于虎。”季康子问政于孔子曰：“如杀无道，以就有道，何如？”孔子对曰：“子为政，焉用杀？子欲善而民善矣。君子之德风，小人之德草。草上之风，必偃。”（《颜渊》）孔子对于滥杀无辜，对于苛政，表现了一以贯之的拒斥。孔子坚决批评为政者迷信暴力，反对“好杀”“好刑”，主张为

政者宽厚待民，笃亲兴仁。主政者、管理者的人格风范好比风，老百姓的风气好比草，风往哪里吹，草就向哪边倒。风气、氛围、环境的培育很重要，这就是社会文化资本或文化能力，所以政治并不是单一的。

良好的政治必须保证老百姓的生存与利益。孔子强调民生问题、老百姓吃饭问题，主张藏富于民并教化人民。从社会、政治、经济、文化、道德、教育的综合性来考虑，孔子提出了“庶、富、教”三个字的治国方略。在人口稀少、生产力水平低下的当时，人是主要的生产力。人口多一点，是社会稳定繁荣的标志。没有战乱的地方，容易招徕百姓。民生好一点，社会秩序好一点，人口繁衍，人的再生产也繁荣一些。孔子主张“富民”“教民”，首先使老百姓富裕起来，然后使老百姓受到良好的教育。孔子治国安民的主张是“庶之”“富之”“教之”，庶而后富，富而后教，肯定民生，强调藏富于民，把维护老百姓的生存权与受教育权看作是为政之本。

孔子重视百姓及其吃饭与生死问题。民以食为天。在孔子看来，人在社会中的生存和生活状况很重要，而死后的安葬与祭祀也很重要。孔子希望统治者不违农时，使百姓维持生活、生产，有一定的生活保证。施恩惠于民，养育人民，按正路有道义地使用民力，珍惜民力，不浪费资源。孔子批评有的为政者对百姓“动之不以礼”，强调爱惜民力，包括对弱者的尊重和对等的施报关系。防止公共权力的滥用是珍惜民力、保护民生的重要内容。孔子反对以傲慢的态度对待人民，滥用权力，任意扰民，践踏民意，不顾民生。他提出以“敬”的态度谨慎地使用公共权力的问题，以安民济众、百姓平安为根本目的。

孔子重视为政者不与民争利，强调公权力应维护民利，给人民以好处与实惠。治政者的智慧是，从实际出发，因顺人民能得利益之处而使他们有利，这就是给人民以好处而政府却可以不耗费或少耗费资源。因为传统社会常征调老百姓服劳役，有大量旷夫怨女，有时确实违背农时。在农业社会，让老百姓不能种不能收，那以什么为生呢？故孔子讲，选择可以劳动的时间、条件与人员，再去让他们劳动，又有谁来怨恨呢？

孔子注意到分配正义、社会公正问题，反对贫富过于悬殊，指出，各诸侯或大夫，不必着急自己的财富不多，而需要顾虑的是财富分配的不均，否则会导致诸侯之国与大夫之家的颠覆。若是财富平均，消灭了贫穷，境内团结、平安、和睦，不仅不会倾危，而且会使远方的人来归服于你。孔子的“富民”说与“均富”论，从根本上说也就是以仁爱思想为中心的政治主张。

孔子“有教无类”的思想极其重要。他向民间开放教育，办私学，把王官之学下移到民间。这是打破世卿世禄制，使国家得以“举贤才”的基础。公平首先是机会的公平。孔子的思想与实践为传统中国社会的教育制度与文官制度打下了基础。传统社会民间草根、布衣及其后代可以参与各级政治，甚至最高政治，得益于孔子、儒家的理念。

人主、官吏必须“取信于民”，这是一条治国的原则，也是对从政者的要求。“道千乘之国，敬事而信”（《学而》），即治理一个国家，要严肃认真，信实无欺。孔子说治理政事，一定要做到粮食充足，军备充足，百姓对政府有信心。如果人民对政府缺乏信任与信心，国家是站不起来的。这一层意义的“信”，是儒家为政思想的一个重要内容，涉及公权力的合法性问题。

### 2. 提倡中正平和的治政理念

中国传统政治哲学较早的经典是《尚书·洪范》。这是周武王向殷遗臣箕子请教国政时，箕子所讲的话。箕子说：政治要树立大中至正的标准，这个标准称为“皇极”。具体来说，内容包括：为政者不能结党营私，不欺侮孤苦无依者，不惧怕显赫的贵族，任用正直的人。不要有偏私、偏心，要遵守先王的正义。王道是宽广、平坦、正直的。有了这样一个标准，大家就会向这个方向去努力。三德以正直为主，守正不阿，有刚有柔，求得刚柔互济的中正平和。

孔子一贯提倡中正平和的治政理念。孔子以“正”来讲“政”，强调平正。“季康子问政于孔子。孔子对曰：‘政者，正也。子帅以正，孰敢不正？’”（《颜渊》）这句话包含两层意思，第一层是讲为政的中正平直，不偏不倚；第二层是讲主政者带头做到中正平直，不徇私情。孔子认为，治世者要“安民”“平正”“同仁”“无私”，在政治活动中做到公平、公正，反对恶恶、亲亲、贵贵，强调正身、正国、正天下，以爱心与德政来化解矛盾，诱导上下相亲，慈爱和睦；又主张教育感化，德刑并举，不杀无辜，无释罪人，善于区分并适度处置违法犯罪现象，使得政平而人和。

### 3. 主张德政，强调导德齐礼，启发耻德

在管理哲学上，孔子说：“为政以德，譬如北辰，居其所而众星共之。”（《为政》）意思是，为政者如果能以道德人格来主持、治理国政，或管理社会，就会像北极星被众星拱卫一样而得到众人的拥护。管理者不是以权势、地位，而是以德政、人格，使人心悦诚服，为同僚、下属所拥戴。实际上，每个部门、

每个企业的主要领导人，如果自己行得正，身体力行，带头严守规范，以身作则，而且有毅力，有理想，有胸怀，能包容，这个单位就有凝聚力。这不是反对法规，反对制度。制度的架构、法规的管理非常重要，然而制度、法规仍然是通过人来执行的。在现代社会，必须把法治与德治结合起来。

“道（导）之以政，齐之以刑，民免而无耻；道（导）之以德，齐之以礼，有耻且格。”（《为政》）这句话是说，如果治政者用政令来引导，用刑罚来整治老百姓，老百姓可以免于犯罪，但却没有羞耻之心。而如果治政者用道德来引导，用礼的文化来教化老百姓，老百姓不但会懂得廉耻，而且心悦诚服。在管理中光靠政令与刑罚行不行呢？当然可以，但只能治标，不能治本，不能唤起民众的羞耻之心。根本上宜以内在的道德加以诱导，以成文或不成文的规范、制度、行为方式即礼来训练、调教民众，使民众有羞耻感，真心拥戴你。

### 4. 强调名实、权责相符，以及管理的层次性与秩序性

礼治不是单纯的德治与法治。子路曰：“卫君待子而为政，子将奚先？”子曰：“必也正名乎！”子路曰：“有是哉，子之迂也！奚其正？”子曰：“野哉，由也！君子于其所不知，盖阙如也。名不正则言不顺，言不顺则事不成，事不成则礼乐不兴，礼乐不兴则刑罚不中，刑罚不中则民无所错（措）手足。故君子名之必可言也，言之必可行也。君子于其言，无所苟而已矣。”（《子路》）孔子强调正名。子路认为老师太迂腐了。其实孔子说的并不迂腐。他的意思是，管理者既负有责任，就一定获得某种授权。而一定的名分就标志着他获得了相关职位的授权，因而有了一定的责任。一定名分规定了其职责，规定了

所管理事物或对象的范围、界限与责任。权与责，名分与实务要一致。我们说话要恰如其分，这样才能办好事，才能振兴礼乐文明，使刑罚公正合理适当，这样老百姓就不至于手足无措了。官员要名实相符，言行一致，说话不能太随意。

齐景公问政于孔子。孔子对曰:“君君，臣臣，父父，子子。”公曰:“善哉！信如君不君，臣不臣，父不父，子不子，虽有粟，吾得而食诸？”(《颜渊》) 孔子对齐景公说，君要像个君，臣要像个臣，父要像个父，子要像个子。这也是正其名，使名与实匹配，权利与责任、义务相符合。景公同意这种说法，说如果不是这样，即使有粮食，我也吃不着。孔子在这里就有层次、秩序、原则、规范的管理思想，要求不越权，层次分明，分级管理。

5. 主张廉政与勤政，强调治政者的道德修养

“子路问政。子曰:‘先之劳之。’请益，曰:‘无倦。’”(《子路》)“先之劳之”,“无倦”，即服务大众，忠于职守，公正廉洁，勤政爱民，劳而无怨。“子张问仁于孔子。孔子曰:‘能行五者于天下，为仁矣。’‘请问之。’曰:‘恭、宽、信、敏、惠。恭则不侮，宽则得众，信则人任焉，敏则有功，惠则足以使人。’”(《阳货》) 这里把恭、宽、信、敏、惠等五个方面，即庄敬自重、宽宏大度、诚实守信、勤劳敏捷、慈心施予，作为仁的内涵与官德。孔子讲仁，主要是针对有禄位的诸侯、卿、大夫、士，用现在的话来说，主要是对官员、干部和知识分子的要求。因此他说，庄敬自重，才有威严，不会遭致侮辱；宽厚宽容、有大气度，会得到大家的拥戴；诚信无欺，会得到任用；勤劳敏捷，效率高，会贡献大；施恩惠予人，才能用人。

他还提出要顺着人民的利益使人民得到幸福的利民思想。对于官员、君子，提出了德、才、禄、位相统一的要求，而且都是从安民济众的根本出发的。安定天下，主要是使百姓平安。而最使百姓不安的就是官员贪污腐败，不能“修己”，以及“动之不以礼”，“使民不以时”，即官府以随意的态度使用民力，滥用权力，任意扰民，践踏民意，不顾民生，不能济众施惠，不以庄敬的态度尊重老百姓，爱护老百姓。

## （四）因材施教与举一反三

孔子有一系列的人性修养方法、教育方法、思想方法，并提出了方法论的诸原则。孔子说：“性相近也，习相远也。”（《阳货》）就“性”与“习”比照，他肯定人的品质差异往往在“习”而不在“性”，认为后天文化教育环境使人与人之间有了较大的差别。这是“有教无类”和“举贤才”思想的人性论根据。教育是一种有目的、有计划、有导向的环境影响，它的力量比一般自发的环境影响的力量更强。这就肯定了后天教育的必要性和可能性，无论道德教育、知识教育都是如此。

### 1. 主张“学而知之”

无论就经验知识之知或道德之知来说，主要还是靠后天的习得与反复训练，不断解蔽。孔子说：“我非生而知之者，好古，敏以求之者也。”（《述而》）在知性、德性两方面，他向慕古代圣贤的人格和文化遗产典籍，勤奋敏捷地学习、体验。孔子还说：爱好仁德而不好学习，容易被人愚弄；好耍聪明而不好学习，容易放荡不羁；秉性诚实而不好学习，容易被人利用使自己受害；过于直率而不好学习，其弊病是说话尖刻刺人；爱好勇敢而不好学习，容易闹出乱子；爱好刚强而不好学习，其弊病在狂妄自恃。孔子指出，如果人们不接受后天的教育，不努力学习，就不能形成仁、智、信、直、勇、刚等各种好的品质，或者使有这种品质的人渐渐流向片面，产生愚、荡、贼、绞、乱、狂等不良后果。

孔子一生“学而不厌，诲人不倦”，“发愤忘食，乐以忘忧”(《述而》)，活到老，学到老，教到老。他主张立志有恒、克己内省、改过迁善、身体力行。他提倡学无常师，要善于向别人学习：“三人行，必有我师焉。择其善者而从之，其不善者而改之。”(《述而》) 这包括观察、学习别人正反面的经验。他很虚心，“每事问”，又提倡老实坦诚的学风：“知之为知之，不知为不知，是知也。”(《为政》)“敏而好学，不耻下问，是以谓之文也。”(《公冶长》) 他强调学习要反复温习与实践：“学而时习之”(《学而》)，“温故而知新”(《为政》)。他主张学习与思考相结合：“学而不思则罔，思而不学则殆。”(《为政》) 他强调多闻多见，善于存疑，不匆忙下结论，不盲干：“多闻阙疑，慎言其余，则寡尤；多见阙殆，慎行其余，则寡悔。”(《为政》)此句是说：多听多看，有怀疑的地方则加以保留，其余有把握的部分则谨慎地说出或实行，就能减少错误与懊悔。

在思想方法上，孔子尊重客观事实，反对主观偏执。“子绝四：毋意、毋必、毋固、毋我。”(《子罕》)这是为了防止私意揣测、绝对肯定、拘泥错谬、自以为是。在一般方法论上，孔子主张“中庸”。孔子有“叩其两端而竭焉”的方法(《子罕》)，即不断地从两个不同的方面去研究问题，又提倡“执其两端，用其中于民”，在两个极端之间找到动态统一平衡的契机，具体分析，灵活处理，辩证综合。

2. 因材施教

孔子还创造了因材施教的教学方法，即从不同学生个人的性情、学习程度、实际水平、专长、偏好和优缺点出发，因人因时而异，运用启发诱导方法，有针对性地教育、帮助并调动他们学习的主动性和积极性。同样问仁、问孝，孔子针对不同的学生有不同的答复。他不仅启发开诱学生的智力，尤其启发开诱学生内在的德性。

孔子根据弟子们的资质禀赋、个性特点、智力状况的差异，即根据弟子们的不同“材质”而施教。这实为一种人性化的教育方法。因此，首先要分清弟子们所具有的不同的“材质”。如子路果敢决断且鲁莽，子贡通情达理，冉求多才多艺，高柴愚笨，曾参迟钝，子张偏激，子夏迟缓，孔子都了如指掌。《论语·雍也》记载，虽然仲由、端木赐、冉求都可以治理政事，但是夫子分别指出了，他们三人不同的性格特征和能力专长：仲由果敢决断，端木赐通情达理，冉求多才多艺。

孔子针对弟子们不同的“材质”，施予不同的教育方法。《论语·先进》篇记载有子路、冉有、公西华与孔子的一段问答。子路问：“听到了就该去做吗？”孔子回答：“家有父兄在，怎么能听到了就去做呢？”冉有问：“听到了就该去做吗？”孔子回答：“听到了就该去做。”公西华问：“仲由问听到了就该去做吗，你说有父兄在，怎么能听到了就去做呢；冉求也问听到了就该去做吗，你说听到了就该去做。我很困惑，大胆再问一问。”孔子回答：“冉求做事总是退缩，所以我给他壮壮胆；仲由的胆量却有两个人的大，勇于作为，所以我压压他。”由于冉求行事胆怯，所以孔子激励他大胆行事。仲由做事好冲动，所以孔子就压压他，让他凡事先问问兄长。

子路很可爱。孔子曾表扬他说："穿着破烂的旧丝绵袍子和穿着狐貉裘的人一道站着，一点都不觉得惭愧的，恐怕只有子路吧。"还有一次，孔子表扬颜回，子路马上说："子行三军，则谁与？"意思是说，您要做三军统帅，找谁来共事啊？言外之意是，那肯定是我吧。孔子说："赤手空拳和老虎搏斗，不用船只去渡河，这样死了都不后悔的人，我是不与他共事的。我想找的人是，面临任务便恐惧谨慎，善于谋略而能完成事业的人。"

《论语·颜渊》篇记载颜渊、仲弓、司马牛、樊迟分别向孔子请教什么是仁，孔子有不同的回答。对待同一或同类问题（如仁德，如政治），孔子会根据每个提问者不同的情况（如资质、性格、经历、能力、心理特点、思维状况等）和提问时的不同境遇，随机点拨，做出不同回答或提示。这种个性教育和个性教学，至今仍有着重要的现实意义。

### 3. 不愤不启，不悱不发

在教育方法上，孔子有一句名言："不愤不启，不悱不发，举一隅不以三隅反，则不复也。"（《述而》）"启发""举一反三"等词即由此而来。"愤"，心里想求通而又未通。"悱"，想说又不知道怎么说。教师就是要善于诱导学生积极思考，特别在学生尚不十分明确、想表达又表达不出来时予以开导，然后运用问答法，促进学生独立思考，引起学生追问并自己得出创造性的结论。这就是最早的启发式教学法，对后世影响非常深远。

在孔子看来，教育并不是知识灌输，也不是简单的道德说教，他善于有步骤地诱导学生。他不是把咀嚼过的知识和盘托出，而是常常给学生留下思考的余地。

据《论语·学而》，子贡问孔子："贫穷却不巴结奉承，有钱却不骄傲自大，怎么样？"孔子回答说："可以了。但是还不如虽然贫穷却乐于道，纵然有钱却谦虚好礼哩。"子贡接着问："《诗经》上说，'如切如磋，如琢如磨'即'要像对待骨、角、象牙、玉石一样，先开料，再粗锉，细刻，然后磨光。'那就是这样的意思吧？"孔子很高兴地说："赐啊！现在可以同你讨论《诗》了，告诉你一件，你能有所发挥，举一反三了。"《论语》中"举一反三"，"闻一以知二"，"闻一以知十"，"告诸往而知来者"，讲的都是施教者的"善诱""启发"，学生由此而自求、自省、自得、触类旁通的道理。

## （五）创立儒家，至圣先师

### 1. 敬畏天命与积极追求

孔子继承了三代大传统的天命观念，如说："获罪于天，无所祷也。"（《八佾》）"君子有三畏，畏天命，畏大人，畏圣人之言。"（《季氏》）孔子保留了天的神秘性和对于天、天命的信仰、敬畏，他通过生命的途程与体验，来体悟天命与人之自由的关系："吾十有五而志于学，三十而立，四十而不惑，五十而知天命，六十而耳顺，七十而从心所欲不逾矩。"（《为政》）孔子对上古宗教的改造，正是把超越与内在结合起来了。如果说"命"只是外在的命运的话，那么"天命"常常关系到内在。一个能够驾驭生活、驾驭世间外在力量并全面发展人的内在本性的人，一个积累了一定的生命体验（例如五十岁左右）的人，才能逐渐体悟到天所禀赋给人的性分，直接面对每个人的命运或局限，并对天道、天命和道德人格典范有所敬畏，而又积极地去追求生命的意义和死亡的意义，勇于承担自己应承担的一切，包括救民于水火，博施济众，修己安人，杀身成仁。这就把天做主宰转化为人做主宰了。

孔子把对超越天的敬畏与主体内在的道德律令结合起来，把宗教性转化为内在的道德性，强调要在人事活动中，特别是道德活动中去体认天命。于此，才能“不怨天，不尤人，下学而上达；知我者其天乎！”（《宪问》）正因为生命有了这一超越的理据，所以儒者才有了积极有为的担当意识和超越生死的洒脱态度：“人能弘道，非道弘人”；“志士仁人，无求生以害仁，有杀身以成仁”（《卫灵公》）；“朝闻道，夕死可矣”（《里仁》）；“三军可夺帅也，匹夫不可夺志也”（《子罕》），等等。由此我们可知孔子对于人格尊严的重视、强调与维护。

### 2. 儒家的形成

儒家的正式形成当在春秋末期的孔子时代。孔子的弟子与再传、三传弟子等，组成了最早的儒家学团，奉孔子为宗师。

一般说来，“儒”乃通习六艺之士的通称。“六艺”指礼、乐、射、御、书、数。礼和乐是西周的等级秩序与生活方式，主要是社会生活规范，包含今天所谓宗教、政治、伦理、艺术、体育等内容。射、御相当于礼的节目。书、数则属于初级的技能。贵族大体上都必须通晓六艺。平民如果想到贵族家庭中去服务，也必须通习六艺或其中的一部分。早期的儒者属于“士”这个阶层。“士”原来多由贵族的孽庶子弟或比较低级的贵族子弟充任，后来渐渐流落到平民社会里去。孔子就是将古代的贵族学传播到平民社会的第一人。可见，儒大体上是保存、传授古代礼仪规范、典籍文化的教师。

从刘歆《七略》和《汉书·艺文志》可知，儒家以“六经”为思想资源，以“仁义”为思想主旨，继承尧、舜、禹、汤、文、武、周公治国平天下的大本大源，以孔子为宗师。古代儒家圣贤，不仅坐而言，而且起而行，或者以事功垂诸百世，或者以言教传之千里。立德、立功、立言，是谓“三不朽”。

儒家是继承上古时期的文化遗产与周公孔子之道，讲述六艺之学的学者和教师，活跃于民间社会，他们是社会良知的代表，以其社会理想、道德价值、人文精神鞭笞、批判现实的污浊黑暗，关心老百姓的生计、疾苦，以礼乐文明的精神滋养社会道德，纯洁人们的心灵。战国时，各国当政者都不接受儒学，视其为“迂阔之学”，各学派也对儒学持批判态度。儒学正是在这种情况下渗透于全社会的。

### 3. 文治需求与社会参与

汉初，刘邦改变了打天下时对儒生的痛恨，开始亲和儒学。汉武帝“表彰六经”之后，儒学地位上升。在承平时期，为了治天下，统治者的目光转向儒学。由于儒家善于继承传统文化、典章制度并顺应时代加以因革损益，平易合理，使朝野都能接受。一张一弛，文武之道。为了长治久安，统治者要改用文治为主，管理上路，更多以温和的方式，用制度化的方式来治理社会。特别是，儒家所强调的仁、义、忠、恕之道及其内在的价值使社会秩序得以维系，即所谓“列君臣父子之礼，序夫妇长幼之别”，足以“内裕民生而外服四夷”。民生问题与异族入侵的问题，是汉代朝廷及以后历朝历代统治者特别要认真对待的两件大事。使四夷信服，当然要文武交济，但以怀柔为主，以德服人，民族和亲。所以，在先秦诸子各家学说中，唯有儒学被大汉帝国最终选定为治国平天下的统治思想，而后直至清代莫不如此。

汉代，特别是东汉及以后的朝廷，实际是文治政府，彼时的文官制度已相当发达，为彼时全人类所仅有。参与政治甚至参与最高政治的，都是接受过儒学教育（它基本上是一种人文教育），而又来自民间下层的知识人。汉武帝以后，儒家典籍被尊为经，而治儒业、通经术者成为政府重要官员。

东汉以后，历朝历代官方的尊孔祭孔的原因是非常复杂的，但总体来说是稳定社会的需要。当然，这并不意味着儒学只属于官方或精英，其实儒学具有草根性。历史上真正的儒学与儒家一方面是建设性的、建构式的，另一方面是批判性的，在体制内外批判执政者的。即使官方视儒学为统治思想，也不意味着官方全面认同和接受儒学。

从孔子创立儒学，直至清末，儒学一直在不断发展和扩大之中。汉代以后的儒学，不仅仅局限于心性之学或者考据之学的范围，而是在社会政治事务、教育师道、经史博古、文章子集的各方面沿着先秦儒学的博大范围扩张、渗透到全社会，适应并指引人们的生活。儒学落实在政治制度、社会风尚、教育宗旨以及私人修养之中，是两千多年来中国人的生活方式、行为方式、思维方式、情感方式和价值取向的结晶，是朝野多数人的信念信仰或所谓安身立命之道，乃至到了百姓日用而不知的程度。历史上儒学还传到东亚的一些国家、地区，影响深远。

# 二、老子的智慧

老子是世界著名的哲学家，道家的鼻祖，被奉为中国本土的宗教——道教的宗师。他也是世界与中国的智慧的象征。

## （一）其人其书

关于老子其人，历史上有不同的说法。司马迁的《史记》中记载了三个老子：老聃、老莱子、周太史儋。前两位是春秋末期人，约与孔子同时。后一位是战国时人。学术界一般认为老子是老聃，大约生于公元前581年，或前571年，卒年不详。他姓李名耳，字伯阳，谥曰聃。楚国苦县（今河南鹿邑）人。老聃的家，世代为史官。他自己曾做过周守藏室之史，是东周王朝掌管典籍图书的史官。后因避内乱，他隐归故里。一说离开王畿时，守关长官、也是他的好友尹喜，请他写下了后世称为《老子》的书。《史记》是这样记载的："老子修道德，其学以自隐无名为务。居周久之，见周之衰，乃遂去。至关，关令尹喜曰：子将隐矣，强为我著书。于是老子乃著书上下篇，言道德之意五千余言而去，莫知其所终。"老子学问渊博，相传孔子非常敬重老子，曾经向他请教过周礼。

今传本《老子》分上下篇，约五千言，是用韵文写的哲理诗。估计最早的《老子》出现在春秋末年或战国初年，开始的文字不一定有五千字。《老子》文本在传衍过程中不断经过人们口耳相传，笔之于简帛，不断加工、编排、整理、丰富，最后形成了西汉河上公本。河上公作《老子注》(又名《老子章句》)，将其分为八十一章，前三十七章为《道经》，后四十四章为《德经》，故有《道德经》之名。流传下来的通行本，除河上公本外，著名的还有汉代严遵的《道德指归论》、三国时魏国的天才哲学家王弼的《老子注》、唐代傅奕的《道德经古本编》等，以王弼本影响最大。

战国末年的韩非曾写过《解老》《喻老》，从韩非子的这些注解中，我们可知西汉前的《老子》文本(至少是韩非读过的那一种)，是《德经》在前,《道经》在后的。很有意思的是，1973年，湖南长沙马王堆三号汉墓出土了大量的古佚书，震动了世界。其中有帛书《老子》甲乙两种抄本。帛书《老子》甲乙本分别流行于战国末年、西汉初年。两种抄本内容大致相同，均是《德经》在前,《道经》在后，部分章次、文字不同于今本。乙本字数约五千四百。

1993年，湖北荆门郭店一号楚墓出土了十数种先秦儒家、道家古佚书，再次震动了海内外。其中有《老子》甲乙丙三组，三组总和只有一千七百字，相当于帛书本、今本的三分之一，章序与帛书本、今本有较大出入，文字也有不同。郭店简本《老子》是战国中期的一种传本或者是摘抄本，距离古本《老子》又近了一步。简、帛本《老子》的出土，解决了老学史上许多聚讼不已的问题，使我们对《老子》一书的编排次序和文字的衍变，有了新的认识。从简、帛、今本的比较中，可知今本的一些章，例如46章、64章等，原是相对独立的几部分，后来逐渐拼合起来形成一章的。帛书本对此前的传本作了调整、加工，并吸纳了汉初以前对《老子》的解释，奠定了《老子》通行本的基本结构和内容。有关老子几种代表性文本的汇集、对照、比勘、释读，详见今人刘笑敢的书[①]。

## （二）道论

老子哲学体系的核心是“道”。“道”的本意是道路。春秋时期的文献中，多次提到“天道”“天之道”“人道”等概念。老子的贡献是把道抽绎出来，使之成为一个独立的哲学形上学的范畴[②]。什么是道呢?《老子》一书并没有正面地界定它，但留下了不同层面的说明、暗示、隐喻，让人们去体验并接近道。

### 1. 道具有形而上的品格，又是宇宙的本原

《老子》中的“道”是真实存在的浑然一体的东西，没有具体

---

① 刘笑敢:《老子古今：五种对勘与析评引论》上下卷，中国社会科学出版社，2006年。

② 詹剑峰先生认为，老子“道论”的核心思想是：道即自然，自然即道；道自本自根，自生自成。詹先生以自然、自因、绝对、无限、惟一而自由运行等义来概括“道”的特点与内涵。见氏著:《老子其人其书及其道论》，湖北人民出版社，1982年，第25页。唐君毅先生指出，老子之道有六义，又说道通贯法地、法天、法道、法自然四层，至于老子之所谓道为一形上实体或一虚理之问题，则不必执定而言；谓之为实体者，乃自此道所连贯之具体之天地万物而说，然自其法道与法自然而言，则人之体道，要在体道之超越于天地万物之上的种种意义，不宜说为实体。见氏著《中国哲学原论·原道篇》(一)，台北学生书局，1986年版，第340—341页。方东美先生从道体、道用、道相、道徵四层来讲道，认为就道体而言，道乃是无限的真实存在的实体。见氏著《原始儒家道家哲学》，台北黎明文化事业公司，1987年，第211、200—202页。吴汝钧先生比较柏拉图理型说与老子之道，论述老子“道”为形而上的实体，具有实际的存在性和创生万物的作用。见氏著《老庄哲学的现代析论》，台北文津出版社，1998年，第227—229页。

形象，也没有名字：

> 有物混成，先天地生，寂兮寥兮，独立而不改，周行而不殆，可以为天下母。吾不知其名，字之曰道，强为之名曰大。大曰逝，逝曰远，远曰反。故道大，天大，地大，王亦大。域中有四大，而王居其一焉。人法地，地法天，天法道，道法自然。(《老子》第25章，下引《老子》只注章序。又，"王亦大""王居其一"中的"王"，有的传本作"人"。)①

这里表述的是，有那么一个东西，或有那么一种状态，先于天地而生，混沌不清，无声无形，自古及今独立存在，没有改易。它不停息地、周而复始地运行，可以作为天地万物的根源。我们或者可以勉强地称它为"道"或者"大"。大则逝去，逝去则遥远，遥远则又返归还原。道、天、地、人，是宇宙间最重要的存在，人只是其中之一。人效法地，地效法天，天效法道，道则自然而然，即以自己原初的那个样子、那种状态为法则。

"道可道，非常道；名可名，非常名。无名天地之始；有名万物之母。故常无欲，以观其妙；常有欲，以观其徼。此两者同出而异名，同谓之玄。玄之又玄，众妙之门。"（第1章）这里涉及到道与"名"、道与"有""无"、道与万物的关系。"徼"指边界，即事物间的界限，也可引申为端倪。"玄"谓幽深难测。道

---

① 《老子》文本及今译，主要依据于两书：陈鼓应：《老子注译及评介》，中华书局，1984年；任继愈：《老子新译》修订本，上海古籍出版社，1985年。关于第25章"道法自然"，任继愈译为"道以它自己的样子为法则"，见任书第106页；陈鼓应注为"'道'纯任自然，自己如此"，见陈书第168页。

是整体性的，它在本质上既不可分割，也不可界定、言说。道是无限的，不可以用有限的感观、知性、名言去感觉、界说或限制。可以言说、表述的道与名，不是永恒的道与名。无名是万物的本始、源泉；有名是各种现象、事物的开端。这表明道也是先于语言概念的。无欲之人才能体悟道的奥秘，利欲之人只能认识事物的边界或表层。道与无名是同一个东西的两个不同的名称，都叫作玄。无名是无形无限的宇宙本体，有名是有形有限的现象世界。通过两者之间的变化，人们可以探索深彻幽微的宇宙本体和奥妙无穷的现象世界的门户。

道是精微深远的。据第21章，道这个东西，是恍恍惚惚的。恍惚之中有形象，恍惚之中有万物。深远幽暗啊，这里面有精微的东西。这种精微的东西是真实的，可以验证的。从古至今，道的名字不消逝，以此追溯万物的本始。道的幽隐微妙与它是形形色色、纷繁复杂的世界的本体有关。它是超越于现象的绝对。同时，它又是创生万物的母体、根源。

据第14章，道不是现象，是不可以被感知的，是不确定的，人们看不见、听不到、摸不着，因此把它叫“夷”“希”“微”。人们很难探究这三者的区别，它们是混为一体的。道不是感官的对象，表明了道的超越性。这个“一”，它的上面并不明亮，它的下面并不暗昧。它连绵不绝，难以名状，复归到没有任何现象事物的状态。这就是没有形状的形状，没有形体的形象，叫作“惚恍”。迎着它，看不见它的前头；跟着它，看不见它的后头。把握古代的道，驾驭今天的现象世界，能推知万物的本原，这就可以体认道的规则了。

2. 道具有无限性

从上面可知,“道”有时也用“一”来加以表示。“昔之得一者:天得一以清,地得一以宁,神得一以灵,谷得一以盈,万物得一以生,侯王得一以为天下贞。”(第39章)“贞”,帛书甲乙本作“正”。自古以来得到“一”即道的,天得到了就清明,地得到了就稳定,神得到了就有灵气,河谷得到了就充盈,万物得到了就生长,侯王得到了就能成为天下主。反之,如果得不到“一”或道,情况就非常危险。“一”有时又指道的展开,如“道生一”云云。由“一”可能生成为多,由潜在可以变为现实。

道本无名,若勉强取一个名字,“朴”也是道的名称之一。“道常无名。朴虽小,天下莫能臣也。”(第32章)郭店简:“道恒无名,朴虽细,天地弗敢臣。”“朴”是未经人工雕琢的东西,虽然细小,然而天地却不敢支配它。

道又被形象化地比喻为“谷”、“谷神”、“玄牝”:“谷神不死,是谓玄牝。玄牝之门,是谓天地根。绵绵若存,用之不勤。”(第6章)道如山谷一样。山谷是空虚的,唯其如此,才能永远存在并具有神妙莫测的功能。“牝”是雌性牲畜的生殖器,泛指雌性。“玄牝”,意为万物最早的始祖,也即是道。“谷”“牝”的门户,是天地的发生、发源之地,绵绵不绝好像存在着,其作用无穷无尽。

“道冲,而用之或不盈。渊兮,似万物之宗。挫其锐,解其纷,和其光,同其尘。湛兮,似或存。吾不知谁之子,象帝之先。”(第4章)“冲”就是“盅”,指空虚。道像深渊一样,好像是万物的宗主,但又不是万物的宗主,它不露锋芒,超脱彼此分别、利害计较的纷扰,含蓄其光耀,混同于俗尘。它模糊混沌，似亡而实存。我不知产生它的根源，好像出现在上帝之先。“天地之间，其犹橐籥欤？虚而不屈，动而愈出。”（第5章）“橐籥”是鼓风用的风箱。天地不正像风箱一样吗？它是空虚的，而它蕴藏的风却无穷无尽，越作用，风量越大。

现在我们可以初步领会道的主要性状了。道是原始浑朴、混沌未分、深远精微、连绵不绝的状态。“道常无名”，“道隐无名”，“大象无形”。它无名、无知、无欲、无为。它无形、无象、无声、无体，乃“无状之状”、“无物之象”。用“无”来表示本体的道，除表明道与现象世界的差别之外，更表明道以虚无为用，亦表明老子的表述方式是否定式的、负的方式，不是肯定式的、正的方式。

道，古往今来，独立地、不停息地、周而复始地按自己的样态运行、流转。它是整体，又是大化流衍的过程及其规律。它是自然流行的，没有情感、欲望、意志，不是人格神。它是天地万物（即有名、有形、有限的现象世界）的本始、根源、门户、母体，是其根据、本体。现象世界发源于、依据于道又返归于道。人们勉强地可以称它为“道”“大”“一”“朴”，或比喻为山谷、玄牝。它是空虚的、不盈满的，因此有无限的神妙莫测的功能、作用，其活动的时间、空间、能力、效用是无穷尽的。但它决不有意造作，决不强加于人（或物），而是听任万类万物各遂其性，各按本己的性状自然而然地生存变化。正因为道是空虚的，没有被既定的现实事物或种种制度文明、价值判断、条条框框所塞满、所限定，故而有无限的可能性、无限的作用及其活动的空间。

### 3. 无与有，道与德

“天下万物生于有，有生于无。”（第40章）“天下万物”，郭店简本和帛书乙本均作“天下之物”。“无名”包含着“有名”，“有生于无”。道生成并包含着众有、万象、万物，又不是众有、万象、万物的机械相加。老子哲学并不排斥、否定、忽视“有”的层面及种、类、个体自身性的差异，相反，肯定殊相个体自然生存的价值，反对外在性的强力干预及对物之天性的破坏。

道的展开，走向并落实到现实。如“道生一,一生二,二生三,三生万物。万物负阴而抱阳，冲气以为和。”（第42章）道产生原始混沌的气体。原始混沌的气体又产生阴阳两种气。阴阳两种气产生中和之气。中和之气则产生万物。万物各自具有阴阳二气，阴气阳气相互摇荡就成为和气。“和”是气的流通状态。道在展开、实现过程中，生成长养万物。从宇宙生成论的进路来看，个体事物的成立有一个过程，如气化、凝聚的过程。以下我们还将看到，老子哲学除了可以从本体论的进路理解虚无之道乃万物所以为万物之形而上的根据外，还可以从宇宙生成论的进路理解老子解释天地万物形成的过程。

老子不仅讲“道”，而且讲“德”。德者，得也。“道生之，德畜之，物形之，势成之。是以万物莫不尊道而贵德。”（第51章）就是说，自然天道使万物出生，自然天德使万物发育、繁衍，它们养育了万物，使万物得以一定的形态、禀性而存在、成长，千姿百态，各有特性。所以，万物没有不尊崇道而珍贵德的。道之所以被尊崇，德之所以被重视，并没有谁来强迫命令。它是自然而然，自己如此的。道使万物生长，德使万物繁殖。它们使万物生成、发展、结果、成熟，对万物爱养、保护。它们生养了万物而不据为己有，推动了万物而不居功自恃，统领、管理万物而不对万物强加宰制、干预，这才是最深远的德。一般说来，道成就了万物之德，德代表了道，内在于千差万别的个别事物之中。

按这种思路，老子亦肯定文明建构、人伦生活，如说："始制有名"（第32章）；"朴散则为器，圣人用之则为官长。故大制不割。"（第28章）社会的伦理生活、文明制度，按自然条理生成并无害处，害怕的是，人为作用的强化，或执定于种种区分，将其固定化、僵化，则会破坏自然之道。老子肯定道德的内在性，反省文明史，批评礼乐和伦理道德的形式化，亦与此一致。如说："失道而后德，失德而后仁，失仁而后义，失义而后礼。夫礼者，忠信之薄而乱之首……"（第38章）毋宁说，老子肯定的是真正的道德仁义。老子知道，到了强调礼的时候，一定是忠信丧失，礼的秩序发生危机的时候。

由上可见，道之"体"与道之"用"的密切联系。道的功用，道的创造性，源于道之体的虚无、空灵、不盈，也就是不被既成、既定的、常识的、合理的、现实的、规范的东西所塞满、窒息，因而能在"有无相生"（第2章），即"无"与"有"、"道"与"德"在相对相关、相反相成的过程中创生新的东西。请注意这里的"有无相生"的"无"，与前面作为道的代词的"无"是不同的，有层次上的区别。道是"有"与"无"的统一，是超乎相对待的"有"与"无"之上的绝待。作为道的代词的"无"，是万物的本体、最高的原理。"有"与"无"是道的双重性，是从作用上显示出来的。老子讲境界形态上的"无"，或者讲"有"，大体上是从作用上讲的。在宇宙、现象世界生成的过程中，"有之以为利，无之以为用"（第11章），即"有"提供了客观便利的条件基础，但"有"一定要在"无"的创造性活动作用、力量及活动作用的空间

（场域）或空灵境界中，与“无”相结合，才能创造出新的有用之物，开辟出新的天地。正是在这一背景下，老子讲“道常无为而无不为”（第37章）。实有之用是有限之用，虚无之用是无限之用。无用之用乃为大用。老子的道体具有超越性、绝对性、普遍性、无限性、圆满性、空灵性。

4. 反者道之动，弱者道之用

以上说的是老子以虚无为用。另一方面，老子又以反向为用。老子认为，道的变化、功用有一定的规律：“反者，道之动；弱者，道之用。”（第40章）意思是，向相反的方向变化发展，是道的运动；柔弱，是道的作用。举凡自然、社会、人生，各种事物现象，无不向相反的方向运行。既如此，柔弱往往会走向雄强，生命渐渐会走向死亡。老子看到事物相互依存、彼消此长的状况。

“天下皆知美之为美，斯恶矣；皆知善之为善，斯不善矣。故有无相生，难易相成，长短相形，高下相倾，音声相和，前后相随。”（第2章）人们都知道美之所以为美，善之所以为善，那也就知道丑恶了。有无、难易、长短、高下、音声、先后都是相对的，相比较而存在，相辅相成，相互应和。“贵以贱为本，高以下为基。”（第39章）“曲则全，枉则直，洼则盈，敝则新，少则得，多则惑。”（第22章）受得住委屈，才能保全；经得起弯曲，才能伸直；洼下去，反而能盈满；凋敝了，反而能新生；少取，反而能多得；多得，反而迷惑。《老子》书中特别注意物极必反的现象：“祸兮，福之所倚；福兮，祸之所伏。孰知其极？其无正？正复为奇，善复为妖”（第58章）；“物壮则老”（第30章）；“强梁者不得其死”（第42章）；“甚爱必大费，多藏必厚亡”（第44章）。“人之生也柔弱，其死也坚强。万物草木之生也柔脆，其死也枯槁。故坚强者死之徒，柔弱者生之徒。是以兵强则不胜，木强则折。强大处下，柔弱处上。”（第76章）

老子认识到事物发展的极限，主张提前预测设计，避免事物向相反的方向发展，防患于未然，因而提出了“不争”“贵柔”“守雌”“安于卑下”的原则。他主张向水的品格学习：

> 上善若水。水善利万物而不争，处众人之所恶，故几于道。居善地，心善渊，与善仁，言善信，正（政）善治，事善能，动善时。夫唯不争，故无尤。[①]（第8章）
>
> 天下莫柔弱于水，而攻坚强者莫之能胜，其无以易之。弱之胜强，柔之胜刚，天下莫不知，莫能行。……正言若反。（第78章）
>
> 知其雄，守其雌，为天下溪。为天下溪，常德不离，复归于婴儿。知其白，守其黑，为天下式。为天下式，常德不忒，复归于无极。知其荣，守其辱，为天下谷。为天下谷，常德乃足，复归于朴。（第28章）

柔弱之水可以冲决坚强之石，弱可以胜强，柔可以克刚，新生的弱小的事物能够战胜腐朽的强大的事物。老子看到强大了就接近死亡，刚强会带来挫折，荣誉会招致毁辱，因此安于柔弱、居下、卑辱。他提出“去甚、去奢、去泰”（第29章）的主张。老子所谓“玄德”和“常德”，即深远、永恒的本性，如山谷、沟溪、

① “与善仁”，帛书乙本作“予善天”，意即待人要像天一样公平、无私。

赤子，乃在于它具有超越性和本真性，即超越了一定社会的等级秩序、道德准则和善恶是非，摆脱了人为的沾染，真正回复到人的本然的纯粹的性状，这才是人应持守的本性或品德。

面对万事万物之走向自身反面的不可逆转性，老子提出居弱守雌的方法，从而使自身在万物轮转之必然中立于不败不衰之地。从这一意图来看，老子哲学有着积极的意义。按这一思路，老子主张以一定的谋略使敌方陷于失败："将欲歙之，必固张之；将欲弱之，必固强之；将欲废之，必固兴之；将欲夺之，必固与之。是谓微明，柔弱胜刚强。"（第36章）

老子主张从细小、容易的事情做起，注意观察事物发展变化的征兆、程度，把握契机，以免招致大的困难和祸患："图难于其易，为大于其细。天下难事，必作于易；天下大事，必作于细。是以圣人终不为大，故能成其大。"（第63章）"其安易持，其未兆易谋，其脆易破，其微易散。为之于未有，治之于未乱。合抱之木，生于毫末；九层之台，起于累土；千里之行，始于足下。"（第64章）事情还在稳定时，容易维持；事情还未显露出迹象时，容易打主意；事情在脆弱时，容易分解；事情在微小时，容易消散。要在事情还未发生时进行预防；要在事情还在未紊乱之前进行整治。合抱的大树，生于细小的嫩芽；九层的高台，起于第一筐泥土；人生的道路，从脚下第一步开始。

### 5. 综论老子之道

总之，《老子》中的"道"是一个终极实在的概念，它既是形上本体，又是人生的法则。它是整体性的，在本质上既不可界定也不可言说，不能以任何对象来限定，也不能将其特性有限地表达出来。所以，道又叫作"无""无名""朴""一""大"。

它是不受局限的、无终止的、一切事物的源泉与原始浑朴的总体。但道绝不是一个抽象的共相，而是一个流转与变迁的过程。它周行而不殆，周流万物，即在循环往复、不断返回本根处的运行中，实现出有形有象的器物世界，即“有名”的世界。道是“有名”与“无名”、流变与不变、整体与过程的统一。在一定的意义上，老子之道是有与无、神虚与形实的整合。有指的是有形、有限的东西，指的是现实性、相对性、多样性；而无则是指的无形、无限的东西，指的是理想性、绝对性、统一性、超越性。有是多，无是一；有是实有，无是空灵；有是变，无是不变。道具有否定性与潜在性，因而创造并维持了每一肯定与实在的事物。在这一过程中，潜在与现实、否定与肯定、空无与实有、一与多，沿着不同方向发展变化①。《老子》启发我们促成潜在向现实、否定向肯定、空无向实有、一向多的方向转化，但在这里，特别要注意“相反相成”“物极必反”的律动。道是阴阳、刚柔等两相对待的精神与物质的微粒、能量、动势、事物、原理的相对相关的动态统合。

## （三）工夫与境界

老子的道又是修养的最高境界。为达到此境界，老子指点了一些修养的工夫，即方法、路径。以下我们先说工夫，再说境界。

### 1. 为学日益，为道日损

老子认为，获得知识靠积累，要用加法或乘法，一步步肯

① 参见成中英《中国哲学的特性》一文，见氏著《论中西哲学精神》（李翔海等编《成中英文集》一卷），湖北人民出版社，2006年，第9—10页。

定；而体验或把握道则要用减法或除法，一步步否定。在他和他的后学看来，真正的哲学智慧，必须从否定入手，一步步减损掉对外在之物占有的欲望及对功名利禄的追逐与攀援，一层层除去表面的偏见、执着、错误，穿透到玄奥的深层去。“为学日益，为道日损，损之又损，以至于无为。无为而无不为。”（第48章）减损知、欲、有为，才能照见大道。“损”，是修养的工夫，是一个过程。我们面对一现象，要视之为表相；得到一真理，要视之为相对真理；再进而层层追寻真理的内在意蕴。宇宙、人生的真谛与奥秘，是剥落了层层偏见之后才能一步步见到的，最后豁然贯通在我们人的内在的精神生命中。“无为而无不为”，即不特意去做某些事情，依事物的自然性，顺其自然地去做。

郭店简本《老子》并不排斥圣与仁义，其甲组第1—2简：“绝智弃辩，民利百倍；绝巧弃利，盗贼无有；绝伪弃诈，民复孝慈。三言以为使不足，或令之有乎属：视素抱朴，少私寡欲。”通行本《老子》第19章：“绝圣弃智，民利百倍；绝仁弃义，民复孝慈；绝巧弃利，盗贼无有。此三者以为文不足，故令有所属：见素抱朴，少私寡欲。”帛书甲、乙本则与通行本基本相同。通行本《老子》有“绝圣弃智”、“绝仁弃义”的主张，但目前发现的最早的竹简本《老子》并不直接反对圣与仁义，相应的说法是“绝智弃辩”、“绝伪弃诈”。竹简本《老子》可能是受到邹齐儒者影响的《老了》文本，或者最早的《老子》文本处十儒道两家并未分化的时代，其“道德”的主张，可以融摄“仁义”。以庄子为代表的道家哲学，批评儒家把仁义放在道德之上，主张道德统摄仁义。庄子以后，道家意识越强，对《老子》文本则愈加强了“绝圣弃智”“绝仁弃义”的说法。

其实，老子并不绝对地排斥圣、智、仁、义、学问、知识，但显而易见的是，他十分警惕知、欲、巧、利、圣、智、仁、义对于人之与生俱来的真正的智慧、领悟力、德性的损伤与破坏，他害怕小聪明、小知识、小智慧、小利益的计较以及外在的伦理规范影响了人之天性的养育，戕害了婴儿赤子般的、看似懵懂无知实则有大知识、大智慧、大聪明、大孝慈、大道德的东西。道家以否定的方式（不是从实有的层面上否定），消解知识、名教、文明建制、礼乐仁义、圣智巧利、他人共在等所造成的文明异化和个体自我的旁落。老子批评了儒家的仁、义、忠、孝、礼、智、信等德目，但并不是取消一切德目。老子追求的是真正的道德、仁义、忠信、孝慈。所以从根本上来说，他恰恰是主张性善、仁爱、忠孝、信义的。他相信自然之性为善，返璞归真、真情实感，是最大的善。从这个意义上来说，老子也是人性本善论者。他对人性抱有很高的希望。

### 2. 涤除玄鉴

> 戴营魄抱一，能无离乎？专气致柔，能婴儿乎？涤除玄监，能无疵乎？爱民治国，能无知乎？天门开阖，能为雌乎？明白四达，能无知乎？（今本第10章，据帛书甲乙本校改。）

“戴”，保持之意，通行本作“载”，据帛书甲、乙本改。“营”，魂，指精神。“魄”，指身体。“专”，转，即运转。“监”，通行本作“览”，帛书甲本作“监”，即古“鉴”字。“玄监”，即玄妙的镜子，指人们的内心。“涤除玄监”，即洗去内心的尘垢。

“天门”，指修炼之人的头顶处，与天之气相接通的穴位。这一章是说，保持形体与精神的统一，能使之不分离吗？运转气血使筋骨柔和，能做到像婴儿一样吗？把心中的尘垢（私欲和区分彼此的小智等）清除出去，能做到使心没有瑕疵吗？爱民治国，能不要小聪明吗？与天之气相接通、相闭合的一生，能甘居柔雌的地位吗？聪明通达，能做到超越知识吗？在老子看来，知与欲，理智的或价值的分别，使人追逐外在之物，容易产生外驰之心，加深物、我、人、己的隔膜，背离自然真性。老子认为，德养深厚的人，如无知无欲的赤子婴孩，柔弱平和，身心不分离，这才合于道，而强力、盛气、欲望与思虑太多，则不合于道。

郭店简乙组3—5简：“绝学无忧。唯与阿，相去几何？美与恶，相去何若？人之所畏，亦不可以不畏。”帛书乙本第234上行至236上行（甲本与之大体相同）：“绝学无忧。唯与呵，其相去几何？美与恶，其相去何若？人之所畏，亦不可以不畏人（‘人’字衍）。恍呵其未央哉！众人熙熙，若飨于太牢，而春登台。我泊焉未兆，若婴儿未咳。累呵似无所归。众人皆有余，（据甲本，此处脱‘我独遗’三字）。我愚人之心也。蠢蠢呵，俗人昭昭，我独若昏呵。俗人察察，我独闵闵（甲本作‘闷闷’）呵。忽呵其若海，恍呵若无所止。众人皆有以，我独门(‘门’字衍)顽以鄙。吾欲独异于人，而贵食母。”

以上所引帛书与通行本第20章大体相同。“太牢”，古代祭祀，牛羊豕三牲具备，称为太牢，这里指盛宴。本章主旨仍然是要超越学问，除去忧虑。一切的分别，包括善恶的分际，在作者看来，与应答或呵斥之声相差不多。这里所描写的是得道之人“大智若愚”的状态。除了畏惧之心与大家一样，其他之事，都与众人不同。对于喜怒哀乐，我独无动于衷；比起别人的精明强干、善于分辨，我却显得那样的愚蠢、昏庸、笨拙。

3. 致虚守静

郭店甲组第24简："至虚，恒也。守中，笃也。万物并作，居以须复也。天道云云，各复其根。"今本第16章："致虚极，守静笃。万物并作，吾以观复。夫物芸芸，各复归其根。归根曰静，静曰复命；复命曰常。知常曰明；不知常，妄作，凶。知常容，容乃公，公乃王，王乃天，天乃道，道乃久，没身不殆。"意思是说，致力于"虚"要经常要彻底，也就是不要让太多现存的、人云亦云的知识、规范、利害、技巧等等充塞了头脑，要用否定的方式排除这些东西，激活自己的头脑，使自己保持灵性、敏锐，有自己独立运思的空间。"守中"也是"守虚"、致虚。"守静"即保持闲静的、心平气和的状态，排除物欲引起的思虑之纷扰，实实在在地、专心地保持宁静。这也是随时排斥外在之物的追逐、利欲争斗等引起心思的波动。"观复"，即善于体验万物都要回复到古朴的老根，回复到生命的起点、家乡与故园的规律。"观"就是整体的直观、洞悉，身心合一地去体验、体察、观照。"复"就是返回到根，返回到道。体悟到道的流行及伴随道之流行的"物"的运行的这一常则的，才能叫"明"（大智慧）。反之，不识常道，轻举妄动的，必然有灾凶。体悟了道的秉性常则，就有博大宽容的心态，可以包容一切，如此才能做到廓然大公，治理天下，与天合德。与道符合才能长久，终身无虞。通过"致虚""守静"到极致的修养工夫，人们达到与万物同体融合、平等观照的大智慧，即与道合一的境界。故，至虚，守静，观复等，是修养工夫，亦是人生境界。

4. 澄明境界

老子认为，洞见、察识富有万物、雷动风行的殊相世界，需要主体摆脱诸相的束缚，脱然离系，直探万有的深渊，因为存在的终极根源在寂然至无的世界；而且习气的系缚、外物的追索、小有的执着，会导致吾身主宰的沉沦、吾与宇宙同体境界的消亡。因此，老子主张“挫锐解纷”“和光同尘”“谷神不死”“复归其根”“为学日益，为道日损”“无为而无不为”“无用而无不用”。这些话语论证滞留物用、执着有为对于心体的遮蔽，论证摄心归寂、内自反观、炯然明觉、澄然虚静的意义，着重强调了人生向道德和超越境界的升华。

按照老子的道德理想、道德境界、人生智慧和人格修养论，他推崇的美德为见素抱朴、少私寡欲、贵柔守雌、慈俭谦退、知足不争、致虚守静、清静无为、返璞归真。老子以此为至圣与大仁。这是老子对人生的感悟，特别是对春秋末年贵族阶级奢侈生活的批判，对贵族社会财产与权力争夺的沉思，对财产与权力崇拜和骄奢淫逸的警告。老子通过冷静观照，提示了淡泊宁静的生活旨趣，看到逞强、富贵、繁华、暴利、暴力、权势、浓烈的欲望、奢侈、腐化、夸财斗富、居功自恃、骄横等的负面。故老子的解构与孔子的建构有异曲同工之妙。

道家之“无”在道德论、道德境界及超越境界的慧识是值得发掘的。尽管道家以虚无为本，柔弱为用，弱于“有”之层面（人文、客观现实世界）的能动建构，但在人生境界的追求上，我们对于道家破除、超脱有相的执着，荡涤杂染，消解声色犬马、功名利禄的系缚，顺人之本性，养心之清静方面，则不能不加以肯定。虚、无、静、寂，凝练内在生命的深度，除祛逐物之累，正是道家修养论的一个重要方面。这种“无为”“无欲”“无私”“无争”，救治生命本能的盲目冲动，平衡由于人的自然本性和外物追逐引起的精神散乱，也是道家道德哲学的基本内容。

## （四）无为而治

1. 无为而治

老子主张以清静之道治国，他说：“道常无为而无不为，侯王若能守之，万物将自化。”（第37章）无为不是不作为，而是不乱作为，是善为。无为是为了做大事有大为，大事抓好了则无不为，使万物万事按自身规律发展。老子的智慧很高，他认为管理者尤其是高层的管理者，应站得高，看得远，研究天地人的相互关系与长久发展之道；保持清醒的头脑，不一定要事必躬亲，而要善于运筹帷幄，尊重、遵循事物客观发展的规律。《老子》提出：“圣人处无为之事，行不言之教”（第2章）；“为无为，则无不治”（第3章）；“以正治国，以奇用兵，以无事取天下。……故圣人云：‘我无为而民自化，我好静而民自正，我无事而民自富，我无欲而民自朴。’”（第57章）一定程度上的与民休息，让百姓休养生息，比多下指令干扰民众，更能藏富于民，也就更能得到民众的拥戴，因此应调动社会的积极性，促进社会空间的扩大与百姓的自治。管理者自己少私寡欲，上行下效，民众自然诚朴。

事实上，社会或企业管理者的多事扰民，多源于这些人的私欲名利的膨胀，或者借此彰显政绩业绩，沽名钓誉，求得升迁。但这很可能牺牲了长远的利益，浪费了资源，与民争利，乃至与子孙争资源，不利于国家、民族与事业之可大可久的发展。所以,《淮南子·修务》说：“所谓无为者，私志不得入公道，嗜欲不得枉正术，循理而举事，因资而立功，推自然之势，而曲故（巧诈）不得容者，事成而身弗伐（夸耀），功立而名弗有。”这一解释符合《老子》所谓“爱国治民，能无为乎”（第10章）、“清静为天下正”（第45章）的思想。以上讲的是管理者要有大气，大开大合，统筹全局，因势利导，以静制动，以一统万，以无为调控有为，没有私心，不居功自恃。

### 2. 治大国若烹小鲜

人无远虑，必有近忧。上一条讲抓大放小，纲举目张；这一条讲的则是小中见大，慎重行事，稳步推进各项事业。成功的管理必然是透过细微末节可以看得到的，这即我们常说的细节决定成败。我们都有烹鱼的经验，色香味形四者俱全很难，尤其是鱼形的完整颇不易。烹鱼的最大忌讳在于不断翻个。苏辙说：“烹小鲜者不可挠，治大国者不可烦；烦则人劳，挠则鱼烂。”管理学上最忌政令繁苛，朝令夕改。我们当然要讲改革创新，但不能天天求变，改革不是翻烧饼，而是在悉心研究旧制之利弊的基础上，予以调整，革除旧弊，除旧布新。创新的前提是继承，没有继承就不会有创新。历史上成功的变法，都是慎重研究之后慢慢推行的。所以，最讲变法的法家之集大成者韩非子在解释《老子》的这句话时说：“治大国数变法则民苦之，是以有道之君贵静，不重变法。”

干人事要从干小事积累而起。《老子》说：“图难于其易，为大于其细。天下难事，必作于易；天下大事，必作于细。是以圣人终不为大，故能成其大。夫轻诺必寡信，多易必多难。是以圣人犹难之，故终无难矣。”（第63章）先易后难，从小事做起；不要轻易许诺于人，不能兑现的许诺会失信于民。宁可把困难想多一点，把易事当难事去做，才能获得成功。《老子》又说："其安易持，其未兆易谋。其脆易泮，其微易散。为之于未有，治之于未乱。合抱之木，生于毫末；九层之台，起于累土；千里之行，始于足下。"（第64章）这里讲的是，一定要未雨绸缪，防微杜渐，防患于未然，从当下做起，从点滴做起。

### 3. 道法自然，知常曰明

前面讲过第25章，道、天、地、人是宇宙间最重要的四种存在，人只是其中之一。人效法地，地效法天，天效法道，道则自然而然，即以自己原初的那个样子、那种状态为法则。道家心目中的圣人没有占有的欲望，"辅万物之自然而不敢为"（第64章）。

老子认为，管理者的心境、修养与能否把握管理之道密切相关。"致虚极，守静笃。"（第16章）虚与实、动与静相对相关。我们整天忙于太多实务与应酬，疲惫不堪，不如抽一点时间读书、反思、打打坐，适当"守中"也就是"守虚"、致虚、"守静"，即保持闲静的、心平气和的状态，排除物欲引起的思虑之纷扰，实实在在地、专心地保持宁静。这也是要排斥外在之物的追逐，利欲争斗等引起心思的波动。"观复"，即善于体验万物都要回复到古朴的老根，回复到生命的起点、家乡与故园的规律。"观"就是整体的直观、洞悉，身心合一地去体验、体察、观照。"复"就是返回到根、"道"。把握住常道才是真正的聪明，即大智慧。不然就会妄作、妄为，结果会很糟糕。理解、把握了常道，才能有包容之心，做到如天无私覆那样的公道、宽容，可以凝聚人心，这才是天下为公、天长地久、长治久安之道。如果做到了，你可终身无虞。

### 4. 上善若水

老子不仅以虚无为用，又以反向为用。道的变化、功用有一定的规律：举凡自然、社会、人生，各种事物现象，无不向相反的方向运行。柔弱往往会走向雄强，生命渐渐会走向死亡。老子看到了事物相互依存、彼消此长的状况。老子认识到事物发展的极限，主张提前预测设计，避免事物向相反的方向发展，防患于未然，因而提出了“贵柔”、“守雌”的原则，“上善若水。水善利万物而不争”。（第8章）

老子、道家以否定的方式，一层层除去表面的偏见、执着、错误，穿透到玄奥的深层里。体悟道则要用减法，减损掉充塞我们头脑的条条框框，即我们对似是而非的知识系统与人云亦云、习以为常的东西的执着，包括一些观念、习见的束缚。小聪明、小知识、小智慧、小利益的计较以及某些陈说、成见、规范影响了人之天性的养育，戕害了婴儿赤子般的、看似懵懂无知实则有大知识、大智慧、大聪明、大孝慈、大道德的东西。无为是不妄为，按事物的本性而为，故无不为。老子的智慧，肯定虚、无、静、寂，凝敛内在生命的深度，除祛逐物之累。“祸莫大于不知足，咎莫大于欲得。”（第46章）管理者本人应修养身心，力求做到见素抱朴、少私寡欲、贵柔守雌、慈俭谦退、知足不争、致虚守静、清静无为、返璞归真。

总之，“无为而无不为”，即依事物的自然性，顺其自然地去做事。这是要我们少干预，少瞎指挥，不要蛮干，减少盲目性，不要自作聪明、自以为是。天地万物之道具有否定性与潜在性，因而创造并维持了每一肯定与实在的事物。在这一过程中，潜在与现实、否定与肯定、空无与实有、一与多，沿着不同方向发展变化。

道的展开，走向并回到现实。这启发我们促成潜在向现实、否定向肯定、空无向实有、一向多的方向转化，但在这里，特别要注意“相反相成”“物极必反”的律动。道是阴阳、刚柔等两相对待的精神与物质的微粒、能量、动势、事物、原理的相对相关的动态统合。道家之道，虚灵不昧，是无用之大用。“有之以为利，无之以为用”，实有之用是有限之用，虚无之用是无限之用。道家启发我们超越现实，透悟无穷。道家“无为而无不为”“无用之用乃为大用”的方法学，亦即重视管理中的软件、软实力。

## （五）生态智慧

关于老子的生态观与环境伦理思想，我们认为有如下几个方面格外重要。

### 1. 道法自然，天地一体

老子强调宇宙的整体观与生命观。如前所述，道是超越、绝对的，但又是宇宙万物的生成原理与实现原理。

> 道大，天大，地大，王亦大。域中有四大，而王居一焉。人法地，地法天，天法道，道法自然。（第25章）
>
> 道常无为而无不为，侯王若能守之，万物将自化。（第37章）
>
> 道生一，一生二，二生三，三生万物。（第42章）
>
> 是以圣人……以辅万物之自然而不敢为。（第64章）

在老子看来，天地万物与人都是道的生命的展现，又与道同体。自然是无为之本，无为则是自然之末。自然是人类生命的源泉与生存发展的依据。人只是天地万物之一种。人与天地万物的生命是一个流动的整体。人的目的与自然的目的不相对立。人学习自然，并最终要回到自然，复归初始的道，即回到人的本真状态，而不是孤悬在道与自然之外、之上，征服、占有、掠夺、榨取自然。天地作为人类生存的整体环境，有超出一般宇宙论的意涵。在道的统帅下，人与自然的内在关联具有神圣性，其背后有“玄之又玄”的形上超越层面与“和其光”“同其尘”的生命智慧。

成中英指出：“中国哲学大部分认为自然是一种不断活动的历程，各部分成为一种有生机的整体形式，彼此动态地关联在一起……由于中国哲学自然主义的此种生机性质，因而在了解自然和实在一事上，就常常应用到生命一词……虽然有许多哲学家允许在主体和客体、物体和精神之间有一分辨，中国哲学家却认为其中的关系是一种自然的相应，互为依藉和补充，在互为依藉和补充以及自然的相应中，就成就和保存了生命与理解。”[①]人类不能外在于这一生机洪流，而恰恰是生存于其中。因此，背离老子智慧的近代西方科技文明所形成的人类中心主义是极为荒谬的，它给人类与中国带来的灾难将日益显露出来。老子的思想是反对人类中心主义的。

## 2. 尊道贵德，朴散为器

老子强调各物自身的价值。我们认为，从道的视域来看，各

① 成中英：《中国哲学的四个特性》，《成中英文集》第一卷，湖北人民出版社，2006年，第18—19页。

物都包含在道中，是道的显现，各物的价值随着道的运行而彰显。从这一角度，可以肯定万物自身内在的价值与存在的意义。

> 道生之，德畜之，物形之，势成之。是以万物莫不尊道而贵德。道之尊，德之贵，夫莫命而常自然。故道生之，德畜之；长之育之，亭之毒之，养之覆之。生而不有，为而不恃，长而不宰，是谓玄德。（第51章）
>
> 道常无名，朴虽小，天下莫能臣也。侯王若能守之，万物将自宾。天地相合，以降甘露，民莫之令而自均。始制有名。名亦既有，夫亦将知止，知止可以不殆。譬道之在天下，犹川谷之于江海。（第32章）

德者得也。道即朴，朴散而为具体存在的器。万物都是道之所生，德之所蓄。德即内在德性，或曰万物之性。在这一意义上，万物中的各物不是只有被人所用的取用价值，还有自身价值，与人类中各人一样，不只是工具，还是目的。上引第32章的“自均”有均平之意，与前引第37章之“自化”及未及引的第57章之“自化”“自正”“自富”“自朴”都有深意。老子的“无为之治”不仅是社会人事治理的“自治”智慧，而且是天地万物的和谐之道，含有各物类共生的有差别的统一的和而不同之意。肯定万类万物之自性、自身价值，是今天环境伦理的重要内容。

### 3. 我有三宝，知足寡欲

老子强调人对自我的反思与约束。人类欲望的膨胀给万类万物的生存造成极大的危害。老子提倡的慈、俭、不敢为天下先不仅是人的道德，亦具有生态学的意义。

我有三宝，持而保之：一曰慈，二曰俭，三曰不敢为天下先。慈，故能勇；俭，故能广；不敢为天下先，故能成器长。（第67章）

五色令人目盲，五音令人耳聋，五味令人口爽，驰骋畋猎令人心发狂，难得之货令人行妨。是以圣人为腹不为目。故去彼取此。（第12章）

名与身孰亲？身与货孰多？得与亡孰病？是故甚爱必大费，多藏必厚亡。知足不辱，知止不殆，可以长久。（第44章）

“久”指时间的延绵。从人身生命的长久，人在社会生活中的长久及与万类共生的长久之道来看，个体、群体与类的人都应自省、收敛，不能沉溺于声色犬马等物欲的追逐之中。同时，老子也警惕、批判知识、知性的膨胀。人类逞知识、知性加上穷奢极欲，破坏了生态的平衡。今天物种的急剧减少，水、土资源的滥开发与污染，大气的污染，给今人及子孙万代的栖息带来严重的负面影响，令人触目惊心。老子的智慧是对人性反思的智慧，这一点也是今天环境伦理特别强调的。

4. 以天下观天下

老子的智慧是开放的、无私的。他有对天地万物的整体的维护与关怀，故有“天道无亲，常与善人”（第79章）之叹。老子的生命体验即他对宇宙的“观法”：

修之于身，其德乃真；修之于家，其德乃余；修之于乡，其德乃长；修之于国，其德乃丰；修之于天下，其德乃

普。故以身观身，以家观家，以乡观乡，以国观国，以天下观天下。吾何以知天下然哉？以此。（第54章）

老子超越了主体性，肯定各类各物的生命与人的生命的共存共生，尤其是希望人应当修德，修德才能和谐身、家、乡、国、天下。人应有平常心与平等心，将心比心，以己度人，从如何看待自己个人，去体悟、观照、对待别人，如此类推到从如何看待、对待自己的家、乡、国、天下，去体悟、观照、对待别人的家、乡、国、天下。这与儒家的推己及人的恕道恰好相通。这是中国式的沟通理性与沟通智慧，由此而走出自我，走向他者，最后走向道。这正是老子提供给今天生态学与环境伦理的重要的智慧。

叶海烟认为："由于老子并不是一环境主义者，因此他似乎仍不必涉入今日环境主义者的某些议论之中，而我们仍大可将思考焦点摆在老子所强调的'道在一切'的大化之论。此外，对他所宣扬的物之内在性、独立性、平等性与一体性，则可运用超越'人类中心主义'的种种思考予以抉取，这对扩大当代环境伦理观的视野当有正面的意义。"[①]

也就是说，老子的生命智慧、老子的道论，大大超过了生态学与环境伦理，但老子博大、精深的道的智慧，其人与天地合一、道法自然、以天下观天下的思想等，无疑是最高智慧，可以为现代人对己、对人、对物、对宇宙的反思提供超越于习见的二元对立的新的视域与方法。

---

① 叶海烟：《老子的环境伦理观》，《老庄哲学新论》，台北文津出版社，1999年，第72—73页。

### 5. 自然与人文

老子的思想智慧在中国与世界影响深远。老子不仅是道家与道教的一代宗师，也是人类顶级的哲学家！老子思想在现代化的中国与世界，对于治疗现代顽疾，克治人与自然、人与社会、人与人、身与心的异化，尤其具有价值与意义！

长期以来，儒家与道家是中国文化的主轴。说儒家是人文主义的，是说儒家重视社会伦理秩序与道德文明的建构。儒家善于继承传统文化、典章制度而又趋时更新，因革损益，凝聚社会人心，积极有为地推展事功。儒家所主张与推行的伦理教化，大体上与民众的要求，特别是社会的秩序化、和谐化，缩小贫富差距，端正人心，淳化风俗的要求相适合。

说道家是自然主义的，是说道家回归自然而然的状态，对人为，对社会伦理予以解构。一般地说，“这所谓‘自然’不是与人相对的自然界，更不是机械论的必然性或因果律之类，它只是自然而然，没有任何的目的或意志之义”[1]。“道”使万物生长，“德”使万物繁殖。它们使万物生成、发展、成熟、结果，对万物爱养、保护。道统领、管理万物而不对万物强加宰制、干预。社会的伦理生活、文明制度，按自然条理生成并无害处，害怕的是，人为作用的强化，或执定于种种区分，将其固定化、僵化，则会破坏自然之道。儒家建构人文，道家解构人文。儒家在人伦中，同时也在天、地、人、物、我的相互关系之中安顿生命，而道家回归自然，更是在天地自然中安顿生命。传统社会的知识人几乎都兼综儒道，得意是儒家，失意是道家。除了儒道思想，还有佛教，都是知识人的精神食粮或精神安顿处。

---

① 蒙培元：《儒、佛、道的境界说及其异同》，张广保、杨浩主编：《儒释道三教关系研究论文选粹》，华夏出版社，2016年，第87页。

知自然之道必知天，知人伦之道必知人，“天人合一”是儒道共同的信念。这一信念指的是人与超自然的神灵相贯通，与自然万物同体融合。儒家的人文尊重自然，道家的自然包容人文。

儒家的人文主义不反对自然与宗教，包含了自然与宗教，儒家的人文主义不是寡头的人文主义。儒家有对天、天道、天命的尊崇与敬畏，儒学具有一定的宗教性、超越性。儒家的礼，包含了对昊天上帝至上神灵、对天地山川自然神灵与祖宗神灵的礼敬礼拜，此亦为尊重人与人文的源头，儒家有终极关怀与信念，以之安身立命。

儒家祭祀最重视的是祭天祭地。儒家尊重山川、陂池、动物、植物等。这种尊重与敬畏，通过祭祀山林川泽加以表达。儒家的“以德取物”观，即取用有爱、有序、有节、有度等生态伦理思想，承认了植物、动物乃至整个自然界的生存发展权利。由上可知儒家批判寡头的人类中心的人文主义，而极富宗教心灵，儒家的人文涵摄了自然与宗教。儒家人文主义有深厚的宗教性与自然而然的倾向，尊重并亲和自然。

道家以自然智慧批评、反思人文，超越人文，包含了、丰富了人文价值，使人文发展更加健康。在一定意义上，毋宁说道家追求真人性、真人文[①]。关于老子之“自然”的理解，刘笑敢提出“人文自然”的概念，即是说，此“自然”不是天地自然、物理自然、生物自然、野蛮状态、原始社会，不是反文化、反文明的概念。“老子之自然表达的是对人类群体内外生存状态的理想和追求，是对自然的和谐、自然的秩序的向往。这种价值取向在人类文明的各种价值体系中是相当独特的，是值得我们重

① 陈鼓应从多方面论述了老子、道家的人文世界、社会关怀，肯定道家的人文精神，详见陈鼓应：《道家的人文精神》，中华书局，2015年。

视和开掘的，对现代社会的各种冲突来说更有可能是切中时弊的解毒剂。”①

道教重生命重养生，对形（物质生命）与神（精神生命）两方面都十分看重，发展出一套内丹炼养之术，健身长寿之理，以及道家医学理论与实践。道教所重在人文基础的人本身。道教理论也包含丰富的人文思想。唐末五代的杜光庭是道教理论的集大成者，他的重玄学说关于体与用、道与德、无与有、本与迹、根与末的辩证关系的讨论十分丰富，重视本质与现象、本体与功用两者的相辅相成，双行并举，这就包含了对人文化成和主体能动性的肯定，以及人文世界的现实原理。杜光庭的理身理国论也极有特色："他的'理国论'，从主张任民之性，经谦静到复朴还淳，每一步骤都渗透着主观目的性……通过帝王治国实现道教'致太平'的社会政治理想。他的'理身论'将个人修炼与道德教化内容糅为一体，力主为善戒恶，积功累德，故此他并不一味反对有为进取，而把进取有为、积功累德视为入道门的阶次。"② 其无欲修身与治国的目的是相一致的，其理身理国之论与儒家的修身治国学说有异曲同工之妙。

可见，道家、道教的"自然之道"中，包含有重视人之生命本身及人文主义的重要意涵：自本自生自成自化的人文化成观；人格精神的独立自由；通过修身实现社会政治的太平理想，追求真善美合一的人生意境。

儒家的"诚恕"之道与道家的"齐物"之论可以互释。儒家"谦让"与道家"不争"，同样是个人修养的重要工夫。以人文

① 刘笑敢：《老子古今：五种对勘与析评引论》上卷，中国社会科学出版社，2006年，第49页。

② 李大华等著：《隋唐道家与道教》下册，广东人民出版社，2003年，第599页。

化为特征的儒家与以返璞归真为特征的道家相反相成，互制互补。牟钟鉴说："儒道互补成为中国文化的基本脉络，一阴一阳，一虚一实，既对立又统一，推动着中国文化的发展，同时保持着一种平衡，避免走入极端。在此基础上，有佛教文化进入，形成三教之间的互动，更增加了中国文化的灵性与超越精神。"[①]

许抗生说：儒道"两者之间，你中有我，我中有你，儒家中有道家的思想，道家中亦有儒家的思想。……道家重自然，儒家重人文，儒道两家的融合，从某种意义上说，实就是道家的自然哲学与儒家的人文哲学的结合。中国传统文化是离不开儒道两家的"[②]。这两家是中国文化的根基，是融合外来文化的基础。

学者曾昭旭以王船山"两端归于一致"与牟宗三实有层与作用层分而又合的方法论讨论儒道关系，认为儒道两家互为体用：以儒家理想为主，则道家义理是其实现原理；以道家理想为主，则儒家义理是其实现原理。"儒家的义理是道德之所以为道德的本质原理，道家义理则是道德所以能真成为道德的实现原理。""当儒家讲秩序（礼）、关系（人伦）、责任（义），讲黾勉、弘毅、博闻的时候，他虽然没有在实有层正面肯定逍遥自在、和谐自然，却是在作用层上孜孜矻矻地经营一个可让纯真生命自在流行的人文世界。……儒家之有为，是作用地保存了生命之自由。"[③]自由也须从个人的主体自由推广到群体的各安其位，

① 牟钟鉴：《儒、佛、道三教的结构与互补》，张广保、杨浩主编：《儒释道三教关系研究论文选粹》，华夏出版社，2016年，第80页。

② 许抗生：《简论中国传统文化的儒道思想互补》，张广保、杨浩主编：《儒释道三教关系研究论文选粹》，第340页。

③ 曾昭旭：《论儒道两家之互为体用义》，张广保、杨浩主编：《儒释道三教关系研究论文选粹》，第348—349页。

各遂其性，各美其美，美人之美，这是更充分的自由理想的实现，这恰是儒家的理想境界。

儒家推展文明建设，构建和谐有序的社会；道家探寻文明的限制，抉发自然造化与人性的真实，超越自私用智的偏颇。儒道双行，恰如庄生讲的“两行”之理，包含人文与自然、超越与内在、无限与有限的两行兼顾，在人文到自然，自然到人文，超越到内在、内在到超越，无限到有限、有限到无限的“回环”之中，找到人真正的安身立命之所。“两行”是有差别的、有张力的、辩证过程的统一。

儒家的人文主义中有自然主义，道家的自然主义中有人文主义。儒家的道德智慧中有自然智慧，道家的自然智慧中有道德智慧，两者相济相参，并举互动。儒道之间有批评有争论，同中有异，异中有同，正因此而能“和而不同”，互为体用，成为中国文化的主流。兼顾儒家儒教与道家道教之“两行”，才合乎中国之“道”的流行的妙谛。

# 三、墨子的智慧

孔子、老子、墨子是春秋末到战国初期儒家、道家、墨家三大学派的创始人。在了解了孔子与老子之后，我们再来了解一下墨子、墨家与墨学的智慧[①]。

## （一）墨子与墨家

墨子名翟（dí），出生于春秋末战国初，是我国伟大的思想家、哲学家、教育家、科学家和军事家。他是宋国大夫，但长期生活在鲁国。墨子的身份可能是具有一定文化知识、接近“农与工肆之人”的“士”。他早年学习儒术，因不满周礼的繁文缛节，自创学派。

墨子师徒组成了宗教性与政治性的社团，集体奔走于齐、鲁、宋、楚、卫、魏诸国。孟子也不得不肯定“墨子兼爱，摩顶放踵利天下为之”。据说，公输般为楚国制造了攻城云梯，准备攻打宋国。墨子听到这一消息后，从齐国出发，裂裳裹足，星夜兼程，十天赶到楚国郢都，与公输般辩论，并向楚王宣传“兼爱”“非攻”思想。他在楚国演示了自己的守城方法，公输般比不过他。墨子告诉楚王：“臣之弟子禽滑釐（qín gǔ lí）等三百人，

① 本章关于《墨子》资料，均据孙诒让：《墨子间诂》，中华书局，1986年。

已持臣守圉之器，在宋城上而待楚寇矣。”最后楚王不得不放弃了攻宋的打算。这就是历史上著名的“止楚攻宋”的故事。此外，他还阻止了鲁阳文君攻郑、攻宋。

墨家为什么叫“墨”？当然是创始人姓墨，然而“墨”字又含有绳墨、墨刑、瘠墨三义。墨子自称“贱人”，他一生“以自苦为极”，效大禹精神。墨者集团推选出他们的首领，称为“巨子”，成员多能吃苦耐劳、手足胼胝、面目黧黑，“腓无胈，胫无毛，沐甚雨，栉疾风”。墨家与其他学派不同，基本上是由社会下层手工工匠、刑徒、贱役等人组成。它有严密的组织纪律，是具有一定的宗教色彩的学术团体，其成员皆布衣草鞋，生活勤俭。墨子弟子到各国去做官，也必须遵守墨家的纪律，推行墨家的主张，还要向这个团体交纳一定的俸禄。墨者都能仗义执言，见义勇为，赴火蹈刃，死不旋踵。

孟子说：“杨朱、墨翟之言盈天下，天下之言不归杨，则归墨。”（《孟子·滕文公下》）韩非子说：“世之显学，儒墨也。儒之所至，孔丘也；墨之所至，墨翟也。孔子、墨子俱道尧舜，而取舍不同，皆自谓真尧舜。”（《韩非子·显学》）《吕氏春秋》记载：孔墨“皆死久矣，从属弥众，弟子弥丰，充满天下”（《吕氏春秋·当染》）。又说：“孔墨之弟子徒属充满天下，皆以仁义之术教导于天下”（《吕氏春秋·有度》）。可见在战国时代，墨子、墨家学派及其思想、行为对全社会有极大的影响力，足以与孔子、儒家学派相比肩。墨儒的区别乃在于墨子之学出于夏礼，孔子之学出于周礼。他们同样都尊尧舜，同样都有很高的道德追求，甚至墨子于《诗》《书》之教，颇有修养。他反对的只是形式化的礼乐。

墨家活动时期约近二百年，墨子之后的传衍世系不详。据

《韩非子·显学》记载，墨子之后有相里氏之墨，有相夫氏之墨，有邓陵氏之墨，谓之“墨离为三”，取舍相反不同。《庄子·天下》讲到墨家诸派，其中有南方之墨者苦获、已齿、邓陵子之属，以及各派“相谓别墨”的状况。“别墨”是墨家学派内部分化以后，各守所见，都以自己为墨学正宗，相互呼为“别墨”。

墨家有“以绳墨自矫而备世之急”的侠义精神，多勇武之士。墨家善于运用概念、判断、类比推理等逻辑方法和辩论术说服或批驳论敌。墨学兼含有“辩”“侠”两义，其后继承者中多有辩士与侠士。今人有墨学三派（游侠派、论辩派、游仕派）之说。

《墨子》之书，《汉书·艺文志》著录七十一篇，宋后实存五十三篇，即今本，存《道藏》中。经清代学者整理和近现代学者研究，这五十三篇文章约可分为五组。第一组是卷一的《亲士》《修身》等七篇，系墨家数传弟子利用墨子某一言论论述自己的主张。第二组即卷二至卷九的《尚贤》（上、中、下）等二十四篇。这一组文章实是墨子门人或再传、三传弟子教育学生或驳斥其他非难墨家学说而成文的，记载了墨子主要的社会政治思想。第三组即卷十的《经》（上、下），《经说》（上、下）和卷十一的《大取》《小取》，共六篇。有人称此六篇为“墨辩”。也有人认为这六篇应分为两类：一类是墨经，即《经》与《经说》，是墨子所著所讲，系《墨子》全书的总纲和大本；另一类是墨辩，即《大取》《小取》，是墨家辩者之言。第四组包括卷十一至卷十三《耕柱》等五篇，为墨子言论、行迹的记录，系墨子门人或再传弟子所写。第五组包括卷十四《备城门》等十一篇，记载墨子城市守备的方法，包含有兵家之言，有人认为这是在秦之墨者所作。1956年，在河南信阳长台关楚墓中出土了《墨子》佚篇，可供参考。

## （二）“兼爱”为中心的十大主张

墨子思想十分丰富，主旨乃“兴天下之利，除天下之害”。就其尚贤、尚同、节用、节葬、非乐、非命、兼爱、非攻、天志、明鬼等十大主张而言，乃以兼爱为本。墨子十事，表面上看十分矛盾，但这些治国方略是为救治列国社会病态而准备的，至于针对某国某地，只需视其具体情况对症下药。墨子曾教导弟子，到列国去，因时因地制宜，该国昏乱，则提倡尚贤、尚同；该国贫穷，则告诫节用、节葬；该国享乐腐化，则宣传非乐、非命；该国淫僻无礼，则强调尊天、事鬼；该国掠夺侵凌，即语之兼爱、非攻。这叫“择务而从事”。可见，此十事并非平列的，亦非同时使用的。

### 1. 兼爱非攻

墨子看到当时国与国互相攻伐，家与家互相抢夺，人与人互相残害，强凌弱、富侮贫、贵傲贱、智诈愚等一系列罪恶的社会现象，认为这些都是“天下之大害”，决心加以救治。他认为，“凡天下祸篡怨恨”，都是由于“不相爱”引起的。人人都知道自爱其身、家、国，而不爱他人之身、家、国。“相爱”指国与国、家与家、人与人之间相互爱护，所以又叫“兼相爱”，即不分人我、彼此，一同天下之利害、好恶。他以爱人若己、为人犹为己的“兼爱”思想解释仁德，把“兼相爱”看成是“仁者”所追求的最高道德观念。

墨子反对战争，反对亏人以自利，提倡“兼相爱，交相利”。他认为，一切灾害都产生于“别”。所谓“别”，即偏爱、自私。各自从偏爱出发，亏人以遂其私，所以产生了“交相恶”。

拯救的办法是“以兼易别”。所谓“兼”，即每个人都毫无分别地爱一切人。“兼”字在金文中像手持二禾，《说文解字》释“兼”为“并”，即隐喻平等之意。“兼爱”不同于孔子的“仁爱”。儒家“仁爱”是有差等的爱，如对父母的爱与对兄长的爱不同，对自己父母的爱与对别人父母的爱不同。儒家主张从亲情出发，推己及人，“老吾老以及人之老，幼吾幼以及人之幼”。儒家强调个人生命体验的过程，“亲亲而仁民，仁民而爱物”，最后达到“泛爱众”“博爱之谓仁”“民胞物与”的境界。墨子的“兼爱”则是“爱无差等”，也就是说，他要求人们对别人的爱与对自己父母、亲人的爱没有差别，一视同仁。“故圣人以治天下为事者，恶得不禁恶而劝爱。故天下兼相爱则治，交相恶则乱。故子墨子曰：‘不可以不劝爱人者，此也。’”这是墨子的治国之道和理想社会。

墨子以兼为善，以兼为仁义，其“兼爱”的背景是“互利”。“夫爱人者，人必从而爱之；利人者，人必从而利之；恶人者，人必从而恶之；害人者，人必从而害之。”他把小生产者互爱互利的道德原则推广为天下普遍的原则。这里有功利主义的交换原则与“利人利己”“害人害己”的心态。他实际上主张“己所欲，施于人”，但从互利互惠的角度讲，则融合义利，易被小生产者所接受。

他劝诫“有力者疾以助人，有财者勉以分人，有道者劝以教人”，盼望建立一个“饥者得食，寒者得衣，乱者得治”的公平合理社会。这其中含有对王公大人骄奢淫逸的不满，控诉了争夺战乱给人民带来的痛苦，表达了劳动者要求自食其力、过安定生活的愿望。当然，“兼爱”带有绝对平均主义的原始平等思想的痕迹。

“兼爱”是针对攻伐而来的。因此，墨子又主张“非攻”。他首先指出攻战的“不义”，然后指出攻战之“不利”。墨子揭露无义的攻伐“夺民之用，废民之利”。“春则废民耕稼树艺，秋则废民获敛。今唯毋废一时，则百姓饥寒冻馁而死者，不可胜数。”墨子谴责武力兼并的战争是“不义”的，其根据是对人民、百姓“不利”。他同时又借助于天、神来说服王公大人、诸侯，指出战争也扰乱了天、神，影响了天、神之利。

2. 尚贤尚同

在“兼爱”的原则下，墨子提出了“尚贤”的主张。墨子的“尚贤”要求冲破“王公大人骨肉之亲无故富贵”的世袭制度，主张政权向“农与工肆之人”开放。他提出“官无常贵，而民无终贱，有能则举之，无能则下之”，认为凡有才能者都可以得到官禄，以德就列，任之以事，以劳行赏，量功分禄。

在“尚贤”的前提下，墨子又设计了“尚同”的社会蓝图。他主张“选天下之贤可者，立以为天子”。天子以下，从三公、诸侯到乡长、里长，也都选拔贤者担任。选出各级政长是为了克服天下之乱，克服一人一义、十人十义、自以为是、以人为非的“交相非”状态。人们要以上级政长的是非为是非，自下而上地逐层统一，做到“天下百姓皆上同于天子”。他提出“上同而不下比”的原则，反映了小生产者对社会统一安定的希望，但这种“尚同”，反对多元多样，必然导致“伐异”。这与史墨、晏子、孔子的“和而不同”是不一样的。

前面述及“非攻”“尚同”时，都涉及到墨子“利天”“同天”之说。墨子肯定意志之天的存在，认为天是自然、社会和人民的主宰，能赏善罚恶。墨子亦肯定鬼神的存在，认为鬼神能在冥冥之中监视人们的行为，能赏贤罚暴。墨子“尊天事鬼”，把宗教政治化与道德化了。他论证鬼神实有，认为鬼神有除暴安良、主持正义、威慑警戒的功能。他的“天志”“明鬼”之说，是借用超越的神秘的力量来治理现实社会的病态，以“兴利除弊”，并塑造、规范一个合理化的、理想化的社会。

墨子相信早期传统宗教观里的意志之天说，但又主张“尚力”“非命”。他认为，命定论是帮助暴君来欺骗百姓的，使百姓安于接受现实，无所作为；决定社会治乱和人们命运的，不是“命”，而是“力”。从王公大人的听狱治政到农夫农妇的稼穑织纴，都靠各尽其力。人必“赖其力者生，不赖其力者不生”。在这里，他又肯定了人有能力掌握自己的命运。

墨子相信鬼神，祭祀鬼神，肯定人鬼同利，但另一方面又主张“薄葬”。他认为，厚葬久丧并不能富贫众寡，定危治乱，是辍民之事，靡民之财，足以使国家由富变贫，人民由众变寡，行政由治变乱。墨家代表老百姓的利益与要求，反对厚葬。他又重视祭祀上帝鬼神。祭祀当然也要浪费财力、物力、人力，但墨子为什么不反对祭祀呢？这与他的“天志”“明鬼”学说有关。他必须保留上帝和鬼神作为超越的力量，控制人事。另一方面，从《墨子》一书中可以看出，当时厚葬的奢靡之风已达到无以复加的程度；相形之下，祭祀的浪费要小得多。按墨子的设想和当时的习俗，祭品一般都给家人、亲族、乡里的人共享，而祭祀对安定社会人心起的作用较大。由此可见，墨子考虑问题，是从国家人民的实利出发的。因此墨子也强调“节用”。

## （三）认识论与科学成就

1. 三表法与“名实合为”

墨子提出了“三表法”，即检验认识的三条标准：“何谓三表？子墨子言曰：有本之者，有原之者，有用之者。于何本之？上本之于古者圣王之事。于何原之？下原察百姓耳目之实。于何用之？发以为刑政，观其中国家百姓人民之利。此所谓言有三表也。”这就是要以关于古代圣王的历史记载、老百姓的亲身经验和实际运用是否符合国家人民的利益，来判断认识的正确与否。在这里，他比较重视感觉经验、闻见之知，更肯定古代文献的记载，尤其强调社会效果是衡量诸种学说是非曲直的重要标准。“三表法”的确立有积极意义，但依同样的标准，他也论证了鬼神存在的正确。因为古籍中有鬼神的记载，百姓中有鬼神的传闻，而他认为鬼神的威慑有益于国家治理和人民安定。

墨子在《墨经》中肯定人们通过五官可以获得感性认识。“知，材也。”“材”指人们的认识能力。“知，接也。”通过感官与外物相接触产生认识。“惟以五路知”。五路，指五官，即耳、目、口、鼻、肤。“知而不以五路，说在久。”“久”指时间。这是说，人们在很长的时间内形成了的熟练技能，可以不再直接通过五官去知觉。这是熟能生巧所致，不是超感觉。

墨子强调“心”对“五官”得来的见闻之知的辨析察识。“虑，求也。”人有在感觉基础之上的认识能力。他承认认识是不断深化的。“循所闻而得其意，心之察也”；“执所言而意得见，心之辨也”。分析察知属理性认识活动，可以鉴别众人耳目闻见的真伪，涤除虚妄，使认识上升到理性阶段。这是对“三表法”的重要补充。

墨子主张名实合一与知行合一。“知：闻、说、亲；名、实、合、为。”“知：传受之，闻也。方不障，说也。身观焉，亲也。所以谓，名也；所谓，实也。名实耦，合也；志行，为也。”“闻知”是从传闻或阅读得到的知识。“说知”是通过闻知得到的材料推断出的新知识，包含着逻辑推理。“亲知”是直接经验。“名”指名辞概念，“实”指实际事物，“名实耦”指概念与事物、认识与实际相符合。“行”就是“为”，有正当目的的行为称“志行”。“行，所为不善名，行也；所为善名，巧也，若为盗。”他肯定知行相合一，尤其强调行为的目的要善，符合百姓之利，而不是巧言令色，欺世盗名。

### 2. 科学技术成就

墨家对中国古代的科学技术作出了极为重要的贡献。这些成就主要被记录在《墨经》中。以今天的眼光来看，涵盖了数学、物理、工程机械、科学思想与方法等多方面。

数学方面，《墨经》给出了一系列算学与几何学命题与定义。如说：“倍，为二也。”即原数自加一次或者乘以2为倍。又如，定义圆：“圆，一中同长也。”即圆是与中心同样长度的线所构成的图形。虽然这些命题与定义只是文字的表述，并无数学符号的表达，但是其所具有的抽象性、逻辑性与严密性，可以说代表了先秦时期最高的数学理性思维水平。

物理学方面，主要是关于力学、光学的内容。如墨子对于力的定义：“力，刑之所以奋也。”刑即形状的形，指物体。奋指动，即运动。这句话是说力是物体所以发生运动的原因，这显然来自经验的概括，也符合力的属性。而墨子在光学方面的研究成果可以说是最为现代学者所重视与称道了。《墨经》中的光学条目虽然仅有八条，但极具有系统性、逻辑性，涵盖了阴影问题、小孔成像问题、凹面镜与凸面镜成像原理及实验等多个方面。李约瑟曾高度评价这些成果说："比任何我们所知的希腊的为早，印度亦不能比拟。"

工程与机械制造方面，墨子发明了用机械力量代替人拉弓的连弩车，由辘轳、轮轴控制，据说一次可发射小矢六十枚，威力巨大。他还利用杠杆原理制造了掷车、转射机，用来在战争中远距离抛掷武器。其中掷车较大，转射机较小，但更为灵活。它们应该是后世战争中使用的发石机的鼻祖。

科学思想与方法方面，墨家也有贡献。墨子给出了时间与空间的定义："久，弥异时也。""久，合古今旦莫。""宇，弥异所也。""宇，东西家南北。"即墨子认为"久"包括古今旦暮的一切时间，"宇"包括东西南北的一切空间。在方法上，墨家的科学工作与其创立的辩学又是不可分割的。

总之，尽管《墨经》中只是零散地包含了一些关于科学研究的记录，缺少类似欧几里得《几何原本》的系统性，墨子本人也并非职业的科学家，但是，这些记录代表了先秦时期我国科学研究的最高水平，其内容及其逻辑性、严密性等在我国科学史上极具特色与价值，甚至在世界科学史上都占有重要地位。

### （四）"名辞说辩"的逻辑学

墨家的逻辑学体系包括"名""辞""说""辩"几部分，以"辩"统摄全体。

1.“以名举实”

举名，就是命名或加名。名用来称谓实，是主观的给予、加予。名反映的不仅是事物的现象，而且是它的本质或属性。“知其所知不知，说在以名取。”知与不知的区别，就在于能否以名举实。“所以谓，名也；所谓，实也。”从根源上说，名由实起，名实统一在实，即必须以实正名。

名的种类很多。从外延的大小来划分，则有达名、类名、私名三种。“名，达、类、私。”“达名”是最一般的概念，如“物”。“类名”是反映一类事物的概念，如“马”。“私名”是专有的单独概念，如“臧”这个特定的人。此外，从属名与种名来划分，则有兼名与别名。“牛马”是兼名，牛是别名。牛马或牛或马是属于全体与部分、大类与小类、属名与种名的关系。

《墨经》虽然强调以名举实，但它并不是把“名”这个符号指向某种静止、孤立的物件。其“名”（辞、说、辩）始终与变化着的“实”统合在一起，“实”的时空运动场制约着“名”的语义。如关于“宇”（空间）这一符号语言的释义：“宇或徙，说在长宇久。”“长宇，徙而有处。宇，南北在旦（朝）有（又）在莫（暮），宇徙久。”物体在空间区域的迁移（运动），就表现为空间的扩大和时间的延长；而物体在时间上的延续又总是与所处的迁移联系在一起的。例如物体在空间上由南向北移动，在时间上就会由朝至暮的延续。它在规定“宇”（空间）这一符号时，以为空间隶属于时间，也与运动不相分离。

2.“以辞抒意”与“以说出故”

关于“以辞抒意”。后期墨家涉及到作为判断的“辞”或“言”的不同形式，如“尽”“或”“假”“必”和“且”等。“尽，莫不然也。”“尽”在这里已是一个全称判断，全称直言肯定判断。“或也者，不尽也；假也者，今不然也。”“或”含有特称、选言判断和选言推理的含义，如“时或有久，或无久”，“尺与端或尽或不尽”等。“假”是区别于“今已然也”（实然判断）的假言判断。此外还有必然判断和“且然”（将然）判断的形式。“且入井，非入井也”，将要入井而尚未入井，含有某种时态的关系。

关于“以说出故”。墨家“说”式推论的基本逻辑范畴是——故、理、类。“夫辞，以故生，以理长，以类行者也。”在整个“说”式推论中，故、理、类三者是基本前提。“故”是事物所能成的原因、条件和论题的根据与理由，其中有“大故”和“小故”。“小故，有之不必然，无之必不然”；“大故，有之必然，无之必不然”。“大故”相当于充分必要的条件。“小故”相当于必要的条件。“理”也即“法”。“理”和“法”是指事物之理和立辞的论据。

墨家逻辑推论非常强调“类”的同异，“以类取”“以类予”，都是关于类的推演。在推论中，首先必须“明类”。墨家逻辑的推理方式，有具有类比特点的“辟”“援”“推”和属于一般演绎论式的“或”“假”“效”“侔”，含有选言推理、假言论式、直言的演绎论式、复杂概念推理等形式。

3.“辩”的原则

最后是关于“辩”学的基本原理。“夫辩者，将以明是非之分，审治乱之纪，明同异之处，察名实之理，处利害，决嫌疑。”这里阐明了“辩”的目的和作用是“明是非”“审治乱”“明同异”“察名实”“处利害”“决嫌疑”。墨家在战国时期第一次全面研究了作为逻辑科学的“辩”的问题。“辩”学“摹略万物之然，论求群言之比”，考察客观事物的所以然，分析比较不同的言论，解决认识真理的方法问题并为社会实践服务。“辩”的原则是：“以名举实，以辞抒意，以说出故。以类取，以类予。”这就是前面阐述的名实关系问题，概念、判断、推理的一些方法和规则问题。在名、辞、说、辩四者中，“正名”“析辞”“立说”是“明辩”的基础，“明辩”则能兼三者之能事。

## （五）墨家的地位与贡献

综上所述，墨家是九流十家中重要的一家，是中国文化的一种基因。有学者曾经打比方说，如果儒家的口号是“到庙堂去”，道家的口号是“到山林去”，那么，墨家的口号就是“到民间去”。这当然不免简单化了，但大体上我们可以说，墨家反映了社会下层老百姓的心声。

墨家与儒家不同，背周道而用夏政。墨子之崛起，反周从夏，以禹为榜样，以兼爱为中心，日夜不休，形劳天下。墨子确以古道批判周文。墨子法夏，即利用原始文化中的博爱、互利、民主、平等、为公的精神去批判和否定礼治架构的不合理，批判黑暗的政治统治和奢侈靡财的文化，试图再造一种与下层民众的生活相协调的文化价值体系。

如上所述，墨家的学术贡献还表现在自然科学技术、认识论、逻辑学方面。尤其是墨家的逻辑学，显示了我国先秦学者的极高智慧，足以与西方、印度古典逻辑相媲美。

墨学在汉代以后迅速衰微，原因何在呢？首先，从外部来说，是儒家的批评（如孟子辟杨墨），以及儒学地位越来越高，知识分子视墨学为邪说暴行，因而被冷落。其次，从内外部关系来说，墨家学说不适应秦汉以后的社会生活。张岱年、任继愈先生指出：秦以后的社会是政治上高度集中统一的社会，它所面对的则是分散的农业自然经济，这两者整合得好，社会就进步繁荣。儒学思想适应并有助于这两者的协调。而墨家兼爱思想有打破家族家庭本位之嫌，特别是墨家的组织、游侠作风和辩说特性，都不适应农业文明的大一统的社会，并会被集中的中央政府所禁止，如汉朝就打击游侠。于是墨家文化就逐渐演变成在野的、在社会下层之间流行的思想，在社会上层文化中地位很低[①]。

另外，墨家主张的以兼易别和整齐划一的“尚同”思想，反对多样化，不适应社会各阶层表达自己的愿望，反而加剧了社会矛盾。墨家的“尚同”与儒家的“和而不同”，与秦汉以后统治者要求的集中都不相同。这也就是荀子所批评的“墨子有见于齐，无见于畸”；“有齐而无畸，则政令不施”。

再次，据韦政通先生等研究，从内部原因来说，墨家自身有很多缺陷使它中绝。第一，墨子去世后，墨家缺乏德业兼备的领袖，缺乏像孟、荀之于儒家，庄子之于道家那样的大师级人物。第二，墨家组织内部缺乏民主。第三，它的苦行主义、自我牺牲，使人们难以接受，其理想也很难实现。第四，墨家后世的墨侠集中在秦国，有“拥秦”的嫌疑，在知识分子中名声不好。第五，墨家后学有的诡辩过于微妙[②]。

此外，秦汉以后，上层文化的主流有重政轻技、重道轻器的倾向，致使墨家的自然科学思想以及逻辑学等没有发展的适

---

① 参见《任继愈教授的讲话》和《张岱年教授的讲话》，《墨子研究论丛》（一），山东大学出版社，1991年，第27、43页。

② 参见韦政通编著：《中国哲学辞典》，世界图书出版公司，1993年，第712—715页。

宜土壤。但墨家文化在民间社会仍然起着作用。在科学方面，它对魏晋时期的科学家鲁胜、刘徽有重大影响。在道德方面，墨家刻苦耐劳、勤俭节约、兼爱互利思想也为我国劳动人民所继承与发扬，其救世献身精神和意志的磨练，构成了中华民族对理想人格追求的有机组成部分。墨家重视实践经验、强调践履的作风也影响了清初颜元、李塨学派。墨子思想对我国道教的兴起和农民起义都有一定的影响。

清代以后，随着乾嘉朴学的兴起，墨子的整理与研究渐渐复苏。民国时期，墨子研究大盛。1904年梁启超在《新民丛报》上发表《子墨子学说》等文，阐扬墨家的宗教思想、实利主义、兼爱学说为救国的良方，指出："今欲救之，厥惟墨学。"

墨家的思想在今天仍有重要的意义。比如，其所主张的"兼爱""非攻"，在今天和平与发展的时代，这一诉求可以说也代表了世界各国人民的利益与期待。我们批判霸权主义，制止非正义的战争与恐怖主义，仍要如墨家一样，提倡爱心与彼此的沟通理解，推动国家、民族、宗教间的对话，促成和谐中国、和谐世界的建构。此外，墨家倡导的勤劳节俭，在今天的中国也有重要意义。曾国藩在遗书中强调"习劳则神钦"，肯定大禹、墨子皆"极俭以奉身，极勤以救民"。他认为这是士子修身的重要途径。今天我们提倡廉政，强调政德，反对奢靡之风，对全社会及每位干部来说，墨家的俭德与勤德都是榜样。

# 四、《周易》的智慧

中国先民认识自然、社会与人自身，经历了复杂的过程。他们在当时所处环境的日常生活中，仰观天象，俯察地理，近取诸身，远取诸物，力图把握天、地、人、物、我等各种现象与关系，特别是身边的现象及现象间的联系。

《周易》的《贲卦·彖传》讲："刚柔交错，天文也；文明以止，人文也。观乎天文，以察时变；观乎人文，以化成天下。"贲卦的卦象离下艮上，离为日，艮为山。日在山下，是太阳出山或落山时的景象，五彩缤纷，装饰大地，非常美丽。"贲"是装饰的意思。这里讲，阴阳相杂，天然的文饰十分美丽。文明在使人的行为有所止，即有所约束。人文指伦理道德。阴阳迭运，是天然的现象；文明而有所约止，是人类社会的伦理道德现象。观察自然现象，可以把握四时的变化；考察人类社会的伦理道德，可以教化天下，改善礼俗[①]。《周易》就是研究天道、人事的大书。它是怎么形成的，讲了些什么道理，有什么价值与意义呢？

---

① 参见唐明邦主编：《周易评注》（修订本），中华书局，2009年，第67—68页。本章《周易》经传引文多据本书。

## （一）卜筮与《周易》

### 1. 占卜

人类早在新石器时代晚期就利用占卜来预测吉凶，占卜使用的道具各异。三代时人，遇到祭祀、征战、农事、商旅、婚嫁诸事，常以龟占卜，以蓍占筮。例如殷人常用龟卜，即在龟甲上以刀钻洞，以火烤之，从龟甲裂纹的形状变化，判断所卜问事的吉凶。殷墟甲骨卜辞就是一些占卜结果的记录。周人并用龟卜与筮占。所谓筮占，是以蓍草的排列组合方式的不同，来对占问事加以解释、判断或推理。筮辞记录下来以后，被编成不同的筮法体系，以后的筮占还要根据经过编排的筮辞，对照着查看、推演。卜法、筮法各有不同的系统、不同的规则，卜筮者的主观臆测当然也加入其中。

传说夏有《连山》，以艮（山）卦为首；殷有《归藏》，以坤（地）卦为首；周有《周易》，以乾（天）卦为首，都是占筮之书，大约是不同时代盛行的若干筮法中的几种典型。这些体系的形成，均经过了由简单到复杂的漫长过程。

### 2.《易经》的形成

现在我们看到的《易经》，有六十四卦的卦辞和三百八十四爻的爻辞，尽管这些筮辞在内容上缺乏内在联系，但在形式上却编排成有条理的体系。据说是伏羲作八卦，文王演《周易》，即重叠八卦成六十四卦而形成了《易经》。从《易经》卦爻辞中所保留的社会历史资料来看，有些卦爻辞在殷周之际就有了。《易经》不出于一时一人之手，其卦爻辞是长期积累的产物，大约编纂于殷末周初。而且从西周到汉代，很可能有不同的筮占体系，《易经》也有不同的编排系统，其卦爻辞日渐丰富，其具有数学变化规律的形式系统也日渐严整。从《左传》《国语》看，春秋（所谓春秋时期自周平王东迁算起，约公元前770年至公元前476年）前期虽有不同的筮占体系，然而卦象、卦名已逐渐统一，卦爻辞各不相同。春秋中后期，用《周易》来解释各类事物的例子渐渐增多了。

《易经》由符号系统与文字系统有机组合而成，其符号是卦画，其文字是筮辞。卦画有两个基本符号，即两种爻："--"（阴爻）与"—"（阳爻）。由三爻组成一卦，共有八个经卦：乾（☰）、坤（☷）、震（☳）、巽（☴）、坎（☵）、离（☲）、艮（☶）、兑（☱）。朱熹的《八卦取象歌》：乾三连，坤六断，震仰盂，艮覆碗，离中虚，坎中满，兑上缺，巽下断。六十四个别卦由八卦两两相重演变而成。如乾（䷀）、坤（䷁）、泰（䷊）、否（䷋）、谦（䷎）、豫（䷏）、剥（䷖）、复（䷗）等。乾坤两卦相重，否卦乾上坤下，泰卦乾下坤上。坎离两卦相重，既济卦坎上离下，未济卦坎下离上。六十四卦按照一定的象数规律排列成前后相承的次序，前三十卦为上经，后三十四卦为下经。《易经》不是封闭的循环，由既济而未济，是不断开放的系统。

每一卦和爻均有简短的卦辞和爻辞。开始时，两爻并不代表阴阳，很可能是长短蓍草的表示，以后才逐渐有了奇偶的意思。由一长两短或两短一长蓍草的不同排列，就有了经卦。八卦在开始时也不具有象征天、地、雷、风、水、火、山、泽等事物的意义。以上意义都是在春秋时，人们增加上去的。

### 3. 从《易经》到《易传》

西周时期《易经》的编排体系，我们还不清楚，但今天我们看到的《易经》的祖本，至少可以追溯到春秋时代。春秋时人们有了阴阳的观念，又有了卦象说，其编排结构大体上反映了阴阳力量的相对、消长、转化和事物发展变化的一些简单的看法。例如乾卦，☰为卦象符号，乾为卦名。其卦爻辞：

> 元亨，利贞。初九，潜龙勿用。九二，见龙在田，利见大人。九三，君子终日乾乾，夕惕若厉，无咎。九四，或跃在渊，无咎。九五，飞龙在天，利见大人。上九，亢龙有悔。用九，见群龙无首，吉。

“贞”是卜问，“利贞”是利于卜问。每卦六爻，自下而上为序，第一爻称“初”，第六爻称“上”，凡阳爻称“九”，阴爻称“六”。这一卦开始亨通，利于卜问。第一爻喻象为龙潜伏在底下，未可施用。第二爻，龙出现在原野上，利于见位高的人。第三爻，君子白天勤勉不倦，晚上警惕，常常如此，即使遇到危难仍不会有灾害。第四爻，龙跳到深水里，可以无灾害。第五爻，龙飞跃上天，象征腾升，利于见到位高的人。第六爻，龙飞到极高，物极必反，将有凶灾。最后总结：本卦六爻都是阳爻，称“用九”。群龙卷在一起而不见其首，这就没有亢龙之悔，故总体上是吉卦。本卦通过对自然、人事经验的总结，反映了作易者对事物变易的看法，有一定的哲理性。例如事物或人的发展由低到高，由新生到成熟，发展到一定地步或地位，就要注意是否会走向反面。人们如何避免“咎”——灾害或过错呢？要善于进行调整，以避免发展的极限。对于人自身来说，不能太满太过，应有忧患意识，保持勤勉谨慎的状态。看来人们是可以有作为的，可以避免凶祸，争取好的结果。

爻与爻、卦与卦之间，也反映了作易者或编纂者的相互联系、相对相关、互补互动的意识。乾与坤、泰与否、谦与豫、剥与复、既济与未济之间，都是两两相对、相互关联与转化的。泰卦的卦象是乾下坤上，本身是吉卦，象征天地阴阳交合通泰。但九三爻指出“无平不陂，无往不复”，即注意平与陂、往与复之间的变化，没有一直平坦而不陂斜的道路，没有永远向前而不曲折反复的进程。上六爻为变爻，喻象非常不好，贞吝（即贞问不利）。否卦的卦象是坤下乾上，天地阴阳不能相交合，万物不通，闭塞，本身是凶卦。但九四爻开始转好，九五爻指出：“休否，大人吉。其亡其亡，系于苞桑。”“休”是喜庆。意思是能注意到闭塞而加以警惕就是好事，所以大人吉。警惕着危亡，就会像系缚在丰茂的桑树上一样稳固。上九爻为变爻，指出闭塞不通之时不会太长，开始不利，而后喜事就来了。

《易传》是关于《易经》的解释性的著作，包括《彖传》上下、《象传》上下、《系辞传》上下、《文言传》、《说卦传》、《序卦传》、《杂卦传》等七种十篇文章，被称为“十翼”。这十篇文章不是一人一时之所作。据专家们研究，当与孔子与孔门后学有关，形成并流传于战国时期，定型于汉代。汉代经师把《彖传》《象传》《文言传》的内容附在相应的六十四卦经文后面，起注解作用，其他传文仍独立成篇。《易传》是一部哲理方面的书，集中阐述了形上学、宇宙发生论、生命哲学观、道德哲学与思维方法论，其中不少观点与概念对后世影响甚巨。

除传世的通行本《易传》外，值得重视的还有1973年出土的长沙马王堆汉墓帛书《周易》，两种《易传》在篇目、文字上都有一些差异。

## （二）生生之德与通变之道

### 1. 阴阳交感

《易经》的阴阳观是中国哲学的基础理论。事物内部乾阳、刚健的力量、势能与坤阴、柔顺的力量、势能，相互感应、作用，推动万物自生、化生、成长、发展。《易传》确立了中国哲学的宇宙生成论的思想。《系辞上传》曰："易有太极，是生两仪，两仪生四象，四象生八卦，八卦定吉凶，吉凶生大业。""太极"即是"道"，是宇宙的本原、开始。由混沌状态的"太极"生出天地阴阳之气（两仪），由天地阴阳之气的交感、阖辟、动静、往来、屈伸，于是生化出四象（春、夏、秋、冬，少阳、老阳、少阴、老阴），由四象生成八卦。八卦在这里模拟万物，如天、地、山、泽、风、雷、水、火等物象；八卦重而为六十四卦，象征万物错综复杂的关系。人们协调、把握其中的主要关系，可以在变化的世界中趋利避害，创建人类文化与制度文明。

《序卦传》曰："有天地然后万物生焉，盈天地之间者唯万物。"该传作者认为，有天地然后有万物，有万物然后有男女，有男女然后有夫妇，有夫妇然后才有父子等一系列的人际关系和社会秩序、规范。这就表明，不仅自然界，而且人类社会，都是一种生命微粒与能量之气生成、发育的关系。《易传》显然继承、弘大了"气"的宇宙论，即存有的连续性的模式，把自然、社会、人生放在同一个大的"气场"之中。

《易传》认为，乾阳与坤阴二气是生成宇宙万物万事的本原与动因。"大哉乾元！万物资始，乃统天。云行雨施，品物流形……"（《乾·彖传》）；"至哉坤元！万物资生，乃顺承天。坤厚载物，德合无疆。含弘光大，品物咸亨。"（《坤·彖传》）

乾坤、阴阳二气是宇宙万物的本原，乾阳为主动性的精神与物质的微粒及能量，坤阴为承接性的精神与物质的微粒及能量；阴阳合和，化生万物。乾元的运动变化，如云行于天，雨施于地，促成万物生长；万物依坤元凝聚成各各不一的形态而存在、发展；坤元柔顺，资生、包容、承载万物；地德与天德结合，作用广大无穷；地包容宏大的阳气，发扬光大，使万品物类无不亨通。

“乾，阳物也；坤，阴物也。阴阳合德而刚柔有体，以体天地之撰，以通神明之德。”（《系辞下传》）“是故阖户谓之坤，辟户谓之乾。一阖一辟谓之变，往来不穷谓之通。见乃谓之象，形乃谓之器。制而用之谓之法；利用出入，民咸用之谓之神。”（《系辞上传》）阴阳合德就是阴阳交感；刚柔指阴阳的特性，刚柔有体与阴阳合德是互文见义，指阴阳交感可以产生有形可见的物体。天地不言而百物滋生，万象森然。通过自然现象，人们可以体会到天地的作为好似无言的撰述，天地的造化好似鬼斧神工。《易》的爻卦之变也就是模拟天地造化的，《易》之理即其中的神妙的智慧。一开辟一闭藏，一动一静就是变；往来无穷叫作通。显现出来的是象，有形体的是器。《周易》的智慧可以帮助人们效法自然，制裁象、器并加以利用。人们在利用时有出入、改动，百姓日用而不知其所由来，以为神奇。这里凸显的是变通之道。

### 2. 天地之大德曰生

“天地絪缊，万物化醇；男女构精，万物化生。”（《系辞下传》）絪缊是天地阴阳二气交相感应又浑然一体的状貌；男女泛指万物的阴阳两性；构精指异性交合。“天地之大德曰生”（同上)。《易传》的作者把宇宙视为生机无限的宇宙，一切都是生命的流衍，天地精神即“生生之德”。也就是说，“乾元”具有刚健创生的功能，“坤元”具有柔顺含容的功能。两者相感相应、相互配合，就是万物生长的根据。

> 刚柔相摩，八卦相荡，鼓之以雷霆，润之以风雨，日月运行，一寒一暑，乾道成男，坤道成女。乾知大始，坤作成物。乾以易知，坤以简能。(《系辞上传》)
>
> 夫《易》，广矣大矣！以言乎远则不御，以言乎迩则静而正，以言乎天地之间则备矣。夫乾，其静也专，其动也直，是以大生焉；夫坤，其静也翕，其动也辟，是以广生焉。广大配天地，变通配四时，阴阳之义配日月，易简之善配至德。(同上)

这是说，天上的日月、风雷、云雨，地上的山川、草木、鸟兽等物及其形态，不停地变化。阳刚与阴柔的力量相互摩擦，八种物象相互激荡。雷电鼓动，雨水滋润，日月运行，寒暑往复。阳之道成为男，阴之道成为女。阳气成为伟大的原创性的力量；阴气相承顺与协调，造作万物。乾坤共同创生万物，但只是以简单平易显示其智慧与才能。《易》模拟宇宙无边无涯；从远处讲无穷无尽，从近处讲洁静而端正；在空间上无所不有，广大如天地。乾阳静止时专一，活动时刚健，具有“大生”之德；坤阴静止时收敛，活动时开辟，具有“广生”之德。乾坤的大生广生之德与天地相匹配，其变通的道理与四时相匹配，其阴阳的道理与日月相匹配，其平易简单的道理与人的最高的智慧相匹配。

《周易》特别重视交感。在否卦中，天在上，地在下，天地分割、对立。在泰卦中，地在上，天在下，天地交泰而融合。由阴阳、天地二气感通交合，自然生成宇宙万象的过程、道路即是“道”。“一阴一阳之谓道。……盛德大业至矣哉！富有之谓大业，日新之谓盛德。生生之谓易。”（同上）“阴阳”不是“道”，“一阴一阳”才是“道”。“道”就是阴阳之气运动不息、动态统合的过程。这是生命之道。其生育万物的德业无以复加：“富有”指在空间上广大富有，大而无外；“日新”指在时间上悠久无疆，久而无穷。这即是“可大可久”。阴阳之道化育万物，不断地新陈代谢，这种状貌就是“生生”，就是“变易”。

### 3. 易之三义与通变之道

《周易》的智慧强调事物动态过程的通达，防止否塞不通。魏晋玄学家阮籍把《周易》看成是“变经”，即善于把握变化之道的书。宋代诗人、易学家杨万里在《诚斋易传》里强调《周易》的“通变”思想，发挥“穷则变，变则通，通则久”的道理。“通变”是人们主观上对客观事物变化过程中的应对之方，努力引导事物向理想的状态发展。

古代易学家说“易一名而含三义”，即变易、不易、简易三重意义。宇宙、社会、人生的普遍之“道”是生生不已的发展变化，创造趋新，变动不居，“感而遂通”，“穷则变，变则通，通则久”（“变易”）；世界上只有永恒变易是不可改变的客观法则（“不易”）；这个法则并不复杂（“简易”）。“天地之道，贞观者也。”（《系辞下传》）即是说，天地的道是以正示人的。天下人的行动，端正在一个“道”上。

宇宙大化流行，变化日新，人学习天地精神，参赞天地之化育。创造发展，趋时更新，生生变易，通达顺畅是《周易》的根本精神，也是《周易》的生命哲学。“《易》之为书也不可远，为道也屡迁，变动不居，周流六虚，上下无常，刚柔相易，不可为典要，唯变所适。”(《系辞下传》)《周易》之书不可离开，其道是变动不居之道，其卦爻的象征性是多样的，不可拘泥于某一种象征意义；其爻周流于六位之间，或升降，或错综，在上下位置上没有定准；卦爻变动象征宇宙万物及其内部力量的阴阳消长、刚柔相推、流动转换，没有定规；世间没有什么不变的教条，只有发现、适合、因应、把握事物的变化之道。

## （三）三才之道的系统观与中和思想

《周易》的自然生化之“道”是没有形质、不露形迹、变化莫测的，也不具有目的性，而由“道”生化出来的东西是实有其形质的器物。所以《系辞上传》曰：“形而上者谓之道，形而下者谓之器。”

### 1. 天、地、人三大系统

《易传》之“道”具有包容性，综合了天、地、人三大系统：

> 《易》之为书也，广大悉备。有天道焉，有人道焉，有地道焉，兼三材而两之故六。六者非它也，三材之道也。(《系辞下传》)
>
> 昔者圣人之作《易》也，将以顺性命之理。是以立天之道曰阴与阳，立地之道曰柔与刚，立人之道曰仁与义，兼三材而两之，故《易》六画而成卦。(《说卦传》)

《周易》作为一部“天书”，内容丰富，一切具备。八个经卦是三画，六十四个别卦是六画，都是天、地、人三才统一的象征。一卦六爻中，初、二为地之位，三、四为人之位，五、上为天之位。因三才之道是一阴一阳构成，人们又称初爻为地之阳，二爻为地之阴，三爻为人之阳，四爻为人之阴，五爻为天之阳，上爻为天之阴，都是一阴一阳的对立统一、往来屈伸的变化。“按照这种体例，一卦六爻的象数形式正好与阴阳哲学的义理内容符合一致，六十四卦的每一卦都是一个天地人的整体，其中贯穿着‘一阴一阳之谓道’的和谐统一的规律。”[①]《周易》以卦体中的爻的变动和卦之间的变动，象征三大系统之间及各系统内部的内在的生命力的作用与变化。古代圣人集中民间智慧，取象于天地人事，编撰了《周易》，并用来顺应天地自然、事物本性的原理。由此确立事物内在的矛盾性：一阴一阳的相对相关是宇宙变化的自然法则；一柔一刚的相对相关是地上万物变化的根本原理；一仁一义的相对相关是处理社会关系的基本原则。兼天地人三才再加重复，所以是六爻成为一卦。既然统合了天道、地道、人道三大系统，所以《易传》之“道”是普遍、客观的。这是天人一体的整体宏观的宇宙哲学，包括宇宙自然生成演化与生态伦理、社会人事交往的发展原理、人际关系与人内在的身心性情关系的协调学说。

儒家的这个普遍、客观的天地之道的确有它的形而上的性格。所谓《周易》与天地准（相当），“能弥纶天地之道……范围天地之化而不过，曲成万物而不遗，通乎昼夜之道而知，故神无方而《易》无体。”（《系辞上传》）这是说，《易》道至大至广，百

---

① 余敦康：《周易现代解读》，中华书局，2016年，《前言》第9页。

物不废，无固定方位形体，神妙莫测。《周易》就是把天地自然、社会人事之中的这种生生不息、动态整合的原理提炼、概括出来，又运用于天、地、人等三大系统之中的。

### 2. 贵中和，向太和

六十四卦反映了自然、社会与人及人生的冲突、紧张的状况，以及由冲突而协调、和谐的状况。冲突即阳刚与阴柔两种力量不协调，如否卦反映的刚健与阴柔不配合，否结不通，大过卦反映的阳盛阴衰，困卦反映的阴盛阳衰，革卦反映的矛盾激化、你死我活、质的变革等。《周易》创设了爻位的体例，这也叫时位，即特定时空条件下六爻所处的地位。所有的卦，二爻、五爻为中位，二为下体之中，五为上体之中，这两爻往往是吉、无咎，后人理解为取刚柔的中道、平衡。二为臣位，五为君位。二、五居中，刚中与柔中相应，表示阴阳两大势力和谐统一。这就是《周易》“中”的体例。这可能也表达了《易经》的创作者在总结各种经验时，重视和合、中平的意识，防止过与不及。

《周易》的互体、旁通、相错相综，体现了“一阴一阳之谓道”的和谐统一规律。《周易》贵中和，向太和。“中和”是其重要思想内涵，可归结为阴阳协调、刚柔并济、双向互补、动态平衡等，这也是事物发展的内在生机活力。易道贵中和，并以太和为最高理想。“太和”即天人关系、自然与社会的关系整体和谐，万物各得其所，调适畅遂。余敦康先生认为,《周易》是一部决策管理之书,《周易》的作者把世界看成是由天道、地道、人道“三才”组成的大系统，探索出支配这个大系统的根本规律是一阴一阳相互推移、消长、激荡。《周易》的智慧启发我们做好管理工作,“开物成务”,即开达物理,成就事务[1]。

## (四)取象比类的象数思维模式

《周易》哲学有关“天道”“地道”“人道”的秩序中,含有自身内在的逻辑、理性,乃至道德的、美学的、生态学的含义,其中有着异于西方的语言、逻辑、认识理论,如强调主观修养与客观认知有密切的关系等。

### 1. 言、象、意的解释系统

《易经》有言、象、意三种相关的解释系统。其语言解释的话叫“言”,即爻辞、卦辞等语言系统。其符号系统叫作“象”,如乾三连的三个阳爻代表天,各卦爻符号的象征意义都是“象”。“意”则是“象”背后的理由,是圣人最后把握的“意”。言、象、意三者有密切关系。理解《易经》必先通其辞,继通其象。通其辞是准确理解卦爻辞,通其象是系统理解六十四卦的过程、卦之间的联系与关系。为了理解、解释“意”,必通过“象”。为理解“象”,必通过“言”的解释。古人有所谓“得象忘言,得意忘象”之说。语言有局限性,理解“象”很重要。这里是经验直观与理性直观地把握、领会“象”之全体或底蕴的思维,有赖于以身“体”之,即身心交感地“体悟”。这种“知”“感”“悟”是体验之知,感同身受,与形身融在一起。不仅如此,这里又有《周易》之中的“数”“理”,因此不停留于感性,包含着理性。

与《诗经》一样,《周易》也有赋、比、兴三个体裁或方法。

① 参见余敦康:《周易现代解读》,《前言》第2—6页。

“赋”是通过卦爻辞的描述来陈述事实。“比”是通其辞，或者即是类比。如泰卦表达交感相通，其反面则是否卦，闭塞不通。此两卦“比”的是物极必反，否极泰来。“兴”则是言在此而意在彼，促使人们举一反三、触类旁通，理解背后深刻的意蕴。

### 2. 重节律和序列的整体思维

《周易》的象数思维是中华民族独特的理论思维方式。在古代，天文学家、历法学家、医学家、乐律学家、治河专家靠这种思维方式取得了令世人瞩目的诸多科技成果。李约瑟先生的《中国古代科学技术史》论之甚详。

业师唐明邦先生认为，借助《周易》的卦象与爻象，以形象思维为起点，取象比类，触类旁通，把握客观世界，加工思维内容，这种思维方式包含了、推动了理性思维的发展。唐先生指出："取象比类，是象数思维的基本特征；阴阳对称，刚柔调和，是象数思维的致思准则；整体思维，是象数思维的合理内核；注重节律性，强调序列性，是象数思维的突出优点。象数思维方法同西方形式逻辑思维方法不同的地方，在于它不只提供一种思维形式，同时诱导思维内容，它是思维内容与思维形式紧密结合的一种奇特的思维方式。"①这里不仅是思维内容与形式相结合、相统一，而且也是认识与实践行为紧密结合、统一的思维模式。

《周易》的思维模式对西方自然科学，对现代科学方法论有一定的启迪。德国哲学家、数学家莱布尼兹于17世纪末发明了“二进制新算术”，后来传教士白晋从中国给他寄了《周易》卦象

① 唐明邦主编：《周易评注》（修订本），《绪论》第11页。

图，他很感兴趣。莱布尼兹以1代阳爻，以0代阴爻，将六十四卦卦象用数码代替，来研究《周易》。量子论的创立者玻尔提出“原子结构模型假说”，并得到证实。他将自己的创造归功于《周易》太极图的启发。唐明邦先生说：“可以预期中华《易图》所蕴涵的整体观念、系统原理、序列思想、相对原理、对称图式、互补原则、模糊原理、均衡思想、周期循环思想、太极观念等，肯定能够给予世界科学家以更多新的启示。”[①]

以《周易》为代表，中国思维方法主张取象比类，触类旁通；阴阳平衡，刚柔调和；注重生命节律，体认生命律动发展之周期、序列；强调模糊均衡、整体综合与统筹的方法；重视感性与理性、内容与形式、认识与实践的统一；肯定大道至简，以简御繁。这都值得我们重视。我们要超越西方一般知识论或认识论的框架、结构、范畴的束缚，发掘反归约主义、扬弃线性推理的“中国理性”“中国认识论”的特色。

### （五）继善成性，崇德广业

《周易》给国人留下了丰富的道德资源，其中有的已成为国民的精神或性格。

#### 1. 刚健进取与宽厚包容精神

《乾·象传》曰：“天行健，君子以自强不息。”《坤·象传》曰：“地势坤，君子以厚德载物。”君子效法天地，具有刚健自强、积极入世的精神，又有承受、宽容、协调、合作的能力，用深厚的德泽来化育人物。梁启超提议把“自强不息，厚德载

---

① 唐明邦主编：《周易评注》，《绪论》第14页。

物”作为清华大学的校训，得到采纳。

数千年来，自强不息、奋发有为的积极进取与拼搏精神，激励着中华民族克服重重困难，百折不挠，建设好自己的家园，并与内外各族群和谐共处，向人类的理想迈进。《易传》又提倡革新意识，主张“革故鼎新”，肯定汤武革命顺天应人。这都彰显了刚健进取的精神。

与自强刚健、创造革新精神的乾德相辅相成的，是宽容大度的包容意识，即厚载的能力，这就是坤德。“至哉坤元，万物资生，乃顺承天”，坤元即顺承乾阳之气而变化，有合作、包容、资生、资养万物之力。“坤厚载物，德合无疆”，指厚实的大地，能承载万物，地德与天德相结合，其作用广大无穷。中华民族厚德载物、胸襟开阔、兼容并包的精神，表现在长期以来多民族的融合及与周边国家、民族的和平共处上，体现在儒释道三教的和谐共生上，也体现在对外来文化的心态上。

## 2. 忧患的意识

“作《易》者，其有忧患乎？”“《易》之兴也，其当殷之末世、周之盛德邪？当文王与纣之事邪？”（《系辞下传》）周文王在羑里被囚禁时，忧而演《周易》。人在困顿中才有忧患感。中华民族迭经忧患，在忧患中有强烈的文化复兴意识，使国家、民族傲然挺立起来！徐复观先生指出，“忧患意识”表现在“敬”“敬德”“明德”观念中人的精神集中，对事的谨慎、认真的心理状态，由信神而转为人的自觉，乃殷周之际从原始宗教挣脱出来的中国人文精神之跃动。由此凸显的是主体的积极性与理性，自觉反省，对自己行为负责。这种人文精神自始即带有道德的性格。

### 3. 谦虚的美德

《乾卦》“潜龙勿用”,“君子终日乾乾，夕惕若厉，无咎”。这里表达了一种勤勉、低调、谦和的品格。《谦卦》集中赞颂谦德，认为“谦”是人类高尚的品德，有了它，处事无所不利。“谦谦”，指谦而又谦的君子，可以度过艰险，得到吉祥。“鸣谦”，指有盛名而行谦德，自能得吉。“劳谦”，指有功劳而能谦让，君子有善终。施行谦德，则无不利。中华民族的美德中尤重谦德，反对骄傲、盈满。《彖传》重申福谦祸盈的道理，揭示“谦受益，满招损”的人生哲理。

### 4. 继之者善也，成之者性也

《易传》哲学继承儒家的“修人道以证天道”与“明天道以弘人道”的传统[①]，把天道与人道统一了起来。“一阴一阳之谓道。继之者善也，成之者性也。”“成性存存，道义之门。”(《系辞上传》) 这里讲的是天地阴阳之气使万物得以生、成、长、养；人承接天地之气，继承“道”而参与、赞助天地万物，那就是善；成就天道的事业正是人的本性。《易》道即天地之道帮助、促进、贞定万物各自的本性，保存万物的存在。道义正是从这里出来的。在人性论上，这就寓含人的善性源自天道，源自宇宙生生之德，同时又强调人的后天努力，效法天道、扩充其性的双重含义。

《乾·彖传》:“乾道变化，各正性命。保合太和，乃利贞。”天道的变化，使万物各得其本性与命运的正常状态。保持住冲和之气(四时之气的谐调)，有利于人们走上正路。这里

① 戴琏璋:《易传之形成及其思想》，台北文津出版社，1997年，第54页。

强调天地之气通泰的场域，以确立、保护人性的庄严与人道的正途。

《说卦传》:“和顺于道德而理于义，穷理尽性以至于命……将以顺性命之理……立人之道曰仁与义。”三才之道是怎么来的呢？是顺着天道下贯而来的，是顺天、地、人的性命之理而来的。就人之道而言，是义理、是仁义。道是过程，理是其中的道理。人之本性也就是人所以为人之理，按《易传》的讲法，这是乾道下贯的结果。这是从宇宙论的进路来讲人性的。“性命”两个字可以连用，就是天赋予人的性、理；顺着这性命之理，是道之所以行。“性”“命”两个字也可以分开来说:“性”就是“理”,“命”则兼有“气”。《易传》的人性论与《中庸》的“天命之谓性，率性之谓道”云云有相通之处，也有区别。它既包含有天赋人性说，即“天命之性”是善的，具有一种超越意义、价值意义；又不排斥材质主义的“气命之性”，即人的材质也在天地之气的流行中形成，气可以鼓动，气有力量。这就为而后哲学史上的“天命之性”与“气质之性”、“理”与“气”之争埋下了伏笔。

5. 进德修业，开物成务

《易传》认为，人性源自天地之性，人道赞助天地之道。与天地的大生、广生之德相匹配,《易传》强调人在人事活动中崇德广业、进德修业。“夫《易》，圣人所以崇德而广业也。”(《系辞上传》)“君子进德修业，忠信所以进德也，修辞立其诚，所以居业也。”(《乾·文言传》)以上都是借用孔子的话来说的。推尊人的智慧、德性，发展社会人事的各项事业；讲求忠信，提高品德；修饰言辞，确立在诚实上，以诚信来处理事务。“精义入神，以致用也；利用安身，以崇德也。过此以往，未之或知也。穷神知化，德之盛也。”（《系辞下传》）这也是引用或假托的孔子的话。意思是，精通往来相推、屈伸相感等自然之理，致用于人事，以屈求伸，以蛰求存，达到神妙的境地。用自然之物、事物之理来安顿自己，提高才德。除此之外，没有更重要的了。研究、体悟事物变化之道的神妙，理解其深刻的理据，是最高的智慧。

《易传》肯定、促进人间的事业，强调“化而裁之谓之变，推而行之谓之通，举而措之天下之民谓之事业”（《系辞上传》）。即顺应客观事物发展的规律，把握契机，适时加以裁断，或修订、改变定制，使之合宜，加以会通，将这些政策与成果用在老百姓身上，这就是事业。《易传》强调“能成天下之务”，“开物成务”，即开创事业、成就天下的事务。作者主张用《易经》“通天下之志”，“定天下之业”，“断天下之疑”，即启其智，明其德，决其疑，成其业，制其法，利其民。这都充分表达了儒家中人努力提高智慧、品德，积极有为地开创有利于老百姓的事业的思想。这是开拓式的修养论，是德业双修的理路。

# 五、《大学》的智慧

《礼记》有《大学》与《学记》,《论语》首篇首章，除“子曰”外，第一个字也是“学”:“学而时习之”。可见孔子、儒家最重视“学”，这里讲的是人文教育的重要性。学，首先是学做人，学做一个有道德、有品位的君子。

## （一）《大学》其书

《大学》是《礼记》的第四十二篇。朱子(朱熹，下同)认为，《大学》文本有经一章，传十章，经乃孔子之言而曾子述之，传乃曾子之意而门人记之。如此说来,《大学》可能是曾子述孔子之言，曾子门人记曾子之意而慢慢形成的，应为曾子及其弟子的作品，其时代约为春秋战国之际。唐代韩愈《原道》引用了《大学》，李翱开始阐发《大学》的“格物致知”论。宋以前没有单篇别行之本。司马光著《中庸大学广义》一卷,《学》《庸》并称别出。程颢、程颐兄弟表章《学》《庸》《语》《孟》，合称“四书”，以此作为上达六经的法门，又称《大学》为“初学入德之门”。朱子说，读“四书”，应先读《大学》，以确立自己做人的规模。

按朱子的《大学章句序》，上古三代，自王室以至庶民，莫不有学。孩童八岁，皆入小学，教之以洒扫、应对、进退之节，礼乐射御书数之文；及至十五岁，则自天子之元子与凡民之俊秀者，皆入大学，而教之以穷理、正心、修己、治人之道。他说这是学校之教、大小之节的分别。

朱子在这里想表达的是，自天子以至于庶民的孩子，都要接受学校的教育。学校分小学与大学，小学教的是应事接物与六艺之学，即是以礼乐为中心的养成教育；而大学教的是更深层的正心诚意的修身之道与外王治民之学。当然，即使是在当时的上层贵族精英子弟的太学，其教育也是寓教于乐的。内圣外王之理想的培养、训练，仍然是在学习经典及其实习的过程之中进行的，也会配合礼乐射御书数等的陶冶。朱子所说的重心是,《大学》的主旨是培养士人做大人、做君子。

《礼记》中的《大学》，即王阳明所谓“古本《大学》”，不是朱子重新整理、调整章节并补了一传的《四书章句集注》中的《大学章句》本。这里，我们还是按古本《大学》的章次来论述，当然也参考了朱子的解说。

## （二）三纲领与八条目

《大学》体大思精，以学做人为根本，以培养君子、大写的人为目标。《大学》的道理，福国利民，又是人人成就功业、立身行道的根本指南。全文只有1751个字，其中经205个字。全文纲举目张，事理完备。其理论精微，由内而外，由己而人，从抽象概念到实际工夫。

### 1.《大学》的三纲领

大学之道，在明明德，在亲民，在止于至善。

这里有三个“在”，是递进的关系。大学即大人之学，讲个人修身成德，和谐家庭，逐渐扩大到治国平天下的道理。“明明德”：第一个“明”是动词，第二个“明”是形容词。此即不断地彰明人自己内在的光明的德性（仁义礼智信等），培养自己高尚的道德。人的德性是天赋予人的，人人都有的，不过并非人人都能自觉。“亲民”：亲和百姓，以百姓的好恶为好恶，爱护民众，也就是“治国”。程颐、朱子讲“亲民”为“新民”，即除旧布新，洗汰旧的不良的习惯，刷新自我，革新人民的精神面貌。王阳明则讲“亲民”，强调爱百姓。“止于至善”：追求最高最完美的意境，达到尽善尽美的境界。以上为《大学》的“三纲领”。

> 知止而后有定，定而后能静，静而后能安，安而后能虑，虑而后能得。物有本末，事有终始。知所先后，则近道矣。

止，所达到的地方（或境界），人应当行其所当行，止其所当止。这里说，明白了要达到的境界，然后志向就能立定。志向确定了，然后心意才能宁静。心灵不浮躁、不妄动，然后情感才能安和。情性安和了，然后对事物才能详细考察。思虑周详了，然后处理事物才能恰当。此句讲：通过止、定、静、安、虑的修养工夫，能得到大学之道，得其所止。事物有根本与枝节，结局与开端。人应把握学问修养的主次先后、轻重缓急，即可接近大学之道，也就是至善之道。

三纲领从主体与客体、对己与对人两方面阐明大学之道。“明明德”是对己而言，彰明德性，培养仁德。“亲民”是对人而言，不断以自己之德教化人民。目的是“止于至善”，使人人能明辨善恶、是非、义利，达到大学的崇高理想。

## 2.《大学》的八条目

古之欲明明德于天下者，先治其国；欲治其国者，先齐其家；欲齐其家者，先修其身；欲修其身者，先正其心；欲正其心者，先诚其意；欲诚其意者，先致其知；致知在格物。

古代想要把光明的德性彰明于天下的人，首先要治理好他自己的国家。要治理好自己的国家，首先要整齐他自己的家族。要和谐、团结自己的家族，首先要修饬他自己。过去的家族很大，家族内矛盾复杂，要摆平很不容易，这就要有牺牲与奉献，特别是主持家政的治家者，包括其长子长媳等人的牺牲与奉献，这就要修养自身。修身的“身”是个体，儒家的个体不是原子式的个体，而是整体中的个体。儒家重视道德自我，即道德主体。要修整自己本身，首先要端正他自己的心灵。要端正自己的心灵，首先要诚实他自己的意念。要诚实自己的意念，首先要充实他自己的知识。要充实自己的知识，在于穷究事物的原理。“格”：来也，至也；“物”：事也。这里的“格物、致知、诚意、正心、修身、齐家、治国、平天下”，就是《大学》的“八条目”，即八个步骤，一环扣一环，环环相扣。八条目的枢纽是修身，修身是中心环节。格、致、诚、正、修，是道德修养的内圣学；齐、治、平，是建功立业的外王学。

物格而后知至，知至而后意诚，意诚而后心正，心正而后身修，身修而后家齐，家齐而后国治，国治而后天下平。自天子以至于庶人，壹是皆以修身为本。其本乱而末治者，否矣。其所厚者薄，而其所薄者厚，未之有也。此谓知本，此谓知之至也。

这是前面所讲八条目的逆推。“壹是”，即一切。“厚”，丰厚，引申为重视。“薄”，淡薄，引申为轻视。“所厚者”，即“本”也，指修身。“所薄者”，即“末”也，指身外之物，包括齐家、治国、平天下。这是说，从天子到普通百姓，一心所要行的，应当都是把修养自己作为根本。本已乱，末就不能得到治理。本立则道生，本乱则国乱。应该重视的是修身，切勿本末倒置，把修身放在末位。这就叫作知道根本的道理，这就是道德之知的极致。

以上是《大学》的总论，首论三纲领，次论八条目。其中也论及达到至善境界的方法与次序（知、定、静、安、虑、得），以及三纲领与八条目的关系。对内修己，格、致、诚、正、修，都是明德之事，不断达到至善的境界。对外治人，齐、治、平，都是新民之事。

## （三）以修身为根本

### 1. 论诚意、正心

所谓诚其意者，毋自欺也。如恶恶臭，如好好色，此之谓自谦。故君子必慎其独也。小人闲居为不善，无所不至，见君子而后厌然，掩其不善而著其善。人之视己，如见其肺肝然，则何益矣！此谓诚于中，形于外，故君子必慎其独也。曾子曰：“十目所视，十手所指，其严乎！”富润屋，德润身，心广体胖，故君子必诚其意。

这里讲，所谓诚实自己的意念，就是不要自欺。如恶（wù）恶（è）臭，要像厌恶臭恶的气味一样。如好（hào）好（hǎo）色，要像喜爱美好的容貌一样。这就是说，首先要使自己心安。“自谦”，“谦”通“慊（qiàn）”，即自我满足。“慎其独”：独者，人所不知而己所独知之地。慎独之学，在儒家是一种自我修身的功夫，求善去恶，谨而慎之。君子独处时也十分谨慎，而小人在闲居时，什么不好的事都做得出来，等看见了君子才“厌然”，即掩饰躲藏，把不好的掩盖起来，把好的显露出来。其实，别人看他，正像看透他身体内的肺肝一样，躲藏掩盖又有何益呢？这说明，内心真实的意念，必然要表现在外面。所以君子必须谨慎，在独自一人才知道的地方也严格自律。曾子说：“十只眼睛一齐向他看着，十只手一齐向他指着，这是多么严峻呀！”财富可以装饰房屋，德行才能装饰人身。心底无私天地宽，身体也安舒了。“胖”（pán）是舒泰安乐的样子。诚意的工夫在于慎独，而慎独的要领，在于胸中坦荡。君子坦荡荡，小人长戚戚。很多事情，与其事后遮掩，何不慎之于开始呢？所以君子必须诚实自己的意念。

《诗》云：“瞻彼淇澳，菉竹猗猗。有斐君子，如切如磋，如琢如磨。瑟兮僩兮，赫兮喧兮。有斐君子，终不可諠兮！”“如切如磋”者，道学也。“如琢如磨”者，自修也。“瑟兮僩兮”者，恂（xún）栗也。“赫兮喧兮”者，威仪也。“有斐君子，终不可諠兮”者，道盛德至善，民之不能忘也。《诗》云：“於戏，前王不忘！”君子贤其贤而亲其亲，小人乐其乐而利其利，此以没世不忘也。

这里引《诗经·卫风·淇澳》。“澳”（yù）是弯曲的河岸。“猗猗”（yī yī）：美盛貌。诗歌说：看那淇水弯弯的河边，菉竹长得多么茂盛呀。文采飞扬的君子（指卫武公），就像雕琢制造骨器、玉器那样，用切、磋、琢、磨的方法修养身心。他瑟兮僩（xiàn）兮（既庄重又刚毅），赫兮喧兮（既光明又盛大），有道德文章的君子，终久是不会被人忘记的。“諠”（xuān），指忘记。“如切如磋”，是指共同学习的工夫。“如琢如磨”，是自己修饬的工夫。“瑟兮僩兮”，是恂栗即恭敬戒惧的样子。“赫兮喧兮”，是动作有威严的样子。“有斐君子，终不諠兮”，这是说他有盛大的德行，达到至善的境界，人民是不会忘记他的。《诗经·周颂·烈文》说：“呜呼，前代的文王、武王，是不能忘记的啊。”后世的君子既推尊他的贤德，又感念他的培育，小人既享受他赐予的安乐，又受惠于他带来的利益，这就是他所以使后世的人不能忘记的啊！

《康诰》曰：“克明德。”《大甲》曰：“顾諟天之明命。”《帝典》曰：“克明峻德。”皆自明也。

《康诰》是《尚书·周书》的一篇，是周公对其弟康叔受封殷地的训辞。《大甲》是《尚书·商书》的篇名；“大”即太，太甲是商汤嫡长孙，伊尹作此篇进言。“顾”，即视或念。“諟”（shì），犹此也。《帝典》是《尚书·虞书》中的《尧典》，叙述尧舜的历史。此章引用《书经》三篇里的三句，第一句说“能够彰明美德”，第二句说“经常注意上天赋予的发扬美德的使命”，第三句说“能够彰明崇高而伟大的美德”。历举古圣先王的行事为证，强调人能够彰显、弘扬内在的人性之德。以上解释“明明德”。

## 2. 论日新其德

> 汤之《盘铭》曰："苟日新，日日新，又日新。"《康诰》曰："作新民。"《诗》曰："周虽旧邦，其命惟新。"是故君子无所不用其极。

商汤在盥洗盆上刻有铭文警告自己："苟日新，日日新"，意即如每天能洗干净自己身上的污垢，那就应当天天清洗。此句以沐浴自新，比喻道德日进。"又日新"，谓精诚其意，修德无已。"苟日新，日日新，又日新"的意思是：诚然有一天能够获得新的进步，就要一天一天都有新的进步，还要再继续天天有新的进步。《康诰》说：振作精神，使商朝遗民改过自新，成为新民。《诗经·大雅·文王》说："周虽是一个古老的邦国，但文王能够秉承上天之所命，革新进取。"所以君子用尽全力，不断奋斗。这一章讲道德的力量，以古人自新用力之勤，勉励人们进德修业，从近处小处下手，远处大处着眼，切忌好高骛远。《大学》强调道德的内在性、自主性与道德的感召力。

《大学》接着引用《诗经》说，国都所管辖的城区与郊区，广大千里，都是民众的止归、居所。又说，小小的黄鸟选择山丘角落里的丛林为止归。孔子解释说，黄鸟尚且知道选择自己的栖息地，难道人反而不如鸟么？作为人，一定要会选择。不仅要学会择业、择邻、择友，而且要学会选择自己的居处。我们应当选择居住在仁德中，以此为美。不选择仁德的境界，能算是智慧的人吗？人的归乡与居所，应当是仁、敬、孝、慈、信等至善的境界！《诗经》又说，德行深远的文王呀，真是持久光明地致敬于他所向往的境界呀！

为人君，止于仁；为人臣，止于敬；为人子，止于孝；为人父，止于慈；与国人交，止于信。

做人君的归止在仁，做人臣的归止在敬，做人子的归止在孝，做人父的归止在慈，与都城中的熟人及陌生人交往，归止在信。仁、敬、孝、慈、信是传统文化核心的价值理念。

3. 论修、齐、治、平

所谓修身在正其心者，身有所忿懥，则不得其正；有所恐惧，则不得其正；有所好乐，则不得其正；有所忧患，则不得其正。心不在焉，视而不见，听而不闻，食而不知其味。此谓修身在正其心。

这里强调，修养自身的关键在端正自己的心灵与心理。自己有所忿懥（fèn zhì），即愤恨发怒，心灵就不能平正。有所恐惧、好乐、忧患，心理也不能平正。人如心无偏私，发之于外，行为自然中节，所以修身者，必先端正其心。

所谓齐其家在修其身者，人之其所亲爱而辟焉，之其所贱恶而辟焉，之其所畏敬而辟焉，之其所哀矜而辟焉，之其所敖惰而辟焉。故好而知其恶，恶而知其美者，天下鲜矣。故谚有之曰："人莫知其子之恶，莫知其苗之硕。"此谓身不修不可以齐其家。

所谓和谐自己的家庭（或家族），关键在修饬自己本身，就是说，由于一个人对自己所亲爱、贱恶、敬畏、怜悯、简慢的人，常怀有偏向或偏见，因此喜好一个人而又能知道他的缺点，憎恶一个人而又能知道他的优点，天下是少有的了。所以有句俗语说："人都不知道自己儿子的坏处，也就不知道自己种的禾苗的茂盛。"这就是所谓自身不修饬，就不可以整齐、团结自己的家族。以上解释"修身齐家"，以下均由己而人，由近而远，由一家而一国而天下。

所谓治国必先齐其家者，其家不可教而能教人者，无之。故君子不出家而成教于国。孝者所以事君也，弟者所以事长也，慈者所以使众也。《康诰》曰："如保赤子。"心诚求之，虽不中，不远矣。未有学养子而后嫁者也。

所谓治理一国先要整齐自己的家庭、家族，就是说自己的家庭、家族尚不能教育，而能教育其他人的，是没有的事。所以君子不须走出家门，就能把一国都教育好。因为孝就是用来服侍君王的，悌就是用来服侍尊长的，慈就是用来使用民众的。《康诰》说："要像爱护婴孩一样。"诚心去求它，虽不能完全做到，一定也相去不远了。世界上没有哪个女人是先学会了养育孩子，然后才出嫁的啊！

一家仁，一国兴仁；一家让，一国兴让；一人贪戾，一国作乱。其机如此。此谓一言偾（fèn，毁败）事，一人定国。尧、舜率天下以仁，而民从之。桀、纣率天下以暴，而民从之。其所令反其所好，而民不从。

一家都仁爱，一国也就会兴起仁爱来；一家都谦让，一国就会兴起谦让来；君主一人贪利妄动，一国就会作起乱来。事物相互联系，关键就像这样。这就是所谓一句话可以败坏事情，一个人也可以把国家安定下来。尧、舜用仁爱来引领天下，民众就跟从他实行仁爱。桀、纣用暴乱去引领天下，民众就跟从他从事暴乱。君主的命令与他的喜好相违反，民众就不会服从。

> 是故君子有诸己而后求诸人，无诸己而后非诸人。所藏乎身不恕，而能喻诸人者，未之有也。故治国在齐其家。《诗》云："桃之夭夭，其叶蓁蓁（zhēn zhēn）。之子于归，宜其家人。"宜其家人，而后可以教国人。《诗》云："宜兄宜弟。"宜兄宜弟，而后可以教国人。《诗》云："其仪不忒，正是四国。"其为父子兄弟足法，而后民法之也。此谓治国在齐其家。

所以，君子必须是自己本身具有德行才可以向别人要求，必须是自己本身没有过失才可以责备别人。本身不符合于恕道而能使别人谅解的，那是绝对没有的事。恕就是推己及人，将心比心。所以说，治国的关键在整齐自己的家庭、家族。《诗经》说："好美艳的桃花，好茂盛的叶子，这个女子嫁出去，是会和一家人相处得很好的。"和一家人相处得很好，然后才可以教育一国的人。《诗经》又说："和兄弟们都相处得很好。"和兄弟们都相处得很好，然后才可以教育一国的人。《诗经》又说："言行举止上没有错误，就可以端正四方的国家。"正因为他在做父、子、兄、弟时，一切行为都足以做别人的楷模，然后民众才会去效法他。这就是说要治理好国，必须先整饬好自己的家。

所谓平天下在治其国者：上老老而民兴孝，上长长而民兴弟，上恤孤而民不倍，是以君子有絜矩之道也。所恶于上，毋以使下；所恶于下，毋以事上；所恶于前，毋以先后；所恶于后，毋以从前；所恶于右，毋以交于左；所恶于左，毋以交于右。此之谓絜矩之道。

“倍”，通“背”。“絜”（xié），测量、衡量、计度。“矩”，方。“絜矩之道”：用同样的尺度衡量自己、衡量别人的方法。这一段是说：所谓平定天下关键在于治理好自己的国家，就是说：在上位的人尊敬老人，民众就会兴起孝道来；在上位的人尊重长者，民众就会兴起悌道来；在上位的人照顾孤儿，民众就不会相互遗弃。所以君子有一种测量计度处处都方正的方法。自己厌恶上面的某种作风，就不要以此来对待下面；反之亦然。自己厌恶前面的某种作风，就不要照样去对待后面；反之亦然。左右也是如此。这就是测量计度处处都方正的方法，那就是恕道，也即将心比心。

### 4. 得众则得国

《诗》云：“乐只君子，民之父母。”民之所好好之，民之所恶恶之，此之谓民之父母。《诗》云：“节彼南山，维石岩岩。赫赫师尹，民具尔瞻。”有国者不可以不慎，辟则为天下僇矣。《诗》云：“殷之未丧师，克配上帝；仪监于殷，峻命不易。”道得众则得国，失众则失国。

《诗经》上说：“有德行的君子很欢乐，他是民众的父母。”

民众所爱好的，他也爱好；民众所憎恶的，他也憎恶。这就叫作民众的父母。《诗经》上说："高大的南山呀，岩石嶙峋而高峻，周幽王的太师尹氏权位显赫，民众都看着你。"主持国家事务的人不可以不谨慎从事，如果好恶都出于一己之私，违反民意，做出邪恶的事，就要被天下人所诛戮了。《诗经》又说："殷代在还未失去民众的时候，国君还有资格配得上祭祀天帝而为天下之主，然而一旦失去民心就亡了国。拥有国家的人应当以殷亡作鉴戒呀，获得上天的大命是不容易长久保得住的啊！"这是说，得到群众的拥戴，就会拥有国家；失去群众的拥戴，就会丧失国家。

## （四）德本财末，义在利先

《大学》强调治理国政的君子一定要十分谨慎，不能为一己之私做出危害民众利益的事情，这样会失去民心。面临德与财、公与私、义与利之间的冲突，君子应坚守做人的底线，把本末、轻重分得清清楚楚。

### 1. 财散民聚，推举贤人

> 是故君子先慎乎德。有德此有人，有人此有土，有土此有财，有财此有用。德者本也，财者末也。外本内末，争民施夺。是故财聚则民散，财散则民聚。是故言悖而出者，亦悖而入；货悖而入者，亦悖而出。

所以君子首先要在德行上谨慎。有了德行才能得到民众，有了民众才会有土地，有了土地才能有货财，有了货财才有国家的用度。道德是根本，货财是末节。轻视本而重视末，就会与民争利，巧取豪夺。所以，聚敛财富，民众就会离散；施舍财富，民众就会凝聚。人君违背民意发号施令，民众也会违背君心，不肯服从。人君违背民心聚敛货财，民众也会违背君心，使人君虽有货财而不能长久保有。

> 《秦誓》曰："若有一个臣，断断兮无他技，其心休休焉，其如有容焉。人之有技，若己有之；人之彦圣，其心好之，不啻若自其口出。寔能容之，以能保我子孙黎民，尚亦有利哉！人之有技，媢（mào）疾以恶之；人之彦圣，而违之俾（bì）不通。寔不能容，以不能保我子孙黎民，亦曰殆哉！"唯仁人，放流之，迸（bèng）诸四夷，不与同中国。此谓唯仁人为能爱人，能恶人

《秦誓》是《尚书·周书》中的一篇，记载秦穆公败于晋而悔过之辞。《秦誓》说："假如有一个臣子，为人诚恳专一而没有其他的技能，但他心胸宽大，能包容很多东西。人家有技艺，如同自己有技艺；别人有美才智慧，他就由衷地爱慕，无异于从口中所说的那样。他能包容贤人，因此才能保护我的子孙与黎民百姓，这对国家是有利的。如果是看见别人有技能就忌妒、厌恶，看见别人有聪明才智就阻碍，不使别人成功；他不能包容贤人，因此不能保护我的子孙与黎民百姓，这对国家是危险的。"只有仁德的国君，才能把嫉贤忌能的人加以流放，分散到四方的蛮荒之地，不让他们与贤德的人同住在国中。这就是所谓只有仁人才能爱好人，也才能恨坏人。

> 见贤而不能举，举而不能先，命（慢）也；见不善而不能退，退而不能远，过也。好人之所恶，恶人之所好，是谓拂人之性，菑（灾）必逮夫身。是故君子有大道，必忠信以得之，骄泰以失之。

这里说的是，见到贤人而不能荐举，已拔举贤才而不能让他先于自己被重用，就是怠慢职务。见到坏人而不能予以黜退，或者已黜退坏人而不能驱之远方，那就是错误、过失。如果你喜爱民众所厌恶的坏人，厌恶民众所喜爱的好人，那就叫违反人的本性，灾祸必然会落到你的身上。所以君子有做人的大的原则，必定由于忠诚信实才获得它，由于骄傲奢侈才丧失它。

### 2. 生财有道，以义为利

> 生财有大道。生之者众，食之者寡，为之者疾，用之者舒，则财恒足矣。仁者以财发身，不仁者以身发财。未有上好仁而下不好义者也，未有好义其事不终者也，未有府库财非其财者也。孟献子曰："畜马乘，不察于鸡豚；伐冰之家，不畜牛羊；百乘之家，不畜聚敛之臣。与其有聚敛之臣，宁有盗臣。"此谓国不以利为利，以义为利也。长国家而务财用者，必自小人矣。彼为善之，小人之使为国家，菑（灾）害并至；虽有善者，亦无如之何矣！此谓国不以利为利，以义为利也。

生产货财有一个大的原则：生产的人多，食用的人少，制造得快，使用得慢，那么货财就会经常充足了。仁爱的人用财富发扬自身的德行与事业，不仁的人不惜丧身以求发财。从没有在上位的人好仁德而在下位的人不好义德的，从没有好义德而事业会不成功的，也从未听说国库里的货财不是国君所有的。春秋时鲁国的贤大夫孟献子说："家里有四匹马一辆车的官员，就不应养鸡与猪以牟利了。有资格在祭祀时使用冰块的贵族家，就不应畜养牛羊了。拥有一百辆兵车的贵族，就不应该豢养聚敛财富的家臣。与其有搜刮钱财的家臣，不如有盗窃钱财的家臣。"这就是说，国家不应把财货看成利，而要把道义看成利。掌管国家的官员致力于与民争利和敛财，一定是从小人的诱惑开始的。国君本想管好国政，却使用小人去治理，一定会招来各种灾难与祸患。纵使有贤能的人，到那时也没有办法了。这也就是说，国家不要把财货看成利，而应把道义看成利。以上讲的是治国平天下的根本，是掌管、治理国家的官员的道德修养。如果掌管、治理国家的人一味追逐私利，贪污腐化，上行下效，那一定会给国家带来无穷的灾难。

## （五）《大学》的意义

《大学》被宋儒推为儒学系统的纲领性作品。综上所述，它着重讲述的就是"三纲领""八条目"的思想，阐述提高个人道德品质修养与治国平天下的关系，体现了儒家内圣外王的基本思想内涵和思维框架。"三纲领"中，"明明德"是不断彰明自己内在的德性，"亲民"（新民）是接近民众，爱护民众，教化民众，使之除旧布新，成为新人。其总目的是要建构良好的政治与文化的环境，由内推到外，由个人推到天下，最终达到"至善"的境界。“八条目”内容丰富，以“修身”为关键。在修身的工夫中，诚意、正心、慎独都是本篇特别强调的。修身、齐家、治国、平天下是道德自我不断体验、推广的过程，其中包括治政者自身日新其德，廉洁奉公，以忠恕之道律己度人，推举贤人，坚持德本财末，以义制利。

孙中山先生说，欧美的政治文化还不如我们的政治哲学系统完备，所举的例子就是《大学》讲八条目的这一段话。他说：“把一个人从内发扬到外，由一个人的内部做起，推到平天下止。像这样精微开展的理论，无论外国什么政治哲学家都没有见到，都没有说出，这就是我们政治哲学的知识中独有的宝贝，是应该要保存的。”[①]孙先生没有平面化地理解“内圣”—“外王”结构，试图揭示以“修身”为本位的由内省心性到外王事功的道德—政治学说仍有其现代意义，这是十分深刻的认识。有的论者认为由内圣（道德修养）推到外王（建功立业），不合逻辑。这的确不符合形式逻辑，不宜于平面地、表层地顺推与逆推，但深层地说，这里确实含有一种深厚的生命理性或生命逻辑或生存体验。《大学》德化政治的八目，对治世者的道德素养的强调，完全可以与当代法治社会的要求相结合。现代法治不能没有伦理共识作为背景与基础，然而伦理共识离不开伦理传统。

儒家讲“修己”与“治人”是有区别的。修己主要是对管理者的要求，不能用于治人。对管理层的君子而言，必须做到正己爱人，修身为本，推己及人，博施于民而能济众，泛爱众。然而对普通老百姓而言，则要体谅、宽容。王者，治世的君子，

① 《孙中山全集》第九卷，中华书局，1986年，第247页。

不仅首先要修德正自身，作为万民的道德楷模，而且要实现德政，设立学校，用礼乐文明、儒家经典教化老百姓，使得人人懂得羞耻，且自觉生命的意义与价值。

# 六、《中庸》的智慧

“中庸”的思想，起源于上古时代。《论语·尧曰》记载，尧禅位于舜，舜禅位于禹，唯一告诫的话是，一定要做到“允执其中”，“允”是信的意思。传位者说：如不真诚地实践中道，四海的百姓穷困，你的禄位就会永绝。使用、奉行“中”道，是圣王相授受的经国大道。《尚书》之《周书》中，有《洪范》与《吕刑》两篇，都提倡中道。《洪范》高扬“三德”，以正直为主，有刚有柔，求得刚柔相济的中正平和。《洪范》的“皇极”，即是“无偏无陂（颇），遵王之义……无偏无党，王道荡荡；无党无偏，王道平平；无反无侧，王道正直；会其有极，归其有极”的政治哲学智慧。所谓“极”，原指房屋的大梁，乃房屋中最高最正最中的重要部件，引申为公平正直、大中至正的标准。

## （一）孔子的中庸思想

### 1. 中与庸

什么是“中”？什么是“庸”？什么是“中庸”？

“中”字的本义，有几种说法：像射箭中靶的形状；立木表测日影的正昃；像旗子，氏族首领立旗于中，以聚四方之人等。《说文》：“中，内也。从口丨，上下通。”这个“中”字，相对于“外”来说是“内”，里面；在方位上，相对于四周来说是等距离的“中心”；在程度上，是相对于上等与下等的中等；在过程中，是相对于全程来说的“一半”；而相对于“偏”来说，那就是“正”，不偏不倚。段玉裁指出，“中”是相对于“外”，相对于“偏”来说的，同时又是指“合宜”的意思。我们今天讲的“中庸”之“中”，即是指适中，正当，恰如其分、不偏不倚、无过无不及的标准。

“庸”字的本义，也是众说纷纭。有人说是大钟，通“镛”；有人说是城，通“墉”；有人说是劳义，通“佣”；有人说是功义，以钟记功等。“中庸”之“庸”有三个意思：第一，何晏讲是“常”，程颐讲“不易之谓庸”，即恒常而不易之理，变中不改变的道理；第二，朱子讲是“平常”，即平凡、平常之德，徐复观讲是每个人所应实践、所能实现的行为；第三，《说文》：“庸，用也。”就是运用。郑玄讲，《中庸》这篇文章，是记中和之用的。

## 2. 孔子论中庸

在孔子那里，中庸既是道德修养的境界，又是一般的思维方法论。

首先，我们看修养的境界。孔子说：“中庸之为德也，其至矣乎！民鲜久矣。”（《论语·雍也》）“中庸”是道德修养的最高境界，一般人很难达到。

“子贡问：‘师与商也孰贤？’子曰：‘师也过，商也不及。’曰‘然则师愈与？’子曰：‘过犹不及。’”（《论语·先进》）师是颛孙师，即子张。商是卜商，即子夏。从性格上来说，子张处事有点过头，子夏处事有些赶不上，孔子回答子贡说，过分和赶不上同样不好。孔子称赞“中行”之士。“子曰：‘不得中行而与之，必也狂狷乎！狂者进取，狷者有所不为也。’”（《论语·子路》）狂者一意向前，是豪迈慷慨之士，心地坦然。狷者毫不苟取，不要不义之财，个性独立又有修养。孔子说，实在是找不到言行合乎中道的人交朋友，那就一定要交狂狷之士做朋友呀！进取的狂者与有操守的狷者都很不错，但还不是第一等人，第一等人是综合了两者之优长的中行之士。孔子的弟子说孔子“温而厉，威而不猛，恭而安”(《论语·述而》)，这是性情上的中道，也是修养的境界。

中庸之道不是不要原则，不是迎合所有的人，那是滑头主义的“乡愿”。孔子批评这种无原则的滑头主义，说：“乡原，德之贼也。”(《论语·阳货》)有人说儒家、孔子及其道德论是“乡愿”，说中庸之道是折中主义、苟且偷生，当然是毫无根据的说法。

其次，我们再看一般方法论。孔子的“中庸”又是普遍的方法学。

《礼记·中庸》引孔子的话说：“君子中庸，小人反中庸。君子之中庸也，君子而时中。”这里提出了“时中”的问题。孔子是“圣之时者”，最有时间意识，不舍昼夜，自强不息。“时中”的意思是随时制宜，随时符合标准。例如，一个士人为诸侯所用，绝不违背做人的原则，可以当官就当，不可以当官就不当，可以做久就做久，不可以就赶快离开。当行则行，当止则止，关键是要保持独立人格与节操。如果一定时空条件下的“礼”是标准与原则的话，“时中”的要求是指人的行为与时代的要求相符合。“立于礼”，符合礼，不是机械地拘执僵死的教条、规范。

孔子最早提出了“权”的概念。“权”是称物之锤，即民间说的“秤锤”“秤砣”。权然后知轻重。这里用作动词，指权衡，即在道的原则下通权达变，强调动态的平衡统一，原则性与灵活性的统一。“中庸”不是线段的中点，不是僵死的，而是动态的、有弹性的标准。

孔子有“叩其两端而竭焉”的方法(《论语·子罕》),即不断地从两个不同的方面、端点(如阴阳、强弱、大小)去叩问,去启发,去思考并解决问题。他又提倡“执其两端,用其中于民”(《中庸》),即“执两用中”,在两个极端之间找到动态统一平衡的契机,具体分析,灵活处理,辩证综合。

在文质关系上,就形式华美与内容质朴而实在的关系来说,孔子主张“质胜文则野,文胜质则史。文质彬彬,然后君子”(《论语·雍也》)。这是形式与内容之间关系的中道。在诗歌的表达上,孔子评论《关雎》是“乐而不淫,哀而不伤”(《论语·八佾》)。快乐而不过于流荡,悲哀而不过于痛苦,这是情感表达的中道。孔子赞美《韶》乐,提出了“尽善尽美”的美学原则,这是“中和”,“中庸”之道在美学和艺术上的反映。

## (二)子思子与《中庸》

我们先讲子思其人,再讲《中庸》其书。

### 1. 子思其人

子思,姓孔名伋,孔子嫡孙,战国初年人,生卒年不详,一说生于周敬王三十七年(前483),卒于威烈王二十四年(前402),相传他受业于曾子。

《史记·孔子世家》曰:“子思作《中庸》。”《汉书·艺文志》著录“《子思》二十三篇”。班固注:“名伋,孔子孙,为鲁缪公师。”缪即穆。东汉郑玄肯定《中庸》为子思所作。南朝·梁沈约指出,《小戴礼记》中的“《中庸》《表记》《坊记》《缁衣》,皆取《子思子》”。张岱年先生晚年认为:《中庸》大部分是子思所著,个别章节是后人附益的;《中庸》“诚”的思想应先于孟子。

1993年10月荆门郭店一号楚墓出土的竹简中有《鲁穆公问子思》《五行》《缁衣》等篇。以上诸篇是与子思子有密切关系的资料。据郭店楚简《鲁穆公问子思》载，穆公问子思:“何如而可谓忠臣？”子思曰:“恒称其君之恶者，可谓忠臣矣。”由此可见子思刚直不阿的人格！而这样一些品德、言行，我们又不难从孟子身上见到。孟子从学于子思的门人。

2.《中庸》其书

《中庸》原是《小戴礼记》中的第31篇。今本《中庸》在传衍过程中被后世儒者附益，掺杂了一些当时人的言论(例如说“今天下车同轨，书同文，行同伦”，又称泰山为“华岳”等，当是秦汉时人的话)，但其中主要思想观点却源于子思。汉代至南朝，不断有人研究《中庸》。唐李翱以后至北宋，诸位大家都重视《中庸》。二程兄弟推尊《中庸》，认为是“孔门传授心法”。朱子亦大力表彰，作《中庸章句》，使之成为《四书》之一，风行天下，远播东亚。

《中庸》只有三千五百余字。程颐认为，“其书始言一理，中散为万事，末复为一理……其味无穷，皆实学也。善读者玩索有得焉，则终身用之，有不能尽者矣”。朱子将之分为三十三章，大体上可分为三部分。第一部分是第一至十一章，其中第一“天命之谓性”章是全书总纲，子思述所传孔子之意而立言，以下十章是子思引孔子的话来印证总纲。第二部分是第十二“君子之道费而隐”章至第二十章，其中第十二章是子思的话，阐发“道不可离”，以下八章又是引孔子的话加以发明。第三部分是第二十一章至末尾。其中第二十一“自诚明，谓之性”章，是子思承第二十章孔子讲的天道、人道之意而立说，以下十二章乃作者反复推论天道、人道的思想。本章主要依据于朱子的《中庸章句》来讨论的。

## （三）性、道、教及诚与明

我们通过细读原文来把握《中庸》的几个要点。古书要诵读，不能只是看。读书出声，抑扬顿挫，朗朗上口，读出其韵味与真意。读书百遍，其意自现。

### 1.性、道、教的关系与“致中和”

《中庸》开宗明义指出：“天命之谓性，率性之谓道，修道之谓教。”这是全书的纲。意思是说，上天所赋予人的叫作“本性”，遵循着本性而行即是“正道”，使人能依其本性而行，让一切事合于正道，便叫作“教化”。《中庸》以天道为性，即万物以天道为其性。人与万物的性是天赋的，这天性之中有自然之理，即天理。本书实际上是说，天赋予人的是善良的德性。“率性之谓道”，“率”音“帅”，是循的意思；“率性”是循其性，而不是任性。一切人物都是自然地循当行之法则而活动，循其性而行，便是道。一切物的存在与活动，都是道的显现。如就人来说，人循天命之性而行，所表现出来的便是道。如面对父母，便表现孝。人因为气质的障蔽，不能循道而行，所以须要先明道，才能行道，而使人能明道的，便是教化的作用。一般人要通过修道明善的工夫，才能使本有之性实现出来。

“喜怒哀乐之未发，谓之中；发而皆中节，谓之和。中也者，天下之大本也；和也者，天下之达道也。致中和，天地位焉，万物育焉。”“中节”的“中”念“众”，符合的意思。“节”即法度。情感未发之前，心寂然不动，没有过与不及的弊病，这种状态叫“中”。“中”是道之体，是性之德。如果情感抒发出来能合乎节度，恰到好处，无所乖戾，自然而然，这就叫作“和”。“和”是道之用，是情之德。“中”是天下事物的大本，“和”则是天下可以通行的大道，谓之“达道”。君子的省察工夫达到尽善尽美的“中和”之境界，那么，天地安于其所，运行不息，万物各遂其性，生生不已。

### 2.修身的五达道与三达德

《中庸》指出：“故君子不可以不修身；思修身，不可以不事亲；思事亲，不可以不知人；思知人，不可以不知天。”这是说，治国君子不可不讲修身，想修身，不可不侍奉双亲，要侍奉双亲，不可不懂尊贤爱人，要懂尊贤爱人，不可不懂天理。本书托孔子之言，指出五伦为五达道，即人人共由之路，普遍之道；智慧、仁爱、勇敢为三达德，即实践五条大路的三种方法。“天下之达道五，所以行之者三。曰：君臣也，父子也，夫妇也，昆弟也，朋友之交也，五者天下之达道也。知（智）、仁、勇三者，天下之达德也，所以行之者一也。”通过五伦关系的实践过程来修身，也即是通过日常生活来修养自己。

君臣关系现在没有了，但仍有上下级关系，仍需要工作伦理。我们现在可以理解为：通过家庭与工作伦理，在处理好亲情、友情、同事、上下级关系中，走正路，不偏颇，这是修养的过程。“所以行之者一”的“一”是指的“诚”，即落在诚实、至诚上。在这一修身过程中，培养君子的三大美德：智、仁、勇。孔子说：“仁者不忧，知者不惑，勇者不惧。”《中庸》又引用孔子的话说：“好学近乎知，力行近乎仁，知耻近乎勇。知斯三者，则知所以修身；知所以修身，则知所以治人；知所以治人，则知所以治天下国家矣。”喜好学习，接近智德；力行实践，接近仁德；懂得羞耻，接近勇德。这里指的是大智大勇大仁。智不是要小聪明，勇不是鲁夫莽汉，仁不是小恩小惠。根本上是要修身，此是内圣，治国平天下是外王事功。这与《大学》的主张是一致的，由内圣贯穿到外王。为政者懂得修养自己，才懂得治国平天下。

3. 贯通天道与人道的“诚”及“诚”与“明”

关于天与人、天道与人道的关系，《中庸》是以“诚”为枢纽来讨论的。“诚”是《中庸》的最高范畴。“诚”的本意是真实无妄，这是上天的本然的属性，是天之所以为天的根本道理。“诚者，天之道也；诚之者，人之道也。诚者不勉而中，不思而得，从容中道，圣人也。诚之者，择善而固执之者也。”天道公而无私，所以是诚。“诚之者”，是使之诚的意思。圣人不待思勉而自然地合于中道，是从天性来的。普通人则有气质上的蔽障，不能直接顺遂地尽天命之性，所以要通过后天修养的工夫，使本具的善性呈现出来。这是经由求诚而最后达到诚的境界的过程。

求诚的工夫是：“博学之，审问之，慎思之，明辨之，笃行之。”这是五种方法。广博地学习，详细地求教，谨慎地思考，缜密地辨析，切实地践行，这五“之”里面就包含有科学精神。《中庸》还强调“人一能之己百之，人十能之己千之”的学习精神。

《中庸》认为，由至诚而后明善，是圣人的自然天性；而贤人则通过学习、修养的功夫，由明德而后至诚。由诚而明，由明而诚，目的是一样的，可以互补。“自诚明谓之性，自明诚谓之教。诚则明矣，明则诚矣。唯天下至诚，为能尽其性。能尽其性，则能尽人之性。能尽人之性，则能尽物之性。能尽物之性，则可以赞天地之化育。可以赞天地之化育，则可以与天地参矣。”只有天下至诚的圣人，能够极尽天赋的本性，于是能够兴养立教，尊重他人，极尽众人的本性，进而尊重他物，极尽万物的本性，使万物各安其位，各遂其性。既如此，就可以赞助天地生养万物。这使得人可以与天地鼎足而三了。人的地位由此彰显。这也是首章“致中和，天地位焉，万物育焉”的意思。人体现了天道，即在道德实践中，见到天道性体的真实具体的意义。从上我们也不难看出《中庸》的天人合德的思想：天赋予人以善良本性，即天下贯而为人之性；人通过修养的工夫，可以上达天德之境界。由天而人，由人而天。

### 4. 成己与成物，极高明而道中庸

《中庸》曰：“诚者自成也；而道自道也。诚者物之终始，不诚无物。是故君子诚之为贵。诚者非自成己而已也，所以成物也。成己，仁也。成物，知（智）也。性之德也，合外内之道也，故时措之宜也。”这里是讲人道。意思是说：诚是自己所能实现、完成、成就自己，而道是人所当自行之路。诚是使物成其始终的生生之道，没有诚也就没有万物了。所以君子把诚当作最宝贵的东西。诚一旦在自己心中呈现，就会要求成就自己以外的一切人一切物。当人的本性呈现，即仁心呈现时，就从形躯、利欲、计较中超脱出来，要求向外通，推己及物，成就他人他物。仁与智，是人性本有的，扩充出来，成己成物，即是兼物我，合外内。人之本性圆满实现，无所不通，举措无有不宜。

凡俗生活中有高明的境界。《中庸》提出了“尊德性”与“道

问学”的统一、平凡与伟大的统一:“故君子尊德性而道问学,致广大而尽精微,极高明而道中庸,温故而知新,敦厚以崇礼。”既保护、珍视、养育、扩充固有的善性仁德,而又重视后天的学习、修养;既有远大的目标,而又脚踏实地,不脱离凡俗的生活世界,在平凡的日常生活中,在尽伦尽职的过程中追求真善美的合一之境,实现崇高。冯友兰先生曾自题堂联:“阐旧邦以辅新命,极高明而道中庸。”高明的境界离不开凡俗的生活,就在凡俗的生活中实现。

## (三)修身、管理与官德

管理总是人的管理。管理中有人。在一定意义上,管理主体自身的人格修养、智慧、方法与管理工作的实效密切相关。

### 1. 为政在人,取人以身

“哀公问政。子曰:‘文、武之政,布在方策。其人存,则其政举;其人亡,则其政息。人道敏政,地道敏树。夫政也者,蒲卢也。故为政在人,取人以身,修身以道,修道以仁。仁者人也,亲亲为大。义者宜也,尊贤为大。亲亲之杀,尊贤之等,礼所生也。’”这就是说,周文王与武王推行的政治,都在简牍中记载下来了。良好的政教、政令,全在乎有没有得力的施政的人。在现代社会,我们讲“人存政举,人亡政息”不好。今天是法治社会,要讲法律、规范的普遍性,先把规矩定好,不管什么人,按制度办事,才有好的管理。这当然是对的。

但另一方面也重要,《中庸》讲“为政在人”,即政教兴废与人有关,政治、管理在于是否得人(贤臣)。有得力的、全心全意负责的人，某种理念与政治就推行得好，好像把树种到适合这种树木生长的土壤中一样。制度是靠人，靠团队来执行并落实的。以相宜的人施政，能见成效，就如同河滩上的蒲苇能快速生长一样。国君要想处理好政务，关键在人才。而选取什么样的人才呢？“取人以身”，取人之道，在于其人之修身与否。“身”指已修之身。修身是要走人人都走的大道，修道依据于天赋予人的本性仁德。仁就是爱人，博爱众生。其中亲爱自己的父母是仁中的大事，仁是把爱亲之心推广到爱民、爱百姓。义能分别事理，各得其宜，其中尊重贤人，把贤人提拔起来为社会服务是最合宜、正当的事。“亲亲之杀”的“杀”读“晒”，是降等的意思。爱亲有主次、程度之分，尊贤有厚薄、等级之分，这些就是从礼中产生的。官员要修身明礼，成为仁义之人。

### 2. 德位相称，素位而行

儒家关于德与位的关系，有很多讨论。历史与现实中，有德者不一定有其位，有位者不一定有其德。儒家主张德、位、禄、名、寿、用的相称，这当然是理想。《中庸》托孔子说：“故大德必得其位，必得其禄，必得其名，必得其寿。故天之生物，必因其材而笃焉。故栽者培之，倾者覆之。”有大德的人，理论上应当有尊位、厚禄、美名，甚至高寿。上天化育万物，顺其材质而予以厚施，可以栽种的就培植，要倾倒的也只好让它倒下。管理者对各种人才、各级员工，使得人人的德、位、禄、用相匹配，使之各遂其性，各显其能，是儒家治平天下的一条重要原则。“在下位不获乎上，民不可得而治矣”。贤人得不到君上的信任，在下位的人得不到上级的支持，民众就得不到贤人的管理。这是指上面不识才，对管理工作会带来严重的损失。我们要创造条件举拔德才兼备的人才，并使之制度化。

另一方面，作为官员、管理者本人呢？“君子素其位而行，不愿乎其外。素富贵，行乎富贵；素贫贱，行乎贫贱；素夷狄，行乎夷狄；素患难，行乎患难：君子无入而不自得焉。在上位不陵下，在下位不援上，正己而不求于人，则无怨。上不怨天，下不尤人。故君子居易以俟命，小人行险以侥幸。”“素”指现在，“位”指所居的地位。“素位而行”是安于现在的官位。君子安于现在所处的职位去做他本分的事，不要有非分之想，不希望做本分以外的事。处在富贵、贫贱、夷狄、患难的地位，就坐在这个位置上做应当做的事。守道安分，无论顺境逆境，无论在何处，君子都是悠然自得的。君子在上位时不作威作福，欺凌在下位的人，身处下位时也不钻营攀附在上位的人。《中庸》又讲：“居上不骄，为下不倍。”“倍”即背，“不倍”即不违礼背道。只求端正自己而不乞求于人，心中泰然，自然没有什么怨恨，不怨天尤人。所以君子“居易以俟命”，“易”指平地，“居易”指处于平易而无危险的境地，“俟命”即等待天命的到来。而小人却要冒险，想侥幸得到非分的利益与不应得的好处。可见君子、小人有不同的心态。做官要有基本的官德、操守，君子光风霁月，超然物外。孔子说，射箭好像君子的修道一样，箭没有射中靶心，不怨别人，只有反求诸己，反省自己的步法与手法的功夫不够。这就是君子求诸己而不责乎人。

关于“怨天尤人”，我们想到项羽。在乌江自刎前，项羽曾仰天长叹：“此天亡我，非战之罪也。”他的失败当然有主客观的多种原因，也有他性格中刚愎自用、优柔寡断的缺失等。关于“素位而行”及居上居下的心态，我们想到“诸葛一生唯谨慎，吕端大事不糊涂”。宋太宗想以吕端为相，人们说吕端糊涂，太宗却认为“端小事糊涂，大事不糊涂”。什么是“小事糊涂”？在不涉及原则、大是大非的问题，只涉及个人利害得失的事情上，不斤斤计较。寇准是老资格，后来吕端位列寇准之上，吕处处尊重寇，凡事谦让再三。在小事上糊涂，讲宽容、退让、不争；在刚柔、宽严、进退、得失上保持中道，才能有利于大局，以大胸襟、大气度成就大事业！

### 3. 和而不流，去谗远色

孔子回答子路问“强”。孔子说：你所问的是什么强呢？是南方的强？还是北方的强？还是你自己以为的强呢？用宽容柔顺的道理教化人，不报复别人的蛮横无理的欺侮，这是南方人的强，君子安于此道。用武器甲胄当卧席，直至战死也毫无惧色，这是北方人的强，强者安于此道。“故君子和而不流，强哉矫！中立而不倚，强哉矫！国有道，不变塞焉，强哉矫！国无道，至死不变，强哉矫！”“矫”，音狡，强貌。君子之强是道义、义理之强。强者之强是血气之强。君子“和而不流”，与人和平相处，但有节操与原则，不曲顺流俗。守住中道而不偏倚，岂不是真正的强吗？国家政治清明时，不改变贫困时的操守，这是真强啊！国家政治黑暗时，至死不变平生之志，岂不可算是矫强吗？针对一般人“和而无节，则必至于流”，我们强调“和而不流”，不要跟风赶浪，随波逐流。既要善于与各色人等打交道，又要心中有一杆秤，不能上当，要抵住诱惑，绝不与丑类同流合污。

“君子之道，譬如行远必自迩，譬如登高必自卑。”中庸之道很平实，“造端乎夫妇”，从夫妇之道开始。无论是修养还是做事业，我们都必须由浅入深，由近而远，从低到高，从自身与家庭做起，从小事做起，循序渐进，不要操之过急。孔子讲："欲速则不达。"老子讲："千里之行，始于足下。"荀子讲："不积跬步，无以至千里；不积小流，无以成江海。"

"凡为天下国家有九经"，即孔子为哀公讲治理国政的九条大纲：修身，尊贤，亲亲，敬重大臣，体恤群臣，慈爱庶民，招徕百工，怀柔远人，安抚诸侯。其中特别讲"修身则道立，尊贤则不惑"；"齐明盛服，非礼不动，所以修身也；去谗远色，贱货而贵德，所以劝贤也。"能修好己身，便能确立大道；能尊重贤人，对事理就不致疑惑。"齐"通斋。这是讲斋戒明洁，整齐衣冠，庄敬自尊，不合礼节的事不敢妄动，这样用来修身。不听诬陷好人的坏话，远离女色，轻贱财货，重视道德，这样用来劝勉贤人。我认为对今天的官员来说，"去谗远色，贱货而贵德"仍然十分重要。"亲贤臣远小人"，"色字头上一把刀"，这是大家熟知的民谚。《中庸》指出：治国虽有九条大纲，但实行的方法只有一个"诚"字，诚心诚意！有关古训还有："敖（傲）不可长，欲不可从（纵），志不可满，乐不可极。""临财毋苟得，临难毋苟免。"（《礼记·曲礼上》）"儒有不宝金玉，而忠信以为宝；不祈土地，立义以为土地；不祈多积，多文以为富。"（《礼记·儒行》）

"凡事豫则立，不豫则废。言前定则不跲，事前定则不困，行前定则不疚，道前定则不穷。""跲"音颊，绊倒，这里指说话不流畅。我们做任何事，一定要预做准备，有备无患。不做准备，就会失败。发言没有准备，舌头会打结。做事前有准备，就不会困顿。行为前先有筹措，就不会出问题。做人的道理，先有定则，就不会行不通。做什么事都要未雨绸缪，防患于未然。

以上我们就《中庸》中有关管理者的修养，以及修身与管理的关系，主要是官德问题，作了介绍。实际上，这些与现实生活并不脱节。

### （五）中庸思维方法论及其当代意义

最后我们说说中庸的方法论及其意义。

#### 1.“和”与“中”

这两个概念既有联系也有区别。“和”主要指“和谐”及“多样统一”。孔子讲“和而不同”。“和”不是“同”，也不是“不同”。史墨讲“和实生物，同则不继，以他平他谓之和”，《中庸》讲“和也者，天下之达道也”。“和”是强调保留差异，容纳相异的人才、意见，保持一种生态关系。中国哲学关于天、地、人、物、我之间的“和谐”思想、“宽容”思想，不仅为人类自然环境的生态平衡和人文环境的生态平衡提供了睿智，而且是现代社会管理和企业管理的重要思想资源。现代管理强调人与自然、人与社会、人与人、人与物、人与内在自我的协调关系，强调一种宇宙一体、普遍和谐的整体观念。孟子说：“亲亲而仁民，仁民而爱物”；张载说：“民吾同胞，物吾与也”；王阳明说：“仁者以天地万物为一体”。儒家观念中的宇宙家族思想及推己及人、仁民爱物的意识，在未来世界具有越来越重大的作用，对于事业与企业单位之间及内部人际关系的处理，乃至效益的显发有着重大的意义。

“中”是天下最重大的根本，“和”是天下通行的道路。将“中和”的原理发挥到极处，天地就清宁了，万物的生长就茂盛了。这里的“和”或“中和”，是人生实践中所能达到的最高境界，它具有通过实践追求以使现实与理想统一的意味。

“中”的意思是不偏不倚，“无过无不及”，即适度。在哲学上，这又是对立与统一、质变与量变、肯定与否定之间的“关节点”或“度”，越过这一界限，事物就会发生大的变化。

“和”的意思，如前所述，意思是多样统一、和谐，另一个意思则与“中”一样，指恰当、适度。如《论语》中有子说的“礼之用，和为贵”，《中庸》中的“发而皆中节谓之和”。这里的“和”是调节、事之中节、恰到好处。

中国哲学家强调整体的和谐和物我的相通。他们不仅把自然看作是一和谐的体系，不仅争取社会的和谐稳定，民族、文化与宗教间的共存互尊，人际关系的和谐化与秩序化，而且追求天、地、人、物、我之关系的和谐化。儒道诸家都表达了自然与人文和合，人与天地万物和合的追求。《中庸》说：“万物并育而不相害，道并行而不相悖。小德川流，大德敦化。”《周易·系辞传》说：“天下同归而殊涂（途），一致而百虑。”其宽容、平和、兼收并蓄、博大恢弘的品格，正是和谐或中庸辩证法的品格。

### 2.“执两用中”，其中有权

中国哲学讲偏反，讲对立，但只是把偏反、对立当作自然、社会与思维运动长链中的过渡环节。相比较而言，更喜欢“中和”、“中庸”及“两端归于一致”。中和和中庸不是否定矛盾、偏反、对立，而是在承认矛盾、偏反、对立的基础上不走极端，求得一种动态的平衡，保持弹性，追求一种整体的和谐，把原则性与灵活性统一起来。在今天的管理工作中，对于统一与多样、集中与分散、创新与守成、放与收、宽与猛、变与常等，都有“两端归于一致”的方法论问题。

孔子有“叩其两端”之说，意即如果有不明事理的人来问我问题，我就从首尾两端去盘问，从中发现矛盾，然后把问题综合起来予以回答。所谓“执两用中”的方法论，“执”就是把握，“两”就是统一体中矛盾着的两个方面、两种力量或方向。这种方法论主张把握事物中两方面的多重联系，运用无过无不及的中道原则行事。孟子强调“执中”，即坚持中和、中庸的原则。孟子认为，“执中”还必须与“权变”相结合：“执中无权，犹执一也。所恶执一者，为其贼道也，举一而废百也”(《孟子·尽心上》)。这里，“中”指原则性，“权”指灵活性。孟子认为，主张中道如果没有灵活性，不懂得变通的办法，便是偏执一端。为什么大家厌恶偏执一端呢？因为它损害了天地间整体和谐和人世间仁义礼乐综合的大道，只看到一个片面，而废弃了其余多个方面。孟子反对杨朱极端的利己主义，又反对墨翟的极端的利他主义，保持中道。

### 3.“两端一致”，保持弹性

中庸只是平常的道理，于平常中见“道”。“尚中”“执中”的管理方略，对“过”与“不及”之两端持守动态统一，使各种力量与利益参和调济、相互补充，在大小、刚柔、强弱、周疏、疾徐、高下、迟速、动静、进退、隐显之际保持弹性，具有一种节奏感，实在是一门高超的管理美学。这与现代管理学可以互动。

作为标准的“中”并不总是固定的，它不是僵死的原则。“中”不是处于与对立两端等距离的中点上，也不总是在某一点上，而是随具体情况、具体条件的变动而变动的。中国思维方法不承认对立、矛盾双方之间有一条僵硬不变、截然不可逾越的界限。“时中”指随时节制，合于中道。儒家讲“趣时”，即根据时势变化，在一定程度上打破常规，采取适宜的措施。这里的“时中”，其实也包含了“趣时更新”的一部分内容。中庸也是道德最高的标准，在道德领域中含有中正、公正、平正、中和的涵义。因为中是正道，所以不偏。

“庸”又是“常”的意思。古人说，用中为常行之道，中和为常行之德。“中庸”具有普遍的方法论的意义。这种方法论亦取之于自然。大自然的阴阳是相辅相成、动态平衡的，不偏向一个极端。中庸的方法吸纳了天地自然对立调和、互动互补的原则，并以之调和人类自身与天地、与万物的关系，达到中和的境地，使天地万物与人正常地发展。中庸之道又是人间之道，可以调节伦常关系、社群关系。

中庸思维方法论强调矛盾对立的中和，使两端都可以同时存在，都可以保持各自的特性，促进两端彼此互动、兼济、反应、转化。世界上的矛盾不一定都发展到一方消灭另一方的地步。在多数情况下，矛盾的统一取中和的状况，既有矛盾、偏反、对立、斗争，同时彼此渗透，共存共荣。这种方法论重视对立面的同一性，强调依存和联结，以及两极或多极对立间的中介关系及其作用。

经济学家向松祚在《经济学里的“中庸”——全球金融反思系列（一）》中指出：“经济学数百年的发展，一言以蔽之，只不过是《中庸》伟大哲理的小小脚注。经济增速太高不行，太低亦不行；收入分配太平均不行，太不平均亦不行；通货膨胀不行，通货收缩亦不行；完全市场化不行，完全政府化亦不行；税率太低不行，税率太高亦不行；利率太高不行，利率太低亦不行；完全封闭经济自然不行，完全开放经济亦不行；金融不发达不行，金融过度发达亦不行……举凡经济学所有命题，皆必须符合《中庸》首创的'致中和'原理。"[①]

中庸之道就在我们的生活中。例如，官员对身边的工作人员也要学会保持中道，即孔子所谓"近之则不逊，远之则怨"，太亲近或太疏远都不好。就我们的身体与心理的健康来说，我们也要在有为与无为、动与静、虚与实之间保持弹性。

在思想方法上，孔子尊重客观事实，反对主观偏执。"子绝四：毋意、毋必、毋固、毋我。"(《论语·子罕》)这是为了防止私意揣测、绝对肯定、拘泥错谬、自以为是。在管理工作与公司文化中，在处理人与人、事与事的关系中，在人与自然、人与社会、人与人、人自身内在的身心关系中，在家庭内部与外部，在处理国家之间、民族之间、宗教之间、文化之间等复杂事务中，我们如学会了中庸的方法论与境界论，就有了大智慧，就可以坦然对待。

希腊哲学、印度佛教中也有中庸或中道的观念。亚里士多德说："德性是两种恶即过度与不及的中间。"据余纪元先生研究，亚里士多德与孔子一样，肯定中庸是德性，是美德，是品质中的"内在中庸"，也包含感情与行动中的"外在中庸"，同时强调人要实践德性中庸，正确处理情感与行为[②]。在佛祖释迦的原始佛教中，就有"不着一边"之论，主张在两端中抉择，得到中道。大乘佛教龙树菩萨著《中论》，提出"中观"，形成"中观学派"。龙树从真俗二谛出发，让人们不执着于实有、虚无两边，讲缘起性空，这与儒家的中庸有很大的区别。

---

① 腾讯网2013年6月28日星期五大家栏目。

② 参见〔美〕余纪元著，林航译：《德性之镜》，中国人民大学出版社，2009年，第130—133页。

# 七、孟子的智慧

孟子，名轲，战国中期邹国人，约生于周烈王四年（前372），卒于周赧王二十六年（前289）。孟子是鲁国孟孙氏的后代。“三桓”衰微，子孙四散，孟子祖上从鲁迁至驺（也作邹）。孟子幼年丧父，靠慈母仉氏含辛茹苦，抚育成长。“孟母三迁”“断机教子”的故事虽不是信史，但也不可能完全无据。司马迁说孟子“受业子思之门人”（《史记·孟子荀卿列传》）。后世称子思与孟子为“思孟学派”。

孟子出生时，孔子去世已近百年。孟子十分惋惜未能成为孔子的亲炙弟子。他说：“乃所愿，则学孔子也。……自生民以来，未有盛于孔子也。”（《孟子·公孙丑上》，下引《孟子》只注篇名。）孟子一生的经历与孔子非常相似。他成年以后从事私人讲学，四十岁以后怀着政治抱负周游列国（先后到齐、宋、滕、魏，并两度居齐），传播仁义之道、仁政学说，关心民众疾苦，主张减免刑罚，减轻赋税，使老百姓有一定的财产收入，批评列国政治，多次对主政诸侯（如邹穆公、齐宣王等）犯颜直谏，并参与齐国稷下学宫的学术论辩。孟子六十岁以后回到故乡从事教学与著述，与弟子公孙丑、万章等“序《诗》《书》，述仲尼之意，作《孟子》七篇”（《史记·孟子荀卿列传》）。他兴办教育，培养了很多学生。

战国中期，杨朱的“为我”论和墨子的“兼爱”论大行于天下，孟子以辟杨墨而在学术界崛兴。战国末期,《韩非子·显学》将儒家分为八派，以孟子为其中一派之首。两汉时,《孟子》被朝野视为辅翼经书的“传”。《孟子》之书，经后汉赵岐删定为七篇，流传至今。中唐之后，孟子其人其书的地位上升，至北宋，孟子与孔子比肩,《论语》《孟子》已驾于“六经”之上。

## （一）人性本善

在孟子生活的时代，人性问题成为中国思想界争鸣的一个焦点。《孟子·告子上》记载了孟子的弟子公都子的提问[①]。这一提问概括了当时有代表性的几种观点：一是告子主张的“性无善无不善”论，二是世硕等人主张的“性可以为善，可以为不善”论，三是无名氏的“有性善，有性不善”论。

### 1. 驳告子的“生之谓性”

在那时,“生”字与“性”字互训。告子代表当时流行的看法，常识的看法。告子说，人性如河水一样，引向东方则东流，引向西方则西流，都是由外在环境和条件决定的。孟子则提出了与当时流行看法迥然有别的有关人性的新看法。他指出，水可以向东向西，但水总是向下流，虽然人们可以把水引上山，但向上流却不是水的本性，而是外力使它这样的。人也是这样，人性本善，就像水向下流。而人的不善，不是由他的本性决定的。也就是说，人之为善，是他的本性的表现，人之不为善，是违背其本性的。例如牛山草木繁盛，但因人为的破坏变成了

① 《孟子》文本及今译，主要依据于杨伯峻：《孟子译注》，中华书局，1980年。

秃山，这不是说牛山的本性不能生长树木。同样，人在事实经验上的不善，并不能证明其本性不善。

孟子认为，犬之性与牛之性不同，牛之性与人之性不同。人有自然的食色之性，但人之所以为人，或者说人与禽兽的本质差异，在于人有内在的道德的知、情、意，这是人所固有的道德属性。

2. 以四端之心善来说性善

他说："恻隐之心，人皆有之；羞恶之心，人皆有之；恭敬之心，人皆有之；是非之心，人皆有之。恻隐之心，仁也；羞恶之心，义也；恭敬之心，礼也；是非之心，智也。仁义礼智，非由外铄我也，我固有之也，弗思耳矣。故曰：'求则得之，舍则失之。'"（《告子上》）

按孟子的看法，恻隐，同情，内心不安，不忍之心，如不忍牛无辜被杀等，诸如此类道德的情感是善的开端、萌芽。人内在的具有恻隐、羞恶、恭敬、是非等道德的同情心、正义感、羞耻感、崇敬感和道德是非的鉴别、判断，这些东西就是道德理性"仁""义""礼""智"的萌芽。这是人内在固有的，而不是外力强加的。把这些萌芽状态的东西扩充出去，就可以为善。

孟子说："仁，人之安宅也；义，人之正路也。"（《离娄上》）仁是人最安适的住宅，义是人最正确的道路。人都有仁义之心，之所以丧失良心，是因为不善于保养。如果不加以保养，就会失掉。人们丢失了家中养的鸡犬，知道去寻找，然而丢失了良心，却不知道去找回来。因此孟子提出"求其放心"（《告子上》），即把那丧失的善良之心找回来的要求。人与非人的差别本来就小，君子保存了，一般老百姓却丢掉了。“人之所以异于禽兽者几希，庶民去之，君子存之。舜明于庶物，察于人伦，由仁义行，非行仁义也。”（《离娄下》）人与禽兽的差别只有一点点，君子保存了这个差别。舜是由内心保存的仁义去行事的，而不是在外力之下勉强地去行仁义。“由仁义行”，是由道德理性而行，是人按内在的道德命令而行，是人的道德自由；而“行仁义”，则是被动地按社会规范去做。

3. 关于人性的新观念

孟子与告子辩论，以类比法在杞柳之辩、湍水之辩上成功，又进一步运用反诘式、归谬法，在“生之谓性”之辩、“仁内义外”（告子一方）还是“仁义内在”（孟子一方）之辩上，最后归谬成功。按告子的思想逻辑，犬、牛之性与人之性没有根本的差异。孟子在中国哲学史上第一次明确揭示了关于人性的新的观念：人具有不同于动物或他物的特殊性，这就是道德性。孟子不否认人有自然欲望之性，但他的意思是，如将自然欲望作为人之本性，则无法讲清人之与动物或他物的区别，只有道德本性才是人最根本、最重要的特性，是人之所以为人的标尺。孟子说：“乃若其情，则可以为善矣，乃所谓善也。若夫为不善，非才之罪也。”（《告子上》）“情”，在此作“实”讲；“才”，在此与“情”一样，也即质性。这句话的意思是，“若照着人的特殊情状去做，自可以为善，而人在事实上为不善，不能赖在所禀赋的才上面。而孟子言情、才，就明白地显示，善不只存在于彼岸，实内在于我们的生命之中。有了这样的心性禀赋，故求则得之，舍则失之。性善乃专就禀赋说，与人在现实上行为的善恶并不相干。”[①]

4. 天是人性的终极根据

孟子把良心称为本心，本心是性善的基础或根据。良心本心是上天赋予的，“此天之所与我者”（《告子上》）。“人之所不学而能者，其良能也；所不虑而知者，其良知也。孩提之童，无不知爱其亲者；及其长也，无不知敬其兄也。亲亲，仁也；敬长，义也。无他，达之天下也。”（《尽心上》）孩提之童都知道爱其亲，长大也都懂得敬其兄，亲情之爱，敬长之心，就包含有仁义。这都是不学而能，不虑而知的。仁义是禀赋，是内在的。

孟子说：“君子所性，仁义礼智根于心。”（《尽心上》）“君子所以异于人者，以其存心也。君子以仁存心，以礼存心。”（《离娄下》）“虽存乎人者，岂无仁义之心哉？”（《告子上》）李明辉解释说，这表明孟子认识到“道德法则系出于道德主体”；“所谓‘仁义之心’，即是能决定仁义礼智之心，亦即能为道德立法的本心。”[②]也就是说，本心为道德法则的制定者。

孟子不仅发展了孔子的“为仁由己”、“我欲仁，斯仁至矣”的思想，而且发展了孔子的天道观。结合这两方面，他更强调了“诚”这个范畴，这与子思的影响有关。“诚”是真实无妄，是天道的运行规律，又是一种道德体验的状态，是对本心良知的最终根源——“天”的一种虔诚、敬畏之情。他说：“是故诚者，天之道也；思诚者，人之道也。”（《离娄上》）以诚敬的态度对天

① 刘述先：《孟子心性论的再反思》，《当代中国哲学论：问题篇》，美国八方文化企业公司，1996年，第149页。

② 李明辉：《康德伦理学与孟子道德思考之重建》，台北中研院文哲所，1994年，第97页。

和天道的反思和追求，就是做人之道。他又说："尽其心者，知其性也。知其性，则知天矣。存其心，养其性，所以事天也。夭寿不贰，修身以俟之，所以立命也。"（《尽心上》）仁义礼智是天赋予人的本性，充分扩张善心，就能体知这一本性，也就可以体验天道，懂得天命。保持本心，培养本性，才能事奉上天。无论短命也好，长寿也好，我们都悉心修养身心，善待天命，这才是安身立命之道。孟子把心、性、天统一了起来。"天"是人的善性的终极根据。

## （二）道德理性与道德情感

孟子关于人性的讨论，是从人的情感——不忍人之心、恻隐之心出发的。人的道德直觉，道德担当，当下直接的正义冲动，并没有任何其他的功利的目的。

### 1. 既是理，又是情

孟子说："所以谓人皆有不忍人之心者，今人乍见孺子将入于井，皆有怵惕恻隐之心——非所以内交于孺子之父母也，非所以要誉于乡党朋友也，非恶其声而然也。由是观之，无恻隐之心，非人也；无羞恶之心，非人也；无辞让之心，非人也；无是非之心，非人也。恻隐之心，仁之端也；羞恶之心，义之端也；辞让之心，礼之端也；是非之心，智之端也。人之有是四端也，犹其有四体也……苟能充之，足以保四海；苟不充之，不足以事父母。"（《公孙丑上》）

在以上例子中，孟子指出，一个人要冲过去救一个即将落入水井的孩子，当下的刹那之间，他根本来不及思考，他并不是要结交孩子的父母或在乡党朋友面前显示自己，谋取虚荣。他内心有一个无条件的道德要求和绝对命令，使他不假思索地去做。人作为道德主体，自己为自己下命令，自己支配自己。这一主体既是意志主体，又是价值主体，更是实践的主体。仁、义、礼、智、信等，不完全是社会他在的道德规范，同时又是本心所制定的法则，即是道德理性。孟子强调道德生活的内在性。

同时，恻隐、羞恶、辞让、是非等心，是仁、义、礼、智的萌芽，既是理，又是情。这种“四端之心”本身即含有道德价值感，同时又是道德判断的能力和道德践履的驱动力，成为现实的道德主体自我实现的一种力量。没有四端之心，人就会成为非人。如果我们把这“四端之心”扩充出来，便会像刚刚烧燃的火，刚刚流出的泉水。扩充了它，就可以安定天下；而让它泯灭，便连爹娘都不能赡养。

按孟子的看法，善性良知是天赋予人的，是先于经验的，是人区别于他物的类特性、类本质，在人之类的范围内是具有普遍性的。他说：“非天之降才尔殊也……故凡同类者，举相似也，何独至于人而疑之？圣人，与我同类者。……口之于味也，有同嗜焉；耳之于声也，有同听焉；目之于色也，有同美焉。至于心，独无所同然乎？心之所同然者何也？谓理也，义也。圣人先得我心之所同然耳。故理义之悦我心，犹刍豢之悦我口。”（《告子上》）不同的人，有诸多的差异，但口对于味道，耳对于声音，目对于颜色，又有共同的好恶，都欣赏美味、美声、美色。同样的，人的心也有其同一性，都爱好仁义礼智。我心对于理、义的愉悦，就像我口对于牛羊肉的喜好一样。圣人之所以为圣人，就是比普通的人先觉悟到人的道德的要求，懂得人的这种普遍性（“心之所同然”）。理、义是道德理性，人喜好之，如同感官对于美味、美声、美色的喜好一样。这个比喻很危险，但在孟子看来却很正常，因为道德的认识与实践，是与人的整个生命，首先是与身体联系在一起的。

### 2. 仁义内在，性由心显

孟子指出，仁义礼智这些道德性，源于本心，只是人们常常不能自己体认良心本心，因此常常需要反躬自问，自省自己的良心本心。他说："万物皆备于我矣。反身而诚，乐莫大焉。强恕而行，求仁莫近焉。"（《尽心上》）这里所说的我所具备了一切，不是指外在的事物、功名，而是说道德的根据在自己，原无欠缺，一切具备。在道德精神的层面上，探求的对象存在于我本身之内。道德的自由是最高的自由，不受外在力量的左右，因为道德的行为总是自我命令的结果。反躬自问，切己自反，自己觉识到自己的行为无愧于天、人，就是最大的快乐。不懈地以推己及人的恕道去做，达到仁德的道路没有比这更直捷的了。除了反求本心，还要推扩本心，即把人的这种道德心性实现出来。"君子所性，虽大行不加焉，虽穷居不损焉，分定故也。君子所性，仁义礼智根于心，其生色也睟然，见于面，盎于背，施于四体，四体不言而喻。"（《尽心上》）君子的这种本性，不因他的理想大行于天下而增加，也不因他穷困隐居而减损，因为本性本分已经固定了。君子的本性，仁义礼智之心可以反映到他的神色是纯和温润的，还表现在他身体的各方面，乃至于手足四肢的动作上。本心通过推扩，通过四体，实现出来。孟子的重要论断"仁义礼智根于心"，"是不能通过外在的归纳来证明的，只能通过内在的相应来体证。人之所以能向善，正是因为他在性分禀赋中有超越的根源，只有在这里才可以说性善。现实上的人欲横流、善恶混杂并不足以驳倒性善论的理据。由这一条线索看，儒家伦理的确与康德的实践理性有相通处……”[①]由上可知孟子的仁义内在，性由心显，以心善言性善的特征。

3. 对理性、情感二分的挑战

许多学者已经讨论过孟子思想中的理性与情感。例如，牟宗三肯定孟子仁义内在的观点近于康德伦理学中的自律的观念，而两者的区别在于他们对理性与情感之间的关系的理解。这种讨论为刘述先和李明辉所继承和发展，上文已经引用了他们的观点。另一方面，如David Wong在他的论文《孟子思想中有理性与情感之分吗？》[②]中指出，孟子实际上并没有这种区分，并且论证说孟子不作这种区分有他背后的观念作为理据，并且这一理据是可以成立的。尽管大家的诠释有很多不同之处，有一点是相同的，那就是，他们都曾经尝试把孟子思想放入西方哲学家所划出的基本区分中去讨论，然后发现分歧是难以避免的。这种分歧其实产生于东西方对道德意识与情感的基本理解。在西方思想中有一个很强势的区分，即理性（主动的，给予法则的）和情感或感性（被动的，为自然所决定的）之分。似乎情感仅仅是属于感性层面，而感性只是一种能力，它只是在受到刺激之后而根据人类自身的心理构造而作出自然的反应。

---

① 刘述先：《孟子心性论的再反思》，《当代中国哲学论：问题篇》，美国八方文化企业公司，1996年，第147页。

② David Wong, “Is There a Distinction Between Reason and Emotion in Mencius?” *Philosophy East and West*, 1991, 41: 31–44.

马克斯·舍勒在他的《伦理学中的形式主义与质料的价值伦理学》一书中已经批评过这一区分。他试图揭示一个新的领域："一种纯粹的直观、感受、一种纯粹的爱和恨、一种纯粹的追求和意愿，它们与纯粹思维一样，都不依赖于我们人种的心理物理组织，同时它们具有一种原初的合规律性，这种合规律性根本无法被回溯到经验的心灵生活的规则上去。"[①]舍勒对传统的理性、情感的二分的挑战是一种洞见。然而他的工作尚是初步的。在这种"纯粹直观和感受"的领域，仍然有许多理论空间可以发掘。孟子以及许多支持其观点的宋明儒者，都将我们的视角引向仁义礼智等先天的价值。孟子深信，心自身具有对这些先天价值的天生的倾向。这些价值本身具有内在的条理，它并非从理论理性的原则推导而出，却同时是合理的。这令人联想起舍勒经常引用的帕斯卡尔的名言："心灵自有其理。"

## （三）王道与仁政

孟子心目中的"王道"，其基础是保障民生，关注老百姓的基本生存问题（生死葬祭，尤其是维持生命，起码保证不饥不寒），以及对社会贫弱者、最不利者（如鳏寡孤独）以最大的关爱。

### 1. 王道与仁政

孟子力辨王霸，主张"以德行仁者王"，肯定王道是德政，强调以德服人，以德行仁。"王道"即"先王之道"，是尧、舜、禹、汤、文、武、周、孔之道。诚如赵明所说，先秦儒家推崇

---

① 〔德〕马克斯·舍勒著，倪梁康译：《伦理学中的形式主义与质料的价值伦理学》，生活·读书·新知三联书店，2004年，第308页。

的王道是价值、人生与历史融会贯通的政治文化生命体，也是政治评判的最高标准，他们对政治中人的“德性”，也即是否“得道”是要严格审查的。“从‘文武之道’到‘尧舜之道’，再向‘天道’的思想追寻，充分体现了先秦儒家政治哲学力求超越经验历史而寻求更具普遍意义的政治正当性根基的努力。”“先秦儒家把政治秩序的正当性根源最终落实到了‘历史’的‘王道’之上。”[①]

孟子说：“尧舜之道，不以仁政，不能平治天下。”（《离娄上》）徐洪兴说：“‘王道’是旧有的名词，‘仁政’才是孟子发明的。实际上，它们是完全相通的，‘仁政’就是‘王道’的体现，就是‘王道’的标志。”“就‘仁政’的内容来看，实际与其他地方所提的‘王道’是一脉相承的。孟子在这里只是更具体化了一点。”[②]孟子以“仁政”作为政治正当性的标准，并提出了相当系统的“仁政”学说。

孟子的政治哲学以其性善说为理论前提。他把道德仁义之实由人性推广到社会、国家的治理之中，才有所谓仁政之说。孟子曰：“人皆有不忍人之心。先王有不忍人之心，斯有不忍人之政矣。以不忍人之心，行不忍人之政，治天下可运之掌上。”（《公孙丑上》）他主张“亲亲而仁民，仁民而爱物”（《尽心上》）的推恩原则，“推恩足以保四海，不推恩无以保妻子”（《梁惠王上》），将推恩推到极致，则“万物皆备于我”。孟子反对“以力服人”的“霸道”，反对杀伐征战、与民争利及以暴力对待百姓，主张“以德服人”的“王道”，主张保民、教民，以民为本。

仁政是什么？简言之：第一，仁政是养民安民之政；第二，

① 赵明：《先秦儒家政治哲学引论》，北京大学出版社，2004年，第88—89页。

② 徐洪兴：《〈孟子〉选评》，上海古籍出版社，2011年，第203、255页。

仁政是教民之政。这是对孔子的“庶、富、教”与“安民治政”基本原则的扩充与具体化。萧公权说：“仁政必有具体之设施。孟子所言，似可以教、养二大端概之。而其养民之论，尤深切详明，为先秦所仅见。七篇之中，孟子所注重者为裕民生、薄赋税、止争战、正经界诸事。”[①]杨泽波说：“《孟子》中‘保民’一词有狭义与广义之别。狭义的‘保民’只是安民，而广义的‘保民’也包括养民和教民。杨伯峻《孟子译注》将‘保’字解释为‘安定’‘保护’‘保持’，是有道理的。”[②]杨著有专节“保民：王道主义的措施”，用广义的“保民”，具体包含安民、养民、教民三项内容。

### 2. 政在养民安民

仁政学说的目的是为民，其最基本的要求则是要解决百姓的温饱问题，安顿他们的生命与生活。孟子的民本思想以解决民生为急务，即所谓“民事不可缓也”。仁政的基础首先是解决百姓的生活，在孟子当时所处的社会环境下，百姓能保命并维持基本的生活已是非常难得了。

为此，孟子明确提出“恒产恒心”“制民之产”说，主张政府一定要为民制产，以为人民只有在丰衣足食的情况下才能安分守己，从善如流。他说：

> 无恒产而有恒心者，惟士为能。若民，则无恒产，因无恒心。苟无恒心，放辟邪侈，无不为已。及陷于罪，然后从而刑之，是罔民也。焉有仁人在位罔民而可为也？是故明君制民之产，必使仰足以事父母，俯足以畜妻子，乐

① 萧公权：《中国政治思想史》，新星出版社，2005年，第59页。

② 杨泽波：《孟子评传》，南京大学出版社，1998年，第161页。

岁终身饱，凶年免于死亡；然后驱而之善，故民之从之也轻。(《梁惠王上》)

“制民之产”是为了解决黎民百姓基本生产与生活资料的保障问题，此为养民安民的基础。孟子多次提到每一农户都应有百亩农田、五亩宅园，在宅园中树之以桑，又喂养若干家禽家畜，以解决全家生计，尤其是老人的吃饭衣帛食肉问题，特别强调“五亩之宅，树之以桑，五十者可以衣帛矣。鸡豚狗彘之畜，无失其时，七十者可以食肉矣。百亩之田，勿夺其时，数口之家可以无饥矣。”(《梁惠王上》)。关于一夫授田百亩及计口授田制，是孟子之后中国社会的重大问题，在历代制度上都有规定，在现实上也都有不同程度的实现。所以，儒家特重小民的经济权利，私有财产的保护。

孟子特别提出“经田界”的问题，这也是农业社会的重大问题。授田之后，贫民的田地很可能被官府豪强掠夺，故孟子曰：“夫仁政，必自经界始。经界不正，井地不均，谷禄不平，是故暴君污吏必慢其经界。经界既正，分田制禄可坐而定也。”(《滕文公上》)百姓依赖土地生活，正经界乃尊重百姓私有财产的必要措施，经界既正，百姓可以无后顾之忧了。孟子之后历朝历代的知识人与清官都重视经田界，不仅有主张，而且有行为。

经济规则与政策，除土地之外，还有徭役、赋税与关市问题。解决人民的温饱只是民生的第一步，为了彻底贯彻民本思想，孟子主张执政者在治其田畴的同时，还要省刑罚、薄税敛，如此百姓才能渐次致富。“王如施仁政于民，省刑罚，薄税敛”(《梁惠王上》)；“易其田畴，薄其税敛，民可使富也”(《尽心上》)。孟子主张减轻刑罚，轻徭薄税；实行井田制，农人只助耕公田，不再征税；开放山林川泽，除了出于生态保护的原因禁渔禁猎禁砍伐外，允许老百姓渔猎砍伐；给空地储藏货物却不征收货物税，如果滞销，不让它长久积压，开放市场，设关卡只稽查而不征税，以方便各地的商旅。能行此，则邻国之民仰之如父母，皆往归焉。

面对梁惠王，孟子严厉批判了当时的社会不公："庖有肥肉，厩有肥马，民有饥色，野有饿莩，此率兽而食人也。"(《梁惠王上》)并批评秦、楚等国"夺其民时，使不得耕耨以养其父母。父母冻饿，兄弟妻子离散"(《梁惠王上》)。

总之，民生关乎百姓的生命、生活，是仁政的第一步。仁政首先要解决民生问题，在先儒养民、富民，安顿百姓的生命与生活的基础上，孟子首次明确提出为民制产，认为人民只有在丰衣足食的情况下才不会胡作非为，并接受教化。仁政以土地制度为基本保障，这还是生存权问题、民生问题。小民的土地宅园，核心家庭成员的基本温饱，老人的赡养均是仁政的主要内容。这里多次提到要保证黎民不饥不寒，五十岁以上的人有丝绵袄穿，七十岁以上的人有肉吃等。凡此种种，皆可看出孟子的民本思想以民生为起点，切实而具体，皆是为民之生存与发展而设也。

孟子把百姓的生命看得至高至上，因此极力反对当时诸侯国之间的杀伐征战，以为善阵善战乃大罪，而"国君好仁，天下无敌焉"(《尽心下》)。好仁最基本的要求即不嗜杀人，保存百姓的生命。在孟子看来，只要执政者不滥杀无辜，能行仁政，则天下之民即可往归之。孟子曰："今夫天下之人牧，未有不嗜杀人者也。如有不嗜杀人者，则天下之民皆引领而望之矣。诚如是也，民归之，由（犹）水之就下，沛然谁能御之？”（《梁惠王上》）孟子不但反对杀伐征战，也反对与民争利。

孟子批判战国时代列国君臣的功利主义。在战乱频仍之际，孟子反对不顾人民的死活，通过驱民耕战来满足人君的私欲。君臣巧取豪夺，上下交征利，诸侯国相互争斗，带来的后果是两极分化，民不聊生，孟子对此予以严肃的批判。

### 3. 政在教化百姓

孟子的仁政思想其始在于保存百姓生命，解决其生活温饱问题，其终则在以人伦教育人民。百姓的生计解决了还不够，还须施以教化，如此方能调治民心，和谐人伦关系，安定社会秩序。所以孟子主张“谨庠序之教，申之以孝弟之义，颁白者不负戴于道路矣”。“壮者以暇日修其孝弟忠信，入以事其父兄，出以事其长上。”（《梁惠王上》）百姓皆能亲其亲、长其长，则国益安矣。

孟子强调办学校，办教育，尤其是人伦教化，使百姓“明人伦”。“设为庠序学校以教之。庠者，养也；校者，教也；序者，射也。夏曰校，殷曰序，周曰庠；学则三代共之，皆所以明人伦也。人伦明于上，小民亲于下。”（《滕文公上》）人伦者，人伦生活之准则，即所谓父子有亲、君臣有义、夫妇有别、长幼有序、朋友有信，由此百姓有一定的教养，形成和谐的社会风气，维护公序良俗。前面我们说过，孟子仁政思想与孔子“富之教之”的思想一致。百姓人人皆得生活保障，“养生丧死无憾”，此王道之始也。然必使百姓人人皆能受教育、“明人伦”，方为王道之终。由此可知，行仁政必待教化而始完备，而善教亦是执政者得民心之不可或缺的手段。

孟子曰："善政不如善教之得民也。善政，民畏之；善教，民爱之。善政得民财，善教得民心。"（《尽心上》）良好的教育，方能使百姓心悦诚服，有如七十子之服孔子。而再好的政治手段也不过与民争利、得民财而已，达不到得民心、使百姓衷心拥戴的效果。可见，不管是执政者自身还是百姓，皆应注重德性之培养、礼义之化成，否则"上无礼，下无学，贼民兴，丧无日矣"（《离娄上》）。上无道揆，下无法守，上下交征利，国之亡可立而待也。

## （四）对政治权力的限制

1. 权源：天与之

《孟子》一书有关天子、诸侯权源问题，特别指出是来之于天，是天与之。《万章上》记载孟子谈禅让，指出天子、诸侯、大夫的权力不能私相授受，天虽然不说话，但以行动与工作来表示。尧舜禹的授受是经过考验的，前任把继任者推荐给天，继任者较长时期的实际表现使天接受了他，百姓也接受了他。尧死后，舜为使尧子继位而避让，但诸侯与百姓有事还是找舜而不找尧子，拥戴舜而不拥戴尧子，这说明舜继位是天意。如果不是这样，舜逼迫尧子让位，那就是篡夺，不是天授。《孟子》书在此引了《太誓》（即《泰誓》）逸文："天视自我民视，天听自我民听"，意即天意是通过民意反映出来的。这就暗含着权源虽在天而实在民，天意实际上听从于民意的意思。

在讨论传贤与传子的问题时，孟子说："天与贤，则与贤；天与子，则与子。"（《万章上》）孟子不能像今人那样去解释传子代替传贤的历史原因，以及益、伊尹、周公、孔子有德无位的历史原因，他试图以“天”与“命”的张力来解释。“莫之为而为者，天也；莫之致而至者，命也。”（《万章上》）历史的吊诡是，传子之后，天所要废弃的，一定要像夏桀商纣那样残暴无德的君主，所以益、伊尹、周公等虽是圣人，因为所逢君主不像桀纣，便不能得到天下。最后以假托孔子的话作结：“唐虞禅，夏后殷周继，其义一也。”（《万章上》）传贤与传子道理是一样的！这个道理在孟子看来是道义、仁德。

大体上，我们可知，孟子把人世间政治权力的最终源头收摄于上天，而又把民意讲成天意，这是有甚深意蕴的。孟子提出“天与”的观念实是否定执政者以政权为私产，而以民心向背为政权转移之根据。“以行与事示之”即以民心所向示之，因此孟子引《太誓》文“天视自我民视，天听自我民听”以明其义。“天命”中虽有人力所不能及者，但仍主要表现于民心。民心乃政权转移之关键，这一点下面还要详说。

### 2. 选拔：尊贤使能

孟子的民本思想还体现在尊贤使能方面。对百姓施以教化或教育，不单单在于使其“明人伦”，更在于能在民众中选贤举能，使其参与到国家政权的治理中去。孟子曰：“贵德而尊士，贤者在位，能者在职。”（《公孙丑上》）“尊贤使能，俊杰在位，则天下之士皆悦，而愿立于其朝矣。”（《公孙丑上》）荀子亦主张“尚贤使能”。尊贤使能突显了平民参政的特色，是民本思想在政治上的重要体现。由于孔子“有教无类”观念的影响，在我国历史上有教育制度与文官制度密切配合，使民间布衣有不同渠道进入各级政府，参与各层政治活动，由教育的公平达到政治的公平。当然，这种公平是相对而言的。

### 3. 监督与制衡：民意、察举、明堂治政

民本思想还体现在尊重民意上。《梁惠王下》记载孟子论民意与察举，指出：国君选拔贤人，如要起用新人，把卑贱者提拔到尊贵者之上，把疏远者提拔到亲近者之上，对这种事能不慎重吗？左右亲近的人都说某人好，不可轻信；众大夫都说某人好，也不可轻信；全国人都说某人好，然后去考察，发现他真有才干，再任用他。左右亲近的人都说某人不好，不要听信；众大夫都说某人不好，也不要听信；全国人都说某人不好，然后去考察，发现他真不好，再罢免他。左右亲近的人都说某人可杀，不可轻信；众大夫都说某人可杀，也不可轻信；全国人都说某人可杀，然后去考察，发现他该杀，再杀他。孟子认为，人事问题要慎重，是否举拔、罢免或诛杀，在倾听民意后要了解、审核，然后再裁决。知民之好恶，充分尊重民意，"所欲与之聚之，所恶勿施"（《离娄上》），正是以民为本的鲜明体现。

在与齐宣王讨论时，孟子肯定明堂治政。"夫明堂者，王者之堂也。王欲行王政，则勿毁之矣。"（《梁惠王下》）"明堂"治政是原始民主制的遗风，经孟子肯定，历朝历代均不乏儒家知识人加以推崇与推行。

### 4. 转移：罢免与革命

孟子劝诱齐宣王说："您有一个臣子把妻子儿女托付给一位朋友照顾，自己游楚国去了。等回来时，自己的妻子儿女却在挨饿受冻。对待这样的朋友，该怎么办呢？"王说："和他绝交。"孟子说："假若管刑罚的长官不能管理他的下级，该怎么办呢？"王说："撤掉他！"孟子一步步紧逼，待齐宣王说罢免不称职的主管刑罚的长官时，孟子又进一步暗批齐宣王的政治搞得

很不好，该怎么办？宣王只有顾左右而言他了。孟子以譬喻启导齐宣王，论弃之已之。实际的意思是：应当罢免不称职的官员，乃至国君。

民本思想还体现在政权基础及其转移方面。孟子很看重民心向背，认为民心乃政权之基础，民心向背是政治上成功与否的决定因素。“桀纣之失天下也，失其民也；失其民者，失其心也。得天下有道：得其民，斯得天下矣；得其民有道：得其心，斯得民矣。”（《离娄上》）行仁则得民心、得天下，不行仁则失民心、失天下，故孟子曰：“三代之得天下也以仁，其失天下也以不仁。国之所以废兴存亡者亦然。”（《离娄上》）孔子以前的古代思想，虽有民本观念之萌芽，但此种思想直到孟子才真正说得清楚明白。过去以“天命”解释政权的转移，孟子就直接以“民心”解释“天命”。

在此基础上，孟子进而肯定汤武革命顺天应人：“贼仁者谓之‘贼’，贼义者谓之‘残’。残贼之人谓之‘一夫’。闻诛一夫纣矣，未闻弑君也。”（《梁惠王下》）此即表明执政者倘失仁义之道即是独夫民贼，人民可以推翻其政权而诛杀之，这就是传统政治上的革命论。这就明确表示政权可以转移，而转移之依据即在民心向背。民心之重要就在这里。孟子有“民贵君轻”的著名思想：

> 民为贵，社稷次之，君为轻。是故得乎丘民而为天子，得乎天子为诸侯，得乎诸侯为大夫。（《尽心下》）

在治理国家、统一天下的问题上，百姓是最重要的，国家政权是次要的，国君是更次要的。孟子的民本思想对历代批判君主专制的思想家影响很大，成为中国乃至东亚重要的政治资源。

## （五）人格独立和节操

孟子十分重视人格独立和节操。

### 1.“天爵”“良贵”

孟子每每向诸侯进言，他从不把诸侯高高在上的地位放在眼里，决不被那些“大人”的权势所吓倒。他有“说大人则藐之，勿视其巍巍然”（《尽心下》）的气概。他引用、重申曾子的话：“彼以其富，我以吾仁；彼以其爵，我以吾义。吾何慊乎哉？”（《公孙丑下》）他有他的财富爵位，我有我的仁义道德，我并不觉得比他少了什么。继承子思的孟子有着自由知识分子的骨气和傲气，有着“舍我其谁”的气魄、胆识。他发展了孔子关于“德”与“位”的矛盾学说，举起了“以德抗位”的旗帜，对后世知识分子有极大的影响。

他有“天爵”“人爵”的区分：“有天爵者，有人爵者。仁义忠信，乐善不倦，此天爵也。公卿大夫，此人爵也。”（《告子上》）天爵是在价值世界里才能达到的境界，而人爵只是世俗的功名利禄。天爵作为精神世界里的高尚道德、人格的尊严，操之在己，求则得之，不可剥夺。因此，君子所追求的是天爵而不是人爵。孟子认为，道德原则或精神理想是人自身所具有的，而不是依赖他人赐予的最为宝贵的东西，这就是“良贵”。别人给你的贵位不是“良贵”，“良贵”是自身具有的。

## 2. 持志与养气

在子思子的德气论的“五行”学说基础上，孟子还创造了“浩然之气”这一名词。他说：“我善养吾浩然之气”；“其为气也，至大至刚，以直养而无害，则塞于天地之间。其为气也，配义与道；无是，馁也。”(《公孙丑上》)这种盛大流行之气，充塞于宇宙之中。他又说：“夫志，气之帅也；气，体之充也”；“持其志，无暴其气”；“志壹则动气，气壹则动志。”(《公孙丑上》)志是心之所之，是导向。志可以调动气，这是正向；反过来，气也可以影响志，这是逆向。孟子主张二者互动，持志与养气相配合。他指出要善于保养盛大流行的充满体内的气。保养浩然之气的根本在于养心，即恢复、保任四端之心。孟子主张调动气来配合道义，不仅使理义集之于心，而且使理义之心有力量，可以担当，可以实践，可以使理想得以实现。这样，面对任何安危荣辱、突然事变，就无所惧，无所疑，能当担大任而不动心。浩然之气是天地之气，也是我们生而有的气，只要不人为地伤害它，而善于保养它，就能合乎道义，辅助道义。养气在于养心，而言为心声；不正当的言论反过来会诱惑、伤害其心，故需要知言。对各种言论有独立思考，分析评判，不盲目信从，谓之知言。知言是为了辨志，知言也是养心的工夫。故以道德心为枢纽，孟子把持志、养气、知言统合了起来。《孟子·公孙丑上》篇的“知言养气”章号称难读，见仁见智，其实把握了以上所说，即把握住了它的中心思想。

孟子主张调动气来配合道义，不仅使理义集之于心，而且使理义之心有力量，可以担当，可以实践，可以使理想得以实现。这样，面对任何安危荣辱、突然事变，就无所惧，无所疑，能担当大任而不动心。孟子善于把四端之心即道德情感调动出来辅佐道德理性，成为道德实践的动力。这是他的一大贡献。与康德相比，李明辉认为："当康德将作为动机的道德情感排除于道德主体之外时，道德主体本身应有的自我实现的力量即被架空……这使得其道德主体虚歉无力。"[①]

孟子之性善论肯定内在于人的生命中的超越的禀赋，是人行善的根据。但人是否真正发挥其禀赋，就在乎每个个体是否有修养的工夫。所以，他提出了一系列"存心""养气""存夜气""求放心"的存养方法。

3. 气节和操守

孟子提倡弘大刚毅、坚定不移的气节和情操，崇尚死而后已、无所畏惧的任道精神。在生死与道德发生冲突时，"生亦我所欲也，义亦我所欲也；二者不可得兼，舍生而取义者也。"(《告子上》)这种冲突，实质上是人的自然生命与人的德性尊严之间的冲突。孟子所倡导的道德选择表现了超乎自然生命之上的善的价值之极致，表现了人为人格尊严而牺牲的殉道精神。孟子笔下"居天下之广居，立天下之正位，行天下之大道"的"大丈夫"的行为标准是："得志，与民由之；不得志，独行其道。富贵不能淫，贫贱不能移，威武不能屈，此之谓大丈夫。"(《滕文公下》)。这种任道精神和崇高人格曾激励了我国历史上无数的志士仁人。

在利益和仁义发生冲突时，孟子主张把仁义放在首位，提倡先义后利。孟子提倡独善其身与兼济天下的统一。他主张做官要"求之有道"。"古之人未尝不欲仕也，又恶不由其道。不由

---

① 李明辉：《儒家与康德》，台北联经出版事业公司，1990年，第123—124页。

其道而往者，与钻穴隙之类也。”（《滕文公下》）“吾未闻枉己而正人者也，况辱己以正天下者乎？圣人之行不同也，或远，或近，或去，或不去；归洁其身而已矣。”（《万章上》）在自己遭受侮辱时，怎么能匡正别人、匡正天下呢？圣人的行为，各有不同，有的疏远当时的君主，有的靠拢当时的君主，有的离开朝廷，有的身居魏阙，归根到底，都得使自己廉洁正直，不沾染污泥。“得志，泽加于民；不得志，修身见于世。穷则独善其身，达则兼济天下。”（《尽心上》）这即是说，人不论处在什么样的境遇、场合中，选择道德还是非道德，如何选择人生道路，怎样保持独立的人格和气节，终究是自我做主的事。孟子思想对他身后历朝历代士君子的士操的涵养，起了很大的作用。

杜维明指出：“在‘保民’和‘爱民’的思想氛围里，孟子的批判焦点是有王侯之名而实际上只配称独夫民贼的人君和只能遵循‘妾妇之道’而显赫一时的权臣，因此在和居高临下的政权势力对话时，孟子从不要求、更不斥责士庶人、百姓或天下之民。但这并不表示孟子根本不承认天所降的下民有影响政治的参与精神；他们绝不只是被动的群众而毫无主观能动的潜力。恰好相反，正因为孟子充分肯定‘天视自我民视，天听自我民听’的交感互动原则，他才指出‘乐民之乐者，民亦乐其乐；忧民之忧者，民亦忧其忧’的回馈现象。《孟子》一书中所显示的民、百姓和庶人，不仅有认识自身利益、判断仁政暴政和品题领导阶层为公为私的能力，而且可以付诸行动，作出同乐同忧、自安生理、逃亡流离，乃至叛乱革命种种选择。……孟子以私淑孔子自勉。他最大的心愿是推行仁政，彻底转化‘率兽食人，人将相食'的残忍世界，以逐渐达到天下太平的人间胜境。"[1]杜维明关于孟子对民、百姓和庶人自身价值与能力的肯定，深中肯綮，这是孟子民本学说的题中应有之义，也是孟子其人其学在我国及东亚历史上有重要影响的原因。

儒家从不拿执政者修己的标准去治人，去要求百姓。对执政者之修己而言，总是道德礼义为先，即所谓"以义正我"。而针对百姓之治人而言，则是养生先于教化，即所谓"以仁安人"。与古希腊哲人相比，先秦儒家特别是孟子对老百姓民生的关注是非常突出的特点，然而小民的生活基本上没有进入古希腊哲人的视野；与西方传统政治文化相比，中国文化、儒家对政府的教育职能，特别是对百姓实行道德教化的要求，也是显著的特点，传统西方之政府职责中，基本上没有教育并提升民众的知识与道德水准的约定。

① 杜维明：《孟子：士的自觉》，李明辉主编：《孟子思想的哲学探讨》，台北中研院文哲所，1995年，第15—16页。

# 八、庄子的智慧

庄子，生卒年不详（约前375—前300年），名周，宋国蒙（今河南商丘东北）人。庄子与齐宣王、魏惠王同时，与惠施为友。他曾做过蒙地漆园小吏，后来厌恶政治，脱离仕途，靠编草鞋糊口，过着隐居生活。

庄子及其学派的学术结晶，便是《庄子》一书。此书汉代有五十二篇，言多诡诞，类似《山海经》或占梦书。魏晋流行至今的通行本有三十三篇，其中内篇七，外篇十五，杂篇十一。自宋以来，一些学者就提出了《庄子》内、外、杂篇的区分和真伪问题。一般认为，内篇语言风格接近，思想连贯，自成一体，乃庄子自著，是全书之核心。外篇和杂篇大多出于庄子门人后学之手。有意思的是，司马迁说庄子著书十万余言，列举的篇目却只是外、杂篇的《渔父》《盗跖》等，而湖北出土了汉代简《盗跖》。苏轼和晚近不少学者怀疑外、杂篇，指其为伪书。今人也有反其道而行者，力证外、杂篇才是庄子自著。故关于《庄子》一书的形成、传衍过程，尚待出土文献的印证和进一步的深究。

《庄子》以“寓言”“重言”“卮言”为主要表现形式。其书“寓言十九”，意即绝大部分是寓言。所谓“寓言”，乃言在此而意在彼。作者借助河神、海神、云神、元气，甚至鸱鸦狸狌、山灵水怪，演为故事，来讲述一定的道理。所谓“重言”，是借重古先圣哲或当时名人的话，或另造一些古代的“乌有先生”来谈道说法，让他们互相辩论，或褒或贬，没有一定之论。但在每一个场合，却都隐藏着庄子。一说卮是酒器，卮满则倾，卮空则仰，空满任物，倾仰随人。“卮言”即无心之言，或酒后之言，没有很强的主观性。一说卮是漏斗，所谓“卮言”，就是漏斗式的话。漏斗空而无底，隐喻无成见之言。庄子说的话，只是从不同角度替大自然宣泄不同的声音。《庄子》的暗示性无边无涯，涵盖面无穷无尽，给人以广阔的想象空间，可以做出多重的、创造性的解读。我们姑且把《庄子》全书视为庄子及其学派的思想资料，以下所说的庄子，是庄子及其学派的代称①。

## （一）道论

我们可以从本体论的路数或宇宙生成论的路数去理解庄子的“道”②。

### 1. 庄子的“道”是宇宙的本原，又具有超越性

> 夫道有情有信，无为无形；可传而不可受，可得而不可见；自本自根，未有天地，自古以固存；神鬼神帝，生天

① 本章《庄子》引文见郭庆藩辑《庄子集释》，中华书局，1982年。又，本章引文与释文，多处参考了张默生原著、张翰勋校补的《庄子新释》，齐鲁书社，1993年。

② 关于《庄子》的“道”，参见崔大华：《庄学研究》，人民出版社，1992年，第118—128页；刘笑敢：《庄子哲学及其演变》，中国社会科学出版社，1988年，第102—122页；陈鼓应：《老庄新论》，上海古籍出版社，1992年，第185—208页。

生地；在太极之先而不为高，在六极之下而不为深，先天地生而不为久，长于上古而不为老。(《庄子·大宗师》，下引《庄子》只注篇名)

这表明了“道”是无作为、无形象而又真实客观的，是独立的、不依赖外物、自己为自己的根据的，是具有逻辑先在性与超越性的，是有神妙莫测的、创生出天地万物之功能与作用的本体。这个“道”不在时空之内，超越于空间，无所谓“高”与“深”，也超越于时间，无所谓“久”与“老”。

“有先天地生者，物邪？物物者非物，物出不得先物也，犹其有物也。犹其有物也，无已。”(《知北游》)“道”先于物并生成各物，是使万物成为各自个体的那个“物物者”，即“本根”。它不是“物”，即“非物”，即“道”。由于“道”之生物，万物得以不断生存。

这个“道”是“未始有始”和“未始有无”的：“有始也者，有未始有始也者，有未始有夫未始有始也者。有有也者，有无也者，有未始有无也者，有未始有夫未始有无也者。俄而有无矣，而未知有无之果孰有孰无也。”(《齐物论》)宇宙无所谓开始，亦无所谓结束，这是因为“道无终始”。

在《渔父》篇，作者借孔子之口说：“且道者，万物之所由也，庶物失之者死，得之者生，为事逆之则败，顺之则成。故道之所在，圣人尊之。”道是万物的根本，是各物的根据。“夫昭昭生于冥冥，有伦生于无形，精神生于道，形本生于精，而万物以形相生……天不得不高，地不得不广，日月不得不行，万物不得不昌。此其道与！”(《知北游》)明显的东西产生于幽暗的东西，有形迹的产生于无形迹的，精神来自于道，形质来自于精气，万物以不同形体相接相生。天没有道不高，地没有道不广，日月没有道不能运行，万物没有道不能繁荣昌盛，所有的东西都依于道，由道来决定。

2. 庄子的“道”具有普遍性，内在于每一物中

“夫道，覆载万物者也，洋洋乎大哉！君子不可以不刳心焉。无为为之之谓天，无为言之之谓德，爱人利物之谓仁，不同同之之谓大，行不崖异之谓宽，有万不同之谓富。”（《天地》）“刳”（kū），去的意思。“刳心”即去掉自私用智之心。“崖”，岸也，界限之意。这里讲不自立异，物我无间，是谓宽容。整句表示道的广大包容及任其自然。包容万物，以无为的方式行事，没有偏私的君子，具有道的品格，可以接近道。

“夫道，于大不终，于小不遗，故万物备。广广乎其无不容也，渊渊乎其不可测也。”（《天道》）“道”大无不包，细无不入，贯穿万物，囊括天地，周遍包含，巨细不遗，既宽博又深远。万物都具备道，道内在于一切物之中。没有道，物不成其为物。

道无所不在。道甚至存在于低下的、不洁的物品之中：“东郭子问于庄子曰：‘所谓道恶乎在？’庄子曰：‘无所不在。’东郭子曰：‘期而后可。’庄子曰：‘在蝼蚁。’曰：‘何其下邪？’曰：‘在稊稗。’曰：‘何其愈下邪？’曰：‘在瓦甓。’曰：‘何其愈甚邪？’曰：‘在尿溺。’”（《知北游》）道无所不在。这里颇有点泛道论了。陈鼓应指出，“庄子的道并非挂空的概念，而是普遍地内化于一切物。”[1]万物都具备道，道内在于一切物之中。没有

① 陈鼓应：《老庄新论》，上海古籍出版社，1992年，第188页。

道，物不成其为物。

### 3. 庄子的“道”是一个整体，其特性为“通”

“夫道未始有封，言未始有常，为是而有畛也。”（《齐物论》）“道”是浑成一体的，没有任何的割裂，没有封界、畛域。“道”是圆融的、包罗万有的、无所不藏的，可以谓为“天府”。同时，“物固有所然，物固有所可。无物不然，无物不可。故为是举莛与楹，厉与西施，恢恑憰怪，道通为一。其分也，成也；其成也，毁也。凡物无成与毁，复通为一”（《齐物论》）。这是说，世间的事物，都有其存在的原因、合理性与价值，每一个体的禀性与命运千差万别，但无论有什么差别，或成或毁，这边成那边毁，在道的层面上，却并无亏欠，万物都是可以相互适应、沟通并在价值上齐一的。也就是说，莛虽小而楹虽巨，厉虽丑而西施虽美，只要不人为干预，因任自然，因物付物，任万物自用，可各尽其用，各遂其性，都有意义与价值。凡事在不用中常寓有其用，所日用的即是世俗所行得通的，而世俗所通行的必是相安相得的。道是一个整体，通贯万物。庄子所谓“一”“通”“大通”，都是道。万物在道的层面上“返于大通”“同于大通”。

### 4. 庄子的“道”是“自本自根”的

除前引《大宗师》所说“自本自根，未有天地，自古以固存”外，《知北游》亦有大段论说：“今彼神明至精，与彼百化。物已死生方圆，莫知其根也，扁然而万物自古以固存。六合为巨，未离其内；秋毫为小，待之成体。天下莫不沉浮，终身不故；阴阳四时运行，各得其序。惛然若亡而存，油然不形而神，万物畜而不知。此之谓本根，可以观于天矣。”此处讲造化神妙莫测，使万物变化无穷。万物或死或生或方或圆，都不知其本根。天下万物没有不变化的。阴阳四时的运行又有其秩序。这些变化也好，变化之中的秩序也好，源于模糊的、似亡而存的“道”。道的妙用不见形迹，万物依赖它畜养而不自知。道是一切的本根。道不依赖于任何事物，自己成立，创生万有；天下万物依凭着道而得以变化发展。天地之大，秋毫之小，及其浮沉变化，都离不开道的作用。道参与天地万物的千变万化，道在其中为根本依据。可见，道自己是自己的原因，又是生成宇宙的原因。从万有依赖着道而生成变化，可知“道”是宇宙的“本根”。

### 5. 庄子的“道”不可感知与言说

它不仅是客观流行之体，又是主观精神之境界，其自然无为、宽容于物的特性，也是人的最高意境。《知北游》中，作者假托泰清、无穷、无为、无始四人的对话，暗喻道体。泰清，顾名思义，尚不足以知混沌的道体。在此段对话中，无为先生只是知道“道”运行的节律。真正理解道无终始、不可感知、不可言说的是无穷、无始先生。泰清问：“子知道乎？”无穷曰：“吾不知。”无始曰：“道不可闻，闻而非也；道不可见，见而非也；道不可言，言而非也。知形之不形乎！道不当名。”又曰：“有问道而应之者，不知道也。虽问道者，亦未闻道。道无问，问无应。无问问之，是问穷也；无应应之，是无内也。以无内待问穷，若是者，外不观乎宇宙，内不知乎太初。”不可问而硬要问，叫“问穷”，“穷”就是空。不能回答而勉强答，叫“无内（容）”。同篇又有托名知（智）、无为谓、狂屈、黄帝四先生的对话。智先生提问：“何思何虑则知道？何处何服则安道？何从何道则得道？”意即怎样思索怎样考虑才能懂得道？怎样处事怎样实行才契合道？依循什么通过什么途径才得到道？面对如是三问，无为谓先生一言不发，“非不答，不知答也”。智先生一头雾水，见到狂屈先生，亦如是三问。狂屈先生说，我知道，让我告诉您。狂屈戛然而止，“中欲言而忘其所欲言”。智先生返回帝宫，请教黄帝先生。黄帝回答：“无思无虑始知道，无处无服始安道，无从无道始得道。”智先生高兴地说，我们两人懂了，他们还不懂。黄帝则说，无为谓是真懂，狂屈近似，我们俩其实没有沾边。可见道体自然，道本无为，不可用语言来表达与限定。

但道是可以用人的生命来体证的。以上无穷、无始、无为先生，以及《大宗师》中的真人，《逍遥游》中的天人、神人、至人、圣人等，都是道体的具体化。因为道不仅仅是宇宙万有的终极根源，同时也是人的精神追求的至上境界。《天下》称颂关尹、老聃为“古之博大真人”，因为他们恬淡无欲，独自与神明住在一起，理会古之道术的全体，“建之以常无有，主之以太一；以濡弱谦下为表，以空虚不毁万物为实”。“常宽容于物，不削于人，可谓至极。”《天下》称颂庄子“独与天地精神往来，而不敖倪于万物；不谴是非，以与世俗处，……上与造物者游，而下与外死生无终始者为友。其于本也，弘大而辟，深闳而肆；其于宗也，可谓调适而上遂矣”。《天下》歌颂的关尹、老子、庄子，即为道的化生。

### （二）老庄道论的联系与区别

老庄道论无疑有很多相同或相联系之处，如说庄子道论源于老子而又加以发展，或说老庄之“道”的义涵有不少相同之处，学术界对此并无歧见。张默生说：“《老子》著者是最先发挥‘道’之意义的，且说得亦极周遍；至庄子更将活泼泼的道体揭出，较《老子》著者尤为精进。”[①]王叔岷认为，关于“道”“常”“反”“明”“和”等问题，“庄子所言虽较老子更深入精细，亦更广泛，但总渊源于老子。此司马迁所谓‘要其本归于老子之言。’庄子思想之所以超越老子，在其较老子更空灵超脱也。”[②]关于老子之道，王叔岷归纳了七义：道为天地万物之主宰、道永恒存在、道不可名状、道运行不已、道为实有、道法自然、道为德之本等；又说：“庄子言‘道无不在。’（《知北游篇》，庄子谓道在蝼蚁、稊稗、瓦甓、屎溺。）此老子所未涉及者。据此，老、庄所谓道，盖有八义矣。”[③]

学术界有关老庄道论之不同、差异或区别的研究，已有不少成果。例如，徐复观指出：“庄子主要的思想，将老子的客观的道，内在化而为人生的境界，于是把客观性的精、神，也内在化而为心灵活动的性格。”“庄子较老子，形上意味较轻。”[④]陈鼓应认为：老子、庄子共同论定“道”是实存的，是天地万物的根源，庄子虽继承了老子，但“老子的‘道’和庄子的‘道’，在内涵上有着很大的不同。概略地说，老子的‘道’，本体论与宇宙论的意味较重，而庄子则将它转化而为心灵的境界。其次，老子特别强调‘道’的‘反’的规律，以及‘道’的无为、不争、柔弱、处后、谦下等特性，庄子则全然扬弃这些概念，而求精神

① 张默生原著、张翰勋校补：《庄子新释》，齐鲁书社，1993年，第36页。
② 王叔岷：《先秦道法思想讲稿》，台北中研院文哲所，1992年，第77页。
③ 王叔岷：《先秦道法思想讲稿》，台北中研院文哲所，1992年，第39页。
④ 徐复观：《中国人性论史（先秦篇）》，台湾商务印书馆，1987年，第387、390页。

境界的超升。”[①]叶海烟说：“庄子哲学和老子哲学之间确实存在着重大的差异，例如二人对‘道’便有不同的看法：老子强调‘道’的超越性与创生万物的玄妙作用，而庄子则肯定了道遍在于万物，并已然具德于天地之中的实存性……庄子对老子超迈之处，应首推其逍遥之游，一个游字似乎可道尽庄周本怀……庄子思想的博与杂显然远远超过老子。”[②]

1. 老庄道论的同质性

我们认为，老庄道论之联系或同质性，有以下几个方面：

第一，老庄“道”范畴的基本含义相同或相近。如前引《庄子·大宗师》“有情有信”章，即源于《老子》第21章：“窈兮冥兮，其中有精；其精甚真，其中有信。”“情”“精”，乃通假字。老子、庄子“道”范畴所具有的本体义、实存义、普遍性义、绝对性义、超越时空义、整体性义、根据在自身的自本自根义及无限性义等基本含义是大体一致或相近的。陈鼓应认为，“道”的整体性是庄子最先提出的，“这个观念为老子哲学所无”[③]。但实际上老子的“道”“常道”“天之道”“圣人之道”即是圜道，是整体[④]。

第二，老庄“道论”之基本架构是相同或相近的。这就是本文说的本体论、宇宙生成论或本体—宇宙论的理论间架。庄子

---

① 陈鼓应：《老庄新论》，上海古籍出版社，1992年，第185页；又见陈鼓应、白奚：《老子评传》，南京大学出版社，2001年，第276页。《老子评传》强调了老子在社会政治上的柔性策略及其应用，为庄子所无。

② 叶海烟：《老庄哲学新论》，台北文津出版社，1997年，第13页。

③ 陈鼓应：《老庄新论》，上海古籍出版社，1992年，第186页。

④ 参见詹剑峰：《老子其人其书及其道论》，华中师范大学出版社，2006年，第121—122页。

深受老子的本体论、宇宙生成论的影响。

第三，老庄的体认“道”的方法，或其思维方法论是相同或相近的，都是生命体验的，特别是其中反向的或负的方法。

第四，作为老庄道论之重要部分的人生修养之工夫与境界论是相同或相近的。

与诸子百家中其他各学派，与古希腊哲学相比，老庄的道论无疑是大同而小异的。老庄都承认道是宇宙、社会、人与万事万物共同、普遍的总原理。道是万物所由生成、展现的根据，是体，是体用如一、自因自动的；道包含有主宰义与流行义，而现实流行与主导、主体是不二的，道是过程，不是超越于万物之上如如不动的实体，道遍在于一切事物及其运动之中。就道与言的张力来说，道需要不同的言说（包括肢体语言）而表出，但任何有限的名言、概念与言说都无法穷尽无限的道，道的方式方法是否定、遮拨的，虚无为用的。道又是人生境界，体道则需要修炼。道论是生命体证的哲学，每一现实的人都可以通过有限的生命修炼与人生实践去体认、证悟、接近作为宇宙整体的、无限的、绝待的“道”。老庄道论都是诗的哲学，透显出东方智慧的魅力。故道家的“道”及道论与柏拉图的共相观，与亚里士多德的逻各斯、上帝及实体学说都不同。

### 2. 老庄道论的差异性

我们认为，老庄道论之区别与差异，有以下几个方面：

第一，老庄道论之本体论、宇宙论、境界论的含义或理论间架在大体相同的基础上，亦有不同的偏重。老子在宇宙生成论或本体—宇宙论（本体—社会论）上有偏重，有助于社会政治、人生、形下层面的撑开；庄子道论也含有宇宙论、社会政治论，但不发达，其偏重在精神修养的工夫论与境界论，尤其是自由精神与绝对自由的心灵境界的追求方面。

第二，相比较而言，老子道论更富有原创性，更为简约，更有包容、暗示性，涵盖面更大。我们虽不可说庄子只是老子的注脚，但也不可过于夸大了庄子的发明。

第三，在精神境界上，庄子更为圆熟。“老聃、关尹，仍注意于道的精粗体用，还是有分别的迹象；而庄周则不期于精粗体用的分别，浑然与造物同体。”[①]在表达方式上，庄子更加活泼，巧妙运用三言，以各种人物、故事喻道，洋溢无方，无所粘滞，“为了说明一个论点，往往连举好多寓言故事，极意形容，反复比喻，能够‘自说自扫’，使人不觉有拖泥带水之感。”[②]

第四，在思想范式上，庄子关于道无所不在，“道”内在于一切物之中的思想，对于后世学者吸收佛学，发展出宋明理学，具有重大意义。这实际上是宋明理学“理一分殊”的滥觞。

就道家宗师及内部各学派而言，老庄之道论确有如上之差异。老子之道的开放性，面向自然、社会、人生等一切领域，庄子之道当然也是无穷、开放的，但现实撑开方面反不及老子。庄子学派与现实的关系在“即而又离”的方式中更倾向于“离”，即保持距离。虽然老庄的修养论与境界论大致相同，但庄子道论偏重于理想人格与理想境界的追求，其自由无限心与绝对超越义更为高明。庄子言说的“三言”方式也优越于老子，更成为禅宗言说方式的先导。老庄道论向社会政治层面的展开，基本是正面、积极的，但在末流的运用中，老子政治学的流弊则成为君人南面之术，甚至部分地成为法家的一个源头。这当

① 张默生原著、张翰勋校补：《庄子新释》，齐鲁书社，1993年，第20页。
② 王明：《道家和道教思想研究》，中国社会科学出版社，1984年，第89页。

然不能要老子及其道论来负责。然而，庄子学说却成为专制政体下知识分子的人生智慧，成为清流的心灵寄托，这也是人们往往高度肯定庄子的一个原因。

总而言之，老子哲学体系的核心是“道”。老子之“道”，需要从道之体与道之用两方面来思考。道具有形而上的品格，是宇宙的本原，是精微深远的，是“一”“朴”“谷”，具有无限性。道绝不是一个抽象的共相，而是一个流转与变迁的过程。它周行而不殆，周流万物，即在循环往复、不断返回本根处的运行中，实现出有形有象的器物世界，即“有名”的世界。道是“有名”与“无名”、流变与不变、整体与过程的统一。道的功用，道的创造性，源于道之体的虚无、空灵、不盈，也就是不被既成、既定的、常识的、合理的、现实的、规范的东西所塞满、窒息。庄子的“道”是宇宙的本源，又具有超越性。庄子的“道”具有普遍性。庄子的道是一个整体，其特性为“通”。庄子的道是“自本自根”的。庄子的道不可感知与言说。它不仅是客观流行之体，又是主观精神之境界，其自然无为、宽容于物的特性，也是人的最高意境。庄子之真人、至人、神人、圣人，都是道的化身，与道同体，因而都具有超越、逍遥、放达、解脱的秉性，实际上是一种精神上的自由、无穷、无限的境界。这深刻地表达了人类崇高的理想追求与向往。这种自然无为、逍遥天放之境，看似玄秘莫测，但实际上并不是脱离实际生活的。每一时代的类的人、群体的人，尤其是个体的人，虽生活在俗世、现实之中，然总要追求一种超脱俗世和现实的理想胜境，即空灵净洁的世界。任何现实的人都有理想，都有真、善、美的追求，而道家的理想境界，就是至真、至善、至美的合一之境。

## （三）坐忘、心斋与丧我

庄子提出了“逍遥无待之游”——“至人无己，神人无功，圣人无名”的理想人格论。我们在这里着重讨论《庄子》内篇中的《大宗师》《齐物论》《逍遥游》三篇文章。

### 1. 坐忘是体道的工夫

《大宗师》指“道”或“大道”。“大”是赞美之词，“宗”即宗主，“师”就是学习、效法。篇名即表达了“以道为师”的思想。也就是说，宇宙中可以作为宗主师法者，唯有“大道”。这个大道也称为“天”，即自然而然的生命流行之体。“道”是客观存在的，又是看不见摸不着的，其存在不以他物为条件，不以他物为对，在时空上是无限的。但这个“道”不是造物主、上帝或绝对精神本体，而是一无始无终的大生命（宇宙生命）。万物的生命，即此宇宙大生命的发用流行。既然道的生命是无限的，那么在一定的意义上我们也可以说万物的生命也是无限的。所谓生死，不过如昼夜的更替，我们不必好昼而恶夜，因而勿须乐生而悲死。这才算领悟了生命的大道，也可以说是解放了为形躯所限的“小我”，而成为与变化同体的“大我”了。庄子认为，人们通过修养去体验大道、接近大道，可以超越人们对于生死的执着和外在功名利禄的系缚。但这不需要人为地去做什么。他的修养原则是“不以心损道，不以人助天”，依此而可以达到“寥天一”的境界。其生命体验、审美体验的方式是直觉主义的“坐忘”。

“何谓坐忘？颜回曰：堕肢体，黜聪明，离形去知，同于大通，此谓坐忘。”（《大宗师》）该篇假借孔子与颜回的对话，通过颜回之口表达修养工夫。“坐忘”即通过暂时与俗情世界绝缘，忘却知识、智力、礼乐、仁义，甚至我们的形躯，达到精神的绝对自由。“坐忘”的要点是超脱于认知心，即利害计较、主客对立、分别妄执，认为这些东西（包括仁义礼乐）妨碍了自由心灵，妨碍了灵台明觉，即心对道的体悟与回归。《大宗师》认为，真人或圣人体道，三天便能“外天下”（遗弃世故），七天可以“外物”（心不为物役），九天可以“外生”（忘我）。然后能“朝彻”（物我双忘，则慧照豁然，如朝阳初起），能“见独”（体验独立无对的道本体），然后进入所谓无古今、无生死、无烦恼的宁静意境。这里强调的是顺其自然，不事人为，以便与道同体，与天同性，与命同化。

### 2. 齐物、心斋与“吾丧我”

与“坐忘”相联系的另一种实践工夫是“心斋”。“若一志，无听之以耳，而听之以心；无听之以心，而听之以气。听止于耳，心止于符。气也者，虚而待物者也。唯道集虚。虚者，心斋也。”（《人间世》）此处也是假孔颜对话，托孔子之口表述作者之意。以耳来感应，可能执定于耳闻，不如听之以心。以心来感应，期待与心境相符，尽管上了一层，仍不如听之以气。气无所不在，广大流通，虚而无碍，应而无藏。所以，心志专一，以气来感应，全气才能致虚，致虚才能合于道妙。虚灵之心能应万物。心斋就是空掉或者洗汰掉附着在内心里的经验、成见、认知、情感、欲望与价值判断，自虚其心，恢复灵台明觉的工夫。

《齐物论》与《大宗师》相辅相成，互为表里。《齐物论》表述了庄周的“天地与我并生，而万物与我为一”的思想，强调自然与人是有机的生命统一体，肯定物我之间的同体融合。“齐物”

的意思即是“物齐”或“‘物论’齐”，即把形色性质不同之物、不同之论，把不平等、不公正、不自由、不和谐的现实世界种种的差别相、“不齐”，视之为无差别的“齐一”。这就要求我们以不齐为齐一，即提升自己的精神境界，在接受、面对真实生活的同时，调整身心，超越俗世，解脱烦恼。此篇希望人们不必执定于有条件、有限制的地籁、人籁之声，而要倾听那自然和谐、无声之声、众声之源的“天籁”，以消解彼此的隔膜、是非和有限的生命与有限的时空、价值、知性、名言、概念、识见及烦、畏乃至生死的系缚，从有限进入无限之域。

庄子以道观的视域，反对唯我独尊，不承认有绝对的宇宙中心，反对各是其是，各非其非，主张破除成见，决不抹杀他人他物及各种学说的生存空间，善于站在别人的立场，更换视域去理解别人，而不以己意强加于人。《齐物论》有“吾丧我”之说。“丧我”与“心斋”“坐忘”意思相近，“形若槁木”即“堕肢体”，“心若死灰”即“黜聪明”，也就是消解掉由形躯、心智引来的种种纠缠、束缚。“丧我”的另一层意思是消解掉“意、必、固、我”，消解掉自己对自己的执着，走出自我，走向他者，容纳他人他物，与万物相通。与“心斋”“坐忘”一样，人们通过“丧我”工夫最后要达到“物我两忘”的地步，即超越的精神境界，以便与“道”相契合。

## （四）“真人”的“逍遥”境界

《逍遥游》是《庄子》的第一篇，它反映了庄子的人生观。他把不受任何束缚的自由，当作最高的境界来追求，认为只有忘绝现实，超脱于物，才是真正的逍遥。本篇宗旨是“至人无己，神人无功，圣人无名”。“无功”“无名”也就是“无己”，“无己”也就是《齐物论》所说的“丧我”，《天地》所说的“忘己”。

1.“逍遥”的境界是“无所待”

“无所待”即不依赖外在条件与他在的力量。大鹏神鸟虽可以击水三千里，背云气，负苍天，飘然远行，翱翔九万里之高，然而却仍有所待，仍要依凭扶摇（飙风）羊角（旋风）而后始可飞腾。有的人才智足以胜任一方官吏，行为足以称誉一乡一地，德行足以使一君一国信服，按儒家、墨家的观点，可称得起是德才兼备的人，但庄子认为他们时时刻刻追求如何效一官，比一乡，合一君，信一国，仍有所待。宋荣子略胜一筹。宋荣子能做到“举世誉之而不加劝，举世非之而不加沮，定乎内外之分，辩乎荣辱之境”，已属不易，然而他能“存我”而未能“忘我”，更未能物我兼忘，仍不是最高境界。列子略胜一筹。列子日行八百，任意而适，无所不顺，更不多见，但他仍有所待。他御风而行，飘飘然有出尘之概，可是没有风，他就无能为力了，仍不能谓为逍遥之游。“若夫乘天地之正，而御六气之辩，以游无穷者，彼且恶乎待哉？”就是说，有比列子境界更高的人，他们顺万物本性，使物物各遂其性，没有丝毫的造作，随大自然的变化而变化，物来顺应，与大化为一，即与道为一。如此，随健行不息的大道而游，还有什么可待的呢？因其“无所待”才能达到至人、神人、圣人的逍遥极境。这个境界就是庄子的“道体”，至人、神人、圣人、真人都是道体的化身。庄子的人生最高境界，正是期盼“与道同体”而解脱自在。

## 2. 无待之游的基础是齐物之论

"各适己性"的自由观的前提是"与物同化"的平等观。逍遥无待之游的基础正是天籁齐物之论。庄子自由观的背景是宽容，承认自己的生存、利益、价值、个性自由、人格尊严，必须以承认别人的生存、利益、价值、个性自由、人格尊严为先导。这种平等的价值观肯定、容忍各种相对的价值系统，体认其意义，决不抹杀他人的利益、追求，或其他的学派、思潮的存在空间。这样，每一个生命就可以从紧张、偏执中超脱出来，去寻求自我超拔的途径。章太炎《齐物论释》正是从庄子"以不齐为齐"的思想中，阐发"自由、平等"的观念[①]。"以不齐为齐"，即任万物万事各得其所，存其不齐，承认并尊重每一个体自身具有的价值标准。这与儒家的"和而不同"、"己所不欲，勿施于人"的恕道正好相通。

儒家的理想人格是圣贤人格。儒家心目中的圣人或圣王，有着内圣与外王两面的辉煌。虽然"内圣外王"一说出自《天下》，然而后来却成为儒家的人格标准。内圣指德性修养，外王指政治实践。儒家强调在内圣基础之上的内圣与外王的统一。因此，儒家人格理想不仅是个体善的修炼，更重要的是责任感和担当意识，是济世救民，努力为国家、民族和人民建功立业，即使遭到贬谪也以深沉的忧患系念天下百姓的疾苦和国家的兴亡。儒家也有其超越精神，穷居陋巷，自得其乐，安贫乐道。道家庄子的真人、圣人、神人、至人、天人的理想人格，与儒家有别，其特性是：独善其身，超然物外，一任自然，遂性率真；与风情俗世、社会热潮、政权架构、达官显贵保持距离。这是庄

① 参见章太炎：《齐物论释改定本》，《章太炎全集》第六卷，上海人民出版社，1986年。

子和道家的神韵情采。与儒家积极入世的现实品格相比较，道家凸显的是超越和放达，以保持距离的心态，批评、扬弃、超越、指导现实。

3.“真人”之境

《大宗师》从天人关系中把握“真人”之境。何谓“真人”？在庄子看来，所谓“真人”是天生自然的人，不在徒劳无益的人为造作中伤害自己的天性，专心做心灵虚静的修养工夫，以达到“天人合一”之境。“真人”能去心知之执：不欺凌寡少，不自满于成功，不凭借小聪明耍小把戏，纵然有过失也无追悔，行事得当也不自以为得意，登高不怕下坠，入水不怕溺毙，蹈火不怕烧死，在得失、安危之际，能够坦然自处。“真人”能解情识之结：睡时不做梦，醒来无忧虑，没有口腹耳目之欲；呼吸深沉，直达丹田，直通脚跟。“真人”与俗人的区别在于，俗人生命气息短浅，呼吸仅及咽喉，嗜欲甚深，精神无内敛涵藏，心知欲求缠结陷落，天然的根气自然寡浅。“真人”能破死生之惑：不执着生，不厌恶死；一切听其自然，视生死为一来一往，来时不欣喜，去时不抗拒[①]。“真人”深知生命的源头，故不忘其所自来；又能听任死的归结，故不求其所终极。当他受生为人时，自在无累；当他一旦物化时，又忘掉自身，任它返于自然。也就是说，不以自己的心智去损害大道，不以自己的作为去辅助天然，这才叫作“真人”。真人的心悠然淡泊，可以清冷如铁，也可温暖如春，生命感受与四时相通。真人之心虚静无为，与天地万物有自然感应。

---

① 参见王邦雄：《庄子思想及其修养工夫》，台北《鹅湖》杂志，1991年第7期。

真人之境是“天人合一”之境：“故其好之也一，其弗好之也一，其一也一，其不一也一。其一与天为徒，其不一与人为徒，天与人不相胜也，是之谓真人。”（《大宗师》）俗人的好恶总不免偏颇，真人则超越于好与不好之上，摆脱了人间心智的相对分别，既忘怀于美恶，又排遣于爱憎，冥合大道，纯一不二。真人守真抱朴，与天为徒；同时又随俗而行，与人为徒；既不背离天理，又不脱离人事。为此，天与人不相排斥、不相争胜而冥同合一。达到物我、客主、天人同一境界的人，才是真人。

4.超越生死

庄子对于生死的超脱在全书多处可见。庄子之所以能超越生死，正在于其内德充盈，一旦处于道的境域中，则外物的迁灭流转与本真的心灵无关。“死生亦大矣，而不得与之变，虽天地覆坠，亦将不与之遗。审乎无假，而不与物迁，命物之化，而守其宗也。”（《德充符》）他所重视的在于通过守住元气而不被外物扰乱心智，他所追求的是藏息，既藏神于无首无尾的大道之中，又游息于万物并生的大道之境。心性纯一而不杂，德性与宇宙的法则相通。所谓“藏乎无端之纪，游乎万物之所终始”。唯有处于这种境界之中，方能“死生惊惧不入乎其胸中”（《达生》），最终能够全生、保身、养亲和尽年。所以在庄子看来，“那种对生的执着就成了结，横亘在胸中。这就需要解。而解的办法仍然是经由对物理的透彻了解，达到安而处之的态度”[1]。故庄子又借孔子之口道出死生的观念，在他看来，死生实际同寒暑、贫富、饥渴一样，不过是天命流行循环而已。

---

① 王博：《庄子哲学》，北京大学出版社，2004年，第57页。

庄子之“真人”“至人”“神人”“圣人”，都是道的化身，与道同体，因而都具有超越、逍遥、放达、解脱的秉性，实际上是一种精神上的自由、无穷、无限的境界。这深刻地表达了人类崇高的理想追求与向往。这种自然无为、逍遥天放之境，看似玄秘莫测，但实际上并不是脱离实际生活的。每一时代的类的人、群体的人，尤其是个体的人，虽生活在俗世、现实之中，然总要追求一种超脱俗世和现实的理想胜境，即空灵净洁的世界。任何现实的人都有理想，都有真、善、美的追求，而道家的理想境界，就是至真、至善、至美的合一之境。

## （五）“莫若以明”的“知论”

庄子认为，人们往往执定、拘守于“一偏之见”，彼此纷争，妨碍了关于完整的“道”与天地之理的领悟。因此，必须破除“成心”，反对师心自用。

### 1. 破除“成心”，“以道观之”

世界上有些所谓大小、久暂的差别相，其实是因时间、空间的相对观念而产生的。细小的草茎与粗大的屋柱，不知晦朔的朝菌、春生夏死或夏生秋死的蝉虫与以数百千年为春，数百千年为秋的神龟、大椿，确有差别，这些差别是在“物观”的视域中产生的。站在高山上俯视地面，原来在地面上认为差别较大的东西，已没有什么分别了。若把“以物观之”换成“以道观之”，参考系一变，大小、夭寿的差别也会显得微不足道。以无限的整全的“道”去省视，很多区分都不存在了。故在《秋水》篇借海神之口说：“以道观之，物无贵贱；以物观之，自贵而相贱；以俗观之，贵贱不在己。以差观之，因其所大而大之，则万物莫不大；因其所小而小之，则万物莫不小。知天地之为稊米也，知毫末之为丘山也，则差数睹矣。”人们很容易观察与分析现象界的差别相，即有关事物之差异、矛盾、特质等。庄子意在打破由此而产生的执着，认识到事物的迁流变化；主张换一个角度（或参照系，或视域）再去省视事物，会看到不同的面相；直至以道观之，有些差别则完全可以忽略不计。

2. 跳出是非争执，“莫若以明”

关于是非之争执：“既使我与若辩矣，若胜我，我不若胜，若果是也？我果非也邪？我胜若，若不吾胜，我果是也，而果非也邪？其或是也，其或非也邪？其俱是也，其俱非也邪？我与若不能相知也，则人固受其黮暗。吾谁使正之？使同乎若者正之？既与若同矣，恶能正之！使同乎我者正之？既同乎我矣，恶能正之！使异乎我与若者正之？既异乎我与若矣，恶能正之！使同乎我与若者正之？既同乎我与若矣，恶能正之！然则我与若与人俱不能相知也，而待彼也邪？”（《齐物论》）论辩双方如果都以自己的标准为标准，那么永远没有是非可言。不管请双方之外的哪一位第三者来判断，第三者或与此同，或与彼同，或另立标准，只徒增更多的是非而已，仍然莫衷一是。

“道隐于小成，言隐于荣华。故有儒墨之是非，以是其所非，而非其所是。欲是其所非，而非其所是，则莫若以明。”（《齐物论》）庄子认为，执着偏见、小成的人，仅凭一得之见去分剖大道，大道因此而隐没、遮蔽；不明事理的人，靠浮华的辞藻与辩说去分割真理，真理亦因此而隐没、遮蔽。儒墨两家的争论也是这样的。庄子首先提出“明”（或“以明”“莫若以明”）的认知方法，以此明彼，以彼明此，跳出各自的藩篱，洞察彼此，理解对方，消解己见，以客观平常之心洞察彼此之事实，进而理解现象或概念之彼此的联系，破除对一切相对待的概念的执着。莫如用“明”的方法，这是关于是非真相之认辨的初步。

### 3. 把握“道枢”“天钧”

接着，庄子提出了更为根本的体认绝对真理的方法，即把握“道枢”“天钧”的方法。这是更深一层次的“明”。庄子认为，是非与彼此一样，是同时并存、相待而生的，这也叫“彼出于是，是亦因彼，彼是方生”。然则“方生方死，方死方生，方可方不可，方不可方可，因是因非，因非因是。是以圣人不由而照之于天，亦因是也。是亦彼也，彼亦是也，彼亦一是非，此亦一是非，果且有彼是乎哉？果且无彼是乎哉？彼是莫得其偶，谓之道枢。枢始得其环中，以应无穷。是亦一无穷，非亦一无穷也。故曰：莫若以明”（《齐物论》）。

彼与此、是与非、可与不可、（理由之）成立与不成立，只是各人依自己所看到的事理的一面所做的推测，或依各人的立场、经验、知识结构、信息甚至兴趣、爱好，在当下所作出的判断。这的确有很大的片面性。圣人站在更高的层面，首先是以中立者的姿态，保留、“因任”自然的分际或人为的界限，其次是超越是与非、可与不可等等的对待，理解彼此之间的是非及由彼此而生的是非，洞悉彼此与是非的复杂联系，进而体悟天地自然的大道正是统合是非彼此的枢纽。最高真相、客观真理是所谓“道枢”或“天钧”（亦称“天均”“天倪”），它是承认、包含了各种事物、现象的认知以及层次、系列不同的相对真理的。它在最高的位置上，居于正中，其他的事物及有关的认知、判断及层层相对真理，均环绕在由它辐射的轴线的周围。

超越客观的天、道（道枢、天钧）观照、洞悉一切，没有偏弊。人们修养自己，也可以上达圣人的境界，与道枢、天钧相照应、相冥合，无时不得其中。既然“道通为一”，“是以圣人和之以是非，而休乎天钧，是之谓两行”（《齐物论》）。如上所说，圣人与道同体，存异又超越于异，使各种知识、各种相对真理及其系统各安其位，并行不悖。物与我、是与非、可与不可、潜在与现实、现实与理想、肯定与否定、形下与形上两不相妨碍，是谓“两行”。如此可谓条畅自得于自然均平之地，使各相对待的方面、力量、动势或价值系统各得其所。

《齐物论》里有“庄周梦为蝴蝶”的故事，梦中已不知是庄周化为蝴蝶，还是蝴蝶梦为庄周。在庄子“物化”的观念下，这里的“我”还是不是庄周，已不重要了。“因为这个时候，主客之间的隔阂与对立，在庄子的梦所描画的哲学语境中已经被完全地破除了。”[1]在梦境中，或通过梦境的体悟，消解主客之间、我与他者之间的藩篱，达到物我一体的状态。

一般教科书误以为庄子是所谓的“不可知论”者，其实并非如此。庄子肯定闻、见、言、知及其作用，依其“道通为一”与“两行之理”，又肯定不可闻、不可见、不可言与不知之知，即把对形下世界的了解与对形上世界的体悟结合了起来，兼收并蓄。他希望人们由浅知到深知，由知外到知内。《知北游》假托无始曰：“不知深矣，知之浅矣；弗知内矣，知之外矣。”作者是在肯定现象之知的基础上，又主张人们去“体道”，并且认定形

① 郑开：《庄子哲学讲记》，广西人民出版社，2016年，第209页。

而上之“道”也是可以体知的。

庄子说：“吾生也有涯，而知也无涯。以有涯随无涯，殆已！”（《养生主》）宇宙间的知识无穷无尽，以个体有限的生命去追求无穷的知识，是很危险的。所谓危险，是指个体人不知深浅，私自用智，一味在知识的层面讨生活，以有限面对无限，容易丢弃生命的其他层面，时常产生焦虑，甚至可能把性命都搭上。在“知”的方法论上，庄子主张学习养生的“缘督以为经”。“缘”是顺的意思，“督”指督脉，在身背后脊椎里，是身后之中脉，指中空之意；“经”即是常。懂得养生之道的人，善于调理主管呼吸的任、督二脉（任为身前之中脉），持守中空之常道。大凡有繁琐的物事来，处之以虚，即以弹性的管理智慧，虚虚实实，无为与有为相济，调理得当，不至劳累过度。以这样的方式来面对无限的知识，首先是要区分对于天的认识与对于人的认识，区分对现象世界的认知与对本体世界的体悟，进一步由“物观”上升到“道观”，把握“道枢”、“天钧”，然后再返回到现象世界。

## 4. 由“小智”上升到“大智”

所谓“天”“人”，即自然与人为，简言之：“天在内，人在外……牛马四足，是谓天；落（络）马首，穿牛鼻，是谓人。故曰：无以人灭天，无以故灭命。”（《秋水》）庄子认为，天机藏于内，人事著于外，而德与天然相合，所以不要用人事去毁坏天然，不要用有心造作去损害性命。《大宗师》开宗明义说：“知天之所为，知人之所为者，至矣！知天之所为者，天而生也；知人之所为者，以其智之所知，以养其智之所不知，终其天年，而不中道夭者，是知之盛也。虽然，有患。夫知有所待而后当；其所待者，特未定也。庸讵知吾所谓天之非人乎？所谓人之非天乎？且有真人而后有真知。”意思是说，知天与知人是人生的极致。天之所为出于自然，人之所为出于智力。但智力也是人生来就有的，也是“天之所为者”。人不应当谋求智力的增长，而应以智力所及的养生之道，保养智力所不及的寿命之数，庶几能尽其天年，不至中道夭亡。这就算尽了智力的能事了。

追求其他的知识也是如此。知识非常丰富，但人如只靠知识，还是有所牵累。因为智力、知识，必有所待的对象。但所待的对象却是飘忽不定、难以把握的。你怎么知道我所说的天不是人，人不是天呢？我们所谓天然的东西，其实掺杂了人为的成分；我们所谓人为的东西，其实有不少天然的成分。所以专凭人的知识、智力去度量事理，是靠不住的。要达到“真知”与“知之圣”，一定要修养到“真人”的境界，这样才能与“道枢”相照应。这是说，天道以下，人事层面的问题都是可知的，但人的智力是有限的，而且人是极不相同的，人们关于现象世界之复杂面相的真伪与正确与否的问题非常复杂，因此在肯定可知的基础上还要善于破除我执，虚怀理解不同的认知，求得真理性的认知。至于关于天与天道层面的认识，不是靠人的智力所能达到的，它需要全身心的修养，靠人生体验的积累，庶几可以达到“与道同体”的境界。

庄子提倡怀疑、批判的精神，但并不归结为所谓的“怀疑论”。他对人的认知能力、对人所执定的知识或真理的可靠性提出挑战，但他并不主张废弃对于“真知”与“知之至”的追求，只是希望减少盲目性，告诫人们由分析上升到综合，由认知上升到体验，由“小智”上升到“大智”。《齐物论》假借尧时贤人啮缺与王倪的对话，幽默、诙谐地表达了这一智慧：“啮缺问乎王倪曰：‘子知物之所同是乎？’曰：‘吾恶乎知之！’‘子知子之所不知邪？’曰：‘吾恶乎知之！’‘然则物无知邪？’曰：‘吾恶乎知之！虽然，尝试言之。庸讵知吾所谓知之非不知邪？庸讵知吾所谓不知之非知邪？”《庄子》一书往往是把疑问抛给读者去判断，而答案就在疑问中转为肯定。

王倪的三次回答，“第一次是对肯定知识的怀疑，第二次是对‘不可知’或‘不知’的怀疑，第三次是对一切知识的真假可能性的假设与疑问……理由是：一物的然否判断‘同是’主观的，即使有暂时的普遍性，亦不能肯定永久的普遍性。其次，物之知，与被知之物本身真假，有绝对是，也有相对是，是不是，然不然，庄子认为‘然乎然’才是真是、真然；道是不可言诠的，一说便差失（亏）了。故曰：‘吾恶乎知之？’物之可知者，真假然否已难定于一，更何况‘所不可知’‘不知’者？这是第二次疑问更广袤的‘不知’之正确性。最后王倪以反面疑问作为正面的回答，即逻辑上的反问疑问。因为‘吾所知’中当有‘不可知’性，而吾‘所不知’亦不必然非‘知’，所以说‘庸讵知吾所谓不知之非知邪？’（孔子也说：‘不知为不知，是知也。’）”[①]

总之，庄子启发我们破除成心，跳出藩篱，超越彼此是非，把握“道枢”。

道体自然，道本无为，不可以用语言来表达与限定，但可以用人的生命来体证。人们往往执定、拘守于“一偏之见”，彼此纷争，妨碍了关于完整的“道”与天地之理的领悟。因此，必须破除“成心”，反对师心自用。人们很容易观察与分析现象界的差别相，庄子意在打破由此而产生的分别与执着，认识到事

① 邱棨锡：《庄子哲学体系论》，台北文津出版社，1999年，第35页。

物的迁流变化；主张换一个角度（或参照系，或视域）再去省视事物，会看到不同的面相；直至“以道观之”，有些差别则完全可以忽略不计。庄子提出“明”（或“以明”、“莫若以明”）的认知方法，以此明彼，以彼明此，跳出各自的限制，洞察彼此，理解对方，消解己见，以客观平常之心洞察彼此之事实，进而理解现象或概念之彼此的联系，破除对一切相对待的概念的执着。庄子又提出了更为根本的体认绝对真理的方法，即把握“道枢”“天钧”的方法。这是更深一层次的“明”。

庄子心目中的圣人站在更高的层面，首先保留、“因任”自然的分际或人为的界限，其次是超越是与非、可与不可等等的对待，洞悉彼此与是非的复杂联系，进而体悟天地自然的大道正是统合是非彼此的枢纽。最高真相、客观真理是所谓“道枢”或“天钧”，它是承认、包含了各种事物、现象的认知以及层次、系列不同的相对真理的。圣人与道同体，存异又超越于异，使各种知识、各种相对真理及其系统各安其位，并行不悖。物与我、是与非、可与不可、潜在与现实、现实与理想、肯定与否定、形下与形上两不相妨碍，是谓“两行”。

庄子主张返回灵台明觉之心，来体悟道，与道契合为一。他的“心”，是虚静的心，其作用是观照。“夫体道者，天下之君子所系焉。”（《知北游》）从以上论述看，庄子的道论、人生修养论（理想人格论）与知论是相通的。

# 九、兵家的智慧

兵家是春秋、战国直至汉初研究军事理论、从事军事活动的学派。那一时期各国之间战争频繁，威武壮阔，出现了许多著名的军事家、战例和兵书，而且兵器日益精良，兵制日臻完善，兵法日渐系统。兵家主要代表人物有孙武、司马穰苴、孙膑、吴起、尉缭、庞涓等，汉初有张良、韩信等。今存兵书，有北宋神宗元丰年间政府编定的《武经七书》中的《孙子兵法》《吴子兵法》《六韬》《黄石公三略》《尉缭子》《司马法》《唐太宗李卫公问对》，以及1972年山东临沂银雀山汉墓出土的《孙膑兵法》等。此外，著名的还有唐李筌的《太白阴经》，宋仁宗时官方编修、曾公亮领衔、丁度主编的《武经总要》，南宋陈规、汤璹撰的《守城录》，南宋陈傅良撰的《历代兵制》等。兵家不仅在我国，而且在世界的军事史、学术史、科技史、文化史上都占有重要的地位，具有深远的影响。兵家的思想、谋略早已超出了国界，超出了时代，也超出了军事本身。我们在这里简略介绍孙武、孙膑的军事思想。

## （一）孙武其人其书

孙武，字长卿，春秋末期人，生卒年月不详，约与孔子同时。孙武是陈国公子完的后裔。公元前672年陈国发生内乱，陈完（敬仲）逃难奔齐，受到齐桓公重用。陈完（后改称田完，陈、田二字，古同音通用）的后代在齐国累世为官。孙武的祖父田书为齐国大夫，因伐莒有功，齐景公赐姓孙氏，并封地乐安（今山东惠民）。孙武因田家族人谋反作乱，不得不逃往吴国。据《吴越春秋》记载，孙武奔吴后，避隐深居，世人莫知其能，因伍员（子胥）的推荐，得以见到吴王阖闾。据《史记·孙子吴起列传》："孙子武者，齐人也。以兵法见于吴王阖庐。阖庐曰：'子之十三篇，吾尽观之矣……'"又说：吴国"西破强楚，入郢，北威齐晋，显名诸侯，孙子与有力焉"。

孙武何时向吴王献兵法十三篇，尚待考释。据银雀山出土汉简《孙子》逸文《吴问》，吴王与孙武讨论晋国六卿"孰先亡，孰固成"问题。孙武对答为：赵氏可以代晋固国，因为赵氏实行了改革，亩大税轻，公家贫，置士少，主佥臣收，以御富民，故可固国。而另几家亩小税重，公家富，置士多，主骄臣奢，冀功数战，故先亡。败亡的次序是：范氏、中行氏、智氏，最后是韩、魏。孙武对分晋之前晋国政治经济形势的分析，虽与后来的历史发展不尽一致（后来是韩、赵、魏三家分晋），但仍可见他作为新兴阶级一员的改革意识和一定的战略眼光。

公元前512年，孙武受吴王重用，被任命为将，与伍员共同协助吴王经国治军。吴王阖闾接受了伍、孙的建议，确立了攻楚计划，并组织三支军队轮番袭扰楚国。他们一面扰楚、疲楚，一面从经济上和军事上准备更大的战斗。吴阖闾九年（前506），伍、孙随吴王率部由水路北上，转陆路，争取了蔡、唐两国，通过它们的境内，潜行千余里迂回到楚国东北部，出楚不意，从侧面袭击楚之虚弱之地，五战五胜，以三万人破楚二十万众，直抵楚国郢都[①]。吴夫差十二年(前484)，吴军在艾陵之战又胜齐军，并于两年后黄池会盟时取代了晋国的霸主地位。前引《史记》本传，司马迁说到吴国地位的崛起，西破强楚，北威齐晋，显名诸侯，孙武的贡献甚大。但关于孙武的具体作为,《史记》没有留下详细史料。阖闾去世后，伍员被伯嚭排挤。又由于在对待越国的态度上意见不合，吴王夫差渐渐疏远了伍员，并赐剑让他自杀。这一段时间孙武的命运如何，亦缺乏史料。一说孙武借机引退，从事讲学和著述，总结战争成败之经验。以后，经他的门生或再传弟子口传笔录，渐渐形成了《汉志》所说的《孙子》八十二篇[②]。《韩非子·五蠹》说:“境内皆言兵，藏孙、吴之书者家有之。”可见孙子、吴子《兵法》在战国已广为流传。战国兵书《吴子》《孙膑兵法》《尉缭子》等，均引用并发挥了《孙子》的军事思想。

传世本《孙子兵法》十三篇，是孙武一派兵家的著作，其主要内容和核心思想属于孙武，但经过他的门生和战国兵家的整理补充。其中描写的战争规模之大，似是战国时代的情况。又全书内容有重复，前后体裁也不尽一致，当系后人整理留下的痕迹。这十三篇是:《计篇》《作战篇》《谋攻篇》《形篇》《势篇》《虚实篇》《军争篇》《九变篇》《行军篇》《地形篇》《九地篇》《火攻篇》《用间篇》。每篇篇名就是本篇的主题，篇首有“孙子曰”三字。

《孙子兵法》传世本最好的注解本为《孙子十一家注》(又名

① 刘向:《新序》;又详见郭化若:《孙子译注》，上海古籍出版社1984年版，第2—3页。

② 参见郭化若:《孙子译注》，上海古籍出版社1984年版，第32页。本章《孙子》引文及译文多处参考郭化若书。

《十一家注孙子》《孙子集注》)，宋代吉天保辑成。《孙子兵法》广为流传，受到世界各国军事界、学术界的重视。

### （二）孙膑其人其书

孙膑，战国中期杰出的军事家。齐国人，孙武的后代。约与商鞅、孟子同时，出生于齐国。《史记·孙子吴起列传》云："孙武既死，后百余岁有孙膑。膑生阿鄄之间，膑亦孙武之后世子孙也。孙膑尝与庞涓俱学兵法。庞涓既事魏，得为惠王将军，而自以为能不及孙膑，乃阴使召孙膑。膑至，庞涓恐其贤于已，疾之，则以法刑断其两足而黥之，欲隐勿见。"孙膑因被庞涓施以膑刑（去掉膝盖骨），因之人们叫他孙膑，真名反被人忘记。后来在齐国使者的帮助下，孙膑得以秘密地回到齐国，为齐将田忌所礼重，并推荐给齐威王，威王奉以为师。孙膑任军师期间，辅助齐将田忌计谋用兵，数破魏军。最著名的是公元前353年的齐魏桂陵之战和公元前341年的齐魏马陵之战①。前一战，孙膑用"批亢捣虚"、"疾走大梁（魏都，今河南开封）"、"攻其必救"的战法，围魏救赵，在桂陵大破魏军；后一战，当魏攻韩之际②，齐军"直走大梁"，魏军"去韩而归"，孙膑用减灶示寡，诱敌深入，夹道伏击，在马陵大破魏军。以上战役显示了孙膑卓越的军事才能，从此孙膑"名显天下，世传其兵法"

① 《史记》在记述桂陵之战时，没有提及庞涓，而在记述马陵之战时，称庞涓被杀或自杀，魏太子申被虏。但竹简《孙膑兵法·擒庞涓》记载，庞涓在桂陵之战时被擒。

② 据《史记》，马陵之战的背景为魏、赵同攻韩国，但据郭化若从历史关系和战场方位上的研究，似应为魏、韩共同攻赵才对。郭氏怀疑《史记》此处有字误。详见郭化若：《孙子译注》，上海古籍出版社1984年版。

（《史记·孙吴列传》）。司马迁说："齐威王、宣王用孙子（膑）、田忌之徒，而诸侯东面朝齐。"（《史记·孟子荀卿列传》）马陵之战后，原为中原强国的魏国乃至三晋（韩、赵、魏）都被削弱了。三晋原为秦国进入中原的强大屏障，它的被削弱，为一百二十多年后秦国进入中原预作了准备。

《孙膑兵法》在战国至汉代颇为流行。《汉书·艺文志》著录"齐孙子八十九篇，图四卷"，然《隋志》已不著录。1972年在山东临沂发掘银雀山汉墓时，发现《孙膑兵法》竹简，系孙膑言行之杂录，有孙膑本人的著述，也有弟子、后人的辑录。经今人整理后，简文分为上下两编，各十五篇[①]。1985年9月，文物出版社根据专家们的意见，在《银雀山汉墓竹简》第一辑，对所录《孙膑兵法》进行了调整，原上编十五篇分别作了补充和删节，并另补入《五教法》一篇，成十六篇。原下编十五篇文章，则抽出另编入"先秦论政论兵之类"中。按这一看法，后十五篇似不能完全属孙膑及其学派。

## （三）经之以五，较之以计

我们先说孙武的思想。

### 1. 兵家五经七计

《孙子兵法·计篇》："孙子曰：兵者，国之大事，死生之地，存亡之道，不可不察也。""故经之以五事，校（较）之以计而索

① 现有竹简整理小组编：《孙膑兵法》，文物出版社，1975年；张震泽撰：《孙膑兵法校理》，中华书局，1984年；邓泽宗撰：《孙膑兵法注译》，解放军出版社，1986年；荣挺进、李丹译注：《孙膑兵法白话今译》，中国书店，1994年。

其情：一曰道，二曰天，三曰地，四曰将，五曰法。道者，令民与上同意也，故可以与之死，可以与之生，而不畏危。天者，阴阳、寒暑、时制也。地者，远近、险易、广狭、死生也。将者，智、信、仁、勇、严也。法者，曲制、官道、主用也。凡此五者，将莫不闻，知之者胜，不知者不胜。故校（较）之以计而索其情，曰：主孰有道？将孰有能？天地孰得？法令孰行？兵众孰强？士卒孰练？赏罚孰明？吾以此知胜负矣。”战争是国家大事，关系到生死存亡。首先应当明白的是战争的规律，决定战争胜负的主客观条件和因素。

孙子提出了五个方面：道——战争的正义性，人心的向背，百姓民众支持与否，是否与君上同心并有牺牲精神。天——自然气候条件，昼夜、晴雨、寒热、四时的变化。地——自然地理条件，路程、地形、地势、地貌等等。将——将帅的指挥才能、智慧谋略，信义、慈爱、果敢、严明等等品质。法——组织编制、管理、职责、军需供应等规章制度和军纪。只有真正深刻把握并具备这五方面的条件，才算是奠定了打胜仗的基础。同时，还要进一步分析比较以下七因素，才可以判断战争的胜负：主上是否贤明，将帅是否有才，是否占有天时地利，纪律是否严明、法令能否贯彻，军队实力强否，士卒训练如何，赏罚是否分明等等。

以上是《孙子兵法》开宗明义强调的原则。“道”，作为“经”的五事之首，尤显重要。在这里，狭义的“道”指政治，特别是百姓与国君愿望的一致。因为战争总是一定政治的继续，战争必须依赖民众进行。广义的“道”，则指整个战争的规律，包括战争与自然条件，与社会政治、经济、文化等各方面的联系和战争自身的客观规律，以及在把握这一规律的基础上制定的战略战术原则。“经之以五事”的其他四方面和“校之以计”的七方面，都可以视为广义的“道”的展开。

孙子说：“古之所谓善战者，胜于易胜者也。故善战者之胜也，无智名，无勇功，故其战胜不忒。不忒者，其所措必胜，胜已败者也。故善战者，立于不败之地，而不失敌之败也。是故胜兵先胜而后求战，败兵先战而后求胜。善用兵者，修道而保法，故能为胜败之政。”（《孙子兵法·形篇》）这里的“修道而保法”，可以释为修明政治、严守法纪。但从上下文看，善用兵者之道，取胜之道，首先是审慎分析客观条件，包括兵力的众寡强弱，立足于容易胜利的条件下战胜敌人，作十分周密、万无一失的部署，使己方立于不败之地，而不放过使敌失败的机会。胜利的军队，总是充分利用并准备了胜利的各方面条件，然后再求战。

《孙子兵法·地形篇》研究了“通”“挂”“支”“隘”“险”“远”六种地形与作战的关系和应对的措施、方法，指出：“凡此六者，地之道也；将之至任，不可不察也。”这是从地形的不同特点出发而研究的战争对策，充分考虑到敌我双方对地形的占领和攻、守、挑战与否及诱敌的方略。该篇又指出，凡军队发生“走”“弛”“陷”“崩”“乱”“北”等六种情况，不是由于天灾，而是由于将帅的错误。“凡此六者，败之道也；将之至任，不可不察也。”该篇又指出：“夫地形者，兵之助也。料敌制胜，计险厄远近，上将之道也。知此而用战者必胜，不知此而用战者必败。”（《孙子兵法·地形篇》）地形不过只是用兵的辅助条件，准确地判断敌情，相应制定御敌用兵之计，包括计算地形险厄、道路的远近等，是上将军必须把握的原则。这里突出了将帅的指导作用。“故战道必胜，主曰无战，必战可也；战道不胜，主曰必战，无战可也。故进不求名，退不避罪，唯人是保，而利合于主，国之宝也。”（《孙子兵法·地形篇》）一切从战争的实际情况和发展规律出发。必能取胜的，虽然君主说不打，将帅可以坚持去打；不能取胜的，虽然君主一定要打，将帅可以不打。这是从国家整体利益出发的，因而从根本上有利于君主。这种将帅，才是国家的宝贝。

### 2. 安国全军之道

除了提出“上将之道”“战道”之外，孙子还提出了“知胜之道”“安国全军之道”。他指出：“故知胜有五：知可以战与不可以战者胜，识众寡之用者胜，上下同欲者胜，以虞待不虞者胜，将能而君不御者胜。此五者，知胜之道也。”（《孙子兵法·谋攻篇》）有判断能力，能判明敌我情况，知道能打胜就打，不能打胜就不打的可以胜；懂得指挥小部队，也懂得指挥大兵团的可以胜；国中军中上下利益与共的可以胜；随时备战，以有准备的军队等待无准备的军队的可以胜；将有指挥才能，国君不强加干预的可以胜。“明主虑之，良将修之。非利不动，非得不用，非危不战。主不可以怒而兴师，将不可以愠而致战；合于利而动，不合于利而止。怒可以复喜，愠可以复悦；亡国不可以复存，死者不可以复生。故明君慎之，良将警之；此安国全军之道也。”（《孙子兵法·火攻篇》）对于战争，明智的君主和优秀的将帅必须慎而又慎，不是十分有利，没有胜利的把握，不用兵；不是迫不得已，不作战。对于战争，国君和将帅切不可意气用事，一定要对国家有利才行动，对国家不利就停止。国亡了不能复存，人死了不能复生。因此，对于战争一定要持负责、审慎、警惕的态度，这是安定国家和保全军队的根本。

孙子还指出用兵之道的奇妙、灵活、辩证，把战争看作不停的运动变化过程。因此,《孙子兵法》所说的“道”，即战争本身运动变化的过程与规律，包含着这一运动过程的辩证性。“兵者，诡道也。故能而示之不能，用而示之不用，近而示之远，远而示之近。利而诱之，乱而取之，实而备之，强而避之，怒而挠之，卑而骄之，佚而劳之，亲而离之。攻其无备，出其不意。此兵家之胜，不可先传也。”(《孙子兵法·计篇》)用兵是神奇的行动，必须善于伪装，欺骗、麻痹敌人，声东击西，诱敌骄敌，以逸待劳，随机应变，攻其不备，出其不意。

孙子还十分重视“势”。“势”有位势、动势、能量、物质的运动等等含义。《孙子兵法·势篇》指出：“激水之疾，至于漂石者，势也；鸷鸟之疾，至于毁折者，节也。是故善战者，其势险，其节短。势如彍弩，节如发机。”“故善战者，求之于势，不责于人，故能择人而任势。任势者，其战人也，如转木石。木石之性，安则静，危则动，方则止，圆则行。故善战人之势，如转圆石于千仞之山者，势也。”这里强调在战略上任势、造势，形成巨大的势能，以猛烈的冲击速度和强大的攻击力打击敌人。“势者，因利而制权也。”(《孙子兵法·计篇》)“势”就是利用有利的位势、位能，作机动灵活的变化，形成动势、动能。“造势”就是创造群体优势、力量与速度，如湍急的流水迅猛奔流，如无数圆石突然从万丈高山上滚滚而来。

### 3. 不战而屈人之兵

“孙子曰：凡用兵之法，全国为上，破国次之；全军为上，破军次之；全旅为上，破旅次之；全卒为上，破卒次之；全伍为上，破伍次之。是故百战百胜，非善之善者也；不战而屈人之兵，善之善者也。”(《孙子兵法·谋攻篇》)使敌人全部屈服为上策，消灭其一部分则差一些了。百战百胜只是理想，实际上是做不到的。最高明的办法，是运用谋略，不战而使敌人瓦解或屈服。“故上兵伐谋，其次伐交，其次伐兵，其下攻城。攻城之法为不得已。”（同上）首先考虑的是政治、外交上的计谋。“故善用兵者，屈人之兵而非战也，拔人之城而非攻也，破人之国而非久也，必以全争于天下，故兵不顿而利可全，此谋攻之法也。”（同上）这就表现了孙子的政治家的智慧，在备战的前提下，以非战的方式获得“全”胜，是为上策。“不战而屈人之兵”的思想，被人们千古传诵。

### 4. 知彼知己，百战不殆

在战术上，则必须根据敌我双方兵力众寡强弱的不同，采取不同的方针。“故用兵之法，十则围之，五则攻之，倍则分之，敌则能战之，少则能逃之，不若则能避之。故小敌之坚，大敌之擒也。”（同上）我方在兵力上占绝对优势，至少多于两倍以上，才可以包围或进攻敌人。我方兵力只多于敌方一倍，还不够，应设法使敌人兵力再分散一些。敌我兵力相等，不期遭遇，则应果断勇猛地打击敌之薄弱部。我兵力少于敌方，则应迅速避开。敌强我弱，则避免决战。能打就打，不能打就走。弱小的军队如果固执坚守，就会被强敌所虏。

《孙子兵法》实际上把这些灵活的战略战术都上升到“道”与“法”即规律的高度。“故曰：知彼知己，百战不殆；不知彼而知己，一胜一负；不知彼，不知己，每战必殆。”（同上）“知彼知己”，对敌我双方的情况有全面深入的了解，是用兵的最一般的规律和法则。“知吾卒之可以击，而不知敌之不可击，胜之半也；知敌之可击，而不知吾卒之不可以击，胜之半也；知敌之可击，知吾卒之可以击，而不知地形之不可以战，胜之半也。故知兵者，动而不迷，举而不穷。故曰：知彼知己，胜乃不殆；知天知地，胜乃可全。”（《孙子兵法·地形篇》）不仅要深透地了解敌方和己方，而且要懂得天时地利，掌握用兵规律，才不会被敌方所迷惑，并以无穷的变化克敌制胜。《孙子兵法》强调对敌情的了解，认为吝惜爵禄和金钱，以致不能了解敌情，是最不仁慈的人。“故明君贤将，所以动而胜人，成功出于众者，先知也。先知者不可取于鬼神，不可象于事，不可验于度，必取于人，知敌之情者也。”（《孙子兵法·用间篇》）这都表现了作为军事家的孙子的智慧与对于军事规律的强调和把握。

### （四）避实就虚，奇正相生

《孙子兵法》闪烁着军事辩证法的光辉。孙子学派对于战争中的己彼、主客、虚实、奇正、利害、进退、攻守、勇怯、治乱、安动、久速、迂直、劳逸、众寡、强弱、胜败等一系列矛盾运动都有精到的动态分析。

#### 1. 因敌制胜，出其不意

《孙子兵法》强调“五行无常胜，四时无常位”，指出“夫兵形象水，水之形避高而趋下，兵之形避实而击虚，水因地而制流，兵因敌而制胜。故兵无常势，水无常形，能因敌变化而取胜者，谓之神。”（《孙子兵法·虚实篇》）战争中的机动性很强，必须随时依据敌情的变化而变化，因敌制胜。作战要善于避开敌人的精锐坚实部分，避开敌人的锋芒、动势，巧妙地迫使或诱使敌人分散兵力，造成他们的弱点，我方则集中兵力，乘虚而攻之。“孙子曰：凡先处战地而待敌者佚，后处战地而趋战者劳。故善战者，致人而不致于人。”（同上）我方要先于敌方到达并占领要地，以逸待劳，调动敌人而不被敌人调动。“能使敌自至者，利之也；能使敌不得至者，害之也。故敌佚能劳之，饱能饥之，安能动之。”（同上）我方牢牢地掌握主动权，诱敌以利，使敌方贪利而就我，扰乱敌方，调动敌方。

“出其所不趋，趋其所不意。行千里而不劳者，行于无人之地也。攻而必取者，攻其所不守也；守而必固者，守其所不攻也。”“故善攻者，敌不知其所守；善守者，敌不知其所攻。”（同上）“进而不可御者，冲其虚也；退而不可追者，速而不可及也。故我欲战，敌虽高垒深沟，不得不与我战者，攻其所必救也；我不欲战，虽画地而守之，敌不得与我战者，乖其所之也。”（同上）这就是在进退、攻守的问题上采取灵活的方式，出其不意，攻其所不守，突然袭击敌方弱点；同时又巩固所守，守住的是敌方所不攻或无力攻下的地方。我进攻时，敌防御不住；我退却时，敌始料不及。此外还采取围点打援的方式，在运动中歼灭敌人，破坏敌人的防御，或迷惑、干扰敌方的进军路线，使之不能进攻我方。

“孙子曰：‘凡用兵之法，将受命于君，合军聚众，交和而舍，莫难于军争。军争之难者，以迂为直，以患为利。故迂其途，而诱之以利，后人发，先人至，此知迂直之计者也。”（《孙子兵法·军争篇》）这里提出了迂与直、利与患的关系。两军对阵，以夺取先机制敌为最难。以迂回的方式，出其不意到达战略要地，比正面走直路要有利得多。弯路迂回，再诱以小利，可以比敌方更主动。

## 2. 以正合，以奇胜

“故兵以诈立，以利动，以分合为变者也。”（《孙子兵法·军争篇》）用兵作战要以奇异多变的方法，不断地用兵力的分散和集中来变换战术。“故三军可夺气，将军可夺心。是故朝气锐，昼气惰，暮气归。故善用兵者，避其锐气，击其惰归，此治气者也。以治待乱，以静待哗，此治心者也。以近待远，以逸待劳，以饱待饥，此治力者也。无邀正正之旗，勿击堂堂之阵，此治变者也。”（《孙子兵法·军争篇》）这里提出“治气”“治心”“治力”“治变”的方针，争取主动，先立于不败之地。“夫兵久而国利者，未之有也。故不尽知用兵之害者，则不能尽知用兵之利也。”（《孙子兵法·作战篇》）这里是说旷日持久的战争对国家不利，用兵者必深思战争的利弊。“是故智者之虑，必杂于利害。杂于利，而务可信也；杂于害，而患可解也。”（《孙子兵法·九变篇》）聪明的将帅周全地审视部队在战场上利害的各方面，一面鼓舞士气，增强信心，一面积极预防可能发生的祸患或意外。“故用兵之法，无恃其不来，恃吾有以待也；无恃其不攻，恃吾有所不可攻也。”（《孙子兵法·九变篇》）做好充分的准备，立足于敌人来进犯，使敌人攻不破，打不垮。

《孙子兵法·势篇》说：“凡战者，以正合，以奇胜。故善出奇者，无穷如天地，不竭如江河。终而复始，日月是也。死而复生，四时是也。声不过五，五声之变，不可胜听也。色不过五，五色之变，不可胜观也。味不过五，五味之变，不可胜尝也。战势不过奇正，奇正之变，不可胜穷也。奇正相生，如环之无端，孰能穷之？”这是说，敌情千变万化，战术也应千变万化。所谓千变万化，其实主要是正奇交变。“正”是正面对阵的常规战术，“奇”是旁出奇袭的灵活战术。“正”是常规常道，

“奇”是非常规非常道。孙子以五声、五色、五味的变化作比喻，强调多变，指出正奇之间相互转变，不可胜穷，强调在正面钳制敌人的同时，出奇兵攻击敌人侧后部弱点。

3. 灵活机动，多谋善断

“乱生于治，怯生于勇，弱生于强。治乱，数也；勇怯，势也；强弱，形也。”（《孙子兵法·势篇》）在战争中，由于多重因素或突发事件对士兵的影响，严明整齐的部队也会发生混乱，士气高昂也可能变成一蹶不振，强盛会变得懒散、衰弱，亦可能发生相反的变化。“投之亡地然后存，陷之死地然后生。夫众陷于害，然后能为胜败。”（《孙子兵法·九地篇》）在万不得已的情况下，士兵陷入危险的境地，反而能拼死奋斗、转败为胜。“故备前则后寡，备后则前寡，备左则右寡，备右则左寡，无所不备，则无所不寡。寡者备人者也，众者使人备己者也。”（《孙子兵法·虚实篇》）

“故知战之地，知战之日，则可千里而会战。不知战之地，不知战之日，则左不能救右，右不能救左，前不能救后，后不能救前，而况远者数十里，近者数里乎？”（《孙子兵法·虚实篇》）无论是戒备，还是出征，都处在矛盾变化之中，被动地戒备敌人，处处分兵，造成兵力薄弱，反不如兵力集中，使敌人被动地戒备我军。作战出征，往往又不能预料在什么时间、什么地点打，这就容易造成前后左右不能相应的困局。兵不厌诈，“佯北勿从，锐卒勿攻，饵兵勿食。”（《孙子兵法·军争篇》）“敌近而静者，恃其险也；远而挑战者，欲人之进也。”“辞卑而益备者，进也；辞强而进驱者，退也；轻车先出居其侧者，陈也；无约而请和者，谋也；奔走而陈兵者，期也；半进半退者，诱也。”(《孙子兵法·行军篇》)这是说，千万不要被敌方的假象所迷惑，而要冷静地看清其企图。

孙武以全面的、联系的观点看待战争，特别是考虑到政治、外交、财政、粮秣、物资、运输、道路，天时、地利、人和，君主贤明与否、将帅才能素质、士兵训练情况和士气等等，因此能明察战争之胜负。《孙子兵法》又特别突出地分析了战争中各种矛盾运动的变化，反对墨守成规，主张灵活机动的作战方针。同时，孙子在批评军事指挥员轻率、冒进、随意、主观等病症时，又强调了将帅的主观能动性，特别是他们的计谋策划、战争经验，使他们多谋善断，制造假象，陷敌方于错误，始终把握战争的主动权。

总之，《孙子兵法》从多方面探讨了军事规律，尤其以整体、综合和动态流衍的方式把握战争全局，显现了灵活机动的战略战术和谋略权变，充满了辩证的智慧。《孙子兵法》是我国古代兵学的奠基性著作，对春秋时期的战争经验作了哲学层面的总结，有着极其深刻、丰富、精辟的军事思想，在我国和世界的军事思想史上都占有重要的一席。

### （五）贵势重道，打破平衡

下面，我们讨论孙膑的思想。

#### 1. 知“道”胜，不知“道”则不胜

孙膑认为，战争不是可以永远使用的手段，不能靠战争强国，胜方尚且未必能从中获益，败方就更不用说了。他指出：“夫兵者，非士恒势也。此先王之傅道也。战胜，则所以存亡

国而继绝世也。战不胜，则所以削地而危社稷也。是故兵者不可不察。然夫乐兵者亡，而利胜者辱。兵非所乐也，而胜非所利也。”（《孙膑兵法·见威王》）这里强调了用兵打仗的严肃性，不可轻易用兵。好战者，指望靠战争获得利益者，终究会自取灭亡。接着，他又阐述了战争的必要性，指出：“曰我将欲责仁义，式礼乐，垂衣裳，以禁争夺。此尧舜非弗欲也，不可得，故举兵绳之。”（同上）意即，五帝三王、文武周公，并不是不想用仁义礼乐来制止战争，只是不能达到目的，所以不得不以战争来纠正暴虐、争夺、混乱。要治天下，不得不“举兵绳之”。他指出，战争有正义与非正义的性质之区分，战争要取得胜利必须做充分的准备。“事备而后动。故城小而守固者，有委也；卒寡而兵强者，有义也。夫守而无委，战而无义，天下无能以固且强者。”（同上）如果防守没有物质准备，进攻没有正当的理由，那么，天下找不出能守能攻、战无不胜的军队来。

与孙武一样，孙膑也很重视“道”这个范畴。孙膑指出，战争胜负的根本条件是知“道”。知“道”胜，不知“道”则不胜。他说：“恒胜有五：得主专制，胜。知道，胜。得众，胜。左右和，胜。量敌计险，胜。”“恒不胜有五：御将，不胜。不知道，不胜。乖将，不胜。不用间，不胜。不得众，不胜。”（《孙膑兵法·篡卒》）也就是说，将帅得到君主信任，有指挥权，懂得战争规律，得到士卒拥戴，彼此团结一致，充分掌握敌情并善于分析者能取胜，相反就不能取胜。他说：“兵之胜在于篡卒，其勇在于制，其巧在于势，其利在于信，其德在于道，其富在于亟归，其强在于休民，其伤在于数战。”（同上）“篡卒”即精选士卒。他强调，军队里制度、纪律要严明，作战时要掌握战争的主动地位并有很强的实力，治军必须赏罚有信，将帅都明了战争的道义和规律，速战速决，养精蓄锐，这些都是取胜的条件。孙膑指出，克敌制胜的条件还包括主观意志、技术准备、兵将气势、后方支援等等。

这里“其德在于道”，讲兵德、兵道。《孙膑兵法·八阵》曰：“不知道，数战不足，将兵，幸也。夫安万乘国，广万乘王，全万乘之民命者，唯知道。知道者，上知天之道，下知地之理，内得其民之心，外知敌之情，阵则知八阵之经，见胜而战，弗见而诤，此王者之将也。”不懂战争规律，没有战争经验的人带兵打仗，是凭侥幸取胜。要维护大国的安全，必须懂得战争之“道”。“道”包含了天道、地理、民心、敌情、阵法，即整个战争的全体要素、过程及其内在规律。用兵合于此道，上知天文，下察地理，体知民情与民心向背，了解敌情，洞悉阵法的变换，不打无把握之仗，即是有兵德。“……所循以成道也。知其道者，兵有功，主有名。”（《孙膑兵法·兵情》）尊重、遵循战争的规律，可以取得战争的胜利，使主上更有威名。孙膑还从战略的高度指出，“强兵之急”在于“富国”，即只有国家富强了，才是增强军事力量的根本。

2.“阵”“势”“变”“权”，以“势”为贵

孙膑很重视“势”。《吕氏春秋·慎势》：“孙膑贵势。”前引《孙膑兵法·篡卒》有“其巧在于势”。《孙膑兵法》专有《势备》篇，强调“阵”“势”“变”“权”四事准备之重要，指出：“凡兵之道四：曰阵，曰势，曰变，曰权。察此四者，所以破强敌，取猛将也。”阵法是孙膑十分用心的，他深知八阵之法，用阵三分，每阵有锋，斗一守二，如此等等。权变之事更是孙膑所注重者。但本篇在这四者中，独取“势”字名篇，可见其更加重

要。势是动势、力量。孙膑把兵势比喻为弓弩。箭突然发射出去，射杀敌兵于百步之外，敌人还不知箭从何处来的。箭是士卒，弩是将领，发射的人好比君主。孙膑主张造成有利的动势，形成高屋建瓴之势，造成险势，抓住有利时机，以迅雷不及掩耳之势扑向敌人。

孙膑具有丰富的军事辩证法思想。他善于根据敌我双方的兵力对比，根据不同的敌情和地理条件，提出不同的作战方案。他善于排兵布阵、分析敌情、畅己塞敌、五恭五暴、奇正互用。他指出，善用兵的人，面对敌兵实力的优势，却有能力调动他们，使之分散间隔而不能互相照应。敌兵深沟高垒，也不把它看成牢不可破的；敌人战车精良，也不被它所吓倒；敌军士卒勇猛，也使它无法逞强。因为善用兵的人，能利用地势的险易，作战时进退自如。“敌人众能使寡，积粮盈军能使饥，安处不动能使劳，得天下能使离，三军和能使柴（訾）。”（《孙膑兵法·善者》）在《五名五恭》中，孙膑学派认为，要用五种方法对付五种不同的敌军。对耀武扬威者，则示弱；对高傲蛮横者，则谨慎而持久；对刚愎自用者，取诱敌深入之法；对贪婪狡猾者，就迫进其正面，袭扰其两翼，断其粮道；对于迟疑软弱者，就用恐吓威慑，它出来就打击，不出来就围困。至于我军进入敌境，则要交叉使用五次宽柔、五次强制，才能避免陷入困境并掌握主动权。

### 3. 出奇制胜，盈虚互变

孙膑学派也发挥了孙武“奇正相生”的思想。他们指出，世界有常有变，有正有奇。用兵也是这样，必须了解敌我双方的长处、短处、有利、不利等各个方面的情况。以有利的形势去对付不利的形势，是正或常道；没有有利的形势而创造有利的形势，是奇或变通；常与变、正与奇相辅相成，没有穷尽之所。世间没有千篇一律的攻守模式。“以一形之胜胜万形，不可。”“同不足以相胜也，故以异为奇。是以静为动奇，佚为劳奇，饱为饥奇，治为乱奇，众为寡奇。发而为正，其未发者奇也。奇发而不报，则胜矣。有余奇者，过胜者也。”（《孙膑兵法·奇正》）用同样的战法，不能取胜，采用不同的战法才能出奇制胜。动静、劳逸、饥饱、治乱、众寡等，互为常变，互为奇正。面对面的交锋，是正是常；背对背的交锋，是奇是变。表现出来了的、被敌方觉察的，是正是常；未表现出来的、未被敌方觉察的，是奇是变。出敌不意，方法多样，就能取胜。

《孙膑兵法》善于主动打破平衡，避免双方僵持，如说：“［积］胜疏，盈胜虚，径胜行，疾胜徐，众胜寡，佚胜劳。”（《孙膑兵法·积疏》）以集中胜分散、充实胜薄弱、捷径胜大道、迅速胜迟缓、兵多胜兵少、安逸胜疲劳，也可以相互为胜，相互为变。“毋以积当积，毋以疏当疏，毋以盈当盈，毋以虚当虚，毋以疾当疾，毋以徐当徐，毋以众当众，毋以寡当寡，毋以佚当佚，毋以劳当劳。”（同上）必须从绝对中看到相对，从相对中看到绝对，必须看到敌我彼此间的相对性与相关性，以促成转化。因此，不能以集中对集中，以兵多对兵多，以快对快，以慢对慢。要学会避免“以盈当盈”，要善于在“以盈当虚”和“以虚当盈”中，以小局的牺牲，换取全局的胜利。

孙膑及其学派不仅看到了这些转化的规律与特点，指出“至则反”“盈则败”的道理，还主张因将、因兵、因人制宜，因敌、因地、因阵制宜，以灵巧的战术和主动的精神，创造战争史上的奇观。他们还提出了“必攻不守”的原则；在“敌众我寡、敌强我弱”时，主动“让威”，即先后退一步，后发制人；在势均力敌时，则“营而离之，我并卒而击之”（《孙膑兵法·威王问》）；对于固守险阻之敌，则“攻其所必救，使离其固”（《孙膑兵法·十问》）。总之，《孙膑兵法》是我国军事科学和军事辩证法的极其宝贵的资源。

# 十、名家的智慧

名家，指战国时的辩者。名辩思潮是先秦时期重要的思潮。本章以惠施、公孙龙为代表，介绍名家的智慧。

## （一）名家

《庄子·天下》称惠施、桓团、公孙龙为“辩者之徒”,《荀子·非十二子》批评邓析、惠施，均认为辩者玩弄名辞概念，背离了大道。司马谈《论六家要指》首先称这个学派为名家，曰：“名家使人俭而善失真。然其正名实，不可不察也。”又曰：“名家苛察缴绕，使人不得反其意；专决于名，而失人情。故曰：使人俭而善失真。若夫控名责实，参伍不失，此不可不察也。”“苛察”是细致地分析考察。“缴绕”是“缠绕”,“参伍”是“错杂”。这是说，名家有一些繁琐论证，专门讨论概念问题，常有一些奇谈怪论，与常人的语言习惯不同，但他们讨论名与实的关系问题，主张名实统一，是其所长。《汉书·艺文志》指出，名家喜论辩驳难，玩弄名辞，其流弊易穿凿，支离破碎，但其长在政治礼法上强调正名，名实相符，循名责实。

讨论名实问题，首先是政治礼法问题，在孔子的时代就开始了，到战国中期已相当普遍。所以名家是在“名实散乱”的社会背景和诸子争鸣的文化背景下产生的以察辩为专长的辩士。他们逐渐从政治礼法上“名实相符”“循名责实”的实用层面，进一步抽象化、一般化，纯粹就语言、名相，加以分疏析辩。他们讨论的中心，由“名实”问题逐渐向“同异”“坚白”“白马”“有厚”“无厚”等问题过渡，形成专门研究辩术的流派。其先行者是邓析，其主要代表人物是战国中期时人惠施、公孙龙、尹文与其他辩者。

名学、名辩思潮并不是名家之专有。在百家争鸣的过程中，不少家派也参加察辩活动，讨论了或涉及到辩论术或今天我们所说的逻辑规则等问题。

惠施（约前370—约前310年），又称惠子，相传生于宋而活动在魏。《史记》无传，《汉书·艺文志》班固自注：“名施，与庄子并时。”惠施活动的时期是战国中期，一生主要在魏国从事政治活动。惠施很有学问，《庄子·天下》说“惠施多方，其书五车”。又说“惠施日以其知与人辩”，南方有个怪人叫黄缭，“问天地所以不坠不陷，风雨雷霆之故。惠施不辞而应，不虑而对，遍为万物说”。《庄子·天下》对惠施是批评的，说他“其道舛驳，其言也不中”，“益之以怪”，“以反人为实，而欲以胜人为名，是以与众不适也。弱于德，强于物，其涂隩矣”。批评惠施专注辩术，颇为怪诞，偏离大道，自逞其才，于事无补。

《汉书·艺文志》著录《惠子》一篇，已佚，隋、唐《志》已不著录。今有马国翰辑佚一卷。其学说、行迹散见《庄子》《韩非子》《吕氏春秋》《说苑》《战国策》等书中。

公孙龙，姓公孙，名龙，战国时辩士。生卒年约为公元前325年至前250年间。籍贯为赵人，或长期生活在赵国。公孙龙大约活动在赵武灵王、惠文王至孝成王中，与平原君、燕昭王、魏公子牟、孔穿、邹衍、虞卿同时。公孙龙稍晚于惠施，是与惠施同时的辩者的弟子。

公孙龙是著名的“辩士”，“少学先王之道，长而明仁义之行，合同异，离坚白，然不然，可不可，困百家之知，穷众口之辩”（《庄子·秋水》）。中年主要在平原君赵胜家当清客，约有二十余年。公孙龙曾与孔子六世孙孔穿辩论“白马非马”问题。孔穿说，请您放弃“白马非马”学说，我就来当您的学生。公孙龙说：“先生之言悖，龙之所以为名者，乃以白马之论尔。今使龙去之，则无以教焉。且欲师之者，以智与学不如也。今使龙去之，此先教而后师之也；先教而后师之者，悖。”（《公孙龙子·迹府》，下引《公孙龙子》只注篇名。）公孙龙的著作，《汉书·艺文志》著录“十四篇”，今《公孙龙子》传世本只有如下六篇：《迹府》《白马论》《指物论》《通变论》《坚白论》《名实论》。除《迹府》为门人辑录公孙龙生平事迹外，其他五篇都是公孙龙本人的作品。其书今有单行校注本。

### （二）惠施的十大命题

惠施的学术思想主要保存在《庄子·天下》，有所谓“历物”十事，即十个主要论点。

其一：“至大无外，谓之大一。至小无内，谓之小一。”意思是，真正大的东西（“大一”），无所不包，没有边际，应为“无外”，即无限大；真正小的东西（“小一”），不能再分割，应为“无内”，即无限小。“大一”是宏观世界的无限性和整体性，“小一”是微观世界的无限性和整体性。《管子》中的《内业》《心术》，也指出精气是“其细无内，其大无外”。《庄子》《中庸》等也有类似命题。

其二："无厚，不可积也，其大千里。" 这里揭示的是几何"平面"的概念，指没有厚度，只有大小，不反映体积，只反映面积的抽象概念或图形。其中也包含了质点之有无的问题和有无极微的问题。

其三："天与地卑，山与泽平。"《荀子·不苟》记载为"山渊平，天地比"。这看起来是违反常识的，但恰恰说明中国古代逻辑中关系逻辑的思想较为丰富。从"至大无外"的观点来比照，天与地、山与泽的高低关系只是相对的。某山只是相对于它旁边的某泽来说有高低之别，但从宇观来看，不能说它比所有的泽都高。天与地的差别也是如此，换一个参考系来看，天与地一样高。

其四："日方中方睨，物方生方死。""睨"，侧视。这句话意思是：太阳刚升到正中，就开始西斜了；生命刚刚开始，同时也走向死亡。惠施体会到了，从运动的观点看，事物在同一瞬间的空间位置和时间序列处在矛盾变化中，即既是中又是斜，既是生又是死。这并不意味着否定中与斜、生与死的界限和确定性。

其五："大同而与小同异，此之谓小同异；万物毕同毕异，此之谓大同异。""大同"是"同而有异"，"小同"是"异而有同"，这两方面的综合叫"小同异"，即同中可以辨异，异中可以求同。宇宙中的万物都有同的一面，有共性，叫"毕同"；万物都有异的一面，有个性，叫"毕异"。

其六："南方无穷而有穷。"当时人们认为南方极其遥远。惠施指出，南方既是有限的，又是无限的，两者不相排斥。推而广之，四方亦如此。

其七："今日适越而昔来。"意思是说，今日去越国，然而昨日就已经到了。这反映了“现在”和“过去”等时间上的相对性。

其八：“连环可解也。”解连环，解闭结，是当时辩者的一大话题。常识认为，连环是不可解的。惠施是怎么解开的，不得其详。他可能是通过概念的辨析来解此谜的。

其九：“我知天下之中央，燕之北，越之南是也。”这也是地理、方位上的无限性和相对性观点。当时人们习惯于以中原为天下之中央，从空间无限或地圆说的观点看，北方之燕国之北，南方之越国之南，都可以成为天下之中央。

其十：“泛爱万物，天地一体也。”这是从“大一”的视域来看世界，肯定天地万物彼此是一和谐的整体，人们对待万物（包括人）都要有爱心。

从以上十个命题来看，惠施强调了世界的整体性和普遍联系，反映在概念论上，既承认确定性（如“大一”“小一”“无厚”），又肯定相对性，既看到差别性，更看到同一性。他尤其重视空间、时间概念的相对性、流动性和转化。他对于大与小、至大与至小、高与卑、山与泽、天与地、今与昔、不可积与大千里、有穷与无穷、中与睨、生与死、同与异、大同异与小同异、同中有异与异中有同、闭与解、中央与边缘等相对关系的概念，基本上是从关系逻辑的视域来把握的。后者可以转化为前者的宾词。如果说，墨家逻辑是一上来就抓住二元谓词的侔式的关系逻辑的话，那么惠施的逻辑则是辩证的关系逻辑，这都与西方亚里士多德从简单的直言命题等一元谓词逻辑问题入手的方式不同。

《庄子·天下》还保留了与惠施声应气求、相互辩难的一批辩士们提出的二十一个命题，称为“二十一事”。辩者以这些命题与惠施相应，终身无穷。他们之间的讨论十分活跃、愉悦。

这些命题是:(1)卵有毛。(2)鸡三足。(3)郢有天下。(4)犬可以为羊。(5)马有卵。(6)丁子有尾。(7)火不热。(8)山出口。(9)轮不蹍地。(10)目不见。(11)指不至，至不绝。(12)龟长于蛇。(13)矩不方，规不可以为圆。(14)凿不围枘。(15)飞鸟之景未尝动也。(16)镞矢之疾而有不行不止之时。(17)狗非犬。(18)黄马骊牛三。(19)白狗黑。(20)孤驹未尝有母。(21)一尺之棰，日取其半，万世不竭。这些命题有的表达了世界的无限性，有的表达了生命的发生与运动，更多则表现了概念的辩证法思想。

## (四)公孙龙的白马论与坚白论

公孙龙子的思想比较有趣，如“白马非马”“坚白石三”等命题，看起来是诡辩，实际上充满着中国逻辑的智慧[①]。

### 1. 白马非马

“白马非马”是公孙龙的成名论题。他说:“马者，所以命形也;白者，所以命色也。命色者非命形也。故曰‘白马非马’。”(《白马论》)“白马非马”中的“白马”和“马”都是概念词。这里指出,“马”与“白马”的内涵是不同的,“马”只含有形体的规定性，而“白马”又包含了颜色(白)的规定性，所以“马”、“白马”是不同的两个概念，表达两个固定的、确定的共相。

他进而从概念的外延上加以论证:“求马，黄、黑马皆可致;求白马，黄、黑马不可致。”(同上)“马”的外延广，可以包括白、黄、黑马，而“白马”的外延狭，不能包括黄、黑马。

① 关于公孙龙子的思想，请参见庞朴:《公孙龙子研究》，中华书局，1979年;庞朴:《公孙龙子今译》，巴蜀书社，1990年。本章多取此二书之说。

这就区分了种属概念的差异。他设问反驳说，如果白马非马，那么黄、黑等一切有颜色的马都非马，岂不是天下无马了吗？他回答道："马固有色，故有白马。使马无色，有马如已耳，安取白马？故白者非马也。白马者，马与白也。马与白马也，故曰白马非马也。"（同上）这是说，马本来是有颜色的，因此才有白马。如果马没有颜色，那就只有马而已，怎么会有白马？但称呼某物为白的东西，只是标明其颜色，不会是马。所谓"白马"的概念，是马与白的结合。马既已与白结合了，还算马吗？

"马者，无去取于色，故黄、黑皆所以应；白马者，有去取于色，黄、黑马皆所以色去，故唯白马独可以应耳。无去者非有去也，故曰白马非马。"（同上）"无去取于色"并不是"无色"，而是不取其确定的颜色。公孙龙并不否定马是具有颜色的，之所以强调"白马非马"，是说"白马"是"有去取于色"（即有确定的白色）的，而"马"是不取其确定的颜色的。他并没有把"白马"与"马"的内涵完全对立起来，而且肯定了"白马"与"马"是同属"马"类中的一色（白色）与各色（任一色）、小类与大类的种属包含关系。无论从外延上或内涵上都找不到、也推不出"白马"全异于"马"的排斥关系。也就是说，"白马非（异于）马"并不否认"白马是（属于）马"中的逻辑包含关系；这一"非"字，只是表示"有异"，不表示"全异"[①]。公孙龙提出这一命题，从外延与内涵两方面论证了一般与特殊、属名与种名所指对象（范围）和属性（内容）是不相等的。这就肯定了不同概念的确定性和不矛盾性。他承认了"白马非（异于）马"，又承认了"白马是（属于）马"，表达了关于个别与一般的辩证洞识。

---

① 参见周云之、刘培育：《先秦逻辑史》，中国社会科学出版社，1984年，第89—91页。

2. 离坚白

公孙龙的《坚白论》也是颇有特点的。他设问曰：说坚硬、白色和石头为三者，可以吗？回答说：不可以。又问：说它们为两者，可以吗？答曰：可以。问曰：为什么呢？答曰：当感知到白色而未感知到坚硬时，这是两者；当感知到坚硬而未感知到白色时，也是两者。问曰：既然感知到白色，就不能说没有白色；既然感知到坚硬，就不能说没有坚硬。拿这块石头来说，它也就是这样，这不是三者吗？答曰：看的时候，看不到坚硬，只看到白色，那就是没有坚硬；摸的时候，摸不到白色，只摸到坚硬，那就是没有白色。公孙龙在这里肯定不同的感官，经过思维抽象，产生不同的名，反映事物不同的属性和共性。但他认为，首先必须把事物（石）与其属性（坚白）区分开来，而不是混淆起来，故说"坚白石二"，而不能说"坚白石三"。

公孙龙指出，不同的属性（如白色、坚硬）是相互独立的，不是相互包容的，所以是分离的，也就是"藏"起来。他又说"物白焉，不定其所白；物坚焉，不定其所坚。不定者兼，恶乎甚（当作"其"）石也？"（《坚白论》）白色和坚硬，在其他的物体上都可以感知到，不专属于石头所有，而是一切白物和坚物所共有的属性。公孙龙又承认有"白石"和"坚石"，"于石，一也；坚白，二也，而在于石。"（同上）这就肯定了"白"与"坚"都是属于石的。也就是说，"白"与"坚"既属于石，又不专属于石，既是主体的感官和思维通过名相所把握的石的不同属性，又是主体所把握的天下所有白物、坚物的共性（共相）。

在事实的层面上，公孙龙承认坚白石是一块具体的石头，整合在一起。从语言分析的角度来说，他指出坚性、白性、石性三种抽象的规定性是互相分离的。作为共相，"坚""白"具有独立性，未与石、物相合时，是独立的，但隐藏着。这样，“坚”与“白”相离，“坚”“白”又与“石”（物）相离。说它们三者分离，是就它们隐藏着而言。如何理解公孙龙的坚白论呢？他表现出这样一种既离又合的智慧，即现象或性质总是在特定的关系中显现的。如以一个复杂的，至少是二元函数的关系式Yr=fr（x,r）来表示，Y为现象即显现出来的性质或性质的集合，x表示变量，f表示这些因素或变量之间的关系，r是相应的关系参量。若将“坚”“白”看作潜存在x中的共相(“指”)，它们既离又藏，叠加而无定所。关系参量r表示不同类型的感官（手或眼），而显相Y则是殊相(即“物指”)坚或白。如果说共相、抽象属性的“指”是一元谓词，那么具体属性的概念“物指”则是关系谓词，这是理解公孙龙的一个关键所在。由公式可见，当且仅当r同时代入“手”和“眼”，作为物指的坚白才相与。显然，这只是一种情况，一种解，即“常识解”。公孙龙的理解允许人们超出常识，考虑到更复杂、更抽象的情况，从而与两种性质问题(如“坚”性、“白”性，或“波性”“粒性”等)内在地关联起来①。

### （四）公孙龙的指物论

在《指物论》中，公孙龙进一步阐述了他的“共相”观。此文反复论证“物莫非指，而指非指”的命题。他以“指”与“物”（实物、现象、个体)相对，“指”含有动词“指认”“称谓”和名词“名称”的意思，这里主要指概念、共相。如果细分，“指”又分为指抽象属性、共性的，如白性、坚性等共相，也有指具体事物属

① 以上参见罗嘉昌：《关系实在论：纲要和研究纲领》，见《场与有》(一)，东方出版社，1994年，第96页。

性的概念，如白马之白，坚白石之坚等，后者在有的地方也称为“物指”，即“定于物”之指。公孙龙强调，概念和所指谓的物是不同的。天下有物，而人用概念去指谓它。另一方面，没有物是不由概念来指谓的：

> 天下无指，而物不可谓指也。不可谓指者，非指也。非指者，物莫非指也。天下无指，而物不可谓指者，非有非指也。非有非指者，物莫非指也。物莫非指者，而指非指也。(《指物论》)

天下并没有指，所以“物不可以说就是指谓它的指”，也就是“指所指谓的物并不就是指谓物的指”。但是，万物皆由指来指谓。所谓“天下并没有指，物不可以说就是指谓它的指”，并不是说存在着不由指来指谓的物。不存在不由指来指谓的物，也就是万物皆由指来指谓。所以说，万物皆由指来指谓，但所指谓的物并不就是指谓物的指。

公孙龙强调了概念对于物的独立性。“指，非非指也；指与物，非指也。”“且夫指固自为非指，奚待于物而乃与为指？”（同上）指就是指；用指去指谓物，这里所指谓的物才不是指。况且，指本来自己就去指谓物，哪里是要等到与物结合了，才成为指谓物的指呢？这里包含有共相是不变的，知性概念以确定性为根本表征的思想。

《公孙龙子》采取主客对话的体裁。“客问”代表一种对语言应用的常识观点，认为作为概念的语言外壳的名字只不过是“物”的符号而已，肯定“物”“实”的自在性和“指”“名”的消极性、寄生性。如客说，指的产生只是为了使万物各有其名，但物并不是指谓它的指。把不是指的东西叫作指，就没有东西不是指了。公孙龙作“主答”，则通过分析“指”对“物”的指谓关系表明，“物”是存在的，但“物”的存在对于人来说，又是在被概念因而也被语言指谓时才有意义。对认识主体来说，“物”的存在有着语言的贡献。因此，对人来说，不存在不由“指”来指谓的“物”。也就是说，“物”的存在，对人来说是取决于语言的。“且指者，天下之所无。天下无指者，物不可谓无指也。不可谓无指者，非有非指也。非有非指者，物莫非指。”（《指物论》）指是天下所没有的，尽管天下没有指，但没有指就无法指谓物。既然没有指就无法指谓物，那么就不存在不由指来指谓的物。不存在不由指来指谓的物，也就是万物皆由指来指谓。

公孙龙强调“指”是对事物本质的把握，可以超越经验世界。“天下有物”、“天下无指”的“天下”是经验世界、事实世界。“指”所把握的事物本质是现象世界中所没有的。《坚白论》中，代表常识的客说，坚硬、白色和石头三者互不分离，乃是本来如此，永远如此。公孙龙指出，这是在“物天下”中感性所了解的现象，而在知性洞见的共相世界里，三者是分离而独立自在的，它们对于现象世界是隐藏着的。公孙龙的贡献在于由现象认识进到共相认识，由事实分析进到语言分析。人类用心智借助知性概念去认识“物”背后的共相，语言则凝结着知性对共相的认识[1]。

---

① 详见周昌忠：《公孙龙子新论》，上海社会科学院出版社，1991年，第49—54页。

## （五）公孙龙的名实论

《名实论》说："天地与其所产焉，物也。物以物其所物而不过焉，实也。实以实其所实［而］不旷焉，位也。出其所位非位，位其所位焉，正也。""物"就是天地及其化生的万物，"实"是物之所以为物的那个"形而上"的本体，或该物所以为该物的本质属性。对"实"的规定一定不能"过"，超出其范围，该物之实就要发生变化。例如，欲知"马"之"实"，举"白马"为例，就"过"了，因为这里多出了一个"白"。这样的形而上的或质的规定性的"实"，不能感知，易被人认为不存在，认为"旷"。为此，公孙龙提出了"位"的范畴。他说，"实"并不空缺，"位"是使"实"得以为实的界限。"位"就是位置，这里指物的本质在它所应有的范围内得到充分表现。公孙龙认为，物之实虽不可感知，但确有自己不可移易的位置，它保证了实的定在。不出位，在其位，就叫"正"。

公孙龙接着说："以其所正，正其所不正；不以其所不正，疑其所正。其正者，正其所实也；正其所实者，正其名也。"（《名实论》）"正名"就是"正其所实"；"所实"就是"位"。如何正名？依据《坚白论》"离也者，天下故独而正"这句结论，"离"是"正"的前提。为了准确理解天地万物及其属性与共性，准确把握"指"与"物"的关系，必须厘定概念词的内涵与外延，因此莫如先个别、独立地把握概念、共相，如白是白，马是马，白马是白马，坚自坚，白自白，坚白不共盈于石。"物"只有被语言指谓才有意义。但语言指谓必须严格，"名"必须自身绝对同一，人们才能交流对话，否则"指""名"无法指谓物，就容易造成逻辑混乱。"夫名，实谓也。知此之非此也，知此之不在此也，则不谓也；知彼之非彼也，知彼之不在彼也，则不谓也。”（《名实论》）已知这个名（或那个名）不是指的这个东西，或者知道这个名（或那个名）现在已不指这个东西了，就不要再称呼了。名、指谓，都必须专一、恰当。名实的统一所以重要，是因为“名”有其独立性，凝结着一定的文化、认知方式对共相的认识，还可以反过来影响人们的思维和生活。公孙龙的名实观与指物论是统一的。

公孙龙的《通变论》也重申上述原则。他设问曰：“二有一乎？”自答：“二无一！”问：“二有右乎？”答：“二无右。”问：“二有左乎？”答：“二无左。”这也就是上述正名、定位之说。“二”是指的复合概念，如“白马”。复合概念本身是一个独立的共相了，与复合前的两名相的指谓不同。整体一旦合成便不可分割，例如“白马”既不是“白”，又不是“马”，不是左“一”，也不是右“一”。“羊牛有角，马无角；马有尾，羊牛无尾（指无毛尾），故曰羊合牛非马也。”“羊与牛唯异，羊有齿，牛无齿（指牛无上齿），而牛之非羊也，羊之非牛也，未可。是不俱有而或类焉。”“羊有角，牛有角，牛之而羊也，羊之而牛也，未可。是俱有而类之不同也。”（《通变论》）这里从“正名”的原则出发，提出了类的概念和分类原则。如牛与羊都有角，所以是同类；马无角，有尾；牛羊有角，无尾，所以马与牛羊不同类。这里根据对同一特性之“偏有”或“偏无”来区分类的同异。类同必须具有共性，类异必须以同一特征之偏有偏无为标准。虽然羊和牛在有齿、无齿这一点上是“偏有”和“偏无”的，但不能因此而断定牛和羊不是同类。同样，羊牛虽在“有角”这一点上是共同的，但并不能确定它们就是同类。这是说，人们不能只根据表面特征的偏有偏无，还必须依据于类之所以为类的特有属性（或本质属性）之偏有偏无，来作为类之同异的标准。

公孙龙认为，辨识是建立在对各“名”的标志性规定的区别上的。“羊”与“牛”，“羊牛”与“马”，这些指之上的区别也就是各“名”在特征性规定上的区别。比较方便的是，弄清楚与所辨识的“名”最相近的“名”的标志性规定，从而使它们相区别。所以，公孙龙说，要识别“牛羊”，不应与“鸡”相比，而应与“马”相比，如此等等。这都是正名指实的方法。

公孙龙把名实等问题作为真正的逻辑问题而不是作为社会政治伦理问题独立地进行研究，在中国哲学史上占有重要的一席。可是在秦汉以后，《公孙龙子》被视为“诡辞”而不受重视，难得解人。魏晋南北朝时期，文人以谈“名”相标榜，但大都未能深入研究名学。晚清以后，对公孙龙子的研究才大兴于天下。

# 十一、礼乐的智慧

礼之中有不少行为规范其实就是文明的一个习惯，在今天仍然有价值。它的行为规范，比方说吃饭的时候你不要发出"咤咤"的声音，你用筷子夹起的鱼肉不要再放回盘中去，不要专挑一样好东西吃，不要侧耳偷听别人说话，答话不要高声地喊叫，看人的时候目光不要游移不定，站立要正，坐姿要雅等，这都是礼。

《礼记》里面还有不少道德训诫，这些训诫也具有普遍的意义。比如《曲礼上》说："傲不可长，欲不可纵，志不可满，乐不可极。"还有"临财毋苟得，临难毋苟免"，都是有益我们身心的格言[①]。

## （一）人文精神及其宗教性

礼是什么？我国很早就是礼仪之邦，也就是文明的国家或者文明的民族。儒家的礼是古代社会生活的规范、规矩，它包括等级秩序等等，当然礼起源于习俗。儒家的礼节除日常的应事接物以外，重大的像冠、丧、婚、祭、朝、聘、乡、射等等，都有它具体的含义。比方说冠礼，在明成人之责，是成年礼；

① 本章《礼记》引文俱见杨天宇撰：《礼记译注》（全二册），上海古籍出版社，1997年。

婚礼在成男女之别，立夫妇之义；丧礼在慎终追远，明死生之义；祭礼使民诚信忠敬，其中祭天为报本返始，祭祖为追养继孝，祭百神为崇德报功；朝觐之礼，在明君臣之义；聘问之礼，使诸侯相互尊敬；乡饮酒之礼在明长幼之序；通过射礼可以观察德行等。这些古礼包含、综合了宗教、政治、伦理、艺术、美学的一些价值，对于稳定社会、调治人心、提高生活品质都有积极意义。

儒家除了礼教还有诗教、乐教、书教、易教、春秋教等等，统称六艺之教。总体上，这些教育、教化，都是为了使人扩充善性，敦厚庄敬，相互和睦，克服人性负面的东西。而就礼治、礼防、礼教而言，它根本上要使社会有序化。乐教要使社会和谐化，所以六艺之教是为了提升人的素养，使人有教养，更加文明。

是儒家重构了礼乐文明，并提扬了它的内在价值。礼乐文化是孕育儒家的文化土壤。礼乐文明早于儒家的正式诞生。夏、商都有礼仪，西周礼乐制度完备，但是西周的典章制度、礼仪规范，又大多是经过孔子之后的儒家来改造、重塑、整理过的。杨宽先生的《西周史》考证了西周春秋的一些乡遂、宗法、文教等制度、社会结构、贵族组织等等，可见“三礼”及诸经典所说确有其实，当然也有儒家的理想化、系统化的成分。可见儒家和礼乐文化的关系是密不可分的。徐复观先生讲：“礼在《诗经》的时代已转化为人文的征表。则春秋是礼的世纪，也即是人文的世纪。”[①]这个判断也是礼乐早于儒家，而儒家又强化了礼乐。它是一种人文性的象征。

① 徐复观：《中国人性论史》（先秦篇），台湾商务印书馆，1987年第8版，第47页。

黄侃先生有《礼学略说》一文，特别强调有礼之意、礼之具、礼之文。礼之意也就是礼的内涵的意义，礼之具就是礼的器具，礼之文就是礼的仪节。他引用《礼记·郊特牲》所说的“礼之所尊，尊其义也。失其义，陈其数，祝史之事也。故其数可陈也，其义难知也”云云。他指出礼的器具、仪节背后的意义更为重要。他说比方“三年之丧”，原来并不是过度的，而“毁之者不知礼也”，批评他的人不知礼义。他又引《礼记·檀弓》，子游回答有子“丧之踊”之问以言“礼道”之文，认为“丧礼有不可妄訾者”，“观此则《丧礼》仪文无不具有微意，后世虽不能尽行，而不可以是非古人也”[①]。所以黄侃先生是指出礼的细节中蕴含有圣人的微旨，它的意义在于远别禽兽，近异夷狄，也就是今人所谓文明。

他讲的礼具是指各种礼器，他说我们学礼学，学仪礼，首先就要辨其名物。他说三礼，名物必当精究。辨是非而考同异，然后礼意可得明也。所以三礼学习，最难的还是这些名物训诂，但是又非常的必要。

他说礼文，当然是节文度数，比方说丧礼、祭礼，丧礼主哀，祭礼主敬。但是如果没有器物，没有威仪，那这些感情就表达不出来。他说宴享相见、三辞三让等等，那都是礼乐的这些步骤、这些过程，都非常重要。

他说礼之失则或专重仪文而忘其本意。所以礼具、礼器、礼文，这些都很重要，不能偏废，不能简省，正是在细节中才能体会出礼意，但是我们又不能沉溺在礼具、礼文中。相比较而言，在礼具、礼文、礼意中，礼意更重要，其中蕴含的价值，

① 黄侃：《礼学略说》，陈其泰等编：《二十世纪中国礼学研究论集》，学苑出版社，1998年，第27页。

礼具、礼文中的价值，才是更重要的。另一方面，没有仪节就不可以行礼，所以仪文度数也很重要。当然，它只是礼之粗迹，不是其中精要的东西，不是其中更重要的蕴含着的礼意，即意义的世界、价值的世界。

传统社会有关于礼的系统和功能，还有一些讲法，比如讲礼防、礼制、礼治、礼教等等。《礼记·坊记》："礼者，因人之情而为之节文，以为民坊者也。""坊"通"防"，取防水灾的堤防之意。礼防是防什么？防民邪辟，使情感欲望的表达有所节制，达到适中的状态。

礼治的治，有水治，有刀制，以礼治国是水治的治，涵盖面广，而礼制则是刀制的制，强调了制度、体制的层面，与礼中包含的成文与不成文的法有关。礼乐刑政四者协调配置，总体上叫礼治。礼教所凸显的是礼治教化的层面，礼教又和乐教相配合，是礼文化中最重要的内容。所以礼教的积极意义，现在被人们开始重视起来，当然还是很不够的。

至于乐，当然就没有乐防这一说了，乐也是礼乐刑政四种治理社会的方法之一。乐是乐教，教化的作用。礼乐、礼乐，它是以礼为中心，乐为补充，当然是很重要的补充。礼乐文化中，有它的知识系统，有它的价值系统，有它的信仰系统。按照黄侃先生的说法，知识系统就是礼的器具、礼的仪节、仪文。价值系统就是这些里面所蕴含的礼意，仁义礼智、孝悌忠信、诚敬恕、廉耻勇，或者君仁臣忠、父慈子孝、夫义妇顺、兄友弟恭、朋友有信等等。徐复观先生讲，从礼仪中抽绎出来的礼的新的观念，淡化了宗教的意味，特别是许多的道德观念，几乎都是由礼加以统摄的。徐先生从《左传》《国语》里面找到很多资料，特别是关于敬、仁、忠信、仁义等观念是和"礼"紧密地联系在一起的。

除了知识系统、价值系统之外，还有信仰系统。信仰系统就是对终极性的昊天上帝，对天地、山川等自然神灵，对祖宗神灵、对人文始祖的崇拜，礼之中虽然淡化了这样一些宗教成分，但是仍然保留了一些宗教的意涵。

儒家的人文不反对宗教，包容了宗教。礼乐文明是具有宗教性的人文精神。礼乐文明中有终极关怀。刚才讲到，礼是人文化的宗教，是道德性人文精神的自觉。尽管如此，它仍有终极关怀在其中。礼不仅是人间的秩序，而且还是天地的秩序，是宇宙的秩序。我们中国文化和外国文化的区别，就在于中国有系统的“礼”，不只是有宗教和法制，当然包含着宗教和法制。不是说外国没有礼仪、礼貌、礼敬，没有礼，也不是说外国文化中没有礼制，只是说外国文化虽然很重视礼仪，但是没有把“礼”作为统整性的大文化系统。外国凸显的是宗教和法律，中国强调的是人文性的礼。礼包含有宗教和法律，但是不堕入盲从性、排他性的教，也不堕入太过刚性的法。礼是宗教、政治、社会、伦理、道德、法律的综合体，它的实质是道德人文主义，它强调人文教化、感化，等等。

《礼记·礼运》曾经假孔子之口，回答言偃的提问，讲“礼必本于天，效于地”。它说孔子讲：“夫礼，先王以承天之道，以治人之情。故失之者死，得之者生。……是故夫礼，必本于天，效于地，列于鬼神，达于丧、祭、射、御、冠、昏、朝、聘。故圣人以礼示之，故天下国家可得而正也。”这就指出礼是前代圣王秉承天之道用来治理人情的，以礼治天下国家是十分重要的。礼根据于天，效法于地，具有神圣性。

《礼记·礼运》又指出，规范有序、庄严肃穆的祭祀，用以迎接上天之神和祖宗神灵的降临。祭礼的社会功能，可以端正君臣，亲和父子兄弟的感情，整齐上下关系，夫妇各得其所。这是承受了上天的赐福。祭祀最重要的是祭天、祭地，祭天地就是追本溯源，尊重其所自出。在这个意义上，天地是我们人的父母，天地有着价值本体的意涵，又具有宗教性的意涵。所以从《礼运》上看，天神是至上神，对天神的崇拜要重于对地神的崇拜，然后就是对山川诸神的崇拜。除祭祀至上神与自然神灵外，还要祭祀祖宗神灵。这就反映出人文化的“礼”仍然具有“宗教性”与“超越性”。“宗教性”与“超越性”是不同的而又有联系的两个概念。天是人文之礼最终的超越的根据。我们都读过《礼记》的《孔子闲居》，它其中有“五至”（志至、诗至、礼至、乐至、哀至）与“三无”（无声之乐、无体之礼、无服之丧）等思想。志向到了，诗到了，礼到了，乐到了，哀情也到了。

“五至”“三无”，马一浮先生对之是怎么解读的呢？他说这里说的是秉承天的性德流出了六艺的动态的过程，就是包括礼乐在内的六艺六经，已经成为与生活世界内在相通的真善美的内容[①]。六艺不仅仅是儒家经典、经学形态、学术研究的对象，六艺更是人类性德中所本具的生命意涵、文化的脉络。所以马先生讲，通过礼教、乐教这些人文之教，能够唤醒人之天赋的内在性德，我们又通过修身养德，才使自己成为一个真正的人。

人是具有宗教性的动物，人有终极性的信念信仰，对至上神、昊天上帝，对天地自然神灵、对祖宗神灵、对人文始祖与至圣先师礼敬礼拜，这样可以增加人的生命的庄严感和神圣

① 详见马一浮：《复性书院讲录》,《马一浮全集》第一册，浙江古籍出版社，2013年，第223—248页。

性。冠昏丧祭之礼不可废，我们要结合现代和传统，有创造性地在现代重新制礼作乐，结合西方现代文化，重新制礼作乐。尤其我们现在的国家礼、社会礼、家庭礼，还要把它健康化地重建起来。

## （二）政治正义和社会治理

中国人对于社会治理有高度的智慧，它所包含的政治正义的内涵也非常丰富。比方《周礼》，我们现在谈谈《周礼》提供的一些材料。钱玄先生认为,《周礼》是儒家之书，它成书在战国后期，它的思想主要属早期儒家，但是也有一些是发展到战国后期的儒家融合道、法、阴阳等家思想而成。杨宽先生说,《周礼》虽然是春秋战国间的著作，但是它所讲的一些制度，已非西周时代的本来面目，夹杂着一些拼凑和理想的成分。但是其中的一些制度，如乡遂制度等等，基本还保存着西周、春秋时代的思想。

杨宽先生又讲,《周礼》所在，当然已不是西周原有的制度了，它是儒家按后世流行的制度改造过的。我们看《周礼》《礼记·王制》，都是讨论制度的，大体上体现了先秦儒家的理念和制度的设计。其中有的制度在西周、春秋时代实行过，有的制度在战国时代实行过。我们看看《周礼·地官司徒》《礼记·王制》，前者是古文经，后者是今文经。假如我们打破今古文经的壁垒，从两者有关社会公平正义和福利制度的内容来看，其实相关性还是比较大的。

在礼的制度设计中，有对后世的土地制度极有影响力的“一夫授田百亩”的制度设计。《礼记·王制》有“制农田百亩”。制度规定，一个农夫到了一定年龄就要单独立户，一个农夫就授田百亩。百亩土地按肥瘠分类，上等土地一个农夫可供养九人，次一等的可供养八人，依次递减为七人、六人、五人。庶人在官府任职者的俸禄，依这五等农夫的收入区分等差。诸侯的下士的俸禄比照上等土地的农夫，使他们的俸禄足以代替他们亲自耕种所得。中士的俸禄比下士多一倍，上士的俸禄比中士多一倍，卿的俸禄是大夫的四倍，君的俸禄是卿的十倍。俸禄显然是有差等的，但农夫有农田，是最基本的生活保障。

我们看《周礼》和《礼记·王制》，它们都有对社会弱者给予关爱的一些制度设计。比方说养老制度，上古虞夏殷周都有养老之礼。综合前代的周制，特别强调实行养老的礼仪制度。五十岁以上的老人，包括平民，享受优待。三代君王举行养老礼之后，都要按户来校核居民的年龄，年八十的人是可以有一个儿子不服徭役；年九十的人可以全家不服徭役；残疾人、有病的人、生活不能自理的人、为父母服丧者，三年不服徭役；从大夫的采地迁徙到诸侯采地的人，三个月不服徭役；从别的诸侯国迁徙来的人，一年不服徭役。

关于对待鳏寡孤独和社会弱者，《礼记·王制》几乎重复了孟子之说，比方说："少而无父者谓之孤，老而无子者谓之独，老而无妻者谓之矜，老而无夫者谓之寡。此四者，天下之穷而无告者也，皆有常饩。""常饩"就是经常性的食物救济或者生活补贴。又对于聋哑和肢体有残疾、有障碍的人，有供养制度，由国家养活。国家就以工匠的收入来供养他们。"庶人耆老不徒食"，就是老百姓中的老人不能只有饭而没有菜肴，不徒食。"养耆老以致孝，恤孤独以逮不足"，就是通过教化，形成风气，引导人民孝敬长上，帮助贫困者。

古时候借助民力耕种公田不收民的田税，贸易场所只征收店铺的税而不征收货物的税，关卡只稽查不征税，还开放山林河湖，百姓可以按时令去樵采渔猎，耕种祭田不征税，征用民力一年不超过三天，土地和居邑不得出卖。这样一些条文，在礼仪里面，在《孟子》《荀子》里面都有相关的、内容很相近的，甚至文字都相同的一些东西，这都是儒家的制度诉求。这是非常重要的经济制度方面。

涉及到政治参与权、受教育权和有关选拔人才的制度，这是中华优秀传统文化的一部分,《礼记·王制》对庶民中的人才选拔、任用，并授以爵禄，都予以肯定，并规定了步骤。

礼乐文化中，有关于社会治理和国家治理，它们强调礼乐刑政的配置。《礼记·乐记》里面讲："是故先王之制礼乐，人为之节。衰麻哭泣，所以节丧纪也；钟鼓干戚，所以和安乐也；昏姻冠笄，所以别男女也；射乡食飨，所以正交接也；礼节民心，乐和民声，政以行之，刑以防之，礼乐刑政，四达而不悖，则王道备矣！"就是从四个方面来调节，"礼以道其志，乐以和其声，政以一其行，刑以防其奸。礼乐刑政，其极一也；所以同民心而出治道也。"礼乐里面讲到的王道、治道，都是讲治理社会和国家，要用礼、乐、刑、政四种方法来加以配合。

"乐者为同，礼者为异，同则相亲，异则相敬。乐胜则流，礼胜则离。合情饰貌者，礼乐之事也。礼义立，则贵贱等矣；乐文同，则上下和矣。好恶著，则贤不肖别矣；刑禁暴，爵举贤，则政均矣。仁以爱之，义以正之，如此，则民治行矣。"可见《礼记·乐记》里面所讲的这些道理，是把礼乐看作是滋润政刑的，政令刑罚一定要配上礼乐，"乐所以修内也，礼所以修外也，礼乐交错于中，发形于外，是故其成也怿，恭敬而温文。”所以礼乐教化在社会治理和国家治理中，是强调和谐，并且提升百姓素养的。

礼乐之教把天地精神、人的性情与日用伦常打通了，贯穿起来了。礼乐的社会功能，尤其是与法律、政令相配合，使社会和谐。礼乐之中有秩序、节度、交往、和谐的原则与原理。所以古代这一治理社会的方略，四者相配置，礼乐中有文化，有价值。

礼是带有宗教性、道德性的生活规范，在礼这种伦理秩序中，也包含着一定的人道精神、道德的价值。荀子推崇礼，认为它是“道德之极”。“极”是标准，最高的标准。“治辨之极，人道之极”。极就如屋梁一样的，大中之正的标准。因为礼的目的是使贵者受敬，老者受孝，长者受悌，幼者得到慈爱，贱者得到恩惠。在贵贱有等的礼制秩序中，含有敬、孝、悌、慈、惠这些德目，以及对于弱者、弱小势力的保护问题。《礼记·曲礼》说，“太上贵德，其次务施报。礼尚往来，往而不来，非礼也。来而不往，亦非礼也。人有礼则安，无礼则危。故曰：‘礼者，不可不学也。’夫礼者，自卑而尊人，虽负贩者必有尊焉，而况富贵乎？富贵而知好礼，则不骄不淫；贫贱而知好礼，则志不慑。”所以《礼记·曲礼》中所讲到的礼尚往来，施报关系是次之，主要是讲礼自卑尊人，负贩者、小民也要得到尊重。我们要以德为贵，自谦而尊重别人，讲究施惠和报答，礼尚往来，不管是富贵或者贫贱，都要相互尊重，互利互惠。

这里就提到了对负贩者、贫贱者、弱者的尊重和对等的施报关系。过去我们对“礼不下庶人”的理解有偏颇，根据清代人孙希旦的注释，“礼不下庶人”说的是不为庶人制礼，而不是说对庶人可以无礼，或者庶人没有礼可遵行。古时候制礼，是对士这个等级以上的，冠礼、婚礼、相见礼都是士礼，庶人是参照士礼而行的，婚丧嫁娶、祭葬等的标准可以降低，主要是考虑到庶人的家庭的节文仪物方面应该量力而行。可见我们平常对“礼不下庶人”的理解是错误的。礼里面包含有对贫贱者、负贩者的尊重。

在社会治理上，儒家重视道德教化，同时也重视法制。《礼记·王制》里面有关于刑法制度的记录和设计，涉及到在审案、判案、处罚过程中如何审慎、如何认真、如何讲规范，还要避免冤假错案，严格程序，以及对私人领域的保护问题。

总之，《周礼·地官》《礼记·王制》的有关理念和制度安排，体现了先民的原始人道主义。如果配合《论语》《孟子》《荀子》，我们可以看到，这里体现了中华民族以仁爱为核心的价值系统和人文精神，其中不少制度文明的成果值得我们重视。例如有应对灾荒、瘟疫的传统，并且予以组织化救助的制度，等等。有关对老幼病残、鳏寡孤独、贫困者等社会弱者的尊重和优待的制度，都是极有人性化的制度，而且后世在理论和实践上都有发展。这些就类似于今天的福利国家和福利社会的因素。此外有关颁职事及居处、土地、赋税、商业的制度和政策中，对老百姓权利和福祉的一定程度的关注和保证，有关小民的受教育权和参与政治权的基本保障，有关对百姓施以技能教育的制度，有关刑律制定和审判案件的慎重、程序化和私人领域的保护，等等，也都涉及到今天所谓社会公平公正的问题。我们用历史主义的观点去审视，同样是在等级制度中，以我国先秦和同时代的古希腊、古印度、古埃及的政治文明相比照，不难看出中国的政治理念和制度中的可贵之处，这些资源今天还可以做进一步的创造性转化。

现在一提到中国文化、儒学、礼制，就说是等级秩序。可是人类哪一个社会没有等级秩序呢？人类的社群，人类组成社会，当然要有等级秩序。问题在于我们的制度文明、礼制、礼学中，不仅有等级制度，而且有等级间正常流动的机制。例如通过教育公平达到政治公平，“朝为田舍郎，暮登天子堂”，历朝历代由布衣而为三公者不乏其人。我前面讲到的对于贫贱者的尊重，对于最不利者的关爱，及其制度化保障，还有由教育公平达到社会公平，这都是礼制中的宝贵的因素。

《礼记·礼运》认为，政治权力根源在天、天命，所以“政必本于天”，“故政者君之所以藏身也，是故夫政必本于天，殽以降命”。所以国政本于天理，要效法天理来下达政令，政令要符合地德，也要符合人的道德。另外我们都知道，《礼记·礼运》开篇讲大同之世，讲社会理想，这些社会理想也是中国人的社会理想、文化理想，所以大同之世和小康之世不同，这个理念里面包含有最高的政治正义的追求。

## （三）生态的伦理

“天地”是万物之母，一切皆由“生生”而来。《礼记·月令》讲：“天地和同，草木萌动。”《礼记·乐记》讲：“和故百物皆化。”所以“草木”“百物”的化生都是以“和”为条件的。天地不和，则万物不生，“天地合而后万物兴焉”。天地是万物化生的根源，生态系统的生生大德，它是借天地两种不同力量相互和合、感通而实现的。

《礼记·乐记》里面有一段话，跟《周易·系辞》里的话是相通的：“天地相荡，鼓之以雷霆，奋之以风雨，动之以四时，暖之以日月，而百化兴焉。如此则乐者天地之和也。”礼的文化通过对天地生物和四时的描述，认为乐是天地之和的体现。反而观之，天地通过雷霆、风雨鼓动宇宙间的阴阳两种力量、两种气，而四时无息地展现出生生大德的景象，这又何尝不是宇宙间最壮丽动人的生命交响的演奏呢？

儒家对生态系统生生大德的认识，对天地、阴阳和以化生的认识，是非常深刻的。所以生态系统是一个不断创生的系统，也是一个各类物种和谐共生的生命共同体，这是儒家对天地这一大的生态居所的一种深切感悟。这在今天也成为东西方环境伦理学的一个基本共识。

天人合一的理念中，天是一切价值的源头，而从生物而言，天与地往往需要并举，有时候要举天来统摄地。所以我们也可以说，天或者天地是生态系统中一切价值的源头。儒家有着人与天地万物一体的共同体悟。因此人才可以说对万物都持有一种深切的仁爱、关怀，将整个天地万物都看作是与自己的生命紧密相连的。在这种价值来源的共识之上，儒家的生态伦理可以建立“范围天地之化而不过,曲成万物而不遗”的生态共同体，将生态系统真正视为人与万物共生、共存的生命家园。

正是这样一种生命家园的意识，使得《礼记·礼运》讲宇宙生态的各种层次中，人处在较高的层次，人体现了生态系统的一个整体的意义。人体现了天地的德行、阴阳的交感、鬼神的妙合，荟萃了五行的秀气。人又是天地的心脏、五行的端绪，是能够调和并且品尝各种滋味，创造并且辨别各种声调，制作并且披服各色衣服的动物。尽管人是万物之灵，但人仍从属于生态系统的整体。因此，圣人制礼作乐，制作典则，以生态天地的大系统为根本，以阴阳二气的交感为起点，以四时所当行的政令为权衡，以日星的运行来纪时，以十二个月来计量事功，以鬼神为依傍，以五行的节律为本位，以礼仪为器具，以人情为田地，以四灵为家畜。

因此，人在天地之中一定要尊重山川、动物、植物，等等。这种尊重和敬畏，是通过祭祀山林川泽来加以表达的。“天子祭天地，诸侯祭社稷，大夫祭五祀。”《礼记》讲到这样一些祭祀。此外,《礼记》里面还强调，礼要配合时令，配合地的物产，我们取用动植物要依据于不同季节的不同的生物，不同的地理环境有不同的物产。

礼“合于天时，设于地财，顺于鬼神，合于人心，理万物者也。是故天时有生也，地理有宜也，人官有能也，物曲有利也。故天不生，地不养，君子不以为礼”。例如我们在山地生活的人，就不能够拿鱼鳖等湖区产的礼物去送人，因为那些东西太贵。我们居住在湖区的人，不能拿山里面的山货如鹿豕等作为礼物，因为那一类物品在这里也是贵重的。所以礼是大伦，我们要从地理出发，制礼行礼的原则，不违背自然的原则。在一定时空条件下，不适于生长的物产，君子是不用来行礼的，鬼神也是不会享用的。所以以本地稀罕的物产作为礼品，这种人是不懂得礼的。行礼要用本地物产、本国的物产。行礼必须量力而行，要依据土地的大小、年成的好坏。

关于生态的保护，比方说仲春之月,“安萌芽，养幼少”；“毋竭川泽，毋漉陂池，毋焚山林”。“孟夏之月，继长增高，毋有坏堕，毋起土功，毋发大众，毋伐大树。”人们取用动植物，要考量季节、时间，不可以在动植物的生长期、繁衍期滥砍滥杀，不砍伐小树，不射杀幼鸟兽和怀孕的兽，否则就是不孝。曾子曾说过一句话，他说是圣人讲的，即孔子讲的。他说：“树木以时伐焉，禽兽以时杀焉。夫子曰：‘断一树，杀一兽，不以其时，非孝也。’”他引用孔夫子的话说，我们砍树、杀兽，如果不注意时令，跟不孝敬父母一样。可见时令的重要性。孟春之月要怎么样？我们要（保护）山林川泽，我们不要杀母兽，要禁止伐木，要保护这些昆虫、飞鸟、野兽的母体，及幼小的生命。在讲述天子、诸侯田猎礼的时候，特别强调不要赶尽杀绝，不要竭泽而渔，田猎的过程中，网开一面，一方面要让小民来跟着，有猎物，另一方面不合围、不掩群。即一方面使小民可以跟着打一点猎，狩一点猎物，另一方面也不赶尽杀绝。草木凋零的时候，才能够入山林，不要用火田，不杀胎取卵，不覆巢等等。另外，怀胎的牲畜，即使是天子也不得食用，郊祭的时候也不要用，这是对天地生养万物的礼敬。

另外，《礼记·王制》讲：“林麓川泽以时入而不禁。”“不禁”是说小民也可以去，不是禁止老百姓进林麓川泽中取用动植物。但是也要以“时”，这就是孟子讲的“泽梁无禁也”。同时要“以时入山林”，要注意时令。这考虑到人取用的可持续性，当然还不止此意。《礼记》诸篇都隐含有礼制秩序和自然节律的一致性。《礼记·月令》把春夏秋冬四季又各自分出孟、仲、季三个时段，按不同的季节时段详细规定了祭祀活动、农业生产、资源取用、政令发布的内容，这些都需要有相关的具体部门去完成。

从这里可知，儒家以礼法保护生态资源有三个重要的内容：第一是禁止灭绝性的砍伐、捕猎；第二是保护幼小的生命；第三是重“时”。禁止灭绝性的砍伐、捕猎，因为这种行为与天地的生生大德是背道而驰的。保护幼小生命与儒家重视“养”的思想有关，天地生万物要养育之，这是符合于天地自然之道的，“天地养万物”。

《礼记·乐记》也讲:“是故先王之制礼乐也，非以极口腹耳目之欲也，将以教民平好恶而反人道之正也。”就是饮食等礼节的制定，不是为了满足人的口腹欲望，而是为了让人返归“人道之正”。所以儒家有关生态保护的礼乐观念，是遵从天地生养之道的，也出于对人的物欲进行节制的目的。

儒家以天地为人与万物之祖，对天地的尊崇有着强烈的宗教性的情怀，对生养万物礼敬、礼拜。另外，儒家一向认为生态资源是天地所赐，对此充满着虔诚、敬礼的情感。年成不好的时候，儒家对饮食特别要求节制，以体恤天地生养万物的不易。

有人说，儒家是人类中心主义者。从上可知，显然不是。儒家是主张生态系统存在客观内在价值的，人有人性，物有物性，甚至人性中也有神性，物性中也有神性。儒家对生态系统的价值判断是基于天地对万物赋形命性的认识。万物在生生不已的过程中，都被赋予了形及其性，这种赋予是普遍的、无遗漏的，差异只是阴阳创化的不同。当然，无物不出于创化。从天地创生、赋形命性的普遍性去作价值的判断，价值自然不仅仅限于有机的生命体，万物和人一样，具有客观的内在价值。

因此，在儒家那里，天地这种创生是具有价值本体论的意义的。事实上，儒家对万物都是关爱的，而且是从其所具有的内在价值去确定这种爱的。因为万物的内在价值都是天地所赋予的，与人的内在价值同出于一源。当然，万物的内在价值是有差异的。

古代中国的生态环保意识是被逼出来的，因为中国是个自然灾害多发、频发的国家。根据邓拓的《中国救荒史》、竺可桢的《中国历史上气候之变迁》，古代的自然灾害从未间断过，大的灾荒每半年都有一次。我们在这样一种状况之下，有了一些应对灾荒的本领。

总之，儒家对于以礼乐来理顺生态资源有三原则：第一，人要生存不得不对生态资源有所取用，当然应该顺应生态系统的生养之道，要做到有理，“顺于鬼神，合于人心”，还要做到有节，“合于天时，设于地财”。人类不能为了一己之私，日益竭尽天地之材。第二，《礼记·乐记》讲：“是故大人举礼乐，则天地将为昭焉。天地欣合，阴阳相得。”即是以礼乐精神关照生态问题，意味着对天地之道的清醒认识。天地默运而万物化成，因此，对于生态系统的保护，人类最有效的策略是尽可能少地去干预它的完善自足的生养之道。只要人不去破坏生态环境，天地自然会让万物生化不已、充满生机。第三，生态问题的彻底解决，不只是一个生态问题，要“暴民不作，诸侯宾服，兵革不试”，这就是礼乐所起的作用。大乐和天地和同，大礼和天地同节。人类如果自身不能和睦共处，导致战争四起，社会动荡，那么所谓生态保护就是一种奢望。

礼文化对生态系统的认识，是容纳在天、地、人、神诸多要素的天地概念下进行的，是一个整体论、系统论的观念。它以“和”为条件的不断创生，是古人对生态系统的根本认识。他们对天地的创生现象持有价值判断的观念，肯定天地万物皆有内在的价值，要求一种普遍的生态的道德关怀。而他们对人性、物性的辩证认识，又同时清楚地表明了一种生态伦理的等差意识，或者是对不同伦理圈层区分的意识。儒家即使从工具价值的立场取用生态资源的同时，也并不忽视动植物的内在价值。从儒家天人合一的理念来看，生态伦理作为一种新的伦理范式，其确立的基础必须建立在对人性的重新反思之上。

## （四）道德标准和儒者品行

在道德人格修养上，《礼记》中有《表记》，“表”就是标准，是以仁德为标准。《礼记·儒行》记载了孔子论述儒者的十六种高贵品行，有温良、敬慎、宽裕、逊接、礼节、言谈、歌乐、散财等等，都是以仁德为本。其中讲到澡身浴德、特立独行、见死而不更其守，可亲而不可劫，可近而不可迫，可杀而不可辱，儒家志不可夺的刚毅的品格，现在仍很有价值。

“儒有忠信以为甲胄，礼义以为干橹，戴仁而行，抱义而处。”儒者应该把忠信作为甲胄，把礼义作为盾牌，头戴仁而行，怀抱义而居。“儒有不宝金玉，而忠信以为宝。不祈土地，立义以为土地；不祈多积，多文以为富。”而儒者不以金玉为宝，把忠信当作宝贝。不祈求土地，以道义作为立身之地；不祈求多积财富，而以学识广博、多才多艺为富有。

儒者生活在现在，却与古人的意趣相合。“儒有今人与居，古人与稽；今世行之，后世以为楷。”说现在社会的行为可以成为后世的楷模，那么有君子恰好生不逢时，上面没有人援引，下面没有人推举，一些奸佞的人结伙陷害他，虽然他的身体可能危险，然而他的志操却毫不动摇，虽处于险境，举动行事仍然伸展着自己的志向，念念不忘老百姓的疾苦。儒者忧国忧民的心就是这样的。

儒者广博的学习无止境，切实的实行不厌倦，隐居独处时不淫邪放纵，上通国君被重用时不会失态困窘。以礼待人，以和为贵，有忠信的美德，有从容的风度，仰慕贤能而又包容众人，有时可以磨毁掉自己方正的棱角而依随众庶，有如房瓦之垒合。儒有宽厚容众如此，但又不失其刚毅、刚强、刚健的品格。

所以熊十力先生、钱穆先生都很重视《礼记·儒行》。三礼中有关于人格教养和人格成长，特别是君子人格养成的智慧，它体现了儒家文明的特点。儒家教育是多样的、全面的，它的内核是成德之教，尤其是培养君子成圣成贤。它的方法是用礼乐、六艺浸润身心，用自我教育调节性情心灵为主。它的功能在于改善政治与风俗，美政美俗。它的特点是不脱离平凡生活，强调知行合一、内外合一的体验。所以在当代我们建设现代公民社会、培养平民化的自由人格的过程中，尤其需要调动儒家的修养身心和涵养性情的文化资源。

忠信是礼的基本精神，义理就是规矩仪式。这就是《礼记·礼器》讲的“忠信，礼之本也。义理，礼之文也。无本不立，无文不行”。礼有本有文，“故礼义也者，人之大端也”。就是《礼记·礼运》讲的：“所以讲信修睦，而固人之肌肤之会，筋骸之束也。所以养生送死，事鬼神之大端也。”这样来达天道、顺人情。《礼记·礼运》所强调的是礼对于人的人格成长和治理国政的重要性。我们强调的是礼的功用在于治理人情。

礼是义之实，义是仁之节，仁是义之本。治国不以礼，就像没有耒耜而耕田一样。“为礼不本于义”，就像耕了田不播种一样；“为义而不讲之以学”，就像种了不去耨田一样；“讲之于学而不合之以仁”，就像耨了也没有收获一样；“合之以仁而不安之以乐”，就像有收获而不吃它一样。所以“安之以乐而不达于顺”，就像吃了而不长胖一样。是说我们人格成长的过程、治理人情的过程，以礼义、以这些德目来修炼自己，一定要有受用有收获。

《礼记·礼运》对于人的界定，是把人放在天地之中的。尽管人是天地中最灵秀的，是具有终极信念的人，但人又是在自然生态序列中的人，又是治理的主要对象，所以“人情以为田，故人以为奥也”。要用礼来节制人的过头的欲望欲念。这里对人的界定，是以礼义、仁德为中心的，而人应当是一个道德的人。这里强调了治国之本，就是在礼的规范中，重要的是道德仁义的精神，它是礼义规范中的主要的精神。

我们讲的道德教化，例如《礼记·王制》提到了六礼、七教、八政。司徒之官的使命，是节民性、兴民德，当然首先是精英层自身的一种道德修炼，但同时也要重视教化，肯定人文教育，发挥退休官员、乡下贤达的作用，运用射礼、乡饮酒礼等，通过习礼来对民众、青年进行持续不断的教化。

所以司徒修习六礼，包括冠、婚、丧、祭、乡饮酒和乡射礼，来节制民众的性情，讲明七教（父子、兄弟、夫妇、君臣、长幼、朋友、宾客等伦理），来提高人们的德行。整顿八政（饮食、衣服、技艺、器物品类、长度单位、容量单位、计数方法、物品规格等制度和规定）来防止淫邪，规范道德来统一社会风俗，赡养老人来诱导人民孝敬长上，抚恤孤独的人来诱导人们帮助贫乏的人，尊重贤能的人以崇尚道德，检举、摒除邪恶，实在是屡教不改的人，再摒弃到远方。由此可见，王制就是道德之治。

在人与自然、人与社会、人与人的交往关系，以及人自身的身心关系方面，儒家有极其重要的资源，尤其是“修己及人”“将心比心”的“恕道”，“推爱”“推恩”的方式，“爱有差等”的具体理性、实践理性。在“爱有差等”的过程中，我们恰好可以成就普爱。儒家强调的是在这样一个差等爱中来推己及人，因为人不是上帝，上帝可以没有差等，因为上帝没有时间、空间，而人只是一个具体的人，他的爱当然有差等。儒家说“老吾老以及人之老，幼吾幼以及人之幼”，推己及人，所以儒家强调的这种爱，强调人己关系、人物关系，是交互主体性的。成己、成人、成物，是仁德之心推扩的一个过程。这相当于今天的人际交往和文明对话中的一些伦理，具有积极的意义。

中国哲学的突破，中国人觉醒的一个特点，是并不斩断人与宗教、神灵、自然万物的联系。所以《礼记》强调，人是宗教、神性意义的天的产儿，人又是自然生态序列中的一个成员，这是连续性的、整体性的中国哲学的题中应有之意。人又是一个道德的人，人的道德性又尤其表现在对自然物取用上的反思性，如反思贪欲、反思占有欲等等。人是宇宙大家庭的成员，应自觉地维护生态平衡。

人的道德性又表现在社会治理上，尊重庶民大众的权益，予不利者以最大的关爱，有更多制度的保障，构成社会的和谐。社会教育公平之于政治公平是基础，使得阶级、阶层间有合理的流动，保证一定意义上的社会公正，这是礼学的真义。人应是一个有终极信念的人，他当然要对底层的人有恻隐之心，他需要在人和天地万物交往中不断地反省、调节自身。这样，人才不至于像西方近代文化中不断的自我膨胀、妄自尊大的那种人。

## （五）艺术和美学的追求

《礼记·乐记》：“乐由中出，礼自外作。乐由中出，故静；礼自外作，故文。”“乐者，天地之和也；礼者，天地之序也。和，故百物皆化也；序，故群物皆别也。”礼乐有不同的侧重，“礼主别异，乐主合同”。礼用来治理身，乐用来陶冶心。荀子认为：“乐也者，和之不可变者也；礼也者，理之不可易者也。

乐合同，礼别异，礼乐之统，管乎人心矣。”（《荀子·乐论》）礼乐是相互配合发生作用的，是特别管乎人心的。

徐复观在《中国艺术精神》中特别论述了乐的本质，他认定乐是仁德的表现，是美与仁的统一。他指出，孔子所要求于乐的，是美与仁的统一，而孔子之所以特别重视乐，也正是因为仁中有乐、乐中有仁的缘故。可见孔子把仁德作为礼乐最重要的内涵。徐复观重视古代的乐的内在精神，他说尧舜的仁德的精神，是融透到了《韶》乐中去的，仁德具有与乐的形式完全融合统一的内容。仁德是道德，乐是艺术，孔子把艺术的尽美和道德的尽善——仁德融合在一起。徐复观认为，这只是因为乐的正常的本质与仁德的本质，仍有其自然相通之处。乐的正常的本质，可以用和谐的“和”字来总括。在先秦、秦汉的典籍中，都把乐的特征和功能定为和。和本是各种相异、有差异的相成相继，谐和统一。所以荀子在《荀子·乐论》中讲“乐和同”，《礼记·乐记》中也讲“乐者为同……乐者，异文合爱者也”。《礼记·儒行》里面讲：“歌乐者，仁之和也。”也就是说，仁者必和，和中含有仁的意味。仁者的精神状态，也就是“乐合同”的境界。《白虎通》讲“乐仁”，也就是认为乐是仁德的表现、流露，所以把乐和五常之仁配在一起，把握到乐的最深刻的意义。乐和仁的会通统一，就是道德和艺术，它们最高的一种境界，就是会得到自然而然的融合，道德充实了艺术的内容，艺术助长了、安定了道德的力量。所以徐复观论证了孔夫子的“吾与点也”之叹，昭示了艺术境界和道德境界是可以融合的。

徐复观阐发了音乐、艺术的政治教化和人格修养的意义，他说：“乐的艺术，首先是有助于政治上的教化。更进一步，则认为可以作为人格的修养、向上，乃至也可以作为达到仁的人格完成的一种工夫。”[1]他认为，同样起教化作用，和礼教相比较起来，乐教是更加顺乎人的情感而加以诱导的，它是积极的。“儒家在政治方面，都是主张先养而后教。这即是非常重视人民现实生活中的要求，当然也重视人民感情上的要求。（原注：‘礼禁于未然之前’，依然是消极的。）乐顺人民的感情将萌未萌之际，加以合理地鼓舞，在鼓舞中使其弃恶而向善，这便是没有形迹的积极的教化。”[2]按照徐复观的理解，构成音乐（这里指古代的“乐”）的三要素：“诗”“歌”“舞”，是直接从人的“心”发出的，主体性很强。他说：“儒家认定良心更是藏在生命的深处，成为对生命更有决定性的根源。随情之向内沉潜，情便与此更根源之处的良心，于不知不觉之中，融合在一起……由音乐而艺术化了，同时也由音乐而道德化了。”[3]

所以中国的乐不是一般的器物和形式，它是与人的内在精神、情感紧密联系在一起，从心中流出的。乐和乐教起着安顿情绪、支撑道德、修养人的品格、提升人的境界的作用。

关于礼乐与礼乐之教，《荀子·劝学》：“礼之敬文也，乐之中和也。”《礼记·乐记》：“礼节民心，乐和民声……乐者为同，礼者为异。同则相亲，异则相敬。乐胜则流，礼胜则离。”“大乐与天地同和，大礼与天地同节……礼者，殊事合敬者也。乐者，异文合爱者也。礼乐之情同，故明王以相沿也。”“仁近于乐，义近于礼。乐者敦和……礼者别宜……”“乐也者，圣人之所乐也，而可以善民心。其感人深，其移风易俗，故先王著其教焉。”足见礼乐有不同的特性与功能，乐比礼更与人的内在情

---

① 徐复观：《中国艺术精神》，台北学生书局，1966年，第20页。
② 徐复观：《中国艺术精神》，第23页。
③ 徐复观：《中国艺术精神》，第27页。

感相通，二者又相辅相成。总体上说，礼乐教化或礼乐之治，有助于社会安定、人格完善，至少有助于上层社会的文明化与下层社会的移风易俗(亦是文明化的题中应有之义)。

那么，礼乐文明的现代意义何在？中国人之所谓人文，其实就是指的礼乐之教、礼乐之治。《周易》“观乎人文以化成天下”，实即是兴礼乐以化成天下。“儒家的政治，首重教化；礼乐正是教化的具体内容。由礼乐所发生的教化作用，是要人民以自己的力量完成自己的人格，达到社会（原注：风俗）的谐和。由此可以了解礼乐之治，何以成为儒家在政治上永恒的乡愁。”

徐复观指出，礼乐有三方面的功能或作用。第一，在政治层面上，人把人当人看待，这是理解礼治的基础。第二，在社会层面上，建立一个“群居而不乱”、“体情而防乱”，既有秩序，又有自由的合理的社会风俗习惯。第三，在个人修养层面上，“仁德修养的根本问题，乃在生命里有情和理的对立。礼是要求情理得其中道，因而克服了这种对立而建立一种生活形态。”“现代文化的危机，根源现在不止一个。但是人的情感得不到安顿，趋向横决，人的关系得不到和谐以至于断绝，应当也是其中最主要的根源。”[①]现代文化的危机，很可能是人的情感得不到安顿，趋向于横决，人的关系得不到和谐，以至于断绝，这是最主要的原因。“那么这个时候我们提出中国人文的礼乐之教，把礼乐的根源意义在现代重新加以发现，这是现代知识分子得以重视的重大的课题之一。”所以徐复观的这一说法是值得我们深思的，也确需我们重新发现礼乐的现代价值。

关于礼乐的现代价值，徐复观说它包罗广大，其中之一“乃

① 徐复观：《中国思想史论集》，台北学生书局，1959年，第240—241页。

在于对具体生命的情欲的安顿，使情欲与理性能得到和谐统一，以建立生活中的中道，使情欲向理性升进，转变原始性的生命，以成为成己成物的道德理性的生命，由此道德理性的生命，来承担自己，承担人类的命运”。这就可以显示出中国人文主义的深度，并不同于西方所谓人文主义的深度。中国人文主义和西方人文主义确有不同，中国的人文主义不是寡头的人文主义，它不与宗教对立，不与自然对立，不与科学对立，的确有其深度。

徐复观对于“礼教吃人”的说法也加以批评，他说：“即使在所谓的封建时代，礼也是维系人的地位和人与人的合理关系，而不是吃人的。封建的宗法制度，主要是靠亲亲、尊尊的两种精神，礼是把这两种精神融合在一起，以定出一套适切的行为规范。这些与法家只有尊尊没有亲亲的精神所定出的秦代的礼仪，是决然不同的。在实际上，儒家礼乐大大缓冲了政治中的压制关系，汉儒多反对叔孙通取秦仪来定汉仪，而思另有制作的根本原因在此。”①

所以，我们以礼节来节制人的性情和行为，这是近仁的工夫，这是孔子立教的最大特色。我们现在要在礼乐文明中调动它的资源，再现代化地重新诠释礼乐，借助礼乐之教的推行来补充刑法、政令的单面化，发展民间社会，调整政治、社会和人生。在一定意义上，礼乐是补充、调整、改善单面的刑法和政令的，有助于文明的建构和保护民间的道德资源。

儒学以仁义为道体，以礼乐为路径。礼是民族、国家、社会、家庭的秩序。以个人言，守礼则文明，无礼则禽兽。以群体言，隆礼则致治，悖礼则致乱。乐是礼的补充。礼治理身形，

---

① 徐复观：《中国思想史论集》，第237页。

乐陶冶性情。

法律出于强制，礼则出于人性之自然，靠人的良知与社会习尚即可推行。法治无礼乐辅助，则徒有具文。民主无礼乐维系，则徒增混乱。如人人不知尊重他人，亦不知尊重自己，又怎能施行民主？礼的作用，在保障人与人自由的界限。人类要求得自由，不能离开礼与礼乐。

礼与礼乐是传统四民社会具有内在约束力的信仰系统，是从社会上层到老百姓的行为方式。西方法律背后是基督教精神在支撑，在起作用，中国新时代法律背后一定要有本土文化精神，特别是长期积淀下来并对公序良俗有滋润的儒家礼乐文明来支撑，来起作用。

礼具有秩序、节度、和谐、交往四大原理。三礼之学是中华民族宝贵的精神遗产，仍有其现代价值。礼让为国，安定社会，消弭争夺战乱，节制骄奢淫逸，是使人民得以安居乐业的前提。以一定的规矩制度来节制人们的行为，调和各种冲突，协调人际关系，使人事处理恰到好处，是礼乐制度的正面价值。这里有社会正义的意蕴，即反对贫富过于悬殊。一部分人富起来了，富了以后怎么办？孔子讲“富而后教”,“富而好礼”，讲教化、教养，反对铺张浪费、夸财斗富，用今天的话来说，就是不要有土豪的心态与做派。目前社会上的大众文化渲染淫逸，对社会风气有极大的腐蚀作用，对青少年的成长十分不利，而文化批评的力量却格外薄弱。这是值得我们检讨的。礼恰好是调节、治理我们的欲望、人情的。

就现代生活而言，在外在强制的法律与内在自律的道德良知之间，有很大的空间，即包含社会礼俗在内的成文与不成文的生活规范，这就是所谓礼。古今社会规范的差异不可以道里计，但提高国民的文明程度，协调群体、乡村、社区、邻里的关系，促成家庭与社会健康、和谐、有序地发展，不能没有新时代的礼仪文化制度、规矩及与之相关的价值指导。今天我们仍然面临提高国民的文明程度的任务。在这一方面，礼学有深厚的资源。就国家间的交往而论，尽管周秦之际的诸侯国与现代的民族国家不可同日而语，但互利互惠、和平共处的交往之礼仪，亦有可借鉴之处。

过去讲五伦，君臣、父子、夫妇、兄弟、朋友。现在，君臣这一伦可以发展为上下级关系一伦。从朋友一伦，以及《大学》中的“与国人交，言而有信”，可以发展为同事关系一伦，或群己关系一伦。五伦关系可改造转化为新的礼治秩序，进而发展文明间、宗教间、民族间、国家间的交往伦理，乃至生态伦理。所以，我在《新时代“六伦”的新建构》一文中指出，应增加同事一伦，还应增加群己一伦，以应对个人与社会、国家、人群之间或陌生人之间的交往，乃至调整人类与天地、山河、动植物类的关系，处理好自我与他者的关系问题。新“六伦”似应为：父（母）子（女）有仁亲、夫妻有爱敬、兄弟（姊妹）有情义、朋友有诚信、同事有礼智、群己有忠恕。

礼乐文明在社会与国家治理方面，在人的精神安立、安身立命方面的意义甚大甚广，不可轻视。我们今天建设新时代的礼与礼乐，应以此为目标。

# 十二、荀子的智慧

荀子是与孟子齐名的一位儒家大师，战国末期思想史上的集大成者。

## （一）其人其书

荀子，名况，亦称孙卿，战国后期赵国人，生卒年月不详，其政治、学术活动年代约在周赧王十七年（前298）到秦王政九年（前238）间。在年轻时代，荀子就崇拜孔子，是儒家子弓的私淑弟子。他博学善辩，年轻时便开始游学于齐国都城稷下学宫，后又再次入齐，公元前283至前265年间，在这里讲学为师，三次担任稷下学宫的祭酒，享有很高的声望。“齐襄王时，而荀卿最为老师。齐尚修列大夫之缺，而荀卿三为祭酒焉。”(《史记·孟子荀卿列传》)这里说的“祭酒”，指学宫中名望崇高的、在祭祀时举酒祭神的老师。

公元前285年，正是齐湣王吞并宋国，兵强势盛的时候，荀子曾企图说服齐国宰相实行儒家的仁义王道。他进言道：“处胜人之势，行胜人之道”(《荀子·强国》，下引《荀子》只注篇名)，劝说齐国君臣选贤任能，重用儒家。但当时齐湣王听不进荀子的建议，荀子只好离齐去楚。不久，齐国果然被燕打败，齐湣王也被楚将杀死。荀子总结这一教训时指出，齐湣王不修礼义是使齐国由强到弱到失败的根本原因。

荀子西游于秦时已是中年。他打破了“儒者不入秦”的惯例。秦昭王四十七年（前260），他会见秦昭王和秦相范雎，在赞扬秦国“威强乎汤武，广大乎舜禹”（《强国》）的同时，建议秦昭王重用儒者，实行仁义，表达了自己隆礼、尊君、爱民、实行王道的立场。但荀子终因得不到秦国的重用，于楚考烈王八年（前255）离秦，二度至楚。楚相春申君黄歇委之以兰陵（今山东莒南）令。此间他曾遭到诽谤而来到赵国，曾与赵国的临武君在赵孝成王面前议论兵法，主张“以不敌之威，辅服人道”（《议兵》）。不久，他仍回到楚国，被复任命为兰陵令。公元前238年，春申君被杀，荀子被免官，从此他便定居兰陵，专门从事著述和教学，直到老死。

荀子一生的主要时间和精力是用于研究和传习儒家经典《诗》《书》《礼》《乐》《易》和《春秋》等，以及从事教学。他的学生很多，著名的有毛亨、浮丘伯、张苍、韩非、李斯等。他善于吸收和批判诸子百家的学说，汉代儒者所习的《诗》《礼》《易》《春秋》，都有他这一派的授受渊源。荀卿之学，尤有功于诸经。

荀子的著作十分宏富，在汉代抄录流传的有三百多篇，但多有重复，经刘向校雠，定为三十二篇。《汉书·艺文志》著录为“《孙卿子》三十三篇”，实为三十二篇。其中大多出于他本人的手笔，少数篇章是他的学生的记述。《孙卿子》一书自刘向校定后，直到唐代中叶才有杨倞的注本。杨倞变动篇序，作注，并改书名为《荀卿子》。今本《荀子》就是经杨倞整理编排的。清代王先谦《荀子集解》，集中清代诸家考订成果，是今天研究荀子的主要依据。但王氏《荀子集解》的底本是卢文弨、谢墉的合校本，底本不当之处，《集解》本往往沿误[①]。现今通行本还有梁启雄《荀子简释》[②]、杨柳桥《荀子诂译》等。

## （二）性恶论

与孟子的“性善论”不同，荀子提出“性恶论”的主张。他提出“性伪之分”的命题，指出：“人之性，恶；其善者，伪也。”“不可学，不可事之在天者，谓之性；可学而能，可事而成之在人者，谓之伪，是性伪之分也。”（《性恶》）与生俱来的本能是“性”，而后天习得的则是“伪”。“伪”就是“人为”。“性者，本始材朴也；伪者，文理隆盛也。无性则伪之无所加；无伪则性不能自美。”（《礼论》）“本始材朴”是人的自然本性，“文理隆盛”是人类的社会制度、文化创造，包括礼义道德。前者需要后者的加工，才能完善美好；后者没有前者作基础，也无法加工。荀子反对孟子所说的道德是天赋的、与生俱来的说法。他认为道德是后天习得的，是经过人的思虑的积累、官能的反复运用然后形成的行为规范。他认为孟子没有分清“性”与“伪”的区别；“孟子曰：‘人之学者，其性善。’曰：是不然。是不及知人之性，而不察乎人之性伪之分者也。凡性者，天之就也，不可学，不可事。礼义者，圣人之所生也，人之所学而能，所事而成者也。”（《性恶》）礼义是圣人制定的，人们通过学习和践行才能变为道德品质。

荀子指出人的“性”是“饥而欲饱，寒而欲暖，劳而欲休”，

① 参见高正：《〈荀子〉版本源流考》，中国社会科学出版社，1992年。高正认为，仅以《荀子集解》为依据是不够的，还必须集众善本之长，重新校定《荀子》。

② 本章《荀子》引文，主要据梁启雄：《荀子简释》，中华书局，1983年。

“目好色，耳好声，口好味，心好利，骨体肤理好愉佚”（《性恶》）。人的情欲、情感、生理本能是“性”。愿有肉食，穿华丽的衣服，有车马，积累财富，不知满足，这都是人之常情。“性之好、恶、喜、怒、哀、乐，谓之情。情然而心为之择，谓之虑。心虑而能为之动，谓之伪。”（《正名》）耳口目鼻体等“天官”触物生“情”，但“天官”要受制于心这个“天君”的统帅、“征知”。心的取舍为“虑”，虑之后的行为就是“伪”。“天官”的思考、选择，是理性思维。理性必须统御、支配感性。不然的话，人们纵任性情流露，利欲熏心，声色犬马，争夺杀伐，相互欺害，无忠信，无辞让，无礼义文理，整个社会就会陷入淫乱、仇杀、无秩序的混乱状态。

因此，荀子提出“化性起伪”的命题，主张“性伪合而天下治”（《礼论》）。导情、化性而起伪，改变人性，造就治世，是荀子的主要思路。他说：“今人之性，固无礼义，故强学而求有之也；性不知礼义，故思虑而求知之也。”（《性恶》）通过后天的教育和国家刑罚，强迫人以理性支配感性，懂得社会道德规范，可以使天下出于治、合于善。“凡人之性者，尧舜之与桀跖，其性一也；君子之与小人，其性一也。”“涂之人可以为禹。”（《性恶》）因此，凡人都要改变自己的性情，化性起伪，化恶为善，可以成为像禹那样的圣人。但这只是一种可能性，在现实性上，并非人人都可以成君子、成圣人。因为人性随后天环境可以发生多重变化，人们“可以为尧禹，可以为桀跖，可以为工匠，可以为农贾，在注错习俗之所积耳”（《荣辱》）。“注错习俗”是指行动和习惯的积累和人对客观生活环境的影响。君子和小人在本性上是一样的，都爱好虚荣，憎恶耻辱，爱好利益，憎恶危害，但他们求得的方式却是不相同的，君子修行正常的道术——仁义道德，小人修行诡异的道术。“性也者，吾所不能为也，然而可化也；积也者，非吾所有也，然而可为也。注错习俗，所以化性也。”（《儒效》）人们通过教育和主观努力，可以“习俗移志，安久移质”。“涂之人百姓，积善而全尽，谓之圣人。”（《儒效》）荀子性恶论的主要意图是要改变人的恶性之质而迁于善。因为凡是善的、有价值的东西都是人努力的结果。他肯定人有智能，可以向善，可以通过后天的学习、教化，成就自己。“涂之人也，皆有可以知仁、义、法、正之质，皆有可以能仁、义、法、正之具，然则其可以为禹，明矣。”（《性恶》）

孟子是理想主义者，荀子是现实主义者。“孟子言性善，乃谓人之所以为人的特质是仁义礼智四端。荀子言性恶，是说人生而完具的本能行为中并无礼义；道德的行为皆必待训练方能成功。孟子所谓性，与荀子所谓性，实非一事。孟子所注重的，是性须扩充；荀子所注重的，是性须改造。虽然一主性善，一主性恶，其实亦并非完全相反。究竟言之，两说未始不可以相容；不过两说实有其很大的不同。”①

### （三）“以礼正国”

性恶论是礼论的基础理论。正因为人性本恶，所以才需要以礼义、法治来教育改造和制约人性。荀子说：“古者圣人以人之性恶，以为偏险而不正，悖乱而不治，故为之立君上之势以临之，明礼义以化之，起法正以治之，重刑罚以禁之，使天下皆出于治，合于善也。”（《性恶》）人们的物质欲求需要社会规

① 张岱年：《中国哲学大纲》，中国社会科学出版社，1982年，第192页。

范加以调节、疏导、约束甚至压制，才不致造成纷争混乱。

荀子认为，礼义起源于对人的自然本性、情欲情感的限制，起源于人们无限的欲求与社会有限的财富的矛盾。他说："礼起于何也？曰：人生而有欲，欲而不得，则不能无求，求而无度量分界，则不能不争。争则乱，乱则穷。先王恶其乱也，故制礼、义以分之，以养人之欲，给人之求。使欲必不穷乎物，物必不屈于欲，两者相持而长，是礼之所起也。"（《礼论》）人们正当的物质欲求必须满足，但财富毕竟有限，因此只能按社会名分等级来确立消费的多寡，以解决需求和生活资料的矛盾。

荀子认为，人们的生存离不开社会，一个社会的组成及其秩序化，靠社会分工和等级名分制度加以确立。礼、义则是维系一个社会正常运转的纽带。他指出。人与动物的区别就在于能"群"。而人所以能群居，是能"分"。靠什么"分"？靠礼、义。他说："（人）力不若牛，走不若马，而牛、马为用，何也？曰：人能群，彼不能群也。人何以能群？曰：分。分何以能行？曰：义。故义以分则和，和则一，一则多力，多力则强，强则胜物……故人生不能无群，群而无分则争，争则乱，乱则离，离则弱，弱则不能胜物。"（《王制》）人是社会性的动物，面对自然，面对野兽，必须联合成社会群体，而任何群体，必然有一定的组织形式，要有分工和合作，要有等级名分，并以此决定消费品之分配，以免发生争斗和内乱。他提出"明分使群"的命题，指出："欲恶同物，欲多而物寡，寡则必争矣。故百技所成，所以养一人也。而能不能兼技，人不能兼官；离居不相待则穷，群而无分则争。穷者患也，争者祸也。救患除祸，则莫若明分使群矣。"（《富国》）一个人的能力不能兼通数种技艺，兼管各种事务。一个人的生活所需，要靠众多人的生产品供给。群居生活一定要明其职分和等级。明确各人的职分是人能“群”的前提，而礼义是维持“分”的手段。荀子把合群的力量归结为“圣王”“君主”。他说：“君者，何也？曰：能群也。”（《君道》）“人君者，所以管分之枢要也。”（《富国》）

他主张“以礼正国”。他所倡导的“礼治”，是通过社会分工，确立贫富贵贱的等级秩序。因此他说：“礼者，贵贱有等，长幼有差，贫富轻重皆有称者也。”（《富国》）他指出，少事长，贱事贵，不肖事贤，是天下之通义，要求人们遵守维持贵贱贫富等级秩序的礼，安分守己。他说：“人无礼则不生，事无礼则不成，国家无礼则不宁。”（《修身》）“国无礼则不正。礼之所以正国也，譬之犹衡之于轻重也，犹绳墨之于曲直也，犹规矩之于方圆也，既错之而人莫之能诬也。”（《王霸》）“错”，是“措置”的意思。礼一旦制定，就不能违反。王公士大夫的子孙也不能违反，违反了，就应当贬为庶人。相反，庶人的子孙遵守礼义，注重修身，也能提拔到社会上层。礼需要教育，需要向师长学习。“礼者，所以正身也；师者，所以正礼也。无礼何以正身，无师吾安知礼之为是也。”（《修身》）同时，他又主张，“士以上必以礼乐节之，众庶百姓则必以法数制之”（《富国》）。

荀子主张以“法治”补充“礼治”。“礼治”包含了“法治”与“德治”。他强调隆礼义，是因为礼义法度属于后王现行的东西，比起先王的《诗》《书》更为切近明确。“有乱君，无乱国，有治人，无治法。羿之法非亡也，而羿不世中；禹之法犹存，而夏不世王。故法不能独立，类不能自行。得其人则存，失其人则亡。法者，治之端也；君子者，法之原也。故有君子，则法虽省，足以遍矣。无君子，则法虽具，失先后之施，不能应事之变，足以乱矣。不知法之义而正法之数者，虽博，临事必乱。”(《君道》)法令固然重要，但根本上是人的问题，特别是任用贤人的问题。有法更要有人，用势不如用贤。君子可以制定法、执行法，小人则只可能践踏法，利用法生乱。“好法而行，士也。笃志而体，君子也。齐明而不竭，圣人也。人无法则伥伥然，有法而无志其义则渠渠然，依乎法而又深其类然后温温然。”(《修身》)这里有三个层次的划分，光拘守法而不识其义是不够的，识其义能固其志以实践道而不能类通先王之典，也是不够的。荀子还是主张信用贤能，天下为公。荀子向秦昭王明确表示了实行王道政治的立场，肯定儒家的仁义爱民主张，并认为只有儒家之道才能统一中国。“志意定乎内，礼节修乎朝，法制、度量正乎官，忠、信、爱、利形乎下。行一不义，杀一无罪，而得天下，不为也……故近者歌讴而乐之，远者竭蹶而趋之。四海之内若一家，通达之属，莫不从服，夫是之谓人师。”(《儒效》)这里，人师是儒者。总之，礼是由仁义所生，礼治本质上也是仁政，由君子实行。礼义是社会认同的道义原则，统治者与庶民都必须遵守。在这些方面，荀子与讲法、术、势的法家有很大的区别。

荀子的礼论又是与乐论相结合的，礼乐不仅调节人们的物质需求，而且满足人们的精神需求。儒家的治道，是一种教化形态，它也包含法治、刑政，但主要是通过礼乐教化提升每一个人的人格。以礼节民，以乐和民。礼乐刑政，相辅相成。“乐也者，和之不可变者也；礼也者，理之不可易者也。乐合同，礼别异，礼乐之统，管乎人心矣。”(《乐论》)荀子认为，人群相处，除了“分”“别”，即分工分职，并以社会政治伦理等级秩序相区别之外，还要讲“合”“同”，讲情感。礼乐之道，既使社会群体有分别，又使社会群体相融合。礼偏重于分，乐偏重于合，但二者均有偏重而无偏废，相互为用，目的都是为了调节社会关系，和谐社会生活。荀子说："夫乐者，乐也，人情之所必不免也……故人不能无乐，乐则不能无形，形而不为道（导），则不能无乱。先王恶其乱也，故制《雅》《颂》之声以道（导）之，使其声足以乐而不流，使其文足以辨而不諰。"（《乐论》）"諰"即偲，有佞、邪之意。这是说，人之道表现在音乐上，音乐需要人引导，音乐是道德教育的工具。乐能陶冶性情，增强美感，提升人的境界，修养人的身心。圣人提倡雅乐，反对靡靡之音。荀子把儒家的礼乐相辅相成之道发挥到极致，主张美善相乐，指出通过礼乐教化可以提高百姓的文化素养，纯洁人心，成就每一个和乐庄敬的生命，达到理想的胜境。荀子主张开发人民的心智，使人向善，敦厚庄敬，相互和睦，克服与生俱来的好逸恶劳、争斗纵欲等等人性负面的东西。

### （四）"明于天人之分"

孔子、孟子均继承了夏、殷和周初人的宗教神性意义的天道观并依据《诗》《书》，发展出个人德性为天所赋，个人"畏天""知天"之说，并结合道德、宗教，把天作为道德之超越根据。另一方面孔、孟均有将"天"视为自然意义的天的看法。荀子也继承了以天为神的传统，如说"皇天隆物，以示下民"，把"天""帝"，合称为"动如天帝"等。荀子也以"诚"说"天"："天地为大矣，不诚则不能化。"（《不苟》）他的"君子与天地相参"等思想亦与《中庸》相通。

荀子天论的创新发展在阐发"天"的自然义和规律义。他说："列星随旋，日月递炤，四时代御，阴阳大化，风雨博施，万物各得其和以生，各得其养以成，不见其事而见其功，夫是之谓神。皆知其所以成，莫知其无形，夫是之谓天［功］。唯圣人为不求知天。”（《天论》）天是不为而成，不求而得的。人们看不见它的行动，可是看得见它的功绩，这就叫作“神”。人们都知道它的成就，却不见它的形迹，这就叫作“天功”或“天职”。圣人只修人事，不希求了解天道自然。他把自然天地作为万物生成长养的源泉。“天地者，生之始也。”（《王制》）“天地者，生之本也。……无天地恶生？”“天地合而万物生，阴阳接而变化起。”（《礼论》）

他提出“天行有常”的命题，指出：“天行有常，不为尧存，不为桀亡。应之以治则吉，应之以乱则凶。”（《天论》）天道即自然规律，并不与人事相涉，不以人的意志为转移。社会的治乱不是由于天的主使。日月、星辰、节气，在禹王、桀王时都是相同的，可是禹王时天下太平，桀王时天下大乱，这都不是天的意志而是人事的问题。荀子说：星宿坠落，树木吼叫，人们都感到恐惧。这不过是天地的运动、阴阳的变化，没有什么可怕的。日食、月食、怪星的出现，或风雨不调，是任何时代都有的现象。如果君上英明，政令平顺，即使发生这些灾害，也不会受到太大的伤害；如果君上昏暗，政令险恶，这些自然灾害即使不出现，也无法挽回或补救其厄运。他反对用祭祀来求雨解旱，反对“卜筮然后决大事”。他认为悼念死者的祭祀，只是表示思慕之情，是尽“人道”而不是“鬼事”。

他又提出“明于天人之分”的思想，也就是界定好天的职分和人的职分。“强本而节用，则天不能贫；养备而动时，则天不能病；循道而不贰，则天不能祸。故，水旱不能使之饥，寒暑不能使之疾，祆（妖）怪不能使之凶。本荒而用侈，则天不能使之富；养略而动罕，则天不能使之全；倍道而妄行，则天不能使之吉。故，水旱未至而饥，寒暑未薄而疾，祆怪未生而凶。受时与治世同，而殃祸与治世异，不可以怨天，其道然也。故，明于天人之分，则可谓至人矣。”（《天论》）加强农业，厉行节约，天就不会使人贫穷；给养充备，动作得时，天就不会使人困顿；遵循着“道”，不出偏差，天就不会使人受祸。违背了自然规律(“道”)，任意妄行，天就不会使人吉祥。人事处理不当，即使没有发生自然灾害，人民也要遭殃，因此不可以埋怨上天。懂得区分天与人职分不同的人，就可以叫作“圣人”。

天和人各有不同的职能：“人之命在天，国之命在礼”；“天有其时，地有其财，人有其治”（《天论》）；“天能生物，不能辨物也，地能载人，不能治人也”（《礼论》）。人类的命运在上天，国家的命运在礼制。产生万物和人类社会的是自然之天，而治理万物和人类社会的则是有为的人。荀子主张不要迷信天，但要尊重天道，在尊重的前提下，人是有所作为的。

荀子进而提出了“制天命而用之”的思想，指出：“大天而思之，孰与物畜而裁之？从天而颂之，孰与制天命而用之？望时而待之，孰与应时而使之？因物而多之，孰与骋能而化之？思物而物之，孰与理物而勿失之也？愿于物之所以生，孰与有物之所以成？故错人而思天，则失万物之情。”（《天论》）与其迷信、思慕、歌颂天的权威，等待天的恩赐，不如了解自然，掌握规律，使自然得到充分合理的利用。在区分自然与社会、天与人的基础上，人可以依据自然之天道，去使用、控制、变革自然。荀子在我国思想史上开启了“人定胜天”的新篇章，辩证地论证了人的能动性和自然的规律性之间的关系问题。

## （五）正名学说

战国之世，名辞淆乱，刑名从商，爵名从周，文名从礼，散名从习俗，没有统一标准。针对“圣王没，名守慢，奇辞起，名实乱”（《正名》）的现象，荀子继承孔子的正名思想，以儒家政治、伦理原则为根据，明贵贱，辨邪说。他说：“王者之制名，名定而实辨，道行而志通，则慎率民而一焉。”（《正名》）怪辞兴起，名实紊乱，增加人民的疑惑和辩讼，不利于认识的统一，因此必须正名。语言的正确使用，是实现良好秩序与和谐社会的重要条件。他的正名学说中有一套名、辞、辩、说的逻辑系统。他指出：“异形离心交喻，异物名实玄纽。贵贱不明，同异不别。如是，则志必有不喻之患，而事必有困废之祸。故知者为之分别制名以指实，上以明贵贱，下以辨同异。贵贱明，同异别，如是，则志无不喻之患，事无困废之祸。此所为有名也。”（《正名》）不同的事物必须确立不同的名称，相同的事物必须有同一的名称，以免名实混淆，妨碍人们交流思想。“制名以指实”，区分贵贱尊卑，使人各安其位，并揭露诡辩和欺瞒。

他主张名实统一，以名指实。为确保名实的相符，达到“名闻而实喻”、“名定而实辨”的效果，应以“实”为主，“名”为副。他指出：“心有征知。征知，则缘耳而知声可也，缘目而知形可也，然而征知必将待天官之当簿其类，然后可也。”（《正名》）作为“君”之“心”的征知，必须通过“天官”（感官）接触具体事物，然后才能形成概念。

他提出“制名之枢要”，即“制名”的几条原则。第一，“约定俗成”。“名无固宜，约之以命，约定俗成谓之宜，异于约则谓之不宜。名无固实，约之以命实，约定俗成谓之实名。”（《正名》）这就是重视“名”的社会性，即同一社会中的人，大家都认同并遵守。第二，“同则同之，异则异之”（《正名》）。名必须依据于实。物同则名同，物异则名异；异实则异名，同实则同名。第三，“单足以喻则单，单不足以喻则兼。单与兼无所相避则共；虽共，不为害矣。”（《正名》）能用一个字的就用单名（如马、牛），不能用一个字的就用兼名，即词组（如白马、骊牛）。如果单名、兼名所表达的事物属同一类，就可以用共名（如黄牛、黑牛，就以“牛”为共名）。第四，对名相作出分类：遍举为共名，偏举为别名。“故万物虽众，有时而欲遍举之，故谓之物。物也者，大共名也。推而共之，共则有共，至于无共然后止。有时而欲遍举之，故谓之鸟兽。鸟兽也者，大别名也。推而别之，别则有别，至于无别然后止。”（《正名》）这里提出“共名”“别名”“大共名”“大别名”的概念。“共名”是类概念，指一大类事物的共性（如马）；“别名”是一类中这部分事物与另一部分事物的差异（如黑马、白马）；“大共名”是所有各类事物的总称（如“物”）；“大别名”指最小的类名。荀子在这里举鸟、兽为“人别名”是不对的，鸟、兽不是最后的别名。他在这里还涉及到概念的推衍问题。推而共之，共则有共，名的外延扩大，是名的概括。推而别之，别则有别，名的外延缩小，是名的限制。共名与别名，实际上是属与种的关系问题[①]。第五，“稽实定数”。如何制定数量之名？“物有同状而异所者，有异状而同所者，可别也。状同而为异所者，虽可合，谓之二实。状变而实无别而为异者，谓之化；有化而无别，谓之一实。此事之所以

① 参见周云之、刘培育：《先秦逻辑史》，中国社会科学出版社，1984年，第206—207页。

稽实定数也。”(《正名》)“同状而异所者”，指形状相同的东西在不同空间。“异状而同所者”，指同一人或物发生了变化却在同一空间。形状相同的事物分处两地，虽可以共名，但数量上却是“二实”；形状发生了变化的事物，虽然名称有所改变，但仍然是同一个实物。“名”不反映事物的数量，只反映一类事物的共性与本质。

荀子还提出了辩论的逻辑原则，如“正其名”“当其辞”“辩异而不过”“推类而不悖”“辩则尽故”等(《正名》)。他认为，士君子之辩应当做到：“先虑之，早谋之，斯须之言而足听，文而致实，博而党正，是士君子之辩者也。”(《非相》)“辞让之节得矣，长少之理顺矣，忌讳不称，祆(妖)辞不出；以仁心说，以学心听，以公心辩；不动乎众人之非誉，不治观者之耳目，不赂贵者之权势，不利传辟者之辞；故能处道而不贰，吐而不夺，利(和)而不流，贵公正而贱鄙争，是士君子之辩说也。”(《正名》)这就不仅提出逻辑推理的规则，而且提出了论辩的道德原则。他认为，论辩中一定要符合仁德礼义，要正派，并有利于国家人民。

荀子在战国末期与孟子具有同等的显学地位。汉初司马迁将孟荀合传，表明太史公认为荀子与孟子均是孔子学说的重要继承者和儒学思想家。荀子在传播儒家经典方面有重大贡献，启导了汉唐经学。清代汪中作《荀卿子通论》，指出：“荀卿之学出于孔氏，而尤有功于诸经。”荀子是非常全面的一代儒学宗师与哲学大家！

# 十三、法家的智慧

法家，先秦、汉初主张法治的一个学派,《汉书·艺文志》列为“九流”之一，与儒、墨、道、名、阴阳、兵、农等诸家合称为“诸子百家”。

## （一）法家

“法”之本训，为规矩绳尺之类。但在法家，则有其特殊含义。“法者，君臣之所共操也。”(《商君书·修权》)“杀戮禁诛谓之法。”(《管子·心术上》)“法者，宪令著于官府，刑罚必于民心，赏存乎慎法，而罚加乎奸令者也，此臣之所师也。”(《韩非子·定法》)法乃君主统治的工具，其关键在执掌“刑(罚)赏二柄”。法家最突出的是强调严刑峻法，以确保君主的统治地位与对社会的控制。

法家从李悝(前455—前395年)到韩非(前280—前233年)，正值战国时代。此时诸侯势力增强，周王室式微。各诸侯国为争霸大下，对外求生存与发展，对内谋改革与统一，纷纷招贤纳士，一时诸子蜂起。所谓“诸侯异政，百家异说”(《荀子·解蔽》),“邦无定交，士无定主”(顾炎武《日知录》卷一七)，乃当时政治、思想、外交、民风之一般状况的真实写照。在这种情形下，法家所提供的解决问题的方案，就是加强君主权力，实行以法为核心内容的统一制度。“不别亲疏，不殊贵贱，一断于法。”（《史记·太史公自序》）法家因主张法治作为治国安邦之策，而与其他诸子学派区别开来。

与儒、道、墨诸家比较，法家之成熟相对较晚。法家真正的始祖是李悝，其后有吴起、申不害、慎到、商鞅，到韩非集其大成。本章主要介绍商鞅与韩非。

商鞅，战国时著名政治改革家，思想家，法家代表人物。约生于公元前390年，卒于前338年。姓公孙，名鞅，出身卫国贵族家庭，史称公孙鞅或卫鞅。后被秦国赐封商邑（今陕西商县东南），又称商鞅。秦孝公元年（前361），他带着李悝《法经》到了秦国，由景监引见给孝公，陈述其变法主张，受到重视。秦孝公六年，被任命为左庶长，掌管军政大权。商鞅平生在秦国两次变法（第一次为前356年，第二次为前350年），主要内容包括：废除贵族世袭制，按实际军功授爵位；废除井田制，允许土地自由买卖，取消奴隶主的经济特权，一律收取租税；奖励耕战，有“军功”可“受上爵”，努力耕织获“粟帛多者复其身”；家有二男丁者须分家，否则加倍收税；推行县制，“集小都乡邑聚为县”；受李悝《法经》影响，实行“什伍”制与“连坐法”，以加强国家的统治（《史记·商君列传》）。孝公二十四年，孝公卒，惠王即位。公子虔等人告商鞅欲反，遂遭追杀。后被车裂尸身并殃及全家。商鞅之言论与著作被其后学编为《商君书》。

韩非，先秦著名思想家，法家集大成者。约生于周赧王三十五年（前280），卒于秦王政十四年（前233）。出身韩国贵族，与李斯同师事荀卿，才华出众，李斯自以为不如。口讷，不擅辞令，而擅长著书。韩非好刑名之学，思想亦多受黄老思想影响（见《史记·韩非列传》）。他年轻时，韩国国势弱小，屡败于秦国，割地损兵。为此，他曾数次上书韩王谏以法治理国家，均未被采纳。他不顾商鞅推行法治终而以身殉法的历史教训与当时一位长者堂谿公的劝告，坚持倡导“立法术，设度数”的“利民萌便众庶之道”(《韩非子·问田》)，著有阐明自己法治理想与态度的著作《孤愤》《五蠹》《说难》等十余万言。此书流传到秦国，秦王政读后说：“寡人得见此人与之游，死不恨矣！”李斯告诉秦王是韩非所著书，于是，秦国遂发兵进攻韩国意欲夺之。韩非本不为韩国所用，在此情况下，韩安王只好派韩非出使秦国。韩安王五年（前234），韩非到了秦国，但他并未受到重用。韩非曾上书秦王，建议先稳住楚、魏二国，进攻赵、齐，暂缓进攻韩国（见《韩非子·存韩》)。后来，韩非又状告上卿姚贾私交诸侯，请秦王警惕。秦王政十四年（前233），李斯、姚贾向秦王进谗，秦王政同意，遂下令将韩非治罪。韩非亦曾想向秦王陈述，但终于没有机会。李斯派人用毒药逼韩非自杀。

韩非的著作后被编成《韩非子》一书，其中有为他人所增进的内容。今本《韩非子》有五十五篇，共约十万八千字。《史记·韩非列传》说韩非“作《孤愤》《五蠹》《内外储》《说林》《说难》十余万言”，所提篇名，今书中均有，当属可靠[①]。

## （二）商鞅的功利思想

### 1. 边利尽归于兵，市利尽归于农

商鞅初见秦孝公时，说以帝王之道，孝公并不中意，装睡

① 本章商鞅引文见严万里校本《商君书》，中华书局，1986年；韩非引文见梁启雄：《韩子浅解》上下册，中华书局，1982年。

不听。后陈述其称霸天下强国之术，于是获得孝公的赏识，并任之变法。因此，商鞅变法的根本目的在于国家的富强。与国家富强密切相关的则是耕战或农战。商鞅说："国之所以兴者，农战也。"(《商君书·农战》) 国家富强才能称霸天下，而欲国家富强，只能调动农民与士兵的积极性，注重发展社会生产力和军事、政治力量。他鼓励农战，"边利尽归于兵，市利尽归于农"(《商君书·内外》)。"利出于地，则民尽力；名出于战，则民致死。入使民尽力，则草不荒；出使民致死，则胜敌。胜敌而草不荒，富强之功，可坐而致也。"(《商君书·算地》)他极力宣扬战争，主张利禄官爵皆博出于兵，使百姓"闻战而相贺也，起居饮食所歌谣者战也"(《商君书·赏刑》)。在实际的改革变法活动中，商鞅正是这样实行的。如废除贵族世袭制度，按现实军功授爵位；"开阡陌封疆"，允许土地自由买卖；努力从事耕织，获得较多粮食布匹者，可"复其身"即免除各种徭役等等，就是鼓励耕战的具体措施。

相反，对于那些从事其他行业，于国家富强并无直接关系，甚至影响国家法令之推行的人，商鞅则采取禁抑的态度。他反对学者，主要原因在于学者的存在影响社会风气，不利于统治。"农战之民千人，而有诗书辩慧者一人焉，千人者，皆怠于农战矣。"(《商君书·农战》)同时，他也禁止士大夫对知识的追求。因为士大夫不事农业，常为"博闻、辩慧、游居之事"，使农民"闻变见方"，造成"知农离其故事"、"愚农好学问"。商鞅说："不作而食，不战而荣，无爵而尊，无禄而富，无官而长"的人是"五奸"。又称"曰礼乐；曰诗书；曰修善，曰孝弟；曰诚信，曰贞廉；曰仁义；曰非兵，曰羞战"的人为"六虱"(《商君书·靳令》)。为增加农民的数量，他主张"除奸去虱"，并且"教孝公……燔诗书而明法令”(《韩非子·和氏》)。商鞅宣扬使“愚农无知，不好学问”，以免农者寡而游食者众。而且，他认为从事商业、手工业活动的人皆在逃避农战，应给予裁抑。

2. 重罚轻赏，居官守法

商鞅明确主张“法治”。“明君不可须臾忘于法。”(《商君书·弱民》)“一任于法”，统一法令“为治之本也”(《商君书·定分》)。“法者，君臣之所共操也。”(《商君书·修权》)法的推行与实施，要在赏罚。在赏罚问题上，他重罚轻赏。“重罚轻赏，则上爱民，民死上；重赏轻罚，则上不爱民，民不死上。兴国行罚，民利且畏；行赏，民利且爱。国无力而行知巧者必亡。怯民使以刑必勇；勇民使以赏则死。怯民勇，勇民死，国无敌者强，强必王。”(《商君书·去强》)并且，商鞅主张“重刑而连其罪”。在变法实践中，他实行连坐法，编户制，五家为伍，十家为什，互相连坐告奸，告奸者赏，不告者斩。商鞅认为，君主治国，首在制其民。要战胜强敌，必先胜其民。民乃本，制民，就必须重法。“故善治者塞(遏)民以法”(《商君书·画策》)。商鞅对其主法重罚有自己的解释，他以为主法在“以法去法”，重罚在“以刑去刑”。他说：“行罚：重其轻者……轻者不至，重者不来，此谓以刑去刑，刑去事成；罪重刑轻，刑至事生，此谓以刑致刑，其国必削。”(《商君书·靳令》)实行重罚重刑，乃在去罚去刑。

商鞅主张法治，不仅将军事、经济、风俗制度等纳入法治的轨道，而且视君臣、平民贵族皆在法治之列。太子犯法，商鞅说：“法之不行，自上犯之。”(《史记·商君列传》)但当时确实难以罚太子，商鞅便刑太子傅公子虔，黥太子师公孙贾。他主张统治者“居官而守法”（《商君书·更法》）。

### 3. 治世不一道，便国不法古

商鞅的变法有其历史观作为理论依据。他认为，礼法制度并非是历史沿袭下来的。“三代不同礼而王，五霸不同法而霸。”“前世不同教，何古之法？帝王不相复，何礼之循？伏羲、神农教而不诛。黄帝、尧、舜诛而不怒。及至文、武，各当时而立法，因事而制礼。礼法以时而定。制令各顺其宜。兵甲器备，备便其用。臣故曰：治世不一道，便国不必法古。汤、武之王也，不（修）古而兴。殷、夏之灭也，不易礼而亡。”（《商君书·更法》）普通人安于旧习，不思变法，乃不足以与言事，不足以与论变。他不仅提出“不法古”，而且还主张“不修今”，即不要维持现状。因为，他认为社会人事是不断改变的。在改变了的社会现实及其时代面前，效法古代必落后，维持现状则跟不上新时代的要求。社会人事的改变是变法治世的根据。君主要“因世而为治，度俗而为法”；“法不察民之情而立之，则不成”（《商君书·壹言》）。世俗之民情乃法的依据。商鞅认为，社会历史的变法是有定数的，他称之为“理”，所谓“必然之理，必为之时势”（《商君书·画策》）。人应该认识这些“必然之理”而治理天下。“知必然之理，必为之时势，故为必治之政，战必勇之民，行必听之令，是以兵出而无敌，令行而天下服从。”（《商君书·画策》）

商鞅认为，社会历史变化经过了上世、中世，到下世。“三世”蝉联而来，但各自的情况却并不相同。“上世亲亲而爱私，中世上贤而悦仁，下世贵贵而尊官。”（《商君书·开塞》）“上世”，古代社会可谓“昊英之世”，此时，人们“伐木杀兽，人民少而木、兽多”。“中世”,“神农之世”，人们“男耕而食，妇织而衣”。这两世均为“刑政不用而治，甲兵不起而王”。但“下世”，即黄帝时代，则大不一样。“故黄帝作为君臣上下之义，父子兄弟之礼，夫妇妃匹之合，内行刀锯，外用甲兵。”(《商君书·画策》)世事变化如此，君主治世之道便不一。这就是“世事变而行道异”(《商君书·开塞》)的原则。君主治世，必须适应变化的形势。

## (三)韩非论法、术、势

韩非的法治思想集中体现在他所提出的一套完整的以“法”为中心,“法”“术”“势”相结合的君主专制集权思想中。

### 1. 法

韩非对“法”给出了自己的界定。他说:“法者，宪令著于官府，刑罚必于民心，赏存乎慎法，而罚加乎奸令者也。”(《韩非子·定法》)又说:“法者，编著之图籍，设之于官府，而布之于百姓者也。”(《韩非子·难三》)法具有这样几个特点:强制性与权威性(“刑罚必于民心”);普遍性与客观性(“设之于官府，而布之于百姓”);稳定性与公开性(“编著之图籍”,“布之于百姓”)。韩非继承并发展了商鞅关于法治的思想，将法置于群体社会唯一的行为规范与标准的位置上，提出“以法为教”“以吏为师”(《韩非子·五蠹》)的思想，以与儒家(以文乱法)、墨家(以武犯禁)相对抗。他循着商鞅“法之不行，自上犯之”(《史记·商君列传》),“居官而守法”(《商君书·更法》)的思路，提出“刑过不避大臣，赏善不遗匹夫”(《韩非子·有度》)的司法平等思想。他甚至认为，即使君主，亦“不得背法而专制”（《韩非子·南面》），而应该“明于公私之分，明法制，去私恩”。他批评申不害的失误就在其“不擅其法，不一其宪令”，故“奸多”（《韩非子·定法》）。

2. 势

“势”，指君主所处之势位，或君主所掌握的统治权力。韩非认为，治国者必须依凭其君主之势位，运用自己手中的权力，才能禁众抑下。相反，圣人虽德若尧舜，行若伯夷，若不处君主之位，也断不能正三家（见《韩非子·功名》）。他仍然认为治国不能凭德与贤。君主不能将其势位与权力牢牢控制在自己手里，就是“势乱”。与慎到只谈“与物无择，与之俱往”（《庄子·天下》）的物理“自然之势”不同，韩非认为还有“人之所得”的人为的“势”（《韩非子·难势》）。他突出了人对于势的主体地位。韩非认为，君主权力的主要内容在赏罚二柄，生杀大权。“君执柄以处势，故令行禁止。柄者杀生之制也，势者，胜众之资也。”（《韩非子·八经》）君主治国，如御马车，国为君之车，势为君之马。御马驾车，令行禁止，其国乃治。若弃车下马，君失去其赏罚杀生之权，则失去其威势。如此，君主无以号令天下。君主失势无权，则权势势必在权臣，君主有其名而无其实，此为上下易位。上下易位，国家就危险了（见《韩非子·亡征》）。“赏罚下共则威分”（《韩非子·八经》），“赏罚共则令不行”（《韩非子·外储说右下》）。赏罚生杀大权是断不可旁落的。“夫赏罚之为道，利器也。君固握之，不可以示人。”（《韩非子·内储说上》）因为，君主失掉一分权，臣下就可能滥用此权做出百倍的行动。“权势不可以借人，上失其一，臣以为

百。”（《韩非子·内储说下》）

3. 术

“术”，是君主所操持的驾驭群臣百官的秘术、权术。韩非说：“术者，藏之于胸中，以偶众端，而潜御群臣者也。”（《韩非子·难三》）又谓：“术者，因任而授官，循名而责实，操杀生之柄，课群臣之能者也，此人主之所执也。”（《韩非子·定法》）术乃藏于君主胸中，不以示人，但能驾驭群臣。此为臣下所不可知而为君主所独掌的、无为而无不为的君人南面之术。术的具体内容为“因任而授官，循名而责实”。“因任而授官”，指君主知人善任，因能力大小而授群臣以不同官职，使其职能相当。“循名而责实”，则指“循名实而定是非，因参验而审言辞”（《韩非子·奸劫弑臣》）。其作用在察督群臣之是非功过，审合形名，杜绝失职擅权的行为。术虽专以御臣，但实际上是调节君臣间关系的权术。依韩非的看法，人各自利，君臣利益必然是相互冲突的。“臣利立”则不免“主利灭”。君主要善于利用群臣各自不同的利益来控制他们，使其不得不为君国尽力，此即所谓“使人不得不为我之道”。他说：“圣人之治国也，固有使人不得不为我之道，而不恃人之以爱为我也。”（《韩非子·难二》）君主操不见其形，但收其功的权术。“明主，其务在周密，是以喜见则德赏，怒见则威分，故明主之言，隔塞而不通，周密而不见。”君主不喜形于色，胸有城府但不显露于外。“明主之行制也天，其用人也鬼，天则不非，鬼则不因。”（《韩非子·八经》）君无术，便不可能统率百官，不能觉察奸臣。商鞅之不足正在他“无术以知奸”（《韩非子·定法》）。

### 4. 法、术、势三者关系

韩非认为，法、术、势三者各有其特殊的职能。法用以裁抑群体社会的全体成员，术则专用以控制驾驭群臣，势则保证法术二者的正常运作与君国公利的不被侵害。所谓“君无术则弊于上，臣无法则乱于下”（《韩非子·定法》）与“抱法处势则治，背法去势则乱”（《韩非子·难势》）。韩非认为，三者又是联为一体相互促进的。法的规范群体社会的功能，有赖于君势的力量强制与治术方法的运用。君势的牢固与威权，是法之令行禁止的前提。他说：“民者固服于势，寡能怀于义”，“人臣之于其君，非有骨肉之亲也，缚于势而不得不事也。”（《韩非子·备内》）欲使民众之言行必轨于法，必借助于势。另一方面，法的实施与推行，必要通过群臣百官。而要使他们实行法治，行“不得不为我之道”，就必须要有控制驾驭百官的技巧，“君无术则弊于上”。同时，势之禁众抑下功能，亦必须以法之明文规定为最高准则，以治术的操持运用，作为其流行发用的推动方法。这样，君主才能操权上重，处势抱法，使天下臣民皆处在君势的统御范围之内。他说：“人主之大物，非法则术也”（《韩非子·难三》）；法术二者“不可一无，皆帝王之具也”（《韩非子·定法》）。韩非之法治思想立足于君主之不必贤不必智，其强调法术二者，正在弥补这一缺失。所谓“抱法处势则治，背法去势则乱”，“君主执柄以处势”（《韩非子·八经》），正在于此。相反，君主有势无法，高居法上，难免滥用权力而使统治权力失去其规范性，最终会失去其君势。君主无术，势必大权旁落，奸臣当道，君势之威权亦将不固，法亦难以真正运作。最后，权术之参验监督功能，一方面固然要以法为其最高规范，另一方面又要以君主之威势作为其坚强后盾。如此，才可能知人善任，使“赏不加于无功，而诛必行于有罪”(《韩非子·奸劫弑臣》)。韩非认为，君主权术的操持运用，如“因任授官”、“循名责实”之类，并非出于无章可循的私心自度，而应以法为准绳。“人主虽使人，必以度量准之，以刑名参之，以事遇于法则行，不遇于法则止；功当其言则赏，不当则诛。以刑名收臣，以度量准下，此不可释也。”(《韩非子·难二》)君主操持权术而不依循法度，则其术实为神秘不可测的独断的心机权谋。

法、势、术三者间，法是中心。势与术均成为推行法治的两条基本轨道。问题是，“法出于君”，君主无条件地代表着法的理想与国家公利，但君主同时又不必贤、不必智，这样的君主将以何法治民，又会以何术御臣呢？这是一个假言判断，但韩非则当作一个实然判断。法的理想与君主之不必贤、不必智两者间且有矛盾，君主利益与国家公利又未必完全一致。这些，都是韩非法治思想本身未解的结。于此，君主任势与术而独裁，视臣民为其工具就不可避免。

## （四）韩非的人性论与历史观

### 1. 人性私利论

韩非法治思想的理论根据在其人性论。韩非认为，人皆如动物一样地趋利避害。韩非的老师荀子曾提出人性恶，他认为人之为善是后天的，主张“化性起伪”。荀子认为，人之所以能“化性起伪”，其根据在于他有“虚静之心”，即人性虽恶，但其心则非。然而，韩非则认为人的心性俱恶。这样，也就堵死了“化性起伪”的德化教育之路。

韩非认为，人性莫不自利自私，如同动物之有趋利避害的本能。他说："好利恶害，夫人之所有也……喜利畏罪，人莫不然。"（《韩非子·难二》）又云："夫安利者就之，危害者去之，此人之情也……人焉能去安利之道而就危害之处哉？"（《韩非子·奸劫弑臣》）因此，人与他人的交往莫不以自利为基本原则。人之社会关系莫不是利害关系。君臣之间，父子之间，夫妇之间，莫不皆然。君臣关系实际上就是相互利用之买卖关系。"主卖官爵，臣卖智力。"（《韩非子·外储说右下》）"臣尽死力以与君市，君垂爵禄以与臣市。"（《韩非子·难一》）这种各以自利为原则的交往不可避免会造成人与人之间的矛盾冲突，即便是在血缘亲族之间亦莫能例外。为争名逐利而导致的互相残杀不仅在宫廷内部，即使在普通家庭里亦不乏其例。"后妃、夫人、太子之党成而欲君之死也，君不死则势不重，情非憎君也，利在君之死也。"（《韩非子·备内》）宫闱中人盼望君主死亡，并非出于对君主的憎恶，而是君死之后自己可增加威势并得到利益。"且父母之于子也，产男则相贺，产女则杀之。……然男子受贺，女子杀之者，虑其后便，计之长利也。故父母之于子也，犹用计算之心以相待也，而况无父子之泽乎？"（《韩非子·六反》）自私自利乃人的本性，不可更改。"凡人之有为也，非名之，则利之也。"（《韩非子·内储说上》）整个世界乃"君臣交计，父子相为"的无情世界。

韩非认为，人之自私自利的本性不仅不能，而且无须"化性起伪"，它是君主可以加以利用的对象，是君主治国安邦的一个有利条件。

2. 赏罚二柄

韩非继承法家的传统，认为君主平治天下，必因人情之好恶。人皆趋利避害，法亦为人所同恶，君主用法实际就是利用人之爱利恶害来驾驭人们。他说："夫欲利者必恶害，害者，利之反也，反于所欲，焉得无恶。欲治者必恶乱，乱者，治之反也。是故欲治甚者其赏必厚矣，其恶乱甚者其罚必重矣。"（《韩非子·六反》）正是趋利避害之本性才使君主所操持之赏罚二柄，生杀大权发生作用。"利之所在，民归之；名之所彰，士死之。"（《韩非子·外储说左上》）韩非视君主之驾驭群臣，乃如"畜鸟"。"明主之牧臣也，说在畜鸟。""驯鸟者断其下翎，则必恃人而食，焉得不驯乎？夫明主畜臣亦然。令臣不得不利君之禄，不得无服上之名……焉得不服？"（《韩非子·外储说右上》）君主只能利用功名利禄为诱饵来役使臣民，又以严刑峻法来威惧他们。"夫虎之所以能服狗者，爪牙也，使虎释其爪牙而使狗用之，则虎反服于狗矣。"（《韩非子·二柄》）对赏罚的操持当然是以其人性恶的思想为前提的。

韩非认为，人皆不可信任。"人主之患在于信人，信人则制于人。"（《韩非子·备内》）对君主而言，一切人都可能成为"奸劫弑臣"。"为人主而大信其子，则奸臣得乘于子以成其私，……为人主而大信其妻，则奸臣得乘于妻以成其私，……夫以妻之近与子之亲，而犹不可信，则其余无可信者矣。"（《韩非子·备内》）人从根本上是靠不住的，只有以法来控制与驾驭他们。

### 3. 耕战为中心

韩非以君主之利作为一切行为善恶的价值判断标准。依韩非的观点，君主利益与国家利益是一致的。国家的公利唯在君主生命的安危与富国强兵。与富国强兵有直接关系的是农战。韩非发展了法家特别是商鞅"重本抑末"的重农思想。所谓"本"

即农业,“末”为其他行业。韩非唯重实利实效的功利思想使他极力鼓吹农战，而裁抑贬斥儒侠。举凡儒家之所谓“学者”，纵横家之所谓“言谈者”，墨家集团之所谓“带剑者”，以及所谓“文学之士”、“工商之民”，皆被他称为“五蠹”，与商鞅称之为“六虱”的传统诗书之士一样，均在被摈除之列。他认为，学者一类人的言行，不仅不利于国家之富强，而且直接有害于法令的权威性与政令的顺利推行，它使“言无定术，行无常议”(《韩非子·显学》)。“五蠹”与“六虱”皆为“无用”之人。“博习辩智如孔墨，孔墨不耕耨，则国何得焉？修孝寡欲如曾史，曾史不战攻，则国何利焉？”(《韩非子·八说》)供养这样的人可谓是“所用非所养，所养非所用”(《史记·韩非列传》)。“明主举实事，去无用，不道仁义者故，不听学者之言。”(《韩非子·显学》)一切治国的措施，如法、赏赐、功名，只因对国家有实效而设。“立法，非所以备曾史也，所以使庸主能止盗跖也。”(《韩非子·守道》)“赏必出乎公利，名必在乎为上。”(《韩非子·八经》)

既是出于法治的理想，同时也是务求功利之“实”，韩非极力反对儒家的德治，主张“不道仁义”。他认为，仁义礼智并不足治国。“今世皆曰:尊主安国者必以仁义智能，而不知卑主危国者之必以仁义智能也。故有道之主，远仁义，去智能，服之以法。”(《韩非子·说疑》)他说:“严家无悍虏，而慈母有败子，吾以此知威势之可以禁暴，而德厚之不足以止乱也。”(《韩非子·显学》)

韩非将君国的现实眼前功利视为唯一的价值标准，视法为群体社会的唯一行为规范，并以此要求全体社会成员步调一致，去实现君主的治国理想——国富兵强。这样，臣民的存在价值被完全忽视，只落得个君主治国的工具。韩非显然已将法治推向极端，企图以法代替人类生活与群体社会中的其他或长远的价值、利益、意义，使之成为唯一的强制性规范了。

### 4. 世异则事异，事异则备变

韩非认为，事物都是变化的，没有永固的东西。即使是“稽万物之理”的“道”，亦“不得不化；不得不化，故无常操。”（《韩非子·解老》）物也是这样，“夫物之一存一亡，乍死乍生，初盛而后衰者，不可谓常。”（《韩非子·解老》）

“道”无常操的思想体现在对人类社会历史的看法上，就是认为历史是不断变化的。韩非说：“上古之世，人民少而禽兽众，人民不胜禽兽虫蛇，有圣人作，构木为巢，以避群害，而民悦之，使王天下，号之曰‘有巢氏’。民食果蓏蜯蛤，腥臊恶臭，而伤害腹胃，民多疾病，有圣人作，钻燧取火，以化腥臊，而民悦之，使王天下，号之曰‘燧人氏’。中古之世，天下大水，而鲧、禹决渎。近古之世，桀纣暴乱，而汤武征伐。”（《韩非子·五蠹》）时代是变化的，人们面临的物质生活环境各不相同，这就是所谓“世异则事异”。物质生活条件的变化使人们解决问题的方式也不同，这就是“事异则备变”。倘若“今有构木钻燧于夏后氏之世者，必为鲧禹笑矣；有决渎于殷周之世者，必为汤武笑矣。然则今有美尧、舜、汤、武、禹之道于当今之世者，必为新圣笑矣。是以圣人不期修古，不法常可，论世之事，因为之备”（《韩非子·五蠹》）。

韩非论历史的变化无常，是为他的变法理论作论证的。“古者，丈夫不耕，草木之实足食也；妇人不织，禽兽之皮足衣也。不事力而养足，人民少而财有余，故民不争。是以厚赏不行，重罚不用，而民自治。今人有五子不为多，子又有五子，大父未死而有二十五孙，是以人民众而货财寡，事力劳而供养薄，故民争。虽倍赏累罚，而不免于乱。”(《韩非子·五蠹》)因此，严刑峻法势所必然。他认为，物质条件古今不同，故君主治国并无古律可循，亦无常法可遵。“欲以先王之政，治当世之民，皆守株之类也。”(《韩非子·五蠹》)

韩非还认为，历史变化的方向因物质条件的不同表现出这种趋势：“上古竞于道德，中世逐于智谋，当今争于气力。”(《韩非子·五蠹》)他所倡导的法治，自然是将“争于气力”的蛮强世界纳入法的规范范围内。

5.“参验”与“矛盾”方法

此外，韩非在方法论上一方面主张“参验”，另一方面又注重对立面的不可调和性。“参验”即主张遵循名实相符的原则，以参考验证来判断是非真伪的经验方法。“循名实而定是非，因参验而审言辞。”(《韩非子·奸劫弑臣》)其所谓“参”，乃“偶众端以参观”，即将不同的事象放在一起加以比较、鉴别，以免片面性。其所谓“验”，则是要看一种思想是否有实际的效用。“听其言必责其用，观其行必求其功。”(《韩非子·六反》)并且，“参验”方法可作为君主御臣的方法，以防奸邪之人。“听言不参则权分乎奸，智力不用则君穷乎臣。”(《韩非子·八经》)“无参验而必之者，愚也。”(《韩非子·显学》)“参验”是贯彻法治的一种方式。韩非在中国哲学史上首次使用“矛盾”这一哲学范畴。

他说：“楚人有鬻盾与矛者，誉之曰：‘吾盾之坚，物莫能陷也。’又誉其矛曰：‘吾矛之利，于物无不陷也。’或曰：‘以子之矛陷子之盾，何如？’其人弗能应也。夫不可陷之盾与无不陷之矛，不可同世而立，今尧舜之不可两誉，矛盾之说也。”（《韩非子·难一》）韩非将矛盾思想运用于法治思想中，主张“不相容之事不两立”（《韩非子·五蠹》），“言无二贵，法不两适”（《韩非子·问辨》），从而排斥德治，力主法治。

## （五）商、韩的历史地位及其影响

商鞅之治秦，“其国富而兵强”（《韩非子·定法》），为秦王政统一中国奠定了基础[①]。商鞅的变法与思想在战国时代便有广泛的影响，“今境内之民皆言治，藏商、管之法者家有之。”（《韩非子·五蠹》）他所主张的法治、农战政策与“治世不一道，便国不必法古”的基本思想，后来均为韩非所继承，韩非成为将法家推向高潮的重要人物。但商鞅严刑峻法也多遭后人诟病。韩非肯定其法治及其现实成就，但指出商鞅“无术以知奸，则以其富强也资人臣而已矣”（《韩非子·定法》）。太史公说：“商君，其天资刻薄人也……少恩矣。”（《史记·商君列传》）或说商鞅“弃道而用权，废德而任力，峭法盛刑，以虐戾为俗，欺旧交以为功，刑公族以立威，无恩于百姓，无信于诸侯。人与之为怨，家与之为仇。虽以获功见封，犹食毒肉愉饱而罹其咎也”（《盐铁论·非鞅》）。“商鞅之法亡秦”（《淮南子·泰族》）。商鞅之法制，亦被称为“法律万能”主义（《诸子集成·商君评传》）。

诸葛亮与王安石等人则对商鞅作了肯定。谓“商鞅长于理

---

① 贾谊《过秦论》批判法家，但也肯定商鞅“内立法度，务耕织，修守战之备；外连衡而斗诸侯”。《战国策·秦策》云：商鞅变法使“秦无敌于天下”。

法"[1];"今人未可非商鞅，商鞅能令政必行"[2]。章太炎将商鞅与后世酷吏作了区分，认为二者不可混为一谈，"商鞅之中于谗诽也二千年"，应予以申辩[3]。

韩非是先秦法家思想的集大成者，他是在总结先辈法家人物的法治思想与政治实践的基础上，提出以法为中心，以法、术、势三者相结合为基本内容的法治理论的。他的思想虽是法家思想发展的逻辑必然，但其中却包含着为其前辈的思想中所未曾有的新内容。同时，韩非在总结法家思想与实践时，并没有独立于先秦时"百家争鸣"的学术环境，而是对道、儒、墨、名诸家思想均有所采撷，并最终服务于其法治主义的基本立场的。这样看，韩非思想不仅独立"百家"中有其历史地位，亦未尝不是"百家"的一种补充与纠偏[4]。

韩非虽被秦始皇所害，但其学说则为其所用。秦国应用他的理论统一了当时的中国，建立了中国历史上第一个强大的中央集权的专制国家。韩非法治思想中的某些内容，如尊君卑臣、严刑峻法思想，不同程度、不同方式地为历代统治者所利用，演变为阳儒阴法或外儒内法。历史上一些立志改革的政治家也受到韩非思想的影响。曹操在政治上"持法峻刻"，"酷虐变诈"，以及在用人上唯才是举:"或不仁不孝而有治国用兵之术，其各举所知，勿有所遗。"(《曹操集·举贤勿拘品行令》)诸葛亮治蜀"科教严明，赏罚必信，无恶不惩，无善不显，至于吏不容

---

① 《诸葛亮集》，中华书局，1974年，第47页。

② 《王文公文集》，上海人民出版社，1974年，第777页。

③ 《章太炎政论集》，中华书局，1977年，第68—69页。

④ 王邦雄说:"在儒墨道三家之中，其政治思想，足以与法家相抗衡者惟有儒家……韩非以法为中心以制衡势术发用之治道，正足以弥补儒家德教治道之不足。"见氏著《韩非子的哲学》，台北东大图书公司，1979年，第253页。

奸”。“循名责实，虚伪不齿，终于邦域之内，咸畏而爱之，刑政虽峻而无怨者。”（《三国志·蜀书·诸葛亮传》）朱熹对韩非思想亦并没完全否定。他说：“明理后，便读申韩书亦有得。术至韩非《说难》，精密极矣。”（《语录》，《韩非子集释》附录）

相形之下，历史上对韩非的批评要尖刻得多。司马迁说：“韩子引绳墨，切事情，明是非，其极惨礉少恩。”（《史记·韩非列传》）韩非法家之学“严而少恩”，“可以行一时之计，而不可长用。”（《史记·太史公自序》）班固则谓其“无教化，去仁爱，专任刑法，而欲以致治，至于残害至亲，伤恩薄厚”（《汉书·艺文志》）。或云其本末倒置：“重法而弃义，是贵其冠履而忘其头足也。”（《淮南子·泰族》）汉代王充主张德力兼备，批评韩非禁儒而专任暴力的思想。他说：“治国之道所养有二：一曰养德，二曰养力……事或可以德怀，或可以力摧。外以德自立，内以力自备。慕德者不战而服，犯德者畏兵而却……夫德不可独任以治国，力不可直任以御敌也。韩子之术不养德，偃王之操不任力，二者偏驳，各有不足。偃王有无力之祸，知韩子必有无德之患。”（《论衡·非韩》）

从以上历史学家与思想家的批评可知，法家只讲功利，鼓吹暴力专制，严刑峻法，刻薄少恩，以赏罚二柄驱使人民，不讲道德价值与终极信念，虽可以行于一时，然不可以长久，非长治久安之正道。

# 十四、玄学的智慧

玄学是三国魏晋时期流行的一种社会思潮，它既是对两汉经学所暴露出的弊端的批判与纠正，又是道家思想在魏晋时期的新发展。玄学一改汉代哲学的繁琐和神秘，在思想界吹起了一阵思辨的清风。

曹魏初期兴起的名理学可以视作玄学的萌芽。名理学继承了先秦以来的名家、法家以及黄老学的“刑名”学说，结合当时最为重要的人才标准问题，集中讨论了“才”与“性”的“离”“合”“同”“异”等关系，深化了传统的“德”“才”理论。思想家们的讨论重心很快由实转虚，尤其是在魏齐王正始年间，出现了玄学思想的大爆发。这一时期涌现出一大批才华横溢的玄学家，他们思想洒脱，行为旷达，不满于汉代经学的诸多弊端，将目光回溯到先秦的元典，以《周易》《老子》《庄子》这“三玄”为中心，集中围绕有无、本末、体用、动静、言意、自然与名教等抽象论题展开形上玄思，成就了灿烂辉煌的魏晋玄学。魏晋玄学的发展大致可以分为三个阶段：第一个阶段是正始时期，这是魏晋玄学的形成期，以何晏、王弼为代表；第二个阶段是竹林时期，这是玄学的拓展期，以阮籍、嵇康为代表；第三个阶段是元康时期，这是玄学的成熟期，以裴頠、向秀、郭象为代表。

## （一）何晏的“贵无论”

魏齐王曹芳正始年间（约240—249年），以何晏和王弼为代表的一批学者试图沟通儒、道，祖述老、庄，纵横易、孔，他们以“无”为立论之本，开始探讨有无、本末、体用等抽象论题，振起玄风，开启了魏晋玄学。这一时期最为推崇的经典是《论语》《老子》和《周易》。

何晏（约193—249年），字平叔，南阳宛（今河南南阳）人，魏晋玄学的创始人之一，与王弼并称于世。何晏的祖父是汉末的大将军何进，其父早亡，母亲尹氏带着年幼的何晏改嫁曹操。何晏自幼聪慧过人，深得曹操宠爱，视若己出。何晏成年后，曹操把女儿金乡公主许配给他。但何晏恃宠而骄，为曹丕所嫉，一直得不到重用。直到曹爽掌权，他依附曹爽，才得以身居高位。后来曹爽在与司马懿的权力斗争中失败，何晏也成为陪葬品。

据《三国志·魏书·何晏传》记载，何晏“好老庄言，作《道德论》及诸文赋，著述凡数十篇”。但他的著作多已散佚，至今保留完整的只有《论语集解》和《景福殿赋》。另外，《列子》张湛注还保存了何晏《道论》和《无名论》的部分佚文，其中的《道论》很可能是何晏所著的《道德论》的一部分。

何晏是“正始玄风”的主要倡导者之一。在哲学上，他主张以“无”为立论之本，提倡“贵无论”。

何晏认为“道”在《老子》《论语》和《周易》三书中均为最高范畴，不过他对于“道”的理解不同于前人。一方面，他认为“道”是《周易》所形容的“元亨日新之道”；另一方面，他又借用了老子哲学的幽深玄远、不可闻见的说法来界定“道”的特点。而从根本上讲,“道”的本性只能是“无”。他说:“夫道者,惟无所有者也。”(《列子·仲尼篇》张湛注引何晏《无名论》)如果说天地万物是“有所有”,那么“道”则是“无所有”,是“不可体”的。然而这个“无所有”的道才是天地万物的根源。所以,无语、无名、无形、无声才是“道之全”。显然,何晏是在本体论的意义上使用“道”的概念,即:世间万物只是现象,“道”才是本体;这个本体之“道”是世间万物之所以能够产生和存在的最后根据。在这里,何晏将老子所言的“天地万物生于有,有生于无”中的“生”更多地理解为本体论意义上的“存在”,而非生成论意义上的“创造”“生产”。这一点与老子显然不同。

老子当然也强调“有生于无”,但“无”并非绝对虚无的“无”,而是“无以名状”的“无”。也就是说,这个“无”超出了人们感觉经验范围,是看不见、听不到、摸不着的,但这并不意味着“无”是一片虚空或者绝对的虚无。“无”其实是另一种“有”,只是人们无法描述它。因此,在老子的哲学中,“无”和“有”乃是一体两面、彼此贯通的。“道”之“无”并非空无,而是指“道”的绝对性、超越性、无规定性和无以名状性。老子思想的旨趣在宇宙生成论上,他在解“有生于无”时看重的是时间上的先后秩序,而不是逻辑上的前后关系。换言之,老子更为关注宇宙天地万物生成的过程,而非背后的根源。这就使得老子未能将本体性的追寻贯彻到底,他的思想只停留在“宇宙生成论”的层面,而未能彻底达到“宇宙本体论”层面。贯彻本体性的追寻、建构系统本体论的任务,便落在魏晋的玄学家们身上。

何晏自觉地从本体论的角度来看待“有”和“无”的关系,所以,他将“道”的本质界定为“无所有者”,这个“无所有者”的“道”与天地万有其实是悬隔开来的。只有这样,“道”才能成其为“本体”。在这个意义上，何晏认为，“有”与“无”两者之中，“无”才是根本，才是真正起决定作用的。他说：“有之为有，恃‘无’以生，事而为事，由‘无’以成。”（《列子·天瑞篇》张湛注引何晏《道论》）“无”是宇宙间万事万物产生的依据和根源，也是人类社会的最高法则。由此，何晏通过提出“贵无”主张，初步建构起本体论的玄学体系。

何晏的另一个值得称道的地方是他与王弼的交往。学术界往往将二人并称作“何王”，这既是因为他们在思想上志趣相投、观点相近，更是因为二人私交笃厚。何晏与王弼是忘年交，何晏长王弼三十余岁。在王弼未弱冠时，何晏已经名动天下，贵为吏部尚书、玄学领袖。但当他听说王弼来访时，全然不顾身份，倒履相迎，推崇有加。《世说新语》记载了这样一个故事：何晏一直有注释《老子》的念头，并且付诸行动。当他注释了一半，一次在与王弼交流时，王弼对他谈起了自己注释《老子》的一些心得。何晏认为王弼的注释要远胜过自己，于是放弃了已经完成一半的注文，改而作《道德论》。不仅如此，何晏还毫不掩饰自己对王弼的敬佩，称许道：“若斯人者，可与言天人之际乎！”并将王弼引荐给当时的一些权贵。何晏的举动充分体现了一个敦厚长者对后学才俊的关爱与提携。

## （二）王弼的“以无为本”“得意忘象”

王弼（226—249年），字辅嗣，魏山阳高平（今山东金乡）人，中国哲学史上少有的少年天才哲学家，魏晋玄学最重要的奠基人。王弼“幼而察慧，年十余，好老氏，通辩能言”（《三国志·魏书·王弼传》注引何劭《王弼传》）。王弼十七岁时结识何晏，被许为“后生可畏”，“可与言天人之际乎”。他与当时许多清谈名士辩论过各种问题，如与裴徽讨论“圣人体无”问题，与何晏、钟会讨论“圣人”有无喜怒哀乐问题，与荀融讨论《周易》“大衍义”等；而且“当其所得，莫能夺也”，深得当时名士们的赏识。但王弼对于“事功亦雅非所长”，在仕途上没有什么进展。而且他为人高傲，不通人情，“颇以所长笑人，故时为士君子所疾”。正始十年（249）秋，王弼身患重病，英年早逝，年仅二十四岁。

在二十四岁的短暂生命里，王弼完成了《老子道德经注》《周易注》《论语释疑》《老子指略》《周易略例》等大量思辨性极强的哲学论著，为魏晋玄学的真正确立奠定了理论基础。他也成为魏晋时期思想最深邃的哲学家之一。其作品较为集中地收录在《王弼集校释》一书中[①]。

1.“以无为本”

与何晏相近，王弼哲学的根本主张也是讨论“无”。他提出“以无为本”，“举本统末”，第一次引入本末概念来讨论有无的关系。他说：

> 天下之物，皆以有为生。有之所始，以无为本。将欲全有，必反于无也。（《老子道德经注》四十章）
>
> 夫物之所以生，功之所以成，必生乎无形，由乎无名。无形无名者，万物之宗也。（《老子指略》）

---

① 楼宇烈：《王弼集校释》，中华书局，1980年。

王弼通过一系列的事例来加以论证：以“动静”而言，“动”与“静”不是对等的，“静”是根本，是本原状态，是“动”的原因和根据。以“语默”而言，“言语”和“静默”也不是对等的，“静默”才是基本形态，“言语”是在“静默”的基础上产生的，以“静默”为存在的前提。同样，天地万物风云变幻并不是本然状态，“寂然至无”才是其本体；万物生灭、雷动风行，都依据“寂然至无”而生，并回归于“寂然至无”。“动”“语”、风云变幻都属于“有”，“静”“默”“寂然”都属于“无”；可见，“无”是“有”产生和存在的前提与根据。

与老子强调“无为有之始，有从无中生”的宇宙生成论不同的是，王弼更加关注的是“有”“无”何者为本、何者为末的问题。以“本”“末”来解释“无”“有”，更加突出了“无”相对于“有”的逻辑的先在性。相较于以“无”为“母”、以“有”为“子”的类似“母生子”的“无”“有”关系，王弼的解读显然更好地凸显了“无”的根源性与超拔意味。因而，他的“以无为本”的主张明显带有了一种本体论的色彩。这是对何晏“贵无”学说的继承和发展，也是玄学区别于汉代学术的一个重要特征。所以，《四库全书总目提要》卷一《周易正义提要》称：“王弼乘其极敝而攻之，遂能排击汉儒，自标新学。”以王弼哲学为代表的玄学是与汉代哲学风格迥异的、具有本体论色彩的“新学”。

### 2. “崇本息末”

在“以无为本”的基础上，王弼进而提出了“崇本息末”的主张。

> 《老子》之书，其几乎可一言而蔽之。噫！崇本息末而已矣。观其所由，寻其所归，言不远宗，事不失主。文虽

> 五千，贯之者一，义虽广赡，众则同类。解其一言而蔽之，则无幽而不识；每事各为意，则虽辩而愈惑。（《老子指略》）
>
> 夫以道治国，崇本以息末；以正治国，立辟以攻末。本不立而末浅，民无所及，故必至于以奇用兵也。（《老子道德经注》第五十七章）

在哲学上，王弼把本末关系看成是本体与现象的关系。“崇本息末”不是说只要本体，不要现象，而是说本体比现象更为重要，具有统帅的地位与作用。他又从本体的实践功能的角度讲内圣外王之道。在现实社会生活中，这也是一种管理智慧，即统之有宗，会之有元，以寡治众，以静制动，约以存博，简以济众。正如余敦康所说：“‘崇本息末’这个命题是‘以无为本’的进一步的发展和具体的应用。……‘崇本息末’这个命题带有强烈的时代气息，而且着重运用于政治谋略思想的探讨。”①

### 3. 孔、老孰优孰劣

“有”“无”之辨存在着一个无法避免的理论难题，即：孔、老孰优孰劣？这其实是一个“两难”：一方面，孔子在当时知识阶层甚至民众心目中的“圣人”地位早已经稳固，这几乎是不可挑战的；另一方面，历史上对“无”的问题讨论得最多、最彻底的思想家显然是老子而非孔子。或者说：孔子是探讨“有”的，老子才是讨论“无”的。这样一来，“贵无”、“以无为本”就会面临一个尴尬的局面：凸显“无”的价值，就会抬升老子的地位而压低孔子的地位，使老子优于孔子；但这又与当时人们对孔

① 余敦康：《何晏王弼玄学新探》，齐鲁书社，1991年，第160—161页。

子的情感相左。王弼巧妙地化解了这个理论难题。他说:“圣人体无,无又不可以训,故不说也。老子是有者也,故恒言无所不足。”(《三国志·魏书·王弼传》注引何劭《王弼传》)尽管老子总将“无”字放在嘴边论说,但其实他并不真正懂得“无”,而是故弄玄虚,欲盖弥彰。孔子则不然。尽管他绝少谈论“无”,但他才是真正体悟到“无”的精神的人;只不过因为他明白“无”是不能够用言语去论说的,所以才不愿意妄谈“无”。所以,在王弼这里,孔子反而是“体无者”,老子却成了“有者”。正是通过这种将孔子思想道家化的巧妙伎俩,王弼漂亮地解决了“以无为本”和“孔优老劣”之间的矛盾。

### 4.“言”“意”之辨

“无不可以训”是王弼用以评判孔、老优劣的关键,而这实质上涉及到“言”“意”二者的关系。“言”“意”是中国传统哲学的一对重要范畴。所谓“言”,是指言说、名词、概念等;所谓“意”,是指意象、义理、精神等。“言”“意”之间的关系问题,早在先秦时期就已引起许多思想家的注意。在《墨子·经下》《庄子·天道》《易传·系辞》《吕氏春秋·离谓》等篇目中都有相关的精彩论述。到了魏晋时期,“言”“意”之辨成为玄学家们集中讨论的主题之一,并先后形成三派有代表性的观点,即“言尽意”论、“言不尽意”论和“得意忘言”说。

王弼是“得意忘象”说的典型代表。在《周易略例》一书中,他提出了“寻言以观象”“寻象以观意”“得象而忘言”“得意而忘象”的全新的解《易》方法。他说:

夫象者,出意者也;言者,明象者也。尽意莫若象,尽象莫若言。言生于象，故可寻言以观象；象生于意，故可寻象以观意。意以象尽，象以言著。故言者，所以明象，得象而忘言；象者，所以存意，得意而忘象。犹蹄者所以在兔，得兔而忘蹄；筌者所以在鱼，得鱼而忘筌也。(《周易略例·明象》)

“得意忘象”说是王弼在摈斥象数之学“案文责卦”、“存象忘意”的传统解《易》方法之后，提出的一种新的解《易》方法，也是一种具有普遍意义的玄学认识论和方法论。王弼认为，作为万物之本的“无”是无言、无形、无名、无象的；如果人们只停留在言辞、概念的层面上去追索本体之“无”，结果是不可能达到对“无”的体认和把握的。要想真正把握“无”的意涵，就必须通过直观的“形象”才能实现。从方法论上来讲，也就是必须“寻象以观意”，进而“忘象以求意”。因为“有生于无”，“象生于意”。王弼的这一思想包含有重视直觉体认的合理因素。在言、象、意三者的关系上，重在体会意，即透过言而明象，透过象而观意。当然，这并不是抛弃言与象。

### （三）阮籍的任性放诞

“竹林玄学”是魏晋玄学发展的第二个阶段，得名于这一时期非常活跃的“竹林七贤”。所谓“竹林七贤”，包括阮籍、嵇康、山涛、刘伶、阮咸、向秀、王戎等七位名士。这一时期的一个显著变化是《庄子》取代了《论语》的地位，与《周易》《老子》一起正式构成了所谓“三玄”。阮籍和嵇康是“竹林玄学”的代表人物。阮籍和嵇康以名教与自然的关系为核心，将玄学探讨的领域拓展到文学、美学、语言、哲学等多个方面，并以自己的生命体证和实践玄学的精神，使魏晋玄学真正成为一种极具影响力的社会思潮。

阮籍（210—263年），字嗣宗，陈留尉氏（今河南开封）人，三国时期曹魏著名文学家、思想家，"竹林七贤"之一。《晋书·阮籍传》云："籍本有济世志，属魏晋之际，天下多故，名士少有全者，籍由是不与世事，遂酣饮为常。"在他的身上，集中体现了魏晋时期思想家们的性格冲突。一方面，阮籍是一个骄傲狂放的人，他自视甚高，本有济世之志，"尝登广武，观楚汉战处，叹曰：时无英雄，使竖子成名！"另一方面，阮籍为人又十分谨慎，"口不臧否人物"，甚至与他内心鄙薄的司马氏集团也保持了长期的良好关系。

阮籍的作品以《咏怀》诗八十二首最为著名，另外还有散文和辞赋。其中最能代表其哲学成就的有《大人先生传》《通老论》《达庄论》《通易论》等。其著作被后人编辑整理为《阮步兵集》。

阮籍是一位用生命体证和实践玄学的哲学家，他的思想与其说蕴含在其作品中，不如说就体现在他的活动之中。说到阮籍的活动，就不能不提到酒。酒之于阮籍，意义极为重大。

据说，为了敷衍司马氏，阮籍不得不出来做官。但做什么官呢？他听说步兵橱营人擅长酿酒，而且还藏有三百斛好酒，于是便要求去当步兵校尉。《世说新语》里还记载了一则故事：阮籍邻居家有一位美丽的女主人，与阮籍有相同的嗜好，那就是喝酒！阮籍很高兴，经常串门去找她喝酒。一喝痛快了，女主人醉卧床上，阮籍也毫不避嫌地躺在她旁边睡着了。邻居家的男主人暗地里观察多次，并未发现任何越轨行为。像阮籍这样惊世骇俗而又纯真无邪的举动，正是魏晋风流的最好写照。阮籍醉酒的最高纪录是一醉六十天！当时的晋文帝司马昭打算为儿子司马炎（后来的晋武帝）求婚，想要与阮籍结亲家。结果阮籍大醉一场，连续六十天都没有醒过来，司马昭只好作罢。可见，醉酒是阮籍在两难处境中的自保妙法：他既不愿意与司马氏同流合污，又不能明目张胆地拒绝司马昭的求婚，就只好让自己一醉到底了！

关于阮籍嗜酒的原因，后人王大说得较为合理："阮籍胸中垒块，故须酒浇之。"（《世说新语·任诞》）"垒块"，指的是心中的不平之事、不畅之气。阮籍嫉恶如仇却又身处险世，心中的不平逐渐郁积而无法宣泄，只好浇之以酒了。

阮籍的思想深受道家影响，崇尚自然真致。而在魏晋的名士风流的洗荡下，他的自然真致表现为一种任性放诞。

他毫不掩饰对人的喜恶，见到欣赏的人，便以青眼视之；而遇到礼俗之士，则以白眼对之。他的嫂子要回娘家了，阮籍去送她，却被一些人讥讽为"失礼"。阮籍说道："礼岂为我辈设耶？"像我们这样的人又岂是那些繁文俗礼所能束缚得了的！

正是这种不拘于礼的性格，使他做出了许多惊人的举动。当时一户兵家有女，才色双全，可惜尚未出嫁就去世了。阮籍听说此事，尽管他与这家人素不相识，但是却径直前往哭吊，尽哀而还。他还时常独自驾车出游，却行不由径。当走至无路可走时，痛哭而返。《世说新语·任诞》篇还记载了他丧母时的举动："阮步兵丧母，裴令公往吊之。阮方醉，散发坐床，箕踞不哭。"而当他将要埋葬母亲之际，却蒸了一只小肥猪，喝了两斗酒，喊了一声"完了"，便口吐鲜血。

阮籍的任性放诞的行为其实体现了他对名教与自然的关系

的看法。他认为自然为本、名教为末。所以他会按照自然的方式去任性放诞、去肆情酣酒，而对礼乐等名教不屑一顾。这一点，集中地反映在他的《大人先生传》一文中。

所谓“大人先生”，是阮籍心目中的理想形象，也是自然精神的凝聚。与“大人先生”相对的是所谓“域中君子”，这是那些拘束于礼乐名教的世俗之人。在阮籍看来，“大人先生”是与道同体、与天地并生的，他行为高妙，不拘于俗，以天地为家，与造化为友，视自然为生命。而“域中君子”则是“服有常色，貌有常则，言有常度，行有常式”，他循礼守则，“诵周孔之遗训，叹唐虞之道德”，以名教为圭臬。这两个形象的鲜明对照，体现了阮籍崇尚自然、反对名教的自由精神。

## （四）嵇康的“越名教而任自然”

嵇康（223—263年），字叔夜，谯国铚县（今安徽宿县）人，三国时期曹魏著名文学家、音乐家、思想家，“竹林七贤”之一。嵇康“少有俊才，旷迈不群，高亮任性，不修名誉，宽简有大量。学不师授，博洽多闻，长而好老庄之业，恬静无欲。性好服食，尝采御上药。善属文论，弹琴咏诗，自足于怀抱之中”（《三国志·魏书·嵇康传》裴松之注）。由于一个偶然的机遇，他娶了曹操曾孙女长乐亭主为妻，进入上流阶层，并曾担任中散大夫。但也因为如此，使他在政治立场上与篡权的司马氏集团相敌对，对司马氏采取不合作态度，颇招忌恨。最后在司马昭的心腹钟会的陷害下，死于司马氏之手。

嵇康的作品以诗歌和散文为主，其中比较集中反映他的哲学思想的有《声无哀乐论》《养生论》《释私论》《难自然好学论》和《与山巨源绝交书》等。他的作品被收录在后人整理的《嵇中散集》或《嵇康集》中[①]。

1."名教"与"自然"

"名教"与"自然"的关系是嵇康哲学的核心主题。"名教"指的是社会的等级名分、伦理仪则、道德法规、制度典范等等的统称;"自然"则是指人的本初状态或自然本性,同时也指天地万物的自然状态。魏晋玄学家对"名教"与"自然"的关系格外重视。王弼从道家的自然哲学的立场出发调和二者,主张"名教本于自然",以"自然"为"无"、为本;以"名教"为末、为用,强调名教应该顺应人的自然本性。阮籍则以"大人先生"的形象喻示了自然对名教的突破。但是,直到嵇康这里,才明确地把名教与自然的关系作为哲学的主题,提出了"越名教而任自然"的思想主张。

在嵇康生活的时代,儒家名教思想及其所宣扬的忠、孝、节、义等规范已经逐渐被篡权的司马氏集团所利用,成为他们维护统治、钳制人心的有效工具。嵇康对这种现象深恶痛绝,决心从根子上动摇司马氏的说教。同时,由于深受道家思想影响、追求精神自由独立,嵇康从思想上也不愿意接受名教的规范。所以,他将名教和自然对立起来,认为名教是违背自然本性的,是对大道的凌迟:

> 及至人不存,大道凌迟,乃始作文墨,以传其意,区别群物,使有类族;造立仁义,以婴其心;制其名分,以检

① 戴明扬:《嵇康集校注》,人民文学出版社,1962年。

其外；劝学讲文，以神其教。故六经纷错，百家繁炽，开荣利之涂，故奔骛而不觉。（《难自然好学论》）

2.“越名教而任自然”

从上可知，嵇康继承了老庄的“绝仁弃义”的思想，认为名教乃是自然破坏之后的产物，是低于自然的。自然是合乎大道之本性的，是天地间的最高法则，也是最真实的存在。因此，针对时人推崇名教的风尚，嵇康提出要“越名教而任自然”，反对名教对大道的分剖和对人性的戕害，从而超越名教，使人的自然真心本性得以彰显。

也正是因为反对司马氏所倡导的名教，嵇康对当权者采取了不合作的态度。他或者与竹林好友欢聚纵酒、啸傲弹琴；或者避居山阳，以锻铁为生，自得其乐。他不仅自己远离政治，而且也反对朋友出卖自我、干禄从政。他的朋友、“竹林七贤”之一的山涛（字巨源）从吏部郎的职位上升迁，向当权者推荐嵇康来继任吏部郎。嵇康得知此事，写了《与山巨源绝交书》一信，公开表示与他绝交。

在信中，嵇康直言不愿从政的原因有“必不堪者七，甚不可者二”，表面上似乎是解释自己在生活习惯和性格喜好上与政治的不相谐之处，实质上则是巧妙地表达了他对当时的礼教和政治的嘲讽与厌恶。尤其是他提出了“轻贱唐虞而笑大禹”、“非汤武而薄周孔”的大胆主张，矛头所向，直指名教的核心和司马氏的统治。

正因为如此，嵇康一直深为司马氏所忌。尽管他自言志向不过是“守陋巷，教养子孙，时与亲旧叙阔，陈说平生。浊酒一杯，弹琴一曲，志愿毕矣”（《与山巨源绝交书》），但就是这么简单的愿望对他来说也成了奢望。可以说，他的思想和性格决定了他的悲剧性命运。

钟会在嵇康之死中扮演了一个不光彩的角色。钟会也是当时的名士，投靠司马氏集团，位高权重，春风得意。一天，钟会轻裘肥马，宾从如云，来到山阳寻访嵇康，欲借以自重。嵇康正在锻铁，对之不理不睬，如若无人，继续打铁，弄得钟会大失颜面。钟会等人悻悻然欲去之际，嵇康突然发语问道："何所闻而来？何所见而去？"钟会也算机灵，回答道："闻所闻而来，见所见而去！"含恨离去。钟会的回答当然是具有哲学性的。

后来，钟会揣摩主子司马昭的心意，借机陷害嵇康，将其下狱。接着，钟会又落井下石，向主子奏了一本，说嵇康"上不臣天子，下不事王侯，轻时傲世，不为物用，无益于今，有败于俗。……今不诛康，无以清洁王道"。司马昭正中下怀，下令处死嵇康。当时三千太学生齐拜嵇康为师，请求赦免嵇康。司马昭不许。临刑前，嵇康神色自若，弹奏《广陵散》一曲。曲罢，嵇康摔琴曰："《广陵散》于今绝矣！"他从容赴死，时年四十岁。

嵇康之死是一个哲学家的死亡。可以说，嵇康正是用他的生命和死亡体证了魏晋玄学的精神。

### （五）裴頠"崇有"与向秀和郭象注《庄》

魏晋玄学发展到元康时期，进入到它的第三个阶段，即它的完善、成熟阶段。这一时期的代表人物分别是裴頠和向秀、郭象。前者从玄学内部修正了"贵无论"的偏差，提出了"崇有"哲学；后两者则主要通过对《庄子》文本的解读，将魏晋玄学发展到极致。

1. 裴頠的"崇有"哲学

裴頠(267—300年),字逸民,河东闻喜(今山西绛县)人,魏晋时期哲学家。其父为魏晋著名学者裴秀。裴頠自幼发奋读书,博学弘雅有远识。当时的人们称他为"言谈之林薮"。他曾历任要职,后为司马氏杀害,年仅三十三岁。

在裴頠生活的时代,玄学的发展出现了一些极端的现象,一些人标榜"贵无自然",以为非礼毁法就是自然,于是裸体、纵酒、放荡、服食,无所不为。而且上行下效,严重地破坏了社会风气,造成了恶劣的社会影响。裴頠对此深感忧虑,于是,著《崇有论》以补"贵无"之弊。

何晏、王弼的"贵无论"主张"以无为本",认为"无"是道的本性,是世界万物的本原;"有"都是从"无"中产生出来的。裴頠不赞同"贵无论"的看法,坚信世界的本原只能是"有",万物都生于"有",甚至"无"也是从"有"而来。他说:

> 夫至无者无以能生;故始生者自生也。自生而必体有,则有遗而生亏矣。生以有为已分,则虚无是有之所谓遗者。……由此而观,济有者皆有也,虚无奚益于已有之群生矣。(《晋书·裴頠传》引《崇有论》)

首先,从发生的角度看,"无"既然是"无",就应该是没有任何内容,也没有任何规定性的。这种没有任何规定性的"无"理所当然地不可能产生任何有规定性的东西。那么,有规定性的东西是怎么产生的呢?为此,裴頠特意提出了"自生"的观念:这些有规定性的东西其实都是"自己产生自己"的!

而有规定性的东西必定会把它的规定性落实到一定的形体

上，这就是“有”。“道”正是最大的规定性的落实，所以，“道”乃是最大的“有”。万物“自生”过程的实质是万物剖分了“大有”之“道”。“无”则是“有之所谓遗者”，是“大有”被剖分完之后剩余下来的虚空。

因此，裴颜得出结论：“有”才是世界的本原，是“道”的本性。世间万物都是分享“有”而得以产生的；“无”作为“有”被分享殆尽之后剩余的虚空，从根本上来说，也是由“有”而产生的。只有“有”才能济“有”；“虚无”对于万有的产生是无能为力的。

以上，裴颜从“崇有”的立场阐发了“有”相对于“无”的决定作用，在一定程度上弥补了“贵无论”的理论偏失，使魏晋玄学围绕“有”“无”关系问题的讨论更加全面和深入。不过，饶有趣味地是，尽管裴颜在思想上坚持“崇有”的主张，但在社会政治领域，他还是欣赏“无为而治”。这可能是当时思想界的一个吊诡吧！

### 2. 向秀、郭象的《庄子注》

向秀（约227—272年），字子期，河内怀（今河南武陟）人，魏晋时期玄学家，“竹林七贤”之一。向秀早年淡于仕途，有隐居之志。嵇康被杀害后，向秀为了避祸，不得已而出任一些闲职，但“在朝不任职，容迹而已”。向秀的主要著作有《庄子注》。

郭象（252—312年），字子云，河南（今河南洛阳）人，西晋时期著名玄学家。据《晋书·郭象传》记载，他“少有才理，好老庄，能清言”，甚至有人把他称作“王弼之亚”。后因任东海王司马越的太傅主簿，遭时人诟病。郭象最重要的哲学著作是《庄子注》。

《庄子注》的作者问题一直是学术史上的一段公案。据《世说新语·文学》篇和《晋书·郭象传》的说法,《庄子注》的原作者应该是向秀，他完成了除《秋水》《至乐》两篇之外的所有注文。但是向秀早卒，其子又年幼无知。结果被“为人薄行，有隽才”的郭象钻了漏洞，窃取了向秀的成果，补注了《秋水》《至乐》两篇，又改易《马蹄》一篇注文，以自己成果的名义公布出来。但《晋书·向秀传》却有另一种说法：向秀为《庄子》隐解，“发明奇趣，振起玄风”，而“惠帝之世，郭象又述而广之，儒墨之迹见鄙，道家之言遂盛焉”。

目前学术界多采用第二种说法，认为郭象的《庄子注》是在汲取向秀注庄成果的基础上“述而广之”以成。该书总体上可以说是向、郭二人的共同成果，但思想的主旨应该是以郭象为主。

郭象首先关注的是“有”“无”相生问题。他赞同裴頠的“无不能生有”的观点，认为如果“无”能够生“有”，那么它又怎么能被称为“无”呢？所以，“有”并不是由“无”产生的，从而否定了“贵无论”的“以无为本”的观点。但是，郭象也不赞同裴頠“济有者皆有也”的“崇有”观点，认为“有”既不能生“无”，也不能生“有”。

### 3.“自生”“自有”

“有”既不是从“无”产生的，又不是从“有”产生的。那么，“有”从何而来？郭象认为，“有”只可能是“自生”“自有”的。

> 然则生生者谁哉？块然而自生耳。自生耳，非我生也。我既不能生物，物亦不能生我，则我自然矣。自己而然，则谓之天然。天然耳，非为也，故以天言之。以天言之，所以明其自然也，岂苍苍之谓哉！而或者谓天籁役

物，使从己也。夫天且不能自有，况能有物哉！故天者，万物之总名也。莫适为天，谁主役物乎？故物各自生，而无所出焉，此天道也。（《庄子注》齐物论章）

在郭象看来，万物不是由虚无产生的，也不是万物相互作用产生的。那么，它是不是由所谓“造物者”产生的呢？为此，郭象特别讨论了神秘的造物者观念。他说，如果坚信造物者不存在，那么物是如何出现的？如果坚信造物者存在，那么它不可能创造出这么多形态各异的事物。所以，真正的造物者就是物体自己，是它自己产生了自己。万物的出现和存在，只能是自己出现、自己存在。所谓“自”，就是“自然”，就是自己而然、不待他物而然。

4.“独化于玄冥之境”

万物何以能“自生”“自为”“自有”？为了解答这个问题，郭象提出了万物“独化于玄冥之境”的思想。“独化”，就是“无待”之化。“若责其所待而寻其所由，则寻责无极。卒至于无待，而独化之理明矣。”（《庄子注》齐物论章）如果一定要追溯万物生化的条件和原因，就会陷入无穷无尽的因果的恶性循环中。所以，世间万事万物的生成变化是独立的、不依赖任何条件的，是“外不资于道，内不由于己，掘然自得而独化也”（《庄子注》大宗师章）。事物不仅各自“独化”，而且相互之间也不存在转化的关系。“玄冥之境”则是万物“独化”的场所和境界，是一种抹杀差别、取消是非、不分彼此、自满自足的境界。

万物“独化”的另一个依据在于万物“各有定分”。郭象对庄子的《齐物论》思想加以改造，指出大鹏与小鸠各有其定分，“小大之殊，各有定分，非羡欲所及”（《庄子注》逍遥游章）。所以，它们不必彼此羡慕，而应该“各适其性”。只要能“自足其性”，就可以做到“大小俱足”。

从“各安其分”“各适其性”的观点出发，郭象主张调和“名教”与“自然”的关系，认为名教即是自然，自然即为名教。他说：“牛马不辞穿落者，天命之固当也。苟当乎天命，则虽寄之人事，而本在乎天也。”（《庄子注》秋水章）因此，仁义之类的道德规范并不在人的本性之外，而正是人性自然的一部分。人们如果能够“各安其天性”，顺应名教的规范，就能各遂其欲、各尽其性，实现自然。为了论证这一点，他特别举了圣人的例子。圣人身处于名教包裹之中，似乎是无法实现其自然本性的。其实不然，“自然无为”并不是终日“拱默乎山林之中”，只要是顺着本性，哪怕是“戴黄屋、佩玉玺”“历山川、同民事”，都不会改变他自然无为的本性。所以，“夫圣人虽在庙堂之上，然其心无异于山林之中”（《庄子注》逍遥游章）。

# 十五、佛禅的智慧

佛教在两汉之际从印度传入我国，经过二百年左右的传播，到东汉末年已在民间有了相当的影响。又经过三百多年的发展，中国佛教在隋唐达到鼎盛时期。这一时期中国化的佛教思想体系与宗派形成，天台宗、华严宗、禅宗就是其中的典型。

在中国哲学史和中国佛教史上，禅宗都以其独特鲜明的理论色彩占有一席之地。在中国所有佛教宗派中，禅宗也是影响最广、规模最大、持续时间最长的一个宗派。当其他的佛教宗派或由于政治上的原因，或由于理论上的原因而逐渐消失于历史舞台时，禅宗仍然生机勃勃地活跃于中国文化的这块沃土上。

禅宗，又称佛心宗、达磨宗、无门宗。《五灯会元》卷一云："世尊在灵山会上拈花示众。是时，众皆默然。唯迦叶尊者破颜微笑。世尊曰：吾有正法眼藏、涅槃妙心、实相无相、微妙法门、不立文字、教外别传，付嘱摩诃迦叶。"此说亦见于《大梵天王问佛决疑经》，谓禅宗以心传心，不依言教，系教外别传。据《坛经》等文献的说法，禅宗以迦叶为初祖，经阿难等，至菩提达磨，凡二十八人，是西天二十八祖。菩提达磨于梁武帝时自南天竺抵建业（今南京），成为我国禅宗初祖。达磨初来中国，谒梁武帝，然不契合，遂至嵩山少林寺面壁九年，后传法于慧可，慧可传僧璨，僧璨传道信，道信传弘忍。五祖弘忍住蕲州黄梅东山，传法于六祖慧能（也称惠能）。五祖之下另出神秀一系，于北方弘扬禅法。

慧能继为六祖后，避难南方，十五年后于曹溪大振禅风，是为南宗禅之祖。慧能之嗣法弟子有四十余人，以南岳怀让、青原行思、南阳慧忠、永嘉玄觉、荷泽神会为著名。此后，禅风遍行中国，形成五家七宗。五家即临济宗、沩仰宗、曹洞宗、云门宗、法眼宗。七宗就是在五家之外加临济宗的两个分支黄龙派、杨岐派。

南岳怀让从六祖蒙受心印，接化众生达三十年，嗣法弟子有九人，以马祖道一居首座。马祖于江西龚公山举扬禅法，机锋峻烈，开棒喝竖拂之禅风，主张起心动念、扬眉瞬目等日常身心活动皆为佛性。马祖门下百余人，以百丈怀海、南泉普愿、西堂智藏、大梅法常、章敬怀晖、大珠慧海为著。

## （一）本心佛性与顿悟成佛

下面仅以《坛经》为核心，来分析早期禅宗的思想。《坛经》版本繁多，内容有较大差别，本章所引为宗宝本。

### 1. 佛性说

禅宗的佛性说秉承了大乘佛教以及道生等人的“一切众生皆有佛性”的观点。据《坛经·行由品第一》记载：慧能欲拜弘忍为师时，弘忍说：“汝是岭南人，又是獦獠，若为堪作佛？”慧能回答：“人虽有南北，佛性本无南北；獦獠身与和尚不同，佛性有何差别？”这表明了禅宗的佛性平等观。慧能还提出“凡夫即佛，烦恼即菩提”（《坛经·般若品第二》，下引《坛经》只注篇名），两者的区别只在迷悟之间而已。

在《坛经》里面，佛性也叫本心、自性、道、真如本性、含藏识（即第八阿赖耶识）等等。慧能于五祖讲解《金刚经》之时，大悟自性，说："何期自性，本自清净；何期自性，本不生灭；何期自性，本自具足；何期自性，本无动摇；何期自性，能生万法。"（《行由品第一》）自性具有本自清净、本不生灭、本自具足、本无动摇、能生万法诸种体性。自性具有本自清净，能生万法诸种体性的观点，与《楞伽经》中的如来藏思想一致。慧能还运用唯识的理论解释"自性能生万法"，他说："自性能含万法，名含藏识；若起思量，即是转识。生六识，出六门，见六尘，如是一十八界，皆从自性起用。"（《付嘱品第十》）由此可见，佛性又叫含藏识，就是唯识宗所言的第八阿赖耶识，他的自性生万法的理论也符合唯识宗所说的由八识而生万法的观点。

慧能一方面以性说佛，性即是佛，离性无别佛，另一方面又说即心即佛，离心无别佛。在他那里，心与性之间并没有严格的区别，而是互为表里。赖永海说："就一切诸法上讲，则性是万物之源。就生佛范围内说，心是众佛之本。在众生界中，心之与性，是一而二，二而一的。作为万法本原之真如本性，对于众生界来说，也就是众生之自心，离心无别佛，故曰即心即佛。可见，即心即佛乃是自性是佛在生佛关系上的具体表述。"[①]慧能把生佛归于一心，是一大发明。

### 2. 顿悟成佛说

道生曾经根据《华严经十地品》（又称《十住经》）提出了他的顿悟观，认为从最开始修行直道十地（十住）菩萨，都是渐修，

① 赖永海：《中国佛性论》，上海人民出版社，1988年，第185页。

只有十地之后，才可以顿悟成佛。当时，僧肇等人认为在第七地有“小顿悟”，到第十地是“大顿悟”，开始了最早的顿悟之辩。

禅宗的顿悟说大异于道生之说，道生强调顿悟之前有严格的次第阶级，必须要到达十地之后，才可以顿悟成佛。禅宗认为，顿悟是超越任何阶级的。慧能说：“前念迷，即凡夫；后念悟，即佛。前念着境即烦恼，后念离境即菩提。……不悟，即佛是众生；一念悟时，众生是佛。……若识自性，一悟即至佛地。”（《般若品第二》）在禅宗看来，从凡夫位在刹那间就可以直至佛地，这一转变的关键就是顿悟。由此可知，近代学者所言道生的顿悟说影响了禅宗，是一个误解。

关于“一悟即至佛地”是否正确，其他宗派以及禅宗内部一直都有争论。唯识宗将修证次第分为五位，“悟道”只是在中间的见道位（又称通达位），后面还有修习位和究竟位，还要经过很长的路才能圆满成就。依照唯识宗的观点，妙观察智、平等性智、大圆镜智、成所作智合称四智，是转有漏的第八识、第七识、第六识，及前五识，是佛的四种智慧。其中妙观察、平等性二智，到达通达位、修习位可以证得一分；大圆镜、成所作二智，必须到究竟位才得证得。《楞严经》等佛教经典认为，理则顿悟，事需渐除，悟后仍然需要渐修。而《坛经》认为，宗门之悟超越阶级，一悟就具备“三身四智”。

当然，《坛经》也没有否定悟后起修。《机缘品第七》记载，南岳怀让禅师拜访慧能，言下豁然契会。怀让禅师悟后还在慧能身边住了十五年，“日臻玄奥”，这说明怀让还有继续细化的地方。被慧能称为知见宗徒的神会也提出了悟后渐修之说：“我六代大师一一皆言单刀直入，直了见性，不言阶渐，夫学道者须顿悟渐修，不离是□□而得解脱。”（胡适校敦煌本《神会语录》第三残卷）神会说，这种顿悟如："母顿生子"，而子的成长，仍需"与乳，渐渐养育，其子智慧自然增长"（同上）。唐末之后，禅宗产生了初关、重关和牢关的三关之说。关于三关也有多种说法，有以明自本心为破初关；从空性起用，识得真性妙用，称破重关；拂除悟迹，达自如无碍之境，称踏末后牢关。当然，后期禅宗也有人捍卫一悟即至佛地的观点，认为不必设置三关。由此可知，禅宗之"一悟即入佛地说"也引起很多争论，为千年难辨的悬案。

### （二）慧能对"禅"含义的转换

"禅"本是梵语，有"思维修""静虑""禅定"等含义。它本来是印度各宗教派别与佛教共同的修行方法之一。禅定为令心专注于某一对象，而达于不散乱的状态。印度佛教有四禅八定之说。

佛教认为，禅定是佛教和外道的共法，智慧才是佛教独有的不共法。仅仅依靠禅定，不能成小乘阿罗汉，也不可以获得大乘般若智慧。龙树的《大智度论十七》记载了一个故事说，释迦牟尼有一弟子证得四禅，就认为自己谓得四道，得阿罗汉果，不再要求进步。释迦牟尼说此人四禅比作四道，说自己得阿罗汉是错误的。

《坛经》对于禅和定有两种理解。在早期，慧能依照传统的理解，对于原来意义的"禅定"进行破斥。后来，慧能对禅定的含义进行了创造性转换，将禅定与般若智慧等同起来。

#### 1. 对传统意义的"禅定"加以破斥

慧能经过十五年的隐藏，于广州法性寺出道传播禅宗心法。法性寺印宗法师问曰："黄梅付嘱，如何指授？"慧能曰："指授即无，惟论见性，不论禅定解脱。"印宗曰："何不论禅定解脱？"慧能曰："为是二法，不是佛法，佛法是不二之法。"（《行由品第一》）在这里，慧能依照传统的理解来定义"禅定"，认为佛法的根本是"见性"，无关于禅定。认为仅仅注重禅定之法是不合于佛法的"二法"。在《疑问品第三》中，慧能又作"无相颂"，说"心平何劳持戒？行直何用修禅？"他指出，在认识本心之后，直心行事，自然合道，则不需另修禅定。

2. 对"禅定"与"定"的创造性转换

在《坛经》第四至第九品之中，慧能对定、禅定、坐禅等进行了从新解读，赋予了全新的含义。

北宗的神秀让门人志诚到广东听慧能之法。慧能向志诚问神秀的教育方法，志诚说："常指诲大众，住心观净，长坐不卧。"慧能指出："住心观净，是病非禅；长坐拘身，于理何益？听吾偈曰：生来坐不卧，死去卧不坐，一具臭骨头，何为立功课。"（《顿渐品第八》）武则天和唐中宗命薛简到广东诏请慧能，慧能以病辞。薛简告诉慧能说："京城禅德皆云：欲得会道，必须坐禅习定；若不因禅定而得解脱者，未之有也。未审师所说法如何？师曰：道由心悟，岂在坐也？经云：若言如来若坐若卧，是行邪道。何故？无所从来，亦无所去；无生无灭，是如来清净禅；诸法空寂，是如来清净坐，究竟无证，岂况坐耶？"（《护法品第九》）神秀等人所教导的住心观净是传统的禅定，是属于用意识心观照，让意识逐渐沉静，达到一定的禅定境界。

慧能认为，真正的"定"要在契悟本心以后修持。弘忍说：

“不识本心，学法无益。”（《行由品第一》）认识本心本性之后，就可以从本心（又称真心、慧、本性、佛性、含藏识）观照，自知佛法是不二之法，烦恼与菩提、生与灭、常与无常、悲与害、喜与嗔等皆是不二法门，自然随时随地都在大定之中。体悟本心本性之人自然可以“道贯一切经法，出入即离两边，自性动用，共人言语，外于相离相，内于空离空”（《付嘱品第十》）。由此可知，神秀等人所教导的禅定是在妄心（第六意识）上用功夫，是磨砖希图成镜，功夫用到极处，就有可能误将妄念沉伏的第六识的清静面当作证悟本心，这正是神秀“身是菩提树，心如明镜台。时时勤拂拭，勿使惹尘埃”之落处。

针对神秀，慧能的偈子是：“菩提本无树，明镜亦非台。佛性常清净，何处染尘埃！”[①]如何理解慧能的偈子？

慧能说：“吾所说法，不离自性。”（《顿渐品第八》）慧能破除了以第六意识妄心为起点的禅定观，以本心自性为视点对“禅、定”做出了新的解释。“我此法门，以定慧为本，大众勿迷，言定慧别。定慧一体，不是二；定是慧体，慧是定用，即慧之时定在慧，即定之时慧在定。若识此义，即是定慧等学。诸学道人，莫言先定发慧，先慧发定各别。作此见者，法有二相，口说善语，心中不善，空有定慧，定慧不等；若心口俱善，内外一如，定慧即等。……定慧犹如何等？犹如灯光。有灯即光，无灯即暗；灯是光之体，光是灯之用。名虽有二，体本同一。此定慧法，亦复如是。”（《定慧品第四》）在这里，慧能批判了那种本于妄心的“先定发慧，先慧发定”的禅定之学，提出了定慧一体的禅定学说，是对传统禅定说的扬弃。在《维摩诘

① “佛性常清净”，据敦煌写本《坛经》。以后的几种《坛经》版本，作“本来无一物”。见郭朋：《坛经导读》，巴蜀书社，1987年，第29页。

经》中，维摩诘也曾诃斥那些宴坐林中的修禅定者。“心不住法，道即通流；心若住法，名为自缚。若言常坐不动是，只如舍利弗宴坐林中，却被维摩诘诃。善知识，又有人教坐，看心观静，不动不起，从此置功，迷人不会，便执成颠。如此者众。如是相教，故知大错。”（同上）可见，慧能禅法的本质仍然是和大乘佛教一脉相承的。

3. 对“坐禅”与“禅定”的全新解释

根据他“直指本心”的风格，他还对于“禅定”和“坐禅”进行了全新的解释。坐禅本意是端身正座，结跏趺坐，不起思虑分别，系心（指意识心）于某一对象而入禅定。慧能指出，他所说的坐禅和一般的坐禅不同。他说：“此门坐禅，元不著心，亦不著净，亦不是不动。若言著心，心元是妄，知心如幻，故无所著也。若言著净，人性本净，由妄念故，盖覆真如，但无妄想，性自清净。起心著净，却生净妄，妄无处所，著者是妄。净无形相，却立净相，言是工夫；作此见者，障自本性，却被净缚。”（《坐禅品第五》）他要求坐禅者不可系心净念，因为净念本就是一个妄想。在行住坐卧之中无有执着，“见一切人时，不见人之是非善恶过患”（同上），就可以契悟本心，体证“自性”。

所以，慧能总结说：“无障无碍，外于一切善恶境界，心念不起，名为坐；内见自性不动，名为禅。”在《坐禅品第五》中，慧能还说：“何名禅定？外离相为禅；内不乱为定。外若著相，内心即乱；外若离相，心即不乱。本性自净自定，只为见境思境即乱。若见诸境心不乱者，是真定也。……外离相即禅，内不乱即定；外禅内定，是为禅定。”慧能从“本心、本性”出发，对“禅定、坐禅”进行了新的解释，据此形成了禅宗由外境无著而当下契悟本心、本性的独特禅法，这是对于《金刚经》“应无所住而生其心”的灵活运用。

慧能对“禅定”“定慧”“坐禅”这些名词的理解与传统的理解有着本质的区别，是对印度传统和小乘禅定之学的扬弃。慧能赋予这些词语新的意义。神秀（可能还包括当时流行的天台等宗派的法师）等人一直以意识妄心为出发点来理解和修持“禅定”，误解了大乘佛教。慧能根本视点的转变导致了禅宗的教育方法的飞跃，使大乘佛法超越了文字的束缚，灵活地展现在华夏大地。

## （三）无念、无相、无住的认识论

慧能说：“吾所说法，不离自性。”（《顿渐品第八》）这是慧能一切理论的起点和归宿。慧能指出“我此法门，从上以来，先立无念为宗，无相为体，无住为本”，这是本心自性的属性，也是认识本心自性的方法。这三者本是一体，“无念”是核心，“无住”是对内心而言，“无相”是对外境而言。

### 1. 无念

对于“无念”，在《坛经》中有多处解释，其核心是说明本心自性的体性。在《般若品第二》中，慧能指出若契悟本心，自然就可以做到无念。他说：“何名无念？若见一切法，心不染着，是为无念。用即遍一切处，亦不著一切处；但净本心，使六识出六门，于六尘中，无染无杂，来去自由，通用无滞，即是般若三昧，自在解脱，名无念行。”这是一种从本心出发的于念而无念的状态。他还进一步指出：“悟无念法者，万法尽通；悟无念法者，见诸佛境界；悟无念法者，至佛地位。”以此无念之法，可以到达万法尽通的佛地。慧能指出，无念不是心若死灰的空寂状态，而是“于念而无念”，要于念念之中随缘自在，“念念之中，不思前境”。

慧能特别批评了那种世俗修禅定之人的“绝念”状态，他说：“若百物不思，当令念绝，即是法缚，即名边见。”“百物不思”的“念绝”之法，是一种著相的外道边见，不合大乘佛教之教义。在《机缘品第七》中，有一位卧轮禅师写了一首偈子，说：“卧轮有伎俩，能断百思想。对境心不起，菩提日日长。”这首禅诗所表达的就是当时流行的禅定观。慧能听了之后，就说：“此偈未明心地，若依而行之，是加系缚。”于是他也写了首偈子回应：“慧能没伎俩，不断百思想。对境心数起，菩提作么长。”由此可见，慧能的“无念”，不是不起心动念的“断念”，而是在对缘应物中的无所挂碍、无所执着。

### 2.“三无之法”

“无相”是契悟本心自性者对于外境的认识。慧能言：“外离一切相，名为无相；能离于相，即法体清净；此是以无相为体。”（《定慧品第四》），此“无相”并非杜绝外在之“绝相”，而是“于相而离相”（同上）。

“无住”是指契悟本心之人内心的“心无所住”的状态。慧能说：“无住者：人之本性，于世间善恶好丑，乃至冤之与亲，言语触刺欺争之时，并将为空，不思酬害，念念之中，不思前境。若前念、今念、后念，念念相续不断，名为系缚。于诸法上，念念不住，即无缚也。此是以无住为本。”（同上）以本心观之，世间一切善恶好丑都是有因有果的随缘自现，所谓“善恶好丑”只是凡人之心所立定的名相，本来是空。由此可知“好生恶死，念念迁流”（《机缘品第七》）都是梦幻虚假，这样就可以超越一切执着而契合本心。

“三无之法”，即是禅宗的认识论，也是禅宗的功夫论和实践论。这种无念、无相、无住的法门，是针对当时流行的以“六识妄心”渐修的佛教各派而提出的。这种以本心、自性为起点，也以本心自性为归宿的认识论达到了简单易行的效果。

## （四）“即心是佛”“平常心是道”

马祖道一（约709—788年）是南岳怀让的弟子，曹溪慧能的第三代传人之一。慧能南宗至马祖道一、石头希迁而大盛。马祖、石头都是南禅史上的中心开启式人物。慧能的生命智慧，禅宗的独特精神，迨他们而弘扬光大。马祖主要在洪州（今南昌）传禅，弟子云集。洪州宗或江西禅系的佼佼者，有马祖门下三大士百丈怀海、南泉普愿、西堂智藏及大珠慧海等。以下略述马祖禅的意蕴。

### 1.“即心是佛”——个体性的凸显

上面讲到慧能的“自性是佛”“即心是佛”。“自心是佛”本是六祖慧能禅学的内核。慧能把外在权威纳入自心之中，张大人的自性，促进人的觉醒。马祖进一步珍视人的主体性与个体性，肯定人的内在自我的价值和能力：

> 汝今各信自心是佛，此心即是佛心。是故达磨大师从南天竺国来，传上乘一心之法，令汝开悟。又数引《楞伽》

> 经文，以印众生心地，恐汝颠倒，不自信此一心之法，各各有之。故《楞伽经》云："佛语心为宗，无门为法门。"又云："夫求法者应无所求。"心外无别佛，佛外无别心。(《祖堂集》卷十四)

这里继承了达磨以来明心见性的思想，而更加肯定自心清净，自修自作，自行佛行，自成佛道。"心"与"佛"的统一是禅宗真髓。这就破除了对外在权威、偶像、经卷、知识、名言、持戒、修证、仪轨的执着，统一"世界""佛"与"我"，肯定向内体验的重要性，自悟内在宝藏，自性自度，不假外求。

大珠慧海法师初次参拜马祖，欲求佛法。马祖说："我这里一物也无，求什么佛法？自家宝藏不顾，抛家散走作么！"慧海问："阿那个是慧海宝藏？"马祖说："即今问我者，是汝宝藏。一切具足，更无欠少，使用自在，何假外求？"大珠慧海从此开悟，"自识本心"(《五灯会元》卷三)。

马祖重视自身价值，肯定自家宝藏的圆满具足，反对"抛却自家无尽藏"，打破"佛"与"我"之间的时空阻隔，把世界与我融为一体，当下体验佛的境界。这是受孟子、庄子之学的影响所致。与孟子"万物皆备于我""反身而诚"的意旨一样，孟子与马祖所说我具备了一切，不是指外在的事物、功名，而是说道德的根据在自己，元无欠少，一切具备。在道德精神的层面上，探求的对象存在于我本身之内。与庄子"天地与我并生，而万物与我为一""独与天地精神往来"的境界一样，马祖要化解物形，得到精神的超脱放达，而这种精神自由，是以对最高本体的冥悟契会为前提的。

"即心是佛"的命题，强调内转、内修，在自心上做工夫，凸显了道德的主体性与个体性，以更好地成就人格。马祖因材施教，对向外求佛的人讲“即心是佛”，对执着自心的人讲“非心非佛”。公案：“问：‘和尚为什么说即心即佛？’师（按即马祖）曰：‘为止小儿啼。’曰：‘啼止时如何？’师曰：‘非心非佛。’曰：‘除此二种人来，如何指示？’师曰：‘向伊道：不是物。’曰：‘忽遇其中人来时如何？’师曰：‘且教伊体会大道。’”（《古尊宿语录》卷一）向外觅求者就好像得不到自己喜欢的东西而啼哭的孩子一样。这要用“即心是佛”加以启导。没有从深层次理解“即心是佛”，执着其表层意义，盲目张扬自性者，犹如暂时贪恋自己喜欢的东西的孩子一样，因此要以“非心非佛”化解其执。进而，马祖告诉人们，物不是物，是道的体现。这是为了避免对于“非心非佛”的执着。真正有悟性的人，任运而行，应机接物，触目即道。

大梅法常受马祖道一“即心是佛”启发，大彻大悟。此后法常把握住这一宗旨，无论马祖再说“非心非佛”，他只管“即心是佛”。马祖赞扬说：“梅子熟也。”（《五灯会元》卷三）足见“非心非佛”云云只是帮助人们理解“即心是佛”的。法常对此有极深的体验，不再受各种言教遮蔽，不限于种种偏执。道德完善、生命体验，总是个体的事。马祖不仅重视内在性的开发，把“佛”与“我”统一起来，而且把修道贯穿到个人具体的生活之中。

### 2.“平常心是道”——生活化的推进

马祖开示众人：“道不用修，但莫污染。何为污染？但有生死心，造作趣向皆是污染。若欲直会其道，平常心是道。谓平常心无造作，无是非，无取舍，无断常，无凡无圣。经云：非凡夫行，非圣贤行，是菩萨行。只如今行住坐卧，应机接物，尽是道。”(《景德传灯录》卷二十八)“平常心是道”,即中国传统“极高明而道中庸”思想的蜕变。不刻意追求外在超越的理念,而是将其纳入日用常行之中。这是在自心做工夫的“即心是佛”之论的发展与补充。前引公案,马祖对真正有所悟的人,不讲佛、心、物,只教他任运而行,应机接物,正是此意。

马祖提出“随处任真”的命题(《祖堂集》卷十四)。“随处任真”,是人心深处佛性的自然呈现,是人在穿衣吃饭、担水运柴、待人接物、日常生活之中明了禅理,提升意境。这就把禅推进到世俗生活之中。如果说“即心是佛”使成佛的理念向内转到自心的话,那么“平常心是道”则使成佛的道路由记诵佛经、坐禅修行转向世俗日常生命活动。

马祖门人南泉回答赵州“如何是道”的提问,重申马祖“平常心是道”的命题。赵州问:“还可趣向也无?”南泉说:“拟向即乖。”赵州曰:“不拟争知是道?”南泉曰:“道不属知,不属不知。知是妄觉,不知是无记。若真达不疑之道,犹如太虚,廓然荡豁,岂可强是非耶?”(《五灯会元》卷四)赵州于言下悟理。这就是说,佛道、佛理不是虚拟、设置的教条,不是知识理性或一般的是是非非,而是寓于日常生活中的,每个人都可以体验、觉悟到的人生智慧。道不离开真实生活,不离开个体人生存的具体场境。禅的智慧贯彻到平淡、凡俗的生活中,融成一体,使生活具有了不平淡、不凡俗的价值,使人们断掉妄念,摆脱烦恼,体验凡俗中的崇高、愉悦、安适。禅的智慧寓神圣于凡俗,化凡俗为神圣,不执定于过去,消解物欲追逐等苦缘,当下得到生活的充实和生命的自由。

大珠慧海回答源律师“如何用功”之问,说:“饥来吃饭,困来即眠。”曰:“一切人总如是,同师用功否?”师曰:“不同。”

曰:"何故不同?"师曰:"他吃饭时不肯吃饭,百种须索;睡时不肯睡,千般计较。所以不同也。"(《五灯会元》卷三)一般人因俗世生活的牵累,功名利禄的追逐,人际关系的照应,总有百种思虑,千般计较,常常被折磨得寝食不安。禅的智慧,让人们空掉外在的攀援与追逐,解脱妄念、烦恼的系缚,安于自然平易的生活,在平常之中悟得生命之真。平常是生命的本真,平常心是空悟的智慧。否弃平常,视不常为常,被各种幻想妄念左右,就会失掉自家宝藏。今天我们有很多人把"正常"与"非常"颠倒,孜孜以求现实功利,最终丧失了自我。另一方面,大珠慧海所说"饥来吃饭,困来即眠",是一种平常心的境界,却不是简单的事,不是排斥,毋宁说反而涵盖了不平常的修持,如此才能真正达到此境。

禅的智慧,在随顺生活的真实中,否定分别计较之心,超越庸常,解脱牵累。马祖的贡献,即着力于使禅生活化,在随时着衣吃饭中长养圣胎,不雕凿于心计,放下过去的罪恶感或荣誉感,解除精神负担,随处任真,触境皆如。为此,他推动了禅法的革新。

### (五)"机锋棒喝"与"自识本心"

杜继文、魏道儒《中国禅宗通史》据权德舆于贞元七年后所写《唐故洪州开元寺石门道一禅师塔铭并序》和南唐泉州昭庆寺静、筠法师合撰之《祖堂集》,指出马祖道一的核心思想是"佛不远人,即心而证","法无所着,触境皆如"和"随处任真"三点。至于启悟方式,只是消解关于言语经论的泥执。进入宋代,所传道一的禅法才有了很大变化,如《景德传灯录》即是。至《古尊宿语录》，则更为放大，使“道一成了一个激烈反对‘修道’的人”，“似乎用打、喝等方式悟人，即创始于道一，这距离史实愈远了”①。

1. 机锋棒喝——启悟方式的革命

马祖在接机方式上是否开后世机锋棒喝之先河，研究者见仁见智。洪修平《中国禅学思想史纲》认为，机锋棒喝的禅法是马祖所开创；顾伟康《禅宗：文化交融与历史选择》则认为，此接机方式的革新乃洪州宗之特色②。我想，就马祖禅或洪州宗之整体而言，机锋棒喝无疑是其影响深远的禅法革命。马祖本人已开其端，其弟子与再传、三传弟子越来越显，薪火相传，愈益放大。这种禅法是凸显个体性、生活化的禅观的必然要求与落实。

《祖堂集》记载，汾州和尚为座主时，讲《四十二章经》。他向马祖请教：“宗门中意旨如何？”“师（指马祖）乃顾示云：‘左右人多，且去。’汾州出门，脚才跨阃阈，师召座主。汾州回头应喏。师云：‘是什么？’汾州当时便省，遂礼拜……”（《祖堂集》卷十四）。马祖通过突然呼唤汾州之名，并问“是什么”，使汾州当下省悟。自认为对《四十二章经》懂得很多的汾州座主，至此才悟真意，说：“今天若不遇和尚，泊合空过一生。”马祖问百丈怀海以何法示人。“百丈竖起拂子对师云：‘只这个，当别更有？’”以上公案中，马祖以呼喊姓名和突然发问的方式，百丈以竖起拂子的动作接引对方，呼唤出他的自性，促使他洞见

① 杜继文、魏道儒：《中国禅宗通史》，江苏古籍出版社，1993年，第234页。
② 洪修平：《中国禅学思想史纲》，南京大学出版社，1994年，第179页；顾伟康：《禅宗：文化交融与历史选择》，知识出版社，1990年，第60—61页。

真相，自悟内在精神。类似的例子，在马祖禅中数不胜数。据《传灯录》记载，李翱向西堂打听马大师的言教，西堂智藏用直呼其名的方法回答李氏，李氏应诺，西堂赞叹说："鼓角动也。"李翱对佛学有一定基础，对马祖"即心即佛"、"非心非佛"的教法，也有自己的看法。西堂点醒的只是：马祖的言教，乃是直指自性。

关于马祖以野鸭启导百丈的公案，人所尽知，兹不复述。这里，马祖用手扭百丈的鼻子，是特殊的手法，又用普通的"是什么""又道飞过去"等问话，启发百丈觉悟自性，不被外境所夺（跟着野鸭飞走）。百丈以"适来哭，如今笑"，不正面回答师兄弟们的问题，意在不执着于外境。最后，百丈又以"卷却席"的动作和答非所问来回应马祖，马祖即知他已悟道。

圭峰宗密认为，作用见性正是洪州宗的特色："起心动念，弹指謦咳，扬眉瞬目，所作所为，皆是佛性全体之用，更无第二主宰。如面作多般饮食，一一皆面。佛性亦尔，全体贪嗔痴，造善恶，受苦乐，故一一皆性。"（《圆觉经大疏抄》）可见马祖禅善于从见闻觉知，从动作、语言、身心活动、生命现象中，通过机锋棒喝、扬眉瞬目等等方式把不可言传的内心体验传达给受教者，启悟他人自识本心，见性成佛。这再次表明了佛禅修证的个性化。

### 2. 自识本心——儒、禅引为同调

熊十力指出，禅宗之根本在"自识本心，直彻真源（自注：真源，谓宇宙本体。识得自心与万物同体，真源岂待外

求?)”[①]。在他看来，这也是儒学之根本。他发挥大珠慧海初参马祖的公案，指出“自家宝藏”即是本心，此是万化之源，万物之本。所谓“抛家散走”，是指专恃量智或知识向外追求探索。熊氏认为，本体不可当作外在的物事来推度，迷者以为实有佛法可求，实则佛者觉也，只此心是。若离自心，便无佛可得，亦无法可得。关于“使用自在”，熊氏说，这个宝藏是吾人所以生之理，亦即是天地万物所以成形之理，因吾人与天地万物同一本源，不可分割。由此应知，此大宝藏具有无穷神化，无边妙用。就吾人日常生活言之，此大宝藏随触即应，无感不通。熊氏以“本心”与“习心”之辨来解读这一公案。一般人任习心趣境，将佛法当作物事来追逐，而不自识何者为自家宝藏或本来的心，自己不认识自己。他指出:“吾人与天地万物同体的大宝藏，本崇高无上……此崇高无上的，正是平平常常的。若悟得这个，才是我的真实生命。易言之，这个才是真的自己，岂不平平常常?……马祖鉴其妄习未除，于是呵其外逐，令反悟自家宝藏，又示以无物可求。而慧海乃一旦廓然空其胸中伏莽，始跃然兴问，谁是自家宝藏?马祖则直令其反悟当下之心，即此时兴问之心，光明纯净，如赤日当空，不容纤毫翳障，此非自家宝藏而何?若时时在在，恒保任得如此时之心，便是药山所谓皮肤脱落尽，唯有一真实也。”[②]慧海被马祖提撕，习心偶歇，而本心之明，乍尔呈现。但恐妄习潜存，仍然障蔽本心之明。因此，保任之而勿放失是十分重要的。这正是孟子“求放心”之本意。

熊十力平生最服膺马祖扭百丈鼻孔一公案，认为其揭示

① 熊十力:《新唯识论》(熊十力论著集之一)，中华书局，1985年，第551页。

② 熊十力:《新唯识论》(熊十力论著集之一)，第552—553页。

独体及护持工夫，至为亲切。马祖在怀海接近成熟之际，见野鸭飞过，因乘机故诘，诱而进之。怀海滞于习心逐境，未能解悟。马祖再诘，而怀海犹不悟，于是马祖扭其鼻孔，令其自识独体。马祖当机善诱，意义深远。熊氏肯定马祖行住坐卧、应机接物之道，与我国儒道诸家之道，只是一道。他更认为孟子求其放心、保任无失、深造自得、发掘资源、左右逢源之说与马祖自识本心、即心是佛、河沙妙用、不出法界之说，可以相互发明。

自识本心，才是解脱的本原，但本心容易与习心（向外追逐，计较分别之心）相混淆，习心或无明，成为发明本心的障蔽。明心见性，就是要空掉或超越这些障蔽。马祖禅沿着慧能的智慧方向，借助《孟子》《庄子》等本土资源，返回自身，寻找吾人与天地万物一体之生命本源，肯定自家宝藏自足圆满，元无少欠，让真心真性（佛心佛性）真实地呈现出来。其要旨是创造条件，在凡俗的日用常行之中，凸现生命的意义与价值。这一点，禅宗与儒家是相通的。马祖禅把佛还原到人的具体生命中，又把人的凡俗生活安顿在佛的境界之中，使有限制的个体透过与佛同体的内在生命的发掘，体悟到心性的空灵与自由，从而超越限制，通向永恒。

总之，马祖禅强调个体人自身即佛，随时体道，以更简易直接的方式当下得到解脱。他彰显了个体内在的价值，开发自身的资源。他的无修无证、无念无着之禅机，更彰显了“人”的地位、“个体性”的地位，其灵活启发的方式，更具有创造性。马祖及其禅观、禅法在中国思想史上具有重要地位，成为宋明心性之学的重要资源，亦为当代新儒家所珍视。其举动施为、语默啼笑中，充满高峰体悟的创意。其不假外求的方式，截断众流的爆发力，借助语言又超越语言限制的佛慧，在今天的思维术、语言哲学和诠释学上都有极高价值。

# 十六、朱子的智慧

朱熹（1130—1200年）字元晦，号晦庵，徽州（今属安徽）婺源（今属江西）人，出生于福建尤溪。朱熹出身于“以儒名家”的“著姓”，少小苦读“五经”，后师事武夷三先生（胡原仲、刘致中、刘彦冲），出佛入老，泛滥于百家。及至师从杨时再传弟子李侗，体验未发之中道后，始立定脚跟。此后，在与同时代诸哲的激烈辩论过程中，以二程理学为宗，吸收和融会了周敦颐、张载、邵雍等人的学问，承继孔孟道统，构筑起宋以后传统社会博大精深的理学体系。朱熹的著作颇丰，遍及经学、史学和文学等科目，其哲学思想主要集中在《朱文公文集》（100卷，《续集》11卷,《别集》10卷）、《朱子语类》（140卷）和《四书章句集注》等书中。今人把朱子现存的全部著作及其年谱等编纂成《朱子全书》。朱熹所建立的学派被后人称为“闽学”。

朱子一生中的大部分时间是在讲学论道中度过的，真正出仕做事的时间并不多，但他的为官是真正做到了勤政爱民。朱熹在知南康和提举浙东时，努力劝农赈灾，宽恤民力，为减免贫困县的赋税和积年旧欠，多次奏请朝廷。朱子为赈荒写了数以百计的奏状、札子、榜文、布告，想了一系列办法，逼使朝中宰辅同意他的救济百姓的措施。朱子曾向宋孝宗面奏七札，严辞批评孝宗主政二十年的弊病：“大政未举，用非其人，邪佞充塞，货赂公行，兵怨民愁，盗贼间作，哀鸿遍野，民不聊生。”朱子忧心如焚，视民如伤，大修荒政，调度官粮、义仓，对富户中纳粟赈济者给予政策上的优惠，对乘机哄抬粮价、放高利贷者予以打击，抑制强宗豪右，严惩贪官污吏。他深入穷乡僻壤，拊问存恤，提出具体应对荒灾的办法，关注戢盗、捕蝗、兴修水利等事[①]。朱子不仅注重百姓的疾苦，还设法促进教育，多次考察后恢复了久已荒废的白鹿洞书院，他不仅亲自为诸生讲学，还延请当时一些有才学的学者，如陆九渊就曾受朱子之邀讲授义利之辨，使听众受到很大的感发，以至于在天气微冷的时刻大家竟羞愧和感奋到汗流不止，座中甚至有人为之痛哭流涕。在朱子的表彰和推进下，白鹿洞书院成为名扬天下的四大书院之一，后来朱子到长沙短暂任职时，又着手修复岳麓书院，可以说朱子每到一地，时刻不忘宣讲学问推进教育。与此同时，他的著作也在不断地写出，难能可贵的是他并非轻易为文，而是把文章或书籍看作与道有紧密的关系，所以他有时会不断地修改文章，精益求精，如对《大学》的注解前前后后修改完善了近三十年。

刚正不阿的朱子不仅关注民众疾苦和宣讲教育，还对一些贪官污吏进行了弹劾，使得当时的一些权臣对朱子及其学问深感不满，网罗捏造了一批罪名诬称朱子他们为伪学，这就是当时的“庆元党禁”[②]。朱子的朋友学生近六十人受到牵连，一时间很多人为之改换门庭避而远之，朱子却坦然地面对这横来之祸，很多学生深受朱子人格和学问的感召不忍离去，于是朱子和这

---

① 关于朱子的生平，详见束景南：《朱子大传》（增订版），复旦大学出版社，2016年。

② 高全喜：《理心之间：朱熹和陆九渊的理学》，生活·读书·新知三联书店，2008年，第63页。

些学生在这最艰难的时刻也未曾中断他们的讲学，朱子始终保持着儒者不忧不惧的本色，践行孟子“虽千万人吾往矣”的精神。据他的学生后来回忆不忧不惧的朱子：

> 其闲居也，未明而起，深衣幅巾方履，拜于家庙，以及先圣。退坐书室，几案必正，书籍器用必整。其饮食也，羹食行列有定位，匙箸举措有定所。倦而休也，瞑目端坐。休而起也，整步徐行。中夜而寝，既寝而寤，则拥衾而坐，或至达旦。威仪容止之则，自少至老，祁寒盛暑，造次颠沛，未尝有须臾之离也。①

可见，这个时候朱子在衣食住行等日常行为中都透露出一股神圣之意，所谓即平凡而神圣，其气象从容中见出虔敬，温然中透着坚毅，朴实中含着厚重，博大而不失邃密，和悦且谨严，一股和煦温暖之意充溢在其光辉中，他用生命树起了人格的典范，沧桑激越终究化为心灵的丰饶和平静，可谓从容中道，真正地做到了以身行道。

朱子之所以有如此的容纳百川而又静水流深的气象，乃在于以身行道的朱子对此学此道有着诚挚而深切的把握。朱子的哲学思想以太极论、理气论、性理论（心性论）及相应的工夫论为核心，强调“无极而太极”、理气浑然一体的理学观；通过对未发、已发、中和及仁学等问题的讨论，对心性情等范畴作了细致的分析，以“心统性情”发展了传统的心性论，肯定了“气质之性”对人性善恶之辨的重要意义；并着重强调了居敬穷理

---

① 束景南：《朱熹年谱长编》，华东师范大学出版社，2014年，第1429页。

的工夫，认为只有通过操存涵养和格物致知这两层工夫，才能树立起人之本，达到生命的净化和升华。朱熹由心性学上的道心人心、天理人欲之辨，进而在历史观上认为三代以天理行，此后则以人欲行，因此要恢复三代之至治，则必须存天理、灭人欲，尊王贱霸。这些都是《大学》三纲领八条目之教深入而具体的反映。

## （一）“无极而太极”

朱熹哲学的核心观念无疑是继承和发展了二程伊洛之学的“天理”范畴，不过其哲学体系的大框架却是继承周敦颐《太极图说》所确定的思路而来，这就是他为什么要把《太极图说》看得比《通书》重要，同时与江西陆氏兄弟辩论“无极而太极”的渊源与统系，久久不肯舍弃的原因。“无极而太极”，对于朱熹整个理学体系来说确实太重要了，其一是与整个道统是否正传密切相关，其二是与朱熹自己思想的思辨基础是否坚实可靠密切相关。

陆九渊兄弟训“极”为“中”，据此认为“无极而太极”在字面上都言不成义。又认为先秦儒家旧典都只讲“太极”而不讲“无极”，“无极”出于老氏，正是反儒家中庸之学的异端邪说，因此以“无极而太极”作为儒家思想体系的基础，正是背离了孔孟道统之传。况且如解“太极”为“天理”，则在“天理”的圆满规定中不必附加“无极”以修饰，所以言“无极而太极”无异于叠床架屋，由此否定“无极而太极”为周敦颐拟定的最终文本。

朱熹哲学思想的核心及其出发点无疑是“太极”，“太极”即“理”；不过与陆氏不同的是，他训“极”为“至”。“太极”指“理”，

“无极”则是对“太极”的修饰。他说“无极”有三义。其一，针对有形、具体的器物界而言，“无极”即“无形”，它表明“太极”不是一事物，“太极”无形无象，不可以事物言。其二，针对形上界而言，“无极”肯定了“太极”之上并无有一超然的绝对存在者，由此肯定了“太极”为逻辑在先的最高者，是确凿真实的，不因形象的变动而迁流，不因事物的幻现而虚无。其三，从贯通形上形下两界而言，“无极”既是对有形的否定，同时也是“太极”自身内涵的否定因素，“太极”不是于事物之外别有一事物，“太极”即本然之理：“谓之‘无极’，正以其无方所无形状；以为在无物之前，而未尝不立于有物之后；以为在阴阳之外，而未尝不行于阴阳之中；以为通贯全体，无乎不在，则又初无声臭影响之可言也。”（《太极图说解》）

此外，朱熹面对陆氏兄弟的一再批评而能坚持“无极而太极”的说法，是因为他在周敦颐《太极图说》的文本校勘上确有所据，当陆九渊猜测“无极而太极”的说法是周子少年时代的观点时，朱熹立即拿出文本上的对证予以有力的批驳。总的看起来，朱熹在无极、太极之辩中能够不拘泥于文字，对“无极”加以理会、理解。通过对“无极而太极”的诠释，他一方面维护了周敦颐开创的道学体系，另一方面也深化了程朱理学的思想内涵。他说：“不言无极，则太极同于一物，而不足为万化之根；不言太极，则无极沦于空寂，而不能为万化之根。”（《答陆子美》一，《文集》卷三十六）在当时，朱熹所面对的不仅是儒家内部的道统之传，而且肩负批驳释老的任务，他批评地吸取佛家、道家思想，开创性地发展儒家思想，重新为整个儒学系统奠定了坚实而可靠的基石。

## （二）理气论

### 1.“理”与“气”不离不杂

太极只是一个“理”，只是天地万物之理；理不离气，气不离理，理气相即，所谓太极正表明理气一体浑成的特点。气是形成事物的形质之体的根源，形器实质的存亡生灭，都是气的聚散；而气之聚散的根据，则是理。理在气中，理气一体浑成，理与气是构成此世界的两大根据。有此理，此世界有了存在的根据、价值和意义，理是此世界有差别相的统一者，此理是庄严肃穆、洁净空阔的。有此气则形成了此形质的世界，气是一个永无终止的流行之物，它聚散、障蔽，充满随机性和偶然性。理气一体浑成是在此世界上看。太极是天地万物之理，在天地言，则天地中有太极；在万物言，则万物中各有一太极，浑成之理备于天地间万事万物。

《朱子语类》卷一云：“天下未有无理之气，亦未有无气之理。”又说：“天地之间有理有气。理也者，形而上之道也，生物之本也。气也者，形而下之器也，生物之具也。是以人物之生，必禀此理然后有性，必禀此气然后有形。”（《答黄道夫》一,《文集》卷五十八）有理必有气，有气必有理，才能生成真切实际的天地和万事万物。不过理为形上之道，是生物之本原；气为形下之器，是生物之资具。人与物禀受此理而成自身之人性或物性，禀受此气而成就自身之形体器质。正因为理气对于此世界中人物之生成作用不同，所以理气虽一体浑成，却不妨将二者相区别开来。朱子云：“所谓理与气，此绝是二物。但在物上看，则二物浑沦，不可分开各在一处，然不害二物之各为一物也。若在理上看，则虽未有物而已有物之理，然亦但有其理而已，未尝实有是物也。”（《答刘叔文》一,《文集》卷四十六）“在物上看”，就是从具体而真实的事物来看，这可以说是一种常识的看；“在理上看”，则是从事物的本原根据上看，这可以说是一种哲学的看。从具体而真实的事物来看，理气浑沦一体不可分开,“理”与“气”不离，但从事物的本原根据上看，理是理，气是气，理为形而上者，气为形而下者，理气不同类，理与气“绝是二物”，并且，较之气，理则更为根本，理是事物存在的根据。这就是朱子的理气既不相离又不相杂的思想。

2.“理”“气”先后的问题

《朱子语类》卷一载：

> 或问：理在先，气在后。曰：理与气本无先后之可言。但推上去时，却如理在先，气在后相似。
>
> 或问：必有是理然后有是气，如何？曰：此本无先后之可言，然必欲推其所从来，则须说先有是理。
>
> 或问先有理后有气之说。曰：不消如此说；而今知得他合下是先有理后有气邪？后有理先有气邪？皆不可得而推究。然以意度之，则疑此气是依傍这理行。及此气之聚，则理亦在焉。盖气则能凝结造作，理却无情意，无计度，无造作。

这三则语录基本代表了朱子晚年对理气先后关系问题探索的最后结论。由上述可知，对朱子来说，理构成了万物的性，气构成万物的形，人物的生成是“理与气合”，故从此世界的构成或理气一体浑成的角度看，理不可能生气，气亦不可能生理，理与气只是两种不同的存在，并无生成关系与时间先后的间隔可言。在这几则语录中，朱子所谓的“理与气本无先后之可言”也说明了这一点，由此看来，朱子是主张理气无先后可言的。然而，在“理”“气”先后问题上，朱子及其门人又都不以这种理解为满足，总是要不断地追问，理与气究竟何者为先？从这几则语录中，朱子所谓的“推上去”“推其所从来”之意来看，他们这种刨根究底所追问的“先”显然不是时间先后的“先”，而是理与气何者更为根本。正如陈来所说：“按照朱熹这些说法，第一，理与气实际上无所谓先后。第二，从逻辑上‘推上去’、‘推其所从来’，可以说理在气先。这里要注意的是，不是说推论的结果理在时间上先于气，而是说这种推论及其结果本身只表明理气的先后是一种逻辑上的关系。”[①]当朱子及其门人从理与气何者更为根本的意义上说“先有理后有气”时，他们对理与气究竟何者为先的理解则无疑为一种哲学理解，“先有理后有气”这一命题也无疑为一哲学命题。

下面且来看朱子究竟是如何从哲学理解的角度，对“先有理后有气”这一命题作出具体说明的。朱子云：“要之，也先有理。只不可说是今日有是理，明日却有是气，也须有先后。且如万一山河大地都陷了，毕竟理却只在这里。”（《语类》卷一）朱子在这里明确指出，在理先气后的说法上不可以掺杂“今日”“明日”这些时间概念。要之，理气先后是指的逻辑上的先后，而不是指的时间上的先后。理与气，在此世界要有一起有，无无理之气、无气之理。但“也须有先后”，“山河大地”都是物，物有生存毁灭，理却常存不息，而天地之理的常存不

---

① 陈来：《朱熹哲学研究》，生活·读书·新知三联书店，2010年，第111—112页。

息，故又能再生出天地万物来，朱子在此是从天地之理的恒常性来说明“先有理后有气”这一哲学命题的。朱子云：“以本体言之，则有是理然后有是气。”（《孟子或问》卷三）朱子在此所谓的“本体”即事物存在或发生的根据。对朱子来说，“以本体言之”，理是本、是体，是事物存在或发生的根据，理决定气，朱子在此是从本体、本原的角度来推论和说明理气的先后问题的。朱子云：“理未尝离乎气。然理形而上者，气形而下者。自形而上下言，岂无先后？”（《语类》卷一）尽管理与气，犹呼吸，犹终始，循环无端，“理未尝离乎气”，但“理”毕竟属形而上者，“气”属形而下者，故由上及下，由理言气，自是理在先、气在后，朱子在此是从形上、形下之分的角度来说明理先气后的。准上所说，“先有理后有气”这一哲学命题所显示的是：理是终极的实在，是万事万物的本原与根据，理决定气而非气决定理。

当然，朱子对“先有理后有气”作一哲学理解和说明的目的也是为了给儒家的人伦道德提供宇宙本体论的论证：

> 如未有君臣，已先有君臣之理在这里，不是先本无，却待安排也。（《语类》卷九十五）
>
> 未有这事，先有这理。如未有君臣，已先有君臣之理；未有父子，已先有父子之理。不成元无此理，直待有君臣父子，却旋将道理入在里面？（《语类》卷九十五）

对朱子来说，君臣父子之间的忠孝之理决定君臣父子关系，是处理君臣父子关系的根据，故在此意义上，朱子认为：“未有君臣，已先有君臣之理；未有父子，已先有父子之理。”并且，朱子哲学体系中的人伦道德之理与作为终极实在的宇宙本体论的“理”是贯通和一致的，而作为终极实在的宇宙本体论的“理”具恒常性、普遍性，故儒家的人伦道德之理亦具恒常性、普遍性，从而为儒家的人伦道德提供了一种宇宙本体论的论证和说明。毫无疑问，朱子这种对儒家人伦道德的宇宙本体论论证与说明，不仅是对二程“理”本论的一种继承，而且也是对二程“理”本论的一种发展，使其更具思辨性和理论深度。

3.“理一分殊”

“理一分殊”的观念始于程颐，在朱熹的哲学中则得到了进一步的丰富和发展，他主要是用“太极”的观念来论述这一思想的：

> 盖合而言之，万物统体一太极也；分而言之，一物各具一太极也。(《太极图说解》)
>
> 太极只是天地万物之理。在天地言，则天地中有太极；在万物言，则万物中各有太极。(《语类》卷 · )
>
> 本只是一太极，而万物各有禀受，又自各全具一太极尔。如月在天，只一而已，及散在江湖，则随处而见，不可谓月已分也。(《语类》卷九十四)

在朱子看来，天地万物总体而言只有一个太极或一理，此太极此理散在万物使万物各具一太极一理，此即“理一分殊”。故在此意义上，朱子认为：“只是此一个理，万物分之以为体。”(《语类》卷九十四)“是有天下公共之理，未有一物所具之理。”(《语类》卷九十四)这表明对朱子来说，理都是普遍的，没有特殊的,“理一”与万物所各具之“理”的关系也并非我们所说的一般与个别、抽象与具体、全体与部分的关系，而是具统一性、普遍性的本体之“理”与此“理”在万物上的用的关系，万事万物之理皆是此统一性、普遍性的本体之“理”的体现。朱子常以“月印万川”和“随器取量”二例来阐明理一分殊之内涵。

“月印万川”本是释氏用来阐明真假两界一多相摄理论的例子，朱子在此随手借用，已涤除其间的佛家理论内涵，而代之以程颢“体用一源，显微无间”作为背景，认为太极之理统摄人物分殊之理。在“随器取量”的例子中，朱子说:“人物之生，天赋之以此理，未尝不同，但人物之禀受自有异耳。如一江水，你将勺去取，只得一勺;将碗去取，只得一碗;至于一桶一缸，各自随器量不同，故理亦随以异。”(《语类》卷四)从性质来说，随器取量之水虽分量不同，但皆为水，也即譬况人物所禀受之理为一;然而器有大小，故水在不同器中也就有多少之别，此即比喻:人物所禀受之理虽一，但因受各自所禀受的气的粹驳不同的影响，故此“理一”在各个具体的人与物上的表现则有偏有全。总起来说，朱熹无非是想说明“万个是一个，一个是万个”(《语类》卷九十四)的道理。

朱子之师李侗曾说:“吾儒之学，所以异于异端者，理一分殊也，理不患其不一，所难者分殊耳。”(赵师复《跋延平答问》引)朱子正是通过对这种“理一分殊”思想的阐发来抵御佛老思想和维护儒家的人伦规范的:

> 理只是这一个，道理则同，其分不同，君臣有君臣之理，父子有父子之理。(《语类》卷六)
>
> 万物皆有此理，理皆同出一原，但所居之位不同，则

其理之用不一，如为君须仁，为臣须敬，为子须孝，为父须慈。物物各具此理，而物物各异其用，然莫非一理之流行也。(《语类》卷十八)

对朱子来说，万物所同出的“一理”亦即具统一性、普遍性的本体之“理”是通过“分殊”以见其用的，各种具体的人伦道德规范都是此“一理”的体现，如果不能了解此“一理”之用之“分殊”亦即各种具体的人伦道德规范，那么此“一理”即是“空”理，与佛老无别，故他强调道：“盖能于分殊中事事物物、头头项项理会得其当然，然后方知理本一贯。不知万殊各有一理，而徒言理一，不知理一在何处？”(《语类》卷二十七)

朱子尤为注重“理一”在“分殊”或“用”中的那种差序之爱，以及个人对不同对象所承担的义务的差别，他说：“自天地言之，其中固自有分别；自万殊观之，其中亦自有分别。不可认是一理了，只滚做一看，这里各自有等级差别。且如人之一家，自有等级之别。所以乾则称父，坤则称母，不可弃了自家父母，却把乾坤做自家父母看。且如‘民吾同胞’，与自家兄弟同胞，又自别。”(《语类》卷九十八)一个人首先是爱自己父母，然后再及他人和物，一个人对父母、兄弟、他人及万物所负有的义务也自有等级差别，这是次第自然如此。朱子对“理一分殊”思想的阐发正是为了揭示和凸显儒家差序之爱，以及个人对不同对象所承担的义务自有差别这些“儒家性”品格。

### （三）心性论

朱熹由泛滥于佛老，而复归于儒学，是与他对已发、未发中和气象的体认密不可分的。朱熹对中和的体认经过了丙戌（1166年）之悟和己丑（1169年）之悟两个重要阶段。朱熹从他的老师李侗那里才真正重新认识和回归儒学的价值，确立了他对儒学此后始终不渝的追求和实践，可惜当时朱熹并没有完全地领会李侗的为学方式，李侗就离世了。然而，朱子并没有因此改变追寻儒学价值的志向，也没有放弃他的求学之路，一时没有合适的师友，他就广泛地搜集和阅读北宋以来周敦颐、张载、二程和二程弟子等人的书籍，就在这种阅读和切身修养的过程中，朱子有了关于心性论的早期观点，这就是丙戌之悟，他觉悟到了"人自婴儿以至老死，虽语默动静之不同，然其大体莫非已发，特其未发者为未尝发耳"（《中和旧说序》,《文集》卷七十五）的道理。这实际上是认为人自生至死，虽有语默动静的不同，但人生基本上属于喜怒哀乐莫非已发的情感世界，只是未发之本体却未曾发展开来，依然凝敛含蓄在内罢了。这里，未发之性与已发之情截然分开。他又认为"心为已发，性为未发"，可见，当时他对心性情三者的关系尚未得真切确实的把握。求道的热诚促使他怀着这种见解去和张栻为代表的湖湘学派进行学问的商讨，这一见解又为胡宏的著作所验证，朱子就对他的观点更加自信了，朱子此时所作《观书有感》一诗[①]，其中"为有源头活水来"大概最能说明他当时的心情。朱子并没有因此就停止他对学问的追求，更没有固步自封抱残守缺，而是一边积极地与各位学者进行商讨、辩论，又一边切实地做工夫，始终保持着开放的心灵，将他自身依据中和旧说时期的工夫所呈现的气象和古代圣贤的气象相比较，他却发现自己在言

① 陈来：《朱子哲学研究》，生活·读书·新知三联书店，2010年，第191页。

语、做事的时候常常显得躁迫浮浅又张狂，这显然和圣贤的气象差得很远，他自己的表述是“其发之言语事为之间，亦常躁迫浮露，无古圣贤气象”（《已发未发说》,《文集》卷六十七），这使他感到很苦恼，一时又不知如何来安顿自己，就是在这种既自信又不安中，在这种矛盾的冲突激荡中，朱子迎来了他学问的再次突破的契机。他终于在一次和友人的书信问答中发现了他的中和旧说时期的工夫实际上是有偏颇的，他认为之所以会有这种躁迫浮露的缺憾，就在于他只把心作为已发，所以只对已发之心做工夫就是所说的察识端倪，这是偏向于动的一面了，到这时他确信心实际上还有未发的时候，而且唯有在心未发时候的工夫才能减少之前没有这段工夫所致的弊病，朱熹对此的反省为“向来讲论思索，直以心为已发，而日用工夫亦止以察识端倪为最初下手处，以故缺却平日涵养一段工夫，使人胸中扰扰，无深潜纯一之味”（《与湖南诸公论中和第一书》,《文集》卷六十四），实际上这已经是朱子中和新说即己丑之悟时期的看法了。可见，朱子自从确信了儒学的价值后，就一直寻找成圣成贤的具体工夫，他不但亲自整理周敦颐、二程和谢良佐等人的文献，而且也不远千里到湖南去向张栻请教商量学问，还亲身实践所得的为学见解。他将自己经过修养后的气象和古圣贤相比较，发现偏颇后就勇于改正，朱子对此一点也未松懈放过，朱熹参悟中和学说的过程最能见出他对圣人之道的仰慕和求学的真诚，他时刻不忘用圣贤气象勉励和要求自己，勇于用不惜以今日之我否定昨日之我的精神更正自己的为学工夫，最终确立了他对于心性论的成熟看法即己丑之悟，真正做到了“苟日新，日日新，又日新”的慕道求学的过程。刘述先就认为“朱子求道之诚使他不断屡易其说，这是可佩服的”[①]。

己丑之悟，朱熹已经过与张栻等湖湘学者的辩论，对“中和”问题有了长足的认识。在《与湖南诸公论中和第一书》(《文集》卷六十四)、《已发未发说》(《文集》卷六十七)、《胡子知言疑义》(《文集》卷七十三)、《仁说》(《文集》卷六十七)等著作中，朱子认为未发之中为性，是心之体；已发为情，是心之用；心主（统）性情，贯通于已发未发之间。仁义礼智，性也；恻隐羞恶辞让是非，情也；以仁爱，以义恶，以礼让，以智知者，心也。仁者，心之德，爱之理，是天地生物之心，即物而在。以其本体言，性无不善；以其发用言，则有时而善。因此要通达已发未发之旨、中和之道，心必以敬主性情，在日用处省察推明，这就是“用敬”“致知”的为学工夫。根据己丑之悟以及其后思想的转进，朱子的心性论可以比较详细地梳理如下。

1. 论继善成性

“性”这一概念有多重含义，朱熹所谓的“性”，一是指天命之性、本然之性，此性乃人物所禀受“天理”而成的性，故也可说是“天理之性”；其二是指气质之性，气质之性相对于天命之性，并非别有一性，不过是从气质之禀受而言，指理气一体浑成而在人物之性。天命之性从本然上言，从理上说；气质之性兼理气而言，是从每个人直接发生作用的现实的人性上说。

孔子云“性相近，习相远”，但并未推明“性相近”之所以然。孟子以心言性，性无有不善，但并没有指明本然之性与气禀之性的差别。荀子言性恶，却背弃天理，以情欲说性，把性

① 刘述先:《朱子哲学思想的发展与完成》，吉林出版集团有限责任公司，2014年，第100页。

等同于气质之恶，从告子性论上进一步滑落下去。但孔子之后，《中庸》直契天道与性命，开篇即言“天命之谓性”，上继《诗经》“惟天之命，於穆不已”之吟咏，下启《易传》“继之者善，成之者性”之宏论，把一个净洁纯一的本然之性当下指出来。在此基础上朱熹对“性”论述道：

> “继之者善，成之者性。”这个理在天地间时，只是善，无有不善者。生物得来，方始名曰“性”。只是这理，在天则曰“命”，在人则曰“性”。（《语类》卷五）
>
> 伊川言：“天所赋为命，物所受为性。”理一也。自天之所赋与万物言之，故谓之命；以人物之所禀受于天言之，故谓之性。其实，所从言之地头不同耳。（《语类》卷九十五）

在朱子看来，天地之理流行于天地间，恒常不已，无有片刻间断，人与万物皆禀此天道天理以生，故人与物都具此无有不好之纯善之性，而人作为万物之灵，不仅禀受此天道天理为性，而且能继复而呈现此天理此“无有不善”之性，此亦即所谓“继之者善也，成之者性也”。当然，此天理此天命之性有“所从言之地头不同”，但二者之间是一致的。

“性即理”，只解释了“性相近”之一面。性之所以相近，还有使其不可全同的因素。朱子从自身的经验中体会到：“人之性皆善。然而有生下来善底，有生下来便恶底，此是气禀不同。”（《语类》卷四）朱子认为人性从其本然来看，无有不善，但人却有善恶之别，这是因为气禀不同。由此他对孟子先善后恶的陷溺之说作出批评，认为孟子的缺陷乃在于“论性不论气，有些不备”（《语类》卷四），不能解释恶之来源及人生即有恶这一事实。并进一步指出，董仲舒所谓“贪性”，扬雄所谓“性善恶混”，韩愈所谓“性三品说”，都在一定程度上歪曲了圣人的性命之理，对气禀之作用也未曾正视。朱子则从他的理气观出发，对“性”作了“天命之性”与“气质之性”的分析和说明。

2. 论天命之性与气质之性

朱熹的理气观主张理气各为一物，体现在人性论中，则为“天命”与气虽未尝相离，但也不与气相杂，朱熹指出："虽其方在气中，然气自是气，性自是性，亦不相夹杂。"(《语类》卷四）所以,"性之本体元未尝离，亦未尝杂。"(《语类》卷九十五）从理气一体浑成来看，则天命与气质“亦相衮同，才有天命便有气质，不能相离。若阙一，便生物不得。既有天命，须是有此气，方能承当得此理。若无此气，则此理如何顿放！”(《语类》卷四）“性离气禀不得，有气禀，性方存在里面；无气禀，性便无所寄搭了。”(《语类》卷九十四)然而，尽管每个人的“天命之性”无不同亦无不善，但气则有别，朱熹说：“盖气是有形之物，才是有形之物，便自有美有恶也。”(《语类》卷四）

正因为人之气质之禀有清明昏浊、纯粹驳杂之别，故与“天命之性”混成一体时其则有透明或障蔽的作用，此作用对于天命之性来说便有善恶的区别。朱子与张载、程颐二人所理解的气质之性并不相同，张载认为气质之性就是气质本身的攻取缓急之性，是经验层面的材质之性，程颐同样就人所禀的气质来论述气质之性而非就本然的超越之性即天地之性立论，可以说张载、程颐二人所言的气质之性都是气质的性，这就意味着气质的性和天地之性相互独立分属不同领域。朱子则不取这种观点，他主张气质之性实际上就是天地之性坠在气质之中，受到气质的遮蔽后所表现出来的性，所以气质之性是兼有本然之性(天地之性)和气质两方面而言的，正如李明辉教授所指出的“在横渠(张载)、伊川(程颐)，‘气质之性’与天地之性(性之本)是两个各自独立的概念，各属于不同的领域。在朱子，‘气质之性’与‘天地之性’却不是两种‘性’，而根本是同一‘性’”[①]，也就是说朱子的本然之性和气质之性在本质上是一样的，但表现有所不同罢了，气质之性就是本然之性受到气质的影响后所显现出来的样态。朱熹常把本然之性和气质之性的关系以如珠在水、如灯在笼作譬喻，珠与灯，随水之清浊、纸之厚薄不同而著见有异。性之发现亦复如是，所谓“气质之性”即兼气质之作用而言，连带“天命之性”一衮说了。

若细论气质之性的含义，首先，朱子认为：“论天地之性，则专指理言；论气质之性，则以理与气杂而言之，非以气为性命也。”(《答郑子上》十四,《文集》卷五十六)理与气本不相杂，理是理，气是气，不妨为二物；但从理气混成一体言之，则可以“杂”言理气共成一物。其次，朱子认为，才说性便已是兼乎气质而言，本然之性即在气质之性中，气质之性不是“用气为性”传统下所说的气性，而是“性坠在气质之中，故随气质而自为一性”(《答徐子融》,《文集》卷五十八)，也就是说气质之性是天命之性受气质熏染后的一种转化形态。再次，朱子认为，天命之性无有不善，气质之性有善有恶；人物既生来已具气质，因此亦必天生即有善有恶，而无有不善的天命之性则是一超越的存在者。在此基础上，朱子进一步认为仁义礼智之性体，因

① 李明辉：《朱子论恶之根源》，钟彩钧主编：《国际朱子学会议论文集》，台北中研院中国文哲研究所筹备处，1993年，第559页。

恻隐、羞恶、辞让、是非之情用而发见于外。由未发之性体到已发之情用，朱子特重发明“心主性情”之道。

3. 论“心”及“人心”“道心”

在朱子哲学中，他论“心”主要有下列几种说法：

> 心者人之神明，所以具众理而应万事者也。(《孟子集注·尽心》上)
>
> 心者人之知觉，主于身而应事物者也。(《大禹谟解》，《文集》卷六十五)
>
> 性者心之理也，情者心之用也；心者，性情之主也。(《元亨利贞说》，《文集》卷六十七)

朱子认为，“心”具有“神明知觉”、“具众理”、“主于身”、“应万事”、“统性情”等特性。对于“心”的“神明知觉”、“主于身”、“应万事”的特性及其功能，他常以镜鉴作喻说明道：“人之一心，湛然虚明，如鉴之空，如衡之平，以为一身之主者，固其真体之本然。”(《大学或问》卷二)“人心如一个镜，先未有一个影像，有事物来方始照见妍丑。若先有一个影像在里，如何照得！人心本是湛然虚明，事物之来，随感而应，自然见得高下轻重，事过便当依前恁地虚方得。”(《语类》卷十六)从朱子以镜鉴作喻对“心”的说明来看，心之所以能“主于身”、“应万事”，主要在于“人心本是湛然虚明”，可见，“虚灵”亦即“神明知觉”是“心”的主要特性。

既然“心”是以“虚灵”亦即“神明知觉”为主要特性，那么，又何以说“心”“具众理”呢？据《朱子语类》载：“心之所以具是理者，以有性故也。”（《语类》卷一）“问：‘心是知觉，性是理，心如何与理贯通为一？’曰：‘不须去著贯通，本来贯通。’‘如何本来贯通？’曰：‘理无心，则无着处。’”（《语类》卷五）“心与理一，不是理在前面为一物，理便在心之中，心包蓄不住，随事而发。”（《语类》卷五）

天地万物统体一太极亦即“一理”，此“一理”在天为天之道，在人与物为人物之性，然而，人与物又有不同，人是有“心”的，故此理此人之性体现于人的“心”中，也正因为如此，“理得于天而具于心”成了朱子习用的表达方式。显然，对朱子来说，“心”与“理”是相分别有所不同的，他在此所谓的“心与理一”并非是说“心”与“理”无别是同一的，而只是在“理便在心之中”、“本来贯通”的意义上说“心与理一”的，朱子所谓的“心大概似个官人，天命便是君之命，性便如职事一般。此亦大概如此，……性虽虚，都是实理，心虽是一物却虚，故能包含万理”（《语类》卷五）也表明了这一点。

朱子之所以认为“心”与“理”或“性”有所不同，这是他以“理/气”二分模式来分析和说明“心”的结果，他说：“人之所以生，理与气合而已。天理固浩浩不穷，然非是气，则虽有是理而无所凑泊。故必二气交感，凝结生聚，然后是理有所附着。凡人之能言语动作，思虑营为，皆气也，而理存焉。故发而为孝悌忠信仁义礼智，皆理也。”（《语类》卷四）“人物之生，莫不有是性，亦莫不有是气。然以气言之，则知觉运动，人与物若不异也，以理言之，则仁义礼智之禀，岂物之所得而全哉。”（《孟子集注·告子上》）对朱子来说，人乃理气之合，理与气在人皆有所表现，人之“心”亦不例外，此“心”因“具众理”能发而为孝悌忠信之行，而“思虑营为”“知觉”等“心”的活动则根于气之发，这也就是说心之“知觉”、“思虑营为”以气为物质基础，他所谓“所觉者，心之理也。能觉者，气之灵也”（《语类》卷五）正表明了他对“心”的这一看法。

正因为朱子所谓的“心”既“具众理”又以气为物质基础，故朱子也就有“人心”与“道心”之分，他说：“心者人之知觉，主于身而应事物者也。指其生于形气之私而言，则谓之人心。指其发于义理之公者而言，则谓之道心。”（《大禹谟解》,《文集》卷六十五）“心之虚灵知觉，一而已矣。而以为有人心道心之异者，则以其或生于形气之私，或原于性命之正，而所以为知觉者不同。是以或危殆而不安，或微妙而难见也。”（《中庸章句序》）依朱子之见，“心”虽只有“一心”，但此“一心”的知觉活动若“原于性命之正”亦即“发于义理之公”则为道心，此“一心”的知觉活动若“生于形气之私”亦即根于形气而发则为人心，当然，人心也“不是全不好底”，只是因其容易流于形气之私、人欲之蔽，而具有“危”的特点。

### 4. 论“心统性情”

正因为朱子所谓的“心”具“虚灵”或“神明知觉”的特性且又有“人心”与“道心”之分别，故他极为强调“心统性情”。“心统性情”本是张载所提出来的，但张载并未多作说明，朱子则认为：“伊川‘性即理也’，横渠‘心统性情’二句，颠扑不破。”（《语类》卷五）朱子之所以如此重视和赞赏张载这一说法，是因为在朱子看来，张载“心统性情”之语最能说明和表达心、性、情三者之间的关系，按朱子己丑（1169年）之悟中对心、性、情三者之间关系的看法和理解：“在天为命，禀于人为性，既发为情。此其脉理甚实易晓。唯心乃虚明洞彻，统前后而为言耳。”

(《语类》卷一)“心统性情，统犹兼也。”(《语类》卷九十八)

“性，其理；情，其用。心者，兼性情而言。兼性情而言者，包乎性情也。”(《语类》卷二十)对朱子来说，性为体，乃未发；情为用，乃已发，心因具“虚明洞彻”的特性与功能，故能统性情，而“心统性情”也就是“心包性情”。并且，朱熹通过与张栻的切磋亦极为赞成其“心主性情”的说法，他说：“性者，理也。性是体，情是用，性情皆出于心，故心能统之。统犹统兵之统，言有以主之也。”(《语类》卷九十八)“心主性情，但以吾心观之，未发而知觉不昧者，即是心之主乎性，已发而品节不差，则是心之主乎情。”(《答胡广仲》,《文集》卷四十二)“心，主宰之谓也，动静皆主宰，非是静时无所用，及动时方有主宰也。”(《语类》卷五)朱子在把性与情按体用、静动、未发已发的层次架构加以二分的基础上，认为心在性情相对之体用、静动、未发已发处皆主宰之，故“心统性情”既指“心包性情”又指“心主性情”。

## (四)居敬穷理论

体验未发之中，理会已发之情，以及“明明德”而“止于至善”，必须在尽心的工夫上操存涵养，精一执中，才能发道心之微，去人心之危。人心之危，道心之微，概由物欲诱蔽，因此又必须在格物穷理中“明天理”。朱子继承程颐“涵养须用敬，进学则在致知”的观点，既重“尊德性”，亦重“道问学”的两全之道，发展出一套属于自己的“居敬穷理”的工夫论。

1. 居敬立己

朱熹继承伊川(程颐)的传统，特别强调居敬涵养的一面。《易传》云："敬以直内。""敬"是修身之捷径，是涵养身心的为己之学。何谓敬？伊川云"主一之谓敬"，朱子更说"主一又是'敬'字注解。"(《语类》卷十二)而居敬的目的乃在于使此心湛然专一，收拾自家精神在此，"只是谓我自有一个明底物事在这里"(《语类》卷十二)。

敬如"畏"如"恭"，从外面来说，敬有"坐如尸，立如斋"，举止行为皆端直肃重之容，但不是个僵死的修饰，更不是道貌岸然，作伪欺骗别人。敬，是为了通往神明之诚。从里面说，无非是"只收敛身心，整齐纯一，不恁地放纵，便是敬"(《语类》卷十二)；又说"持敬"，"只是提撕此心，教他光明，则于事无不见，久之自然刚健有力。"(《语类》卷十二)居敬涵养必要追问到心性之体，朱子云："人之心性，敬则常存，不敬则不存。"(《语类》卷十二)敬之存心养性，使心性光明纯洁，则仁心仁性发辉朗照，此所以"天理常明，人欲窒消"的原因。持敬虽然有惩忿窒欲的功用，但居敬和克己毕竟侧重点有所不同。居敬不可以不克己，更不能偏废克己之功，而克己当所以行敬。持敬的这些含义在朱子的《敬斋箴》(《文集》卷八十五)中有充分的展现：

> 正其衣冠，尊其瞻视。潜心以居，对越上帝；
> 足容必重，手容必恭。择地而蹈，折旋蚁封；
> 出门如宾，承事如祭。战战兢兢，罔敢或易；
> 守口如瓶，防意如城。洞洞属属，罔敢或轻；
> 不东以西，不南以北。当事而存，靡他其适；

弗贰以二，弗参以三。惟精惟一，万变是监；
从事于斯，是曰持敬。动静弗违，表里交正；
须臾有间，私欲万端。不火而热，不冰以寒；
毫厘有差，天壤易处。三纲既沦，九法亦斁；
於乎小子，念哉敬哉！墨卿司戒，敢告灵台。

《敬斋箴》是朱子书写于墙壁上用来警醒勉励自己的箴言，其大意是：端坐时要整好衣冠，眼神恭钦温和，内心专注诚挚犹如神明就在左右；行动时脚步稳重，举止恭敬，情势紧迫也能步调姿态从容周旋不失律度；出门时保持着会见贵宾般的心情，做事时像承担大的祭祀一样庄重，战战兢兢，不敢轻视；要守口如瓶不妄言，防止私心杂念进入到心中如同守护城池不受侵损，恭敬谨慎，不敢放松；心思专注，不要忽东忽西，全心投入到所做的事情，勿意马心猿；不要一心二用，更不要一心多用，要做精一的工夫，正确应对外物的千变万化；能做到这些才算是持敬，意味着你无论动时静时都不曾违背它，内心和事物也都各归其位各享其成；若是片刻地中断持敬的工夫，人们的各种各样的欲望就会涌现出来，受尽其欲火的炙烤，受尽其私意的幽禁；做事情时天理私欲的选择若有毫厘之差，结果也随之天壤云泥，沦丧人间的纲常，废弃箕子陈述的九种治国理政的法度；你呀！要时常念及于此不忘持敬啊！文墨为证，不负此心。可以看出，朱子的《敬斋箴》强调人的静默周旋都要恭敬谨慎，内心诚挚专一，犹如神明在其左右，不去片刻偏离此道，无一事放过，否则私欲萌生，受尽煎熬，以之做事更会毁坏人间的伦常和做事的法度。所以持敬既要能够约束自己，更要时时刻刻通往神明之诚，如朱子这般自警自立，收拾身心，可以说，这种身心修养的持敬工夫具有强烈的宗教精神，一举一动皆神圣而纯洁。

居敬亦所以立己。立己之要，一是自作主宰，二是坚守诚道。但另一方面，敬在明心的基础上有格物穷理的要求。心能思想且无时不在念虑中生息，朱子对断念息虑而入寂的“枯木禅”、“默照禅”都作出了批评，认为心之最高存在即在“道心”之光明中。但这要求格物穷理，体认真理，去除物欲之蔽。

### 2. 格物穷理

朱子认为，《大学》一书之要在于“格物”二字。所谓格物，朱子继承程颐的观点，训“格”为“至”，“格，至也。物，犹事也。穷至事物之理，欲其极处无不到也。”（《大学章句》）所谓穷理，在朱子看来，其重心乃在于穷至事物“所当然之则”与“所以然之故”（《大学或问》卷一）。对于前者，他说：“如事亲当孝，事兄当弟之类，便是当然之则。然事亲如何却须要孝，从兄如何却须要弟，此即所以然之故。”（《语类》卷十八）对于后者，朱子说：“此事此物当然之理，必有所从来。知天命是知其所从来也。”（《语类》卷二十三）又说：“其所以然，则莫不原于天命之性。”（《论语或问》卷八）可见，朱子所主张的“格物穷理”实际上是要求人在人伦实践与性命本原上落实和求索。

朱子之所以主张“格物穷理”，是因为他考虑到“此理堕在形气之中，不全是性之本体矣”（《答严时亨》，《文集》卷六十一），除了“气极清而理无蔽”（《答郑子上》，《文集》卷五十六）的“生而知者”圣人外，众人自身所本有的“性”或“理”则被所禀之昏浊偏驳之气质所障蔽，根本无法像圣人那样“于天地之性无所间隔，而凡义理之当然，有不待学而了然于胸中”（《论语或问》卷十六）。

因此，他强调一般人必须通过“格物穷理”来“学以求其通”。在此须特别指出的是，朱子所谓“格物穷理”的“理”并非指事物自身的特殊原则和特殊规律，因为对他来说，理只有“天下公共之理，未有一物所具之理”（《语类》卷九十四），这就是说天地万物都是同一理，只是散在万物使万物各具一理而已，此即“理一分殊”。此“理一”与万物所各具之“理”的关系乃具统一性、普遍性的本体之“理”与此“理”在万物上的用的关系，并且，依朱子之见，此具统一性、普遍性的本体之“理”为人所本具，亦即人自身所本有的仁义之“性”，故他所谓“物理”也就无非儒家的道德原则和人伦规范，而“格物”即“格”与伦理有关的事物，“穷理”即“穷”与伦理有关的理，他说：“格物之论，伊川意虽谓眼前无非是物，然其格之也，亦须有缓急先后之序，岂遽以为存心于一草一木、器用之间而忽然是悬悟哉！且如今为此学而不穷天理、明人伦、讲圣言，通世故，乃兀然存心于一草木、一器用之间，此是何学问！如此而望有所得，是炊沙而欲其成饭也。”（《答陈齐仲》,《文集》卷三十九）“君臣、父子、兄弟、夫妇、朋友，皆人所不能无者，但学者须要穷格得尽。事父母，则当尽其孝，处兄弟，则当尽其友，如此之类。须是要见得尽，若有一毫不尽，便是穷格不至也。”（《语类》卷十五）另一方面，朱子之所以强调格物穷理，也是为了防止对理的一种悬空抽象的联想，以致认私欲为天理而不自知，朱子强调“一贯”和具体事物之间犹如用绳索贯穿零钱，不能离开那些凌乱的散钱谈贯穿，这也就是说,“贯穿”“贯通”是不能抽象把握的,“天理”也必须经过对事物之理的具体考察才能如实地把握。这种“理一”之“理”绝不能是抽象的悬隔之理，所以它还一定要重新落实到事物之中去，要能因应具体事情，呈现于所面对的各种环境和时机中，即人们不能只停在对理的欣赏、赞叹甚至把玩中，而一定要使此性此理落实到具体的事物，复现于万事万物。

如果说朱子所谓的穷事物的“所当然之则”是为了使人去知晓孝悌忠信等人伦规范，那么，他所谓知“其所以然，则莫不原于天命之性”则是为了使人觉悟和体认孝悌忠信等人伦规范乃本于普遍性的“天理”和人自身所本有的“天命之性”，并且，朱子对人如何通过“格物穷理”来达到“豁然贯通”、“吾心之全体大用无不明”（《大学章句》），提出了如积累与贯通、远近、精粗、深浅等许多细密的工夫。“豁然贯通”事实上包含着三个层次，首先，人们要即物穷理而至其极，如此才能对天理有清楚的把握；其次，心知要以天理省察自身的气禀祛除物欲等的干扰，减少其对理的遮蔽；最后，心要能够依据性理而调节已发之情使其所发为中节之和，即因应具体事情把此性此理落实于万事万物。“贯通”的这三层含义构成格物致知完整的工夫论，由外而内复返之于外，恰如一个完整的工夫圆环。显然，对朱子而言，人一旦达到“豁然贯通”、“吾心之全体大用无不明”之境，即能自觉地、主动地服从和践履孝悌忠信等人伦规范。

格物穷理反映在知行观上，就是在内圣外王之道中识理践理，以理作为知行的根据，作为二者合一的所以然。知行不可偏废。“论先后当以致知为先，论轻重当以力行为重。”（《语类》卷九）朱子还尤其强调真知真行，“知之愈明则行之愈笃，行之愈笃则知之益明”（《语类》卷十四）。知行相互长进，为学之道首在贵真。这又回到了心性修养之“恭敬笃实”四字上。

居敬涵养和格物致知构成了朱子最主要的工夫论，两者在朱子看来犹如车的两轮、鸟的两翼和人的两足一般，不可分离，缺一不可，两种工夫共同使用能起到相互发明交相促进之效，格物穷理使得理明心知，能让居敬涵养的工夫日进不止；居敬涵养使人减少私欲的干扰，自觉的提撕和警醒亦可使得格物穷理的工夫更加细密。居敬涵养之中也包含格物穷理之功，所谓涵养即是要存养格物穷理所明之理，格物穷理中也有居敬涵养之效，所谓的格物穷理即是要穷究那所要涵养的此性此理，反之，若对此性此理无自觉和认识，则不知如何存养也无以获得存养的效果，如没有深厚的存养涵养的工夫，也不能极尽义理的精微之处，因而，居敬涵养和格物穷理两者不可偏废，正当相互为用以相涵相益。在朱子看来，二者本无所谓先后，皆指向共同的修养目的而相互促进，但若切实做工夫时仍应该以居敬涵养为先，涵养本源，减少物欲的干扰，此亦是致知的基础。如果说居敬涵养较多地偏向于未发、内、静、本体等层面，那么，格物穷理就更多地偏向于已发、外、动、用等层面，实际上无论居敬涵养和格物致知都涉及到未发已发、内外等的两个层面，可以说朱子的工夫论已经触及到他的心性论所对应的能做工夫的各个层面了，也将工夫论推进到了极其精微的境地。

朱子绝非只停留在理论的追求探讨上，而是切身践履，一生不断论学不离此道无非此事。据黄榦《朱熹行状》记载“先生疾且革，手为书嘱其子在与门人范念德、黄榦，尤拳拳以勉学及修正遗书为言。翌旦，门人侍疾者请教，先生曰：‘坚苦。’问温公《丧礼》，曰：‘疏略。’问《仪礼》，颔之”[①]。蔡沈记录“初八日癸亥，精舍诸生来问病，先生起坐，曰：‘误诸生远来，然道理只是恁地，但大家倡率做些坚苦工夫，须牢固着脚力，方有进

---

① 束景南：《朱熹年谱长编》，华东师范大学出版社，2014年，第1411页。

步处。’”[①]朱子在生命的最后时刻，仍以拳拳之心为人讲学，仍然对“疏略”不满，对前来问学之人嘱托要做“坚苦工夫”，可见这是朱子最后的心声，儒学对其可说完全是一种信仰了，朱子可谓生死以之，念兹在兹，颠沛造次必于是。

## （五）朱熹在中国哲学与文化史上的地位

中国哲学与文化自东周以来，几经起伏，终至于宋明则理学昌盛。理学昌盛实有赖于理学诸家，其中朱子之功尤为显赫、关键。朱子批评佛老，融会诸家，总结儒学，追尊道统，无往不成绩斐然。其于政事治道、教育师道、经史博古与文章子集的各方面，有全面的开拓。他既重思想的开创，亦重统系的建构，在当时及以后堪称峰巅。朱子成就的程朱理学统系，因其蓬勃广大的生命力最终深入民族意识的深处，扎下根来。

朱子有贡献于儒学。在对儒学的重新诠释中，朱子在前贤的基础上，作了文化下移的工作。有宋一代，中国精英文化之取向发生了重心的转移，适应了社会文明化的需要。朱子在学风上重现了先秦子学好尚论辩批判的学术精神。他不但批评佛老，而且在当时儒家诸派的内部也展开了激烈的思想争论，他与湖湘学派、江西陆氏心学、浙东事功之学的辩论，都深深地体现了一代大哲的思想品性。此外他对书院的积极支持与建设，对儒学的传播，乃至学问的下移，都作出了功不可没的贡献。朱子总结了有宋以来的道学，乃至孔孟以来的整个儒学，建立了一套思想精深、体系庞大的儒学系统，其中尤以他的经学与

① 束景南：《朱熹年谱长编》，华东师范大学出版社，2014年，第1412页。

理学为代表。

朱子理学是两宋理学的总结和发展的最高峰。宋初周敦颐的濂学开道学的风气，确立了儒家所谓“诚体”，构建了一套贯通宇宙与人生的“无极而太极”的思辨框架，朱子之学于后者尤有创发和充实。张载的关学阐发了一套“太虚即气”的学问，在气论的基础上对鬼神进行了消融。而朱子则以理会气，理气一体浑成，对横渠之学实有补缺；且在“鬼神者，二气之良能”的基础上，认为鬼神人我具有感通之理，于是儒家的礼学及宗教精神有了一个稳固的寄托处。对于二程，朱熹通过对道南指诀的反思，而直接上承伊洛之学，其中尤以程颐为正统。二程曰“天理”，曰“性即理”“心即理”，朱子则除了以“天理”作为自己学问的核心观念外，在心性论上还着重传承与创发横渠“心统性情”的观点，认为“性即理”，心性“固共一理”，但心不是性；“心统性情”，性情为心之体用；心之自体为神明知觉，性之自体为仁德，“心与理一”，心性在其根源处会通于“天理”。在历史观上，朱子构建了人心与道心、人欲与天理对战的两分结构，并在取益邵雍易数学的基础上，对历史作出了一治一乱，三代以王道胜，三代之后则以霸道胜的霸胜王、力胜德的道德退化论，其中包含了这样的观念：道心人心，天理人欲，王霸德力，正是历史曲折变化的原因与动力。但是无往不复，终始若环，从道德理想主义的立场出发，朱子深信历史总会有贞下起元的时刻，未来将属于天理、道心与王德主宰、流行的光明世界。

当然朱子理学与北宋五子之学也有差别。周程张邵大都注重就儒家生命之气象与境界上立言与体认，如周子玩心于“孔颜乐处”，二程希图“与物同体”，张载倡扬“民胞物与”，邵雍则以易与诗筑居，生活在理学家空阔而自在的国度里。朱子则与他们不同，充分发挥《中庸》“尊德性而道问学，极高明而道中庸”之旨，认为圣贤气象与人格生命的培养，乃在于涵养用敬、进学致知的双重工夫上，与前贤相较，尤为强调格物穷理和具体的社会、政治、伦理之实践一面。他强调循序渐进，扎实下功夫读书、做学问、做修养，反对空谈性理、不肯下学的空疏学风。正是这一点，不但使朱子成为一个伟大的理学家，同时也成为一个伟大的经学家，是集学者与哲人于一身的一代宗师。历史上，朱子之学在东亚有广泛传播，是大家共享的人文精神的资源，深入地影响了东亚社会。

# 十七、王阳明的智慧

王守仁（1472—1529年），字伯安，浙江余姚人。因常讲学于会稽山阳明洞，自号阳明子，学者称他为阳明先生。阳明的一生极富传奇色彩，他十一二岁便立志“学做圣贤”，为此他曾经沉溺于骑射、军事、书法、辞章，出入佛老，最后又归宗孔孟，提出了“心即理”“知行合一”“致良知”的思想。其中，“致良知”是阳明晚年所提，是他自“百死千难”中得出的，被他称为圣门“正法眼藏”，是阳明一生思想的总结，因此阳明学有时又被称为“良知学”。王阳明一生酷爱讲学，即使政务、军务繁忙之时，阳明也不废讲学。后来，经过王阳明的弟子及其再传弟子的广泛传播，“良知学”逐渐风靡海内外，成为了和朱子学分庭抗礼的学问。王阳明认为生活中时时处处都是我们修养身心的道场，他坚持事上磨练，无论是日用常行还是百死千难中，都坚持致良知工夫，因此他的人生境界不断得到提升。到了晚年，他的一言一行无不是良知本心的自然流露，“居越以后，所操益熟，所得益化，时时知是知非，时时无是无非，开口即得本心，更无须假借凑泊，如赤日当空而万象毕照”（《明儒学案·姚江学案》），达到了孔子“从心所欲不逾矩”（《论语·为政》）的境界。

王阳明的事功成就在古代儒者中最为突出。他曾经“三征”，即征南赣、征宁王、征思田。征南赣发生在正德十一年（1516）

到十三年（1518）。阳明以大无畏力，平定江西、福建、广东、湖南一带的匪乱；正德十四年（1519），正德皇帝的叔叔宁王朱宸濠叛乱，据南昌，破九江，发动十万大军东下南京。听到了宁王叛乱的消息，阳明当机立断，倡义讨叛，仅三十五天便生擒朱宸濠；嘉靖七年（1528），朝廷征召阳明平定思、田（前一年五月临危受命总督两广等军务并征讨），五十六岁的阳明抱着病体踏上了征程，前往酷暑难耐、恶疫肆虐的南方。在平定了广西思恩、田州等地的叛乱后，他又采取了一系列有效措施，加强治安，施以教化。

阳明坚持儒家的宽政主张，勤政守职，视民如伤，以佚道使民，强调官员要从老百姓的利益出发，虽劳不怨。他深刻地了解到苛政与战争对民生的摧残与毁害，因此无论是为政一方还是平定叛乱，他都致力于在基层复兴人伦教化，稳定社会治安，保障当地民生。阳明相信人人都具有良知善性，即使是面对匪乱，他也总是以不忍之心对待他们，希望能够教化、感化他们，以导之向善。阳明更多地反思为政者的执政方式，批评“有司之失职”（《禁革轻委官吏》），他经常上书要求轻徭薄赋，与民休息，减轻人民疾苦，为老百姓做过许多好事。

王阳明的思想与他的必为圣贤之志、豪雄般的气质、出生入死的经历和波澜壮阔的人生密切相关，既盈溢着他的生存体验与生命的智慧，又充满了一往直前、生气勃勃的气概与活力。王阳明被后世认为是“立德、立功、立言”的“真三不朽”人物，又被赞为“古今完人”。他一生的语录、书札及其他论学诗文，被后人收集编为《王文成公全书》流传于世。

## （一）“心即理”说

在宋明理学中，陆、王并称，是因为他们都持“心即理”的观点和立场，并以这一观点作为他们学说的基础，但他们两人所得出这一观点的途径却有别。如果说陆九渊“心即理”的观点是他“读孟子书而自得之”（《陆九渊集》卷三十五《语录》下），那么，王阳明“心即理”的看法则是他在经历了与朱子学的长期对话和自己不断的探索与体证后而得出的。

### 1. 离开朱子学

之所以说阳明经历了与朱子学的长期对话，是因为他生长在明代那种以朱子学为意识形态的整体氛围下，朱子的学说深深影响着他思考问题与解决问题的方式。例如，他十五六岁时，曾与朋友一道按朱子的格物之说去格亭前竹子之理，他朋友格了三天病倒了，他自己格了七天也病倒了，于是他们只好叹气道：“圣贤是做不得的，无他大力量去格物了。”（《传习录》下）二十七岁时，他又按朱子的读书法去做，结果还是“物理吾心终若判而为二也”（《年谱》一）。可见，不仅朱子学深深影响着他，而且朱子学中的问题也一直困扰着他。

后来他被贬到贵州龙场，“居夷处困”中，他“自计得失荣辱皆能超脱，惟生死一念尚觉未化，乃为石椁自誓曰：‘吾惟俟命而已！’日夜端居澄默，以求静一；久之，胸中洒洒。……因念：‘圣人处此，更有何道？’忽中夜大悟格物致知之旨，寤寐中若有人语之者，不觉呼跃，从者皆惊，始知圣人之道，吾性自足，向之求理于事物者误也”（《年谱》一）。

阳明在龙场所悟得的“圣人之道，吾性自足，向之求理于事物者误也”，表明多年来一直困扰他的格物问题在此获得解决，同时也标志着他从此完全抛弃了朱子的格物说。并且，当他从朱子学中转出后，他提出了“心即理”的思想，从而与陆九渊的思想方向相一致。当然，由于阳明是在经历了与朱子学的长期对话和自己不断的探索与体证后才得出这种“心即理”的看法的，故与陆九渊所持的“心即理”的看法相较，他对“心即理”命题的内涵的揭示和说明也就更为具体、深入和充实。

2.“心即理”

阳明在一次与弟子徐爱的对话中首次表述这种“心即理”的命题：

> 爱问：“至善只求诸心，恐于天下事理有不能尽。”先生曰：“心即理也。天下又有心外之事，心外之理乎？”爱曰：“如事父之孝，事君之忠，交友之信，治民之仁，其间有许多理在，恐亦不可不察。”先生叹曰：“此说之蔽久矣，岂一语所能悟！今姑就所问者言之，且如事父不成去父上求个孝的理？事君不成去君上求个忠的理？交友治民不成去友上、民上求个信与仁的理？都只在此心，心即理也。此心无私欲之蔽，即是天理，不须外面添一分。以此纯乎天理之心，发之事父便是孝，发之事君便是忠，发之交友治民便是信与仁。只在此心去人欲、存天理上用功便是。”（《传习录》上）

依阳明之见，心即理，无须求理于外，之所以说孝之理不可在父母身上求、忠之理不可在君身上求、信之理不可在友身上求、仁爱之理不可在民身上求，是因为此孝忠信仁之理实际上是人在道德实践中将心之理赋予行为和事物的，对此，他还曾如此说明道："理也者，心之条理也。是理也，发之于亲则为孝，发之于君则为忠，发之于朋友则为信。千变万化至不可穷竭，而莫非发于吾之一心。"（《书诸阳卷》）在阳明看来，仁孝忠信之理乃"心之条理"，皆"发于吾之一心"，是"吾之一心"在发用流行过程中所呈现出的自然的条理亦即道德准则与秩序，故此仁孝忠信之理乃本于"吾之一心"，而非存在于父母君友民身上。

3."心"与"物"

在阳明与徐爱的另一段对话中，他们曾对"心即理"之"心"与"物"的关系也有所讨论：

> 爱曰："昨闻先生之教，亦影影见得功夫须是如此。今闻此说，益无可疑。爱昨晓思格物的物字即是事字，皆从心上说。"先生曰："然。身之主宰便是心，心之所发便是意，意之本体便是知，意之所在便是物。如意在于事亲，即事亲便是一物；意在于事君，即事君便是一物；意在于仁民爱物，即仁民爱物便是一物；意在于视听言动，即视听言动便是一物。所以某说无心外之理，无心外之物。"（《传习录》上）

对阳明来说，由于他所谓的"物"是与"心即理"之"心"相关联着的"物"，而"物"之"理"也是随此"心"之所发所赋予"物"的，故他所谓的"物"即意义结构、实践行为中的"事"，而"物"之"理"实际上也只是指"善"之"理"亦即道德原理与道德法则，而非指客观知识性的理。正因为阳明视“物”为“事”，视“心即理”之“心”为“物”之“理”的本原根据，故他也就认为：“无心外之理，无心外之物。”并且，他曾对他的这种观点作过进一步的阐发。他说：“心外无物，心外无事，心外无理，心外无义，心外无善。吾心之处事物，纯乎天理而无人伪之杂谓之善，非在事物之有定所之可求也。处物为义，是吾心之得其宜也。义非在外可袭而取也。”（《书王纯甫》）依阳明之见，“吾心”处事物得其宜为“义”，故此“义”亦即“善”或“理”本于“吾心”，而非源于“物”或“事”，如果以为此“义”或“理”可以在“物”或“事”上求得，那就是一种典型的被孟子所批判的“义外说”，故“义”或“理”决不可向外袭取。正是为了强调“义”或“理”本于“吾心”，阳明在此不仅视“物”为“事”、视“理”为“义”或“善”，而且在此采取了“心外无物，心外无事，心外无理，心外无义，心外无善”这样一种极为强势的表达方式。

4. 何谓“心外无物”

毫无疑问，“心外无物”这种表达方式极易引起人们对外界事物有无客观实在性的质疑。据《传习录》下载：

> 先生游南镇，一友指岩中花树问曰：“天下无心外之物，如此花树在深山中自开自落，于我心亦何相关？”先生曰：“你未看此花时，此花与汝心同归于寂。你来看此花时，则此花颜色一时明白起来，便知此花不在你心外。”

针对阳明的“无心外之物”的说法，人问“花树在深山中自开自落，于我心亦何相关”，其所质疑和问难的正是外界事物有无客观实在性，是否独立于“吾心”而存在的问题。当阳明答之以“你未看此花时，此花与汝心同归于寂”时，这说明阳明在你“未看”时既承认“花”亦即外界事物独立于“吾心”而存在，也肯定“花”亦即外界事物的客观实在性。因为“寂”只是不活动，而不是不存在。在这一前提和基础上，阳明才在后半句答语中转换了所问者的问题，以期能使所问者真正理解他的“无心外之物”的说法。

一如上述，阳明所谓的“物”不是指物质结构，而是指与“吾心”相关联着的“事”。否则，所指涉的“物”既无价值又无意义。阳明就是在这一意义上宣称“无心外之物”的，“花”当然也不例外。“此花颜色”之所以“一时明白起来”有了意义与价值，是因为“你来看”。而“你来看”是受“你心”支配的，故“花”的价值和意义与审美主体“你心”不可分，实际上即“你心”之灵明所赋予。因此，假如没有主体参与，与“你心”无关的“花”无法“明白起来”，亦即“此花”没有对人呈现出它的价值和意义，故与“汝心同归于寂”。能“明白起来”，亦即是“你心”使得“花”的价值和意义得以呈现，故也就“不在你心外”。

可见，阳明在声称“无心外之物”时，他并不是针对外界事物有无客观实在性、是否独立于“吾心”而存在这类问题而发的，而是与他对“物”的特殊规定以及他的整个思想系统密切关联着的。

### （二）“知行合一”说

阳明龙场悟道的第二年，贵州提学副使席书聘请他到贵阳书院讲学，这一年他开始倡导知行合一。

### 1. “知行合一”与“心即理”的关联

当时学者们“纷纷异同，罔知所入”（《年谱》一），面对这种情况，阳明除“告之以其所悟”（《年谱》一）外，后来又“与诸生静坐僧寺，使自悟性体”（《年谱》一），故对阳明所“举知行本体，……豁然大悟”（《年谱》一）的席书曾自陈道：“圣人之学复睹于今日，……求之吾性本自明也。”（《年谱》一）由此看来，阳明这种“知行合一”说与他在龙场所悟得的“圣人之道，吾性自足，向之求理于事物者误也”关联甚深，而阳明在龙场所悟得的“圣人之道，吾性自足，向之求理于事物者误也”之主旨无非即他“心即理”的思想，故阳明“知行合一”说与其龙场所悟之道之间的关联，实际上即他“知行合一”说与其“心即理”思想之间的关联；并且，阳明自己亦曾明确认为：“外心以求理，此知行所以二也；求理于吾心，此圣门知行合一之教。”（《答顾东桥书》）这表明阳明的“知行合一”说是奠定在他“心即理”的思想基础上的，撇开此“心即理”的思想将无从理解他的“知行合一”说。有鉴于此，下面我们联系阳明“心即理”的思想来分析和讨论他的“知行合一”说。

### 2. “知行本体，即是良知良能”

阳明在论及他的“知行合一”说时曾反复说道：“知行本体，原来如此。”（《传习录》上）“然知行之体，本来如是，非以己意抑扬其间，姑为是说，以苟一时之效者也。”（《传习录》中）“某今说知行合一，虽亦是就令补偏救弊说，然知行体段亦本来如是。”（《书·答友人问》）阳明在倡导其“知行合一”说时竟如此强调“知行本体”“知行之体”“知行体段”，这说明他所谓的“知行本体”或“知行之体”、“知行体段”对他的“知行合一”说来说至为重要，那么，“知行本体”又系何义呢？从阳明所谓的“知行如何分得开？此便是知行的本体”（《传习录》上）之语来看，“知行本体”也就是指知与行互相联系互相包含本来一体，“本体”即本来意义、本来面貌之意，故那些知行分裂的现象当然也就背离了知行的本来意义、背离了知行本体。然而，如果从阳明所谓的“‘知行’二字亦是就用功上说；若是知行本体，即是良知良能”（《传习录》中）之语来看，那么，阳明所谓的“知行本体”则指良知良能；并且，阳明这种“知行本体”即良知良能的看法也与阳明那种“外心以求理，此知行所以二也；求理于吾心，此圣门知行合一之教”的观点是一贯和一致的，由此看来，阳明所谓的“知行本体”含有两义：一种“知行本体”指知与行互相联系互相包含不可分割是合一的；另一种“知行本体”指良知良能亦即“心即理”之心或“心之本体”，二者相较，后一种“知行本体”的含义则无疑更为根本。

在对“知行本体”所含有的两义特别是对其中“知行本体”即良知良能即“心即理”之心之义有所了解的基础上，下面且看阳明关于“知行合一”的论说。

> 爱曰：“如今人尽有知得父当孝、兄当弟者，却不能孝、不能弟，便是知与行分明是两件。”先生曰：“此已被私欲割断，不是知行的本体了。未有知而不行者。知而不行，只是未知。圣贤教人知行，正是复那本体，不是着你只恁的便罢。故《大学》指个真知行与人看，说‘如好好色’，‘如恶恶臭’。见好色属知，好好色属行。只见那好色时已自好了，不是见了后又立个心去好。闻恶臭属知，恶恶臭属行。只闻那恶臭时已自恶了，不是闻了后别立个心去

恶。”（《传习录》上）

对阳明来说，人之所以能做到“知行合一”，在于人自身本具作为“知行本体”的“良知良能”或“心即理”之心，“心即理”所表明的是此“知行本体”自身即为立法原则，“良知良能”所表明的是此“知行本体”本身还兼为判断原则与践履原则。之所以说“心即理”之心为立法原则，是因为此心就是理，无须“外心以求理”，“求理于吾心”即可；之所以说“良知良能”为判断原则与践履原则，既因为“知是心之本体，心自然会知。见父自然知孝，见兄自然知弟，见孺子入井自然知恻隐，此便是良知不假外求”（《传习录》上）。也因为知则必能行，作为“知行本体”的“心即理”之心本身即具实现自身所立道德法则的力量。当见孺子入井，人当下即起恻隐，当下即去援手相救，此乃人所本具的作为“知行本体”的“心即理”之心的自然显露和发用，就如同见好色时自能好、闻恶臭时自能恶一般，故又称之为人之“良知良能”，正因为此人之“良知良能”即“知行本体”，故阳明说：“知是行之始，行是知之成。若会得时，只说一个知，已自有行在；只说一个行，已自有知在。”（《传习录》上）

3.“一念发动处，便即是行了”

既然只有人之自身所本具的“心即理”之心才是“知行本体”，那么，被物欲私欲所蒙蔽和隔断的心当然也就不是“知行本体”，故阳明要求人“复那本体”，不可使此本体“被私欲割断”。他之所以教人静坐，就是为了使人摆脱物欲私欲的缠绕，收拾身心自悟性体，从而使此“性体”或“心之本体”作为“知行本体”使人真正做到知行合一。也正因为人自身本具的“性体”或“心之本体”乃“知行本体”，故阳明称：“我今说个知行合一，正要人晓得一念发动处，便即是行了，发动处有不善，就将这不善的念克倒了，须要彻根彻底，不使那一念不善潜伏在胸中”。(《传习录》下)对阳明来说，凡由作为“知行本体”的“性体”或“心之本体”所发之念，则必能行，故他说“一念发动处，便即是行了”；而“不善的念”不仅不是由作为“知行本体”的“性体”或“心之本体”所发，而且反而使作为“知行本体”的“性体”或“心之本体”被障蔽和隔断，故他认为人只有将此不善的恶念彻底根除才能“复那本体”，真正做到知行合一。

#### 4. 明觉精察与真切笃实不可分割

当然，尽管阳明主要是立足于作为“知行本体”的“性体”或“心之本体”的基础上来论知行合一，但他也常常从工夫层面来讨论知行合一，而他这一方面的讨论往往是针对朱子的知先行后说，以及当时士风中知而不行的弊病而发的，他说：

> 今人却就将知行分作两件去做，以为必先知了，然后能行，我如今且去讲习讨论，做知的工夫，待知得真了方去做行的工夫，故遂终身不行，亦遂终身不知。(《传习录》上)
>
> 就如称某人知孝、某人知弟，必是其人已曾行孝行弟，方可称他知孝知弟。不成只是晓得说些孝弟的话，便可称为知孝弟。(《传习录》上)

道德活动与一般认知活动的一个重要差别在于道德活动必须见诸行而认知活动不一定见诸行，由于阳明完全是从道德出发来讨论知行工夫的，故在他看来，知必须表现为行，能知必能行，也就是说在道德实践中知的工夫与行的工夫相即不离是合一的。并且，对阳明来说，道德实践中的知与行不仅不能相离，而且还是同一工夫过程的不同方面，他说："行之明觉精察处，便是知；知之真切笃实处，便是行。若行而不能精察明觉，便是冥行，便是'学而不思则罔'，所以必须说个知；知而不能真切笃实，便是妄想，便是'思而不学则殆'，所以必须说个行；元来只是一个工夫。"(《书·答友人问》)"明觉精察"原是对知的特点的一种规定，"真切笃实"本是对行的特点的一种规定，但阳明则要求人在知的过程中抱有"真切笃实"的态度，在行的过程中保持"明觉精察"，否则，不是冥行就是妄想，这表明在阳明看来，知与行相互包含相互促进，是同一工夫过程中不可分割的两个方面，不论是知的过程还是行的过程必须同时具备这两者。因此，可以说，阳明的知行合一在道德实践中意谓着且知且行，即知即行。

### （三）"致良知"说

阳明在去世前曾说："吾平生讲学，只是'致良知'三字。"(《寄正宪男手墨二卷》)可见，致良知说是阳明一生思想的总结。致良知说提出的具体时间说法不一，大致可确定在平定宁王朱宸濠叛乱之后，即正德十五年(1520)前后。"致良知"这一理论形式把心与理、知与行、道德修养与社会实践融合为一，充分体现了阳明哲学的创造性。

#### 1. 良知的含义

"良知"的观念源于《孟子·尽心上》："人之所不学而能者，

其良能也。所不虑而知者，其良知也。孩提之童，无不知爱其亲者；及其长也，无不知敬其兄也。”根据这个说法，良知指人的不依赖于环境、教育而先天具有的道德意识和道德情感。“不学”表示其先验性，“不虑”表示其直觉性，“良”即兼此二者而言，爱亲敬长则是其最初的自然体现。阳明继承了孟子的思想，他说：“知是心之本体，心自然会知：见父自然知孝，见兄自然知弟，见孺子入井自然知恻隐，此便是良知不假外求。”（《传习录》上）“自然”、“不假外求”表示良知并非得自外界，而是主体先天本有、内在具足的规定性。阳明又赋予良知更丰富的内涵，使之具有贯通体用的根本性质。他认为“心之本体即是性，性即是理”（《传习录》上），于是得出“心即是理”的结论。这样就把天理、本性、本心三者贯通，从而也使本心直接成为天理的具体表现与生发之源。但阳明提出的良知概念，主要指其“随时知是知非”的性质，更多突出了良知自动地呈现于心并为主体所觉知的品格，“知”的色彩更浓。良知也就是人的至善本性直接从是非知觉中当下朗现。所以阳明强调说“良知只是个是非之心”（《传习录》下），又说“是非之心，不虑而知，不学而能，所谓良知也”（《传习录》中《答聂文蔚》），又称“盖良知只是一个天理，自然明觉发现处，只是一个真诚恻怛，便是他本体”（《传习录》中《答聂文蔚·二》）。显然，良知就是至善本体当下朗现于是非知觉之中。这种是非知觉（自然灵昭明觉）必然蕴含着人决定一个道德选择的方向，应当如何的道德原则，也就是天理。阳明认为良知是“体用一源”的，即：“知体之所以为用，则知用之所以为体者矣。”（《书·答汪石潭内翰》），不承认有超越于体用之外的良知，故他又说：“体即良知之体，用即良知之用，宁复有超然于体用之外者乎？”（《传习录》中）很明显，良知就是至善本体在是非知觉上的当即呈现与当下辨断，或者说是由对是非知觉当下辨断所体现的至善本体。

传统儒学对人在宇宙中的地位有一贯的认定，即“人者，天地之心也”（《礼记·礼运》第九之二）。阳明的致良知说继承了这一传统。在阳明看来，良知就是“天地之心”（宇宙之心），亦即天地万物的本原，他说：“人的良知，就是草木瓦石的良知。若草木瓦石无人的良知，不可以为草木瓦石矣。岂惟草木瓦石为然，天地无人的良知，亦不可为天地矣。盖天地万物与人原是一体，其发窍之最精处，是人心一点灵明。”（《传习录》下）也就是说，人之心（良知）——万物之心（良知）——天地之心（宇宙之心、良知）说到底是一个心（良知），这个心（良知）是天地万物（包括人）之内在的根据（根源），也就是最高的宇宙本体。天地万物和人原本一体，一气相通，但由于禀气偏正、通塞的不同，只有人的良知即“人心一点灵明”才是天地万物意义发窍的“最精处”。阳明又进而指出：“良知是造化的精灵。这些精灵，生天生地，成鬼成帝，皆以此出，真是与物无对。”（《传习录》下）“我的灵明，便是天地鬼神的主宰。天没有我的灵明，谁去仰他高？地没有我的灵明，谁去俯他深？鬼神没有我的灵明，谁去辩他吉凶灾祥？天地鬼神万物离却我的灵明，便没有天地鬼神万物了。”（《传习录》下）良知是价值意义的创造性本源，具有绝对性。阳明在这里显然并非从存在论的立场立说，而是在万物呈现的意义上立说。正是因为阳明对作为宇宙人生价值意义最终根源的良知有着深刻体证和高度自信，所以感叹道：“人若复得他完完全全，无少亏欠，自不觉手舞足蹈，不知天地间更有何乐可代。”（《传习录》下）并认定“‘致良知’是学问大头脑，是圣人教人第一义”（《答欧阳崇一》,《传习录》中)。

2. 致良知的含义

龙场悟道后不久，阳明在一次与门人徐爱谈及“知是心之本体”时，认为“致其知”即能使“心之良知更无障碍，得以充塞流行”(《传习录》上)。同时还提出“致其知”就是“充其恻隐之心”，阳明在这里显然包含有致良知之意，但阳明当时未必自觉到这一点。

阳明晚年明确提出“致吾心之良知者，致知也”(《答顾东桥书》,《传习录》中)，以致良知来解释《大学》的“致知”。阳明在《大学问》中，则进一步解释了致良知的含义:“致者，至也，如云‘丧致乎哀’之‘致’。《易》言‘知至至之’,‘知至’者，知也；‘至之’者，致也。‘致知’云者，非若后儒所谓充广其知识之谓也，致吾心之良知焉耳。”(《大学问》)这就是说《大学》的“致知”不是扩充关于客观对象的知识，而是“致吾心之良知”。阳明又说“吾良知之所知者无有亏缺障蔽，而得以极其至矣”(《大学问》)，以“至”训“致”，这里的“至”是“至乎极”之意,“至”字既作名词，有极点、终极之意，又作动词，有向极点运动之意。“致良知”就是使良知致其极，充拓至其极，即是扩充良知本体至其全体呈露、充塞流行,“无有亏缺障蔽”。

阳明说:“孩提之童无不知爱其亲，无不知敬其兄，只是这个灵能不为私欲遮隔，充拓得尽，便完；完是他本体，便与天地合德。”(《传习录》上)这说明，良知有本体，有作用。孩提之爱敬是良知本体的自然表现，但并非良知本体的全体。只有将这些发现的良知进一步充扩至极，良知本体才能全体呈露。当然，人生中良知充扩至极的过程是无限的，说“至极”，良知呈现，当下即是；说无限，是指现实中人良知的发现流行永远都不能至极，永远不能臻于绝对圆满之境，圣人永远是一最高的道德理想人格存在，所以阳明说“良知”“两字人人所自有，故虽至愚下品，一提便省觉。若致其极，虽圣人天地不能无憾，故说此两字穷劫不能尽”(《寄邹谦之》)。显然，一方面，良知本体的至善性、绝对性和普遍性为人们的道德践履和成圣成贤的追求提供了内在根据和根本保证。“人胸中各有个圣人”、“人人皆可成尧舜”的道德洞见，能有效促使道德主体挺立，激发道德理想追求。另一方面，又要对良知本体在现实环境中作用流行的相对性、具体性以及致良知过程的无限性保持清醒认识，以防道德主体的自我膨胀、猖狂及虚无(“情识而肆，玄虚而荡”)。正是有见于此，阳明才谆谆告诫只要“实实落落依着他做去”，勿“把作一种光景玩弄”(《年谱》二)。

3.“致良知”“即吾所谓知行合一”

致良知的另一基本意义是依良知而行，阳明更为强调这一面，认为只有从这一方面才能与以前的知行合一说结合起来。阳明说：“尔那一点良知，是尔自家底准则。尔意念著处，他是便知是，非便知非，更瞒他一些不得。尔只不要欺他，实实落落依着他做去”。(《传习录》下)在这里，阳明认为良知知是知非，瞒他不得，是人的道德准则，致良知就是“实实落落依着他做去”，即依照良知去行。阳明又说：“是良知也者，是所谓‘天下之大本’也。致是良知而行，则所谓‘天下之达道’也。”(《书朱守乾卷》)这都说明按照良知指导而行才能称为致良知，强调将良知之所知贯彻落实到日常的道德践履中。“致”字相当于“行”字，致良知即“行良知”，即依良知而实行。“这也说明

'行'是致良知的一个内在的要求和规定。""正因为'良知'为知,'致'则有力行之义，所以阳明认为'致良知'可以说体现了知行合一的精神。故说致良知'即吾所谓知行合一'。"[1]这就体现了阳明学说的前后一贯性。也就是说，只有按照良知指导而行才能称为致良知。良知是主宰，是准则。阳明的《咏良知诗》之一、三：

个个人心有仲尼，
自将闻见苦遮迷。
而今指与真头面，
只是良知更莫疑。

人人自有定盘针，
万化根源总在心。
却笑从前颠倒见，
枝枝叶叶外头寻。

阳明唤醒我们的良知，让我们不要"抛却自家无尽藏，沿门持钵效贫儿"。我们不是精神弃儿，一定要挺立内在的良知，同时必须将良知之所知贯彻落实到日常的道德践履中。

"致良知"说既简易直接又内涵丰富，将阳明的整体哲学思想完满地表述出来了，标志着阳明哲学建构的最终完成。

---

① 陈来:《有无之境——王阳明哲学的精神》，人民出版社,1991年，第181页。

## （四）“一体之仁”的生命关怀

### 1. 思想源头

阳明的生命关怀与生态智慧源于宋儒。宋儒继承先秦儒家而发扬光大。张载发挥孟子“尽心、知性、知天”的思想，指出圣人“视天下无一物非我”，而人若“大其心”即“能体天下之物”。他认为，只有儒家的“大人”，立则立己立人、成则成己成物、知则知己知人知物、爱则爱己爱人爱物。在《西铭》中，张载更是对“尽性”或“大其心”的大人，“能体天下之物”的境界作了论述：

> 乾称父，坤称母，予兹藐焉，乃混然中处。故天地之塞，吾其体；天地之帅，吾其性。民吾同胞，物吾与也。大君者，吾父母宗子；其大臣，宗子之家相也。尊高年，所以长其长；慈孤弱，所以幼吾幼。圣其合德，贤其秀也。凡天下疲癃残疾，茕独鳏寡，皆吾兄弟之颠连而无告者也。……存，吾顺事。没，吾宁也。（张载：《西铭》）

天下本来就是一家，天地就是我们的祖宗父母，在天地这个“大父母”的怀抱里，众人与生灵万物不再是与人无关的孤独的外在者，而是与我血脉相连的一体同胞的兄弟，是吾人可亲的至交好友，故尊高年、慈孤弱，对那些疲癃残疾、茕独鳏寡、颠连无告的同胞兄弟，我们施以援手，爱护之，拯救之，是我义不容辞之责任，亦是我对天地父母的尽职尽孝。在《西铭》中，张载所强调的仁义忠孝之理，是以“天地之性”为根据的。他所阐发的天人一体、民胞物与、尽仁义忠孝之人事，即事天奉天之境，是儒家“大人”尽性或“大其心”后，能体悟天下之物，“视天下无一物非我”的崇高境界。张载认为，平凡的人也可在凡俗的生活世界中追求这一高明境界。

程颢进一步提出“仁者，以天地万物为一体”，“浑然与物同体”的思想。张载、程颢是王阳明生命关怀与生态智慧的直接源头。程颢说：“医书言手足痿痺为不仁，此言最善名状。仁者，以天地万物为一体，莫非己也。认得为己，何所不至？若不有诸己，自不与己相干。如手足不仁，气已不贯，皆不属己。故‘博施济众’，乃圣之功用。”（《程氏遗书》卷第二上）在大程讨论“仁”的话语中最为著名的有：“学者须先识仁。仁者，浑然与物同体。义、礼、知、信皆仁也。”（同上）大程从自身生命实践中那些真切的感受体悟和具体的生活实例来言说与指点“万物一体”之“仁”。在大程这些对“仁”的真切说明中，仁心之跃动，仁心之感通，使得品物万形成了“我”之四肢百体，于是天地万物在“我”这里成了一个生命相接、血脉相连、气息相通的大身体。如果吾人不能反身而诚、“仁心”不能“感通”，那么，吾人与天地万物之间就只是一种“二物有对”、“自不与己相干”的分隔状态，如同人之手足因血气不能流贯表现出一种没有感觉、不知痛痒的风顽麻痹之症状一般，医书把人之手足的这种风顽麻痹之症状称之为“不仁”，故大程称：“切脉最可体仁。”（《二程遗书》卷三）对大程来说，仁心之跃动，仁心之感通，仁心之一体不容已之情，正是人之“以大地万物为一体”的实践动力与力量。并且，有此“仁心之感通”作为道德实践的真实原动力与力量，故“以天地万物为一体”并不是一种审美的“想象”，也不只是主体的一种心灵境界，当然亦非一种神秘体验的结果，而是存在论上本来如此的存在状态，更是人之道德实践所追求的理想与目标。

在《识仁篇》中，大程在强调“仁者浑然与物同体”的同时，又认为“义礼知信皆仁也”，这表明对大程而言，仁心之感通不仅无隔无限能推及天地万物而成就“一体之仁”，而且在人之具体的道德实践中此仁心所面对的是有着差序厚薄之不齐以及善恶是非真假虚实之混杂的现实世界，此乃现实生活世界中真实存在的自然次第、条理与境况，故“仁心”的发动感通在遵从这一自然次第、条理与境况时必然体现为义、礼、知、信，可见大程所谓的“仁者浑然与物同体”实际上已内在蕴含义礼知信这些面向。这表明儒家在标举“一体之仁”理想的同时亦内在地具有现实主义的性格。

2. 一体之仁

阳明在与学生关于“万物一体”的讨论中，他首先是从“同此一气”的基础上来说明天地万物一体的，“风雨露雷，日月星辰，禽兽草木，山川土石，与人原自一体。故五谷禽兽之类，皆可以养人；药石之类，皆可以疗疾：只为同此一气，故能相通耳”（《传习录》下），风雨露雷、日月星辰、禽兽草木和山川土石皆由气构成，彼此之间气息相通、相生相养，原本就是一体。在天地万物“同此一气”的基础上，阳明肯定了天地宇宙间只是一个灵明：“请问。先生曰：‘你看这个天地中间，什么是天地的心？’对曰：‘尝闻人是天地的心。’曰：‘人又什么教做心？’对曰：‘只是一个灵明’。‘可知充天塞地中间，只有这个灵明，人只为形体自间隔了。我的灵明，便是天地鬼神的主宰。天没有我的灵明，谁去仰他高？地没有我的灵明，谁去俯他深？鬼神没有我的灵明，谁去辩他吉凶灾祥？天地鬼神万物离却我的灵明，便没有天地鬼神万物了。我的灵明离却天地鬼神万物，亦没有我的灵明。如此，便是一气流通的，如何与他间隔得！'"（《传习录》下）

在阳明那里，良知即是“灵明”（或虚灵明觉、昭明灵觉），正是这一点“灵明”，于是天地宇宙间充满了价值和意义，并且，天地宇宙间的这一点“灵明”不仅是属于天的，而且还属于人，人之所以称之为天地之心、万物之灵，就在于天地宇宙间只有人觉悟到这一点“灵明”，亦即自觉到自身的“良知”。因此，自觉到自身“良知”的人，不仅自觉到天地万物原本就一体，而且要对天地万物负责。王阳明说：

> 大人者，以天地万物为一体者也，其视天下犹一家，中国犹一人焉。若夫间形骸而分尔我者，小人矣。大人之能以天地万物为一体也，非意之也，其心之仁本若是，其与天地万物而为一也，岂惟大人，虽小人之心亦莫不然，彼顾自小之耳。是故见孺子之入井，而必有怵惕恻隐之心焉，是其仁之与孺子而为一体也。孺子犹同类者也，见鸟兽之哀鸣觳觫，而必有不忍之心焉，是其仁之与鸟兽而为一体也；鸟兽犹有知觉者也，见草木之摧折而必有悯恤之心焉，是其仁之与草木而为一体也；草木犹有生意者也，见瓦石之毁坏而必有顾惜之心焉，是其仁之与瓦石而为一体也。（《大学问》）

王阳明的意思是，有仁德的人见到小孩掉到井里了，定会产生怵惕（担惊受怕）恻隐（同情怜悯）之心，这是他的仁德之心与孺子合为一体了。当然，小孩与大人是同类；但人见到不同类的鸟兽的哀鸣觳觫（恐惧颤抖），也会产生不忍之心，这是他的仁德之心与鸟兽合为一体了。当然，鸟兽与人一样都有知觉；但人见到草木的摧折，必有悯恤（哀怜顾恤）之心，这是他的仁德之心与草木合为一体了。当然，草木犹有生命，但人见到瓦石之毁坏，必有顾惜之心，这是他的仁德之心与瓦石合为一体了。阳明说："是其一体之仁也，虽小人之心必有之。是乃根于天命之性，而自然灵昭不昧者也，是故谓之'明德'。"（《大学问》）这就是说，不管是有知觉的动物、有生命的植物，还是如瓦石之类的无生命的物体，当它们受到破坏或损害时，每一个人都会从内心产生"不忍人之心"、"怜恤之心"和"顾惜之心"，并把它们视为自己身体的一部分而加以爱护。以此，人所具有的仁爱之心，由"爱人"得以扩展到"爱物"，从而把人与天地万物有机结合起来。

王阳明讲，"明明德"是立天地万物一体之体，"亲民"是达天地万物一体之用，由亲吾之父以及人之父，乃至天下人之父而为一体，由五伦的推广，"以至于山川鬼神鸟兽草木也，莫不实有以亲之，以达吾一体之仁，然后吾之明德始无不明，而真能以天地万物为一体矣"（《大学问》）。反之，不知至善在吾心之中，用其私智揣摸测度事事物物，昧于是非，支离决裂，利欲熏心，骄横恣肆，那就没有天理了。

阳明的"天地万物一体"的思想来自先秦儒家与宋代儒家，尤其是张载、程颢。阳明的贡献，尤其强调天地万物都在良知、灵明等精神性的一体之中，都具有良知、灵明。在这个意义上，人类并不高于山川动植，山川鸟兽草木瓦石等类也自有其精神、价值。阳明重视人与万物一体同源的体悟。如此，人才可能对万物都保持深切的仁爱、关怀，把天地万物看作是与自己的生命密切相连的。凭借着对这种价值来源的共识，儒家生态伦理可以建立“范围天地之化而不过，曲成万物而不遗”的生命共同体，将宇宙生态系统真正视为人与万物之共生、共存的生命家园。

### 3. 自然条理

如上所述，王阳明认识到“天地万物一体之仁”，但他又认为人类可以取用动植物等万物。既然如此，该怎么看待人与动植等物的差异呢？怎么解释“爱有差等”呢？“一体之仁”也分亲疏、厚薄、远近吗？

王阳明说：

> 人的良知，就是草木瓦石的良知。若草木瓦石无人的良知，不可以为草木瓦石矣。岂惟草木瓦石为然，天地无人的良知，亦不可为天地矣。盖天地万物与人原是一体，其发窍之最精处，是人心一点灵明。风雨露雷、日月星辰、禽兽草木、山川土石，与人原只一体，故五谷禽兽之类，皆可以养人；药石之类，皆可以疗疾。只为同此一气，故能相通耳。(《传习录》下)

这里强调了如前面所肯定的天地万物都有良知、灵明等精神性，但在生物圈层中，又是有分别的。人可以利用五谷禽兽以养人，利用药石以疗疾。

学生因此提问：“大人与物同体，如何《大学》又说个厚薄？”先生曰：

惟是道理，自有厚薄。比如身是一体，把手足捍头目，岂是偏要薄手足，其道理合如此。禽兽与草木同是爱的，把草木去养禽兽，又忍得。人与禽兽同是爱的，宰禽兽以养亲与供祭祀、燕宾客，心又忍得。至亲与路人同是爱的，如箪食豆羹，得则生，不得则死，不能两全，宁救至亲，不救路人，心又忍得。这是道理合该如此。及至吾身与至亲，更不得分别彼此厚薄。盖以仁民爱物，皆从此出；此处可忍，更无所不忍矣。《大学》所谓厚薄，是良知上自然的条理，不可逾越，此便谓之义；顺这个条理，便谓之礼；如此条理，便谓之智；终始是这条理，便谓之信。（《传习录》下）

阳明讲的“良知上的自然的条理”就是“差等之爱”，亲亲、仁民、爱物之间是有差别的。阳明通过人用手足保护头目的例子，说明并非是人刻意去厚待头目轻贱手足，而是手足就适合去做这些保护其所在之体的事情，这是手足的本性决定的。若反过来,虽然万物与人同体，正如人之一身犹有头目和手足的区分，万物一体之中同样存在彼此厚薄，这是道理自然如此的，要是有意无视此不同，那是强不知以为知、强不仁以为仁，显然有违诚道、有违人道；阳明甚至设想了一个极端的情形或思想实验，在某种极端情形下，恰如当你仅存少量箪食豆羹等事物，谁若能得到才可能生存下去，不够与别人分享的，如此不能两全，那么，只有先去救至亲，这是道理合该如此，并不会有人责怪其自私，反之若是不如此做就有悖人情，说明这颗心是虚伪麻木的，更不可能推扩此心去真正地仁民爱物。这种极端的情形并不一定存在，但它所要彰显的爱有差等之意却是如此真实、如此符合人性之常，就在这种自然的顺序中培养、推扩、延伸和蕴涵着无尽的仁爱之意，绝没有虚妄和凌空蹈虚的弊病。

人与万物虽然都是天地所生，但二者又是有区别的。孟子说:“君子之于物也，爱之而弗仁；于民也，仁之而弗亲。亲亲而仁民，仁民而爱物。”(《孟子·尽心上》)“仁”特指人伦，可以推己及人，如“老吾老以及人之老，幼吾幼以及人之幼”(《孟子·梁惠王上》)；“爱”则特指物伦，是基于人与物的一体同源而由人推开去的。从亲人到他人再到万物，仁爱的表现是越来越疏远的，这并不是说越来越不重要，而是区分方式和层次的不同。儒家根据不同的伦常性质对仁爱给予不同的界定。经验世界每一具体的人，其职分不同，所施予的爱不能无差等。仁爱是普遍的，如同“理一”，而具体的爱则是“分殊”。儒家的仁爱是普遍的又是具体的。所谓普遍的，是说儒家要求任何人对任何人与物都有爱心，都有恻隐之心，都有道德感情。所谓具体的，是说儒家在实现仁爱这一普遍之爱上，又是有步骤的。差等施爱是儒家仁爱理想的实践步骤或过程。人不是上帝，人是具体历史的人，我们不能要求一定时空条件下的人把爱当下地普施于人和物，那是不现实的。“爱之而弗仁”的意思是很明确的，对万物要有爱的态度，但并不是对万物都讲人道。人伦、物伦有区分对待的层次差异。

事实上，儒家对万物都是关爱的，这是从各物所具的自身价值去确定这种爱的，因为各物的内在价值都是“天地”所赋予的，与人的自身价值同出一源。儒家对动物的关怀也是从肯定其自身生命价值出发的。例如荀子的论述层次，以内在价值的高低排列，用今人的话说，是从无机物到有机物，从植物到动物，从动物再到人。在这个价值序列上，动物离人最近，其所禀有的内在价值应该是在人之外最高的。禽鸟与哺乳动物虽然没有人那么高的智慧、情感，但它们也有一定的感知力，对同类有一定的情感认同，这已经远远超出于其他物种之上。孟子说："夫物之不齐，物之情也。"（《孟子·滕文公上》）万物的内在价值有很大的差异，人对它们关爱的方式也应该有所不同。

因为动物具有丰富的感知能力，儒家对动物有更多的同情。《孟子·梁惠王上》讲到，齐宣王见到牛被牵去杀了，以其血衅钟。宣王想到牛被杀时会害怕得发抖，因而产生了"恻隐之心"，这就是孟子讲的"仁之端"。对动物遭受痛苦的"不忍"，虽然不同于对人的"不忍"，但二者并不矛盾，因为有对人遭受痛苦的"不忍"，自然会引发出对动物的"不忍"，这是仁心的自然拓展。对人的"不忍"是"仁民"的表现，对动物的"不忍"则是"爱物"的表现。当然，仔细推敲，齐宣王这里对牛的同情其实有两个内涵：第一，人是世界上唯一的道德主体，杀生并非善举，人接触到动物的痛苦必然引发自身的内在道德反思，齐宣王的"不忍"之心里面必然包含属于主体道德反思的内容；其二，动物不仅是工具价值的存在，而且具有自身的内在价值，能感受痛苦是动物所特有的内在价值的反映。齐宣王说自己"以羊易牛"并不是出于吝啬，恰恰说明当时他对牛的态度并不只是工具价值的态度，他不忍看到动物痛苦的"恻隐之心"，包含着对动物内在生命价值的认同。

王阳明讲的"自然的条理"是孟子这一思想的延续。按我们今人的看法，对自然万物的取用是自然选择的结果，人对动物的爱，也是"不忍"之心的推广。阳明"万物与我一体同源"的看法是儒家生态伦理的基本认识。阳明认为，从工具价值的立场取用生态资源的同时并不忽视它的内在价值,“民本物用”（工具价值)与“爱物”“尽物之性”（内在价值)共同构成阳明的，也是儒家的待物之道。

4. 人性反思

王阳明的“致良知”教，调动人的善性良心，遏制人欲的膨胀。人的私意小智、智谋权术，戕害了仁爱恻怛之诚。阳明指出人性的负面:“动于欲，蔽于私”,“则将戕物圮类，无所不为，其甚至有骨肉相残者，而一体之仁亡矣。”(《大学问》)。正如杨国荣所说:“私的核心是个体之利，从私欲出发，即意味着以利益计较为主体间交往的原则，而在王阳明看来，由此导致的逻辑结果，则是主体间的相互分离乃至排斥与冲突。”[①]阳明强调主体间的情感沟通，即“不忍”之心的推己及人。

阳明说:“人惟不知至善之在吾心，而用其私智以求之于外，是以昧其是非之则，至于横骛决裂，人欲肆而天理亡，明德亲民之学大乱于天下。……夫是之谓大人之学。大人者，以天地万物为一体也。夫然后能以天地万物为一体。”(《亲民堂记》)阳明弘扬大人之学，强调人们应有天地万物一体的境界追求。私自用智，人欲横流，必然戕害他人与自然万物，破坏万物一体这个生命家园。前面我们引用王阳明关于爱之厚薄的言论中，可见他对儒家的“以德取物”，即取用有爱、有序、有节、有度等生态伦理思想有进一步的发挥和阐释。阳明承认了植物、动物乃至整个自然界的生存发展权利，取物以德，其实这正是现代生态伦理学的重要理论基石。从人类社会永续发展的角度

① 杨国荣:《心学之思:王阳明哲学的阐释》，生活·读书·新知三联书店，1997年，第152页。

来看,"以德取物"也保证了"取物不尽物"的理想得以实现。中国儒释道诸家很早就认识到自然资源是有限的，而人类的欲求又是无限的，为了解决两者之间的矛盾，主张节制人类无限制的欲望，天人合德，在承认大自然本身具有内在价值的基础上，合理地利用自然资源，反对对地球加以破坏性地开发利用，从而实现人类的生生不息。

阳明有关生态保护的观念既是遵从天地的生养之道，也出于对人性物欲进行节制的目的。人类如果不能节制自己的欲望，完全按照自身的利益滥用生态资源，透支子孙后代的栖身之地，势必失去自我本性，误入迷途。王阳明的"致良知"，就是把"真诚恻怛"的仁爱之心发挥、扩充、实现出来，去应对万物，使万物各安其位，各遂其性。"致良知"包含着从人性上反思自己，反思人的贪欲、占有欲及人对自然万物自身权利与价值的不尊重，以及由此而产生的过度取用与开发。

阳明学告诉我们，要在日用伦常之间，将天地万物一体之仁发用出来，用来敬老爱亲，用来爱护动植物，保护生态环境，杜绝资源的浪费。做一分，就体认一分良知，体认一分良知，就要行一分，这个道理很简单。阳明心学可以赋予今人实践道德、完善自我的勇气。

## （五）阳明学的现代意义

阳明学的现代意义，其实是由阳明学本身的特质决定的。阳明学本身就是自由活泼、积极主动的，极具创造性。它的第一个根本特点，就是强调人的道德主体性，即道德自由。阳明学告诉我们，良知是心之本体，知行的本体。人是有良知的，人应该不断地发明良知、实践良知，振起人的精神生命。“致良知”是学问修养的灵魂与第一原则！王阳明的“致良知”，就是把“真诚恻怛”的仁爱之心发挥、扩充、实现出来，去应对万物，使万物各安其位，各遂其性。“致良知”包含着从人性上反思自己，反思人的贪欲、占有欲及人对自然万物自身权利与价值的不尊重，以及由此而产生的过度取用与开发。他告诉了我们一条道德人格的上升通道，彰显了人性本来的光辉，强调人性的光辉不仅要照亮我们自身，甚至还要照亮他人。人不应该向下沉沦，不能为物欲所遮蔽，不能陷入异化之中而否定自我的人性。这一点，可以唤醒现代人冷漠的、功利的、庸俗化的心灵，反抗当下社会拜金主义、享乐主义、虚无主义，拯救当下的生态危机、信仰危机、道德伦理危机。

阳明学的第二个特点，就是知行合一。“知”在这里指良知，阳明强调真知真行。现在我们讲儒学，经常会遇到这样的问题：有人说，你讲得都非常好，但是我就是做不到。阳明学讲的知行合一，就是针对这个问题来的。做不到是因为还没能理会得透，理会透了自然做得到。阳明学告诉我们，要在日用常行之间，在礼乐刑政之间，将天地万物一体之仁发用出来，用来敬老爱亲，用来修身齐家，用来尽伦尽职，用来为政理事。做一分，就体认一分良知，体认一分良知，就要行一分这个道理。这一点，可以赋予今人实践道德、完善自我的勇气。

阳明的亲身经历也提醒我们，为政之道在于明德、亲民。阳明解释“大学之道，在明明德，在亲民，在止于至善”时，特别强调在明明德的基础上亲民。他首先是强调为政者要修身以德，以仁德为核心价值，引领和实现政治的正义。官德不仅仅是一种职业道德，更是人的良知在政府事业上的直接运用。为官不讲官德，就是违背良知。进一步说，亲民就是要以民为本，视百姓为骨肉亲人，尊重民心民意，体察民间疾苦。在具体的政治实践中，阳明以高超的政治智慧，将社会教化、社会治理以及具体的行政手段结合起来，治理了很多难治之地，实现了民不骇政，四方咸宁。阳明的为官之道，对于今天加强人的修养，化解社会矛盾，转变政府职能等，有借鉴意义。

阳明是一位真正了不起的大师，是一位通达生命智慧的人。他一生中在立德、立功、立言诸方面都有卓而不凡、举世瞩目的成就，被后世誉为“真三不朽”。《传习录》是一部意涵极其丰富的著作，阳明学是一个博大精深的思想体系。阳明及阳明心学，四百年来影响深远，有着强烈的现实意义。阳明的学贵自得、事上磨练、推崇《大学》古本、强调“诚意”等重要思想，都需我们仔细琢磨领会。如果说朱子学强调循序渐进，一般人学朱子，会更易入道，阳明学则强调直悟本体，根器好、天分高的人学阳明，会更契合。实际上，朱子学与阳明学各有千秋，朱子和阳明之间只是儒学内部不同的为学方式，并没有优劣高低之分，朱子和阳明都有极为细密的工夫，朱子于细密之中见谨严如泰山气象，阳明则细密之中见豪放如江海气象，理应相互促进相资为用。阳明学的前提是朱子学，不懂朱子与北宋五子，就不懂阳明，所以，光读阳明，不读朱子，容易出偏。当然，要想真正了解阳明，了解阳明学，最好的办法，莫过于大家一起来品读阳明的书。

# 十八、中国的管理智慧

中国古代哲学的智慧在东亚现代化的过程中起着越来越巨大的作用。中国的管理哲学，确有许多方面值得我们珍视，值得我们再发挥，再创造。

## （一）管理的七字诀

中国管理的主要智慧与基本原则，我认为尤显重要的有七个字：无、生、变、和、中、敬、群。

### 1.“无”的智慧

这里主要指道家“无为而无不为”、“无用之用乃为大用”的方法学，亦即重视管理中的软件。据巴斯克与艾索思多年对美国公司与日本公司所作的比较研究表明，美日公司在硬性因素方面，即结构、制度、策略方面都很类似，主要差别在于日本公司特别重视软性因素，即技巧、作风、人员与最高目标。道家之道，虚灵不昧，是无用之大用。那些看起来并无实际效用、虚无抽象的企业精神、企业哲学、企业价值观、企业风格、企业凝聚力等，却渗透到企业管理有形有用的各个方面，正所谓“有之以为利，无之以为用”（《老子》第11章）。实有之用是有限之用，虚无之用是无限之用。在管理中，科学的、工具性的，例如财务、成本或计量的管理是有限之用，而公司文化精神、一代人风的培育却是无限之用。管理不仅仅提供结构、计划、规章、控制、分工的原则，更重要的是概念、价值、信仰、氛围、文化。因此，成功的企业都能形成自己独特的价值信念，形成一种凝聚力，使员工自觉地为企业目标奋斗，并使这种文化精神在员工中代代相传。这才是决定企业成败、兴衰的根本[1]。

### 2. “生”的原则

“生”的原则即创造性的原则。《周易·系辞传》曰：“天地之大德曰生”，“生生之谓易”。中国哲学崇尚“生生之德”，即以人的创造性精神匹配天地乾坤父母之大生广生之德，尽人能以弘大天性。中国“尊生”的传统，即尊重、发扬创造性的生命精神，强调全面发挥人的潜能，参赞天地之化育，理性地适应并进而主宰天地。在管理学上，《周易》的管理智慧，即把自强不息、生生不已的主体精神，“元、亨、利、贞”的流衍创化的客观历程和效法天地的自然之道结合起来。这样，它就不是单方面地强调开拓创新，穷通变易，而在一定程度上又涵盖了顺应自然之意。因此，开与合、守常与应变、原则性与灵活性、创造性与继承性（创业与守成）的辩证统合，即是企业管理的一种高级的智慧和艺术。

### 3. “变”的原则

“变”也是一种“生”。但“生”的意涵主要是“创生”“生化”，而“变”的意涵主要是“变通”、“制宜”。《周易》被人称为“变经”，

① 参见唐亦男：《道家“无”的智慧与现代企业》，载《法言》杂志，1992年12月。

《老子》五千言通篇讲变化之道,《孙子兵法》的战略策略更是应对瞬息万变之经典。《易》《老》《孙》之预测学、管理学和谋略学，总结了自然、人事正反诸方面的经验教训，对凶吉、祸福、穷达、存亡、生死、利害诸关系的把握，提供了最佳趋避的模型和最佳应变的方法。在阴与阳、否与泰、剥与复、损与益、革与鼎、既济与未济之间，寻找因条件变化而不断求变的契机。由是而提出了因时、因地、因物、因位制宜的要求。所谓“制宜”，是主观价值与客观实际配合得宜，关键在管理主体的感通化裁之功。

中国哲学提供了一种高级的变通智慧，这种智慧和西方科学管理方法不同，是具有根源性的智慧，或者说是一种人文的睿智，把管理看作是以人的价值主体为依归的。有的学者称之为“道智”或“道术”，以区别于西方知性的科学的管理[1]。另一方面,《老子》《易经》《易传》《孙子兵法》关于刚柔、予取、进退、攻防、正奇、明晦等等权变谋略的思想，在市场营销、价格战等方面，提供了灵活的战术计谋、市场权术等辩证智慧。商场如战场，军事辩证法可用于商场。

4.“和”的原则

“和”主要指“和谐”及“多样统一”。孔子讲“和而不同”(《论语·子路》)，有子讲“和为贵”(《论语·学而》)，史墨讲“和实生物，同则不继，以他平他谓之和”(《国语·郑语》),《礼记》讲“和也者，天下之达道也”(《礼记·中庸》)。中国哲学关于天、地、人、我之间的“和谐”思想、“宽容”思想，不仅为人

① 参见唐力权:《变通的慧识:〈周易〉对现代管理的启示》，载《法言》杂志，1992年12月。

类自然环境的生态平衡和人文环境的生态平衡提供了睿智，不仅可以纠正人们片面执着于“斗争哲学”的负面影响，而且是现代社会管理和企业管理的重要思想资源。现代管理强调人与自然、人与社会、人与人、人与物、人与内在自我的协调关系，强调一种宇宙一体、普遍和谐的整体观念。我们儒道诸家素来肯定并发挥的“天地与我并生，而万物与我为一”（《庄子·齐物论》），“民吾同胞，物吾与也”（张载《西铭》）和“仁者以天地万物为一体”（王阳明《传习录》上）的宇宙家族思想及推己及人、润物及物的意识，在未来世界具有越来越重大的作用，对于企业之间及企业内部人际关系的处理，乃至企业效益的显发有着重大的意义。

### 5.“中”的原则

“中”指“中道”，无过无不及，与“和”略有不同。“和”是强调容纳相异的人才、意见，保持一种生态关系，“中”则指处事所掌握的“节”与“度”。“中庸”只是平常的道理，于平常中见“道”。“尚中”“执中”的管理方略，对“过”与“不及”之两端持守动态统一，使各种力量与利益参和调济、相互补充，在大小、刚柔、强弱、周疏、疾徐、高下、迟速、动静之际保持弹性，具有一种节奏感，实在是一门高超的管理美学。

### 6.“敬”的原则

这里指尊重人才和敬业精神。严格地说，中国哲学区分“仁”“诚”“忠”“信”“敬”“恭”诸范畴。宋人陈淳的《北溪字义》颇有分疏，我们这里笼统言之。现代企业的经营之道，在正常的市场经济秩序的规约下，一种健康而有效率的竞争，决不是假冒伪劣的横决天下，根本上应是在延揽、使用、对待人才方面，内部员工的敬业精神方面，产品质量信誉方面，即是对内对外的诚信无欺的态度。忠于职守、团队精神、勤奋严谨、真正的主人翁态度和责任感，作为企业伦理或工作伦理的建设，无疑是现代企业管理的首要前提。有人认为，儒家伦理强调维持系统整合的价值而不重视目标达成的价值，因而不利于竞争和效率。这种看法是有片面性的。从长远的背景上来看，东方现代化与西方现代化的不同，即在于东方文化精神积淀在其工作伦理之中，不是以个人主义为动力，而是在注重不同人的利益的同时，更加肯定勤奋和睦、敬业乐群、相互协调及对企业的忠诚、奉献、责任。另一方面，管理者对各种人才、各级员工，使得人人的德、位、禄、用相称，使之各遂其性，各显其能，而不至有不平之感，亦是儒家治平天下的一条重要原则。这在现代社会与企业管理中，亦是一个十分重要的现实问题。

今天，世界各地的商家都发现了一条新的经营之道——以创意超越顾客的期待。让产品超越顾客的期待，是赢得顾客、建立忠诚度最有用的办法。惊喜的客户往往会再度上门，而且为企业作免费宣传。为顾客服务是继产品质量之后，成为企业下一个全力以赴的目标。改善对顾客服务的品质，从顾客利益出发，让顾客满意，其实是企业管理的首要原则。此外，市场营销中，又有了坦诚相见的商规。使自己的产品深入人心的最有效的方法是先承认自己的不足，因为潜在用户会在你承认自己的短处时发现你的长处。这可以说都是“诚”“敬”原则的活用。

7.“群”的原则

这里指群体本位、群体协作精神。当前我们需要重新厘定现代化进程中个体与整体的整合与互动原则。传统礼治社会重视群体价值，有一整套协调个体与群体之利益、意志、关系的办法。其负面则是个体的独立性往往被淹没于社会群体的伦理纲常之中。在以个体为圆点或细胞的市场经济生活秩序中，现代社会较之传统社会的巨大进步是个体性得以确立。也就是说，个体的生存权利、私有财产、经济权益、政治权利、教育权利、人格独立与尊严及道德价值实现权利的不可剥夺、不可让渡，及其法律保证和舆情保证，是有序化的现代社会生活的支点。在此基础上重建适合于市场经济的社会整体秩序、公共利益，保证公平竞争，承认与肯定他人及社会整体权益的实现，重建社会公正、正义等道德原则，调节个体与整体的关系，调节义与利的关系，是现代管理中的重要环节。东亚现代化的一条成功经验是凭借传统文化资源，调整劳与资、民与官、私与公、个体或家族企业权益与政府的行政工程、个人主义动力与团队精神祈向和孝忠国家社会之间的关系。这显然具有现实意义，以克服西方的某些“现代病”。

中国哲学提供给现代管理学的智慧是多方面的，其核心是把人作为企业最大的资产或真正的资源。人才是决定企业成败的关键，企业竞争就是人的竞争，而管理就是充分调动人的因素，充分开发人的资源，充分发挥人的主动性和创造性，充分协调人与人之间的各种关系。人文学的管理比纯科学的管理具有更深长的价值，二者当互济互补。

## （二）“阴阳互补”“万物一体”的管理模式

以下讲中国管理学的元方法。我想从元方法的角度强调一下中国管理智慧的整体观、有机系统观、动态平衡观、相互补充观。中国哲学把世界看成是开放的、交融互摄、旁通统贯、有机联系的整体。中国管理学不把管理对象看成是孤立、静止、不变、不动或机械排列的。

### 1.“阴阳互补”“五行生克”的管理模式

中国先哲用“阴阳互补”的方式表达事物之间的基本关系——两种力量相互对待又相互依存，相互制约又相互辅助，相互联系、互为存在的条件。《周易·系辞上传》指出：“一阴一阳之谓道”，“阴阳不测之谓神”。这表达出事物运动变化的原理是阴阳两种势力之间的相互制约、补充、调剂、作用。阴阳互动、消息盈虚则表达了事物联系和关系的客观性和过程性。一般地说，阳性代表肯定的、现实的力量，阴性代表否定的、潜在的力量。阴与阳相互协调、辅助。阴阳互动表达的是一种宇宙秩序。宋代科学家沈括指出：“阴阳相错而生变化”；“阴阳合德，化生万物者也。”（《梦溪笔谈》卷五）在自然、社会、人的生命等一切现象中，莫不有相依相待、对立统一的阴与阳两大势力、活动、能量或信息；它们的交互作用，使得事物发生形形色色的变化，是万事万物形成、存在与发展的内在原因和内在根据；自然之道、人事之理、生命之则，正是阴阳二者的统合、和合，相互促进，相互制约，相互克服，相互转化。任何一方偏胜，不能“交通成和”，则失去了“阴阳大化”的秩序性。阴阳失调，就会发生问题，而不能使“物生焉”。因此，人们要善于“燮理阴阳”，即调和、调理事物最根本的联系与关系。

“五行生克”的关系亦表达了整体系统的管理智慧。五行指具有水性、火性、木性、金性、土性的五气（五种物质、力量、能力、势用）的活动、功能，彼此间相辅相成、相互促进、相互转化、相互克制的原理及其与阴阳、四时、万物生长收藏的关系。推衍到王朝的兴替、政治的治乱，则重视数种力量的相互平衡、制约；运用于人的身体，则强调五气、五脏的相生相克、协调、平衡，并以此解释生理、病理、精神心理等。这就涉及到事物之间的有限的直接联系与无穷的间接联系。

阴阳五行学说主要用于说明世界的生息变化，指出自然界、人类社会、人的身体的现实存在和未来趋势是由显现或潜隐的、肯定或否定的、性状各异的不同物质、因素、动势、能量之相互作用所决定的，并随着多重因素、力量，尤其是内在的正反动势的彼消此长而变化。这一学说肯定事物内外力量、功能的差异性、多样性、流动性及物质、能量、信息相生相克的动态秩序，捕捉转化的契机，预卜其过程和前景，促进事物向好的方向发展。阴阳五行学说还特别重视人事条理与自然秩序的相互关联、相互感应。例如中医不仅把人体各经络、各腑脏看成是一个相互联系的整体，而且把人与自然也看成是一个相互联系的整体。五脏之间亦有相生相克的关系，一方偏盛，可能引起另一方偏衰，此脏之病，问题可能出在彼脏，因此反对头痛医头，脚痛医脚。这对社会管理和企业管理也有一定的启迪。

### 2.“万物一体”“三才之道”的整体系统观念

中国古典哲学认为，天、地、人、物不是各自独立、相互对峙的系统，彼此之间有着不可分割的联系。它们同处于一个充满生机的生命洪流之中。中国哲人观察宇宙人生，以一种“统观”“会通”的方式，即着眼于天地人我、人身人心都处在不同的系统或“场”之中，肯定各系统、要素之内外的相互依存，密切联系。人体小宇宙是一个有机联系的整体，世界大宇宙也是一个有机联系的整体。古代哲学以“统体”“一体”，或者以“道”“一”“太极”“大全”“太和”等表明这个整体。

《易经》与《易传》把宇宙看作是整体圆融、广大和谐、旁通统贯的。“《易》之为书也，广大悉备。有天道焉，有人道焉，有地道焉。兼三才而两之，故六。六者非它也，三才之道也。”（《周易·系辞下传》）这里讲《周易》这部书是广大而包罗一切的，有天象的规律，有人事的条理，有地理的法则，总括天地人三才而重复起来，所以每卦有六爻。六爻不是别的，就是三才的规律。“天地人三才之道”把各种事物之间复杂的联系与制约关系，归纳成多层次互相制约的天道、地道、人道三大方面或系统。

“天道”“地道”“人道”的思想，“天”“地”“人”三才的思想，都认为创造的生命精神贯注于天上、地下、人间。天道（乾道）是宇宙间最刚健的、富有创造性的东西，地道（坤道）是宇宙间最柔顺、富有承接性的东西。《易传》与《中庸》认为，人居于天地之中，兼有天地的创生性与顺成性，参与、赞助、配合、协调天地的变化与生长，进而与天地并立为三。人是天地之间的枢纽。广博深厚的天地之道生育万物，不可测度。人学习、效法、光大天地精神，可以尽量地发挥人的本性和万物的本性，使他人他物各安其位，各遂其性。《荀子》与《礼记·礼运》都肯定人为天地间物类中有生命、有知觉、有道德者，在宇宙中有最高位置，为天地之德，为天地之心。

老子讲：“故道大，天大，地大，人亦大。域中有四大，而人居其一焉。人法地，地法天，天法道，道法自然。”(《老子》第25章)道、天、地、人是宇宙间四种伟大的存在。人以地为法则，地以天为法则，天以道为法则，道以它自己的样子为法则。就是说，人要因地制宜，用地要根据天时的变化，变化有其存在于自然界的规律性。“道”是天地自然最根本的总规律与总过程，统摄天、地、人三大系统。

中国化了的佛教宗派华严宗的哲学以珠光交相辉映、重叠无穷来比喻宇宙间万事万物彼此之间互相圆融、互相包含和无穷无尽的联系。它认为，任何事物与现象都不能孤立地存在。现象与现象、现象与本质、全体与部分、一与多、同一与差异、生成与坏灭之间有着错综复杂的关系，互为依恃，互为因果，互遍相资，相待互涵，相即相入，重重无尽，圆融无碍。它把世界看作是无限丰富的世界，看作是融摄了不同层次的相对价值系统的绝对价值系统。在一无限和谐的实在中，主体与客体也是互为依藉、互相关联的。

## （三）“变动不居”“物极必反”的过程管理

### 1.“变动不居”“生生不已”

在中国哲学中，变化、发展的观点是最为普遍的观点。孔子曾用昼夜不停的江河来形容整个世界的迁流不息。“子在川上曰：‘逝者如斯夫！不舍昼夜。’”(《论语·子罕》)老子说：“飘风不终朝，骤雨不终日。孰为此者？天地。天地尚不能久，而况于人乎！”(《老子》第23章)天地的势力尚且不能使狂风刮一早晨，暴雨下一整天，可见一切事物都是暂住的、易逝的，宇宙是无穷往复的过程。庄子说：万物的生生不已，就像马的奔驰一样。一切事物的运动、变化和发展是无所不在和无时不有的。一切都在变动流转之中，变化是普遍的，没有终极的。

《诗经》中有“天命靡常”的诗句。史墨说：“社稷无常奉，君臣无常位，自古以然。”（《左传·昭公三十二年》）这是说，天的指令是不断变化的，社稷没有常主，君臣的位子也不是固定的。这里的“靡常”“无常”，都以否定常住性的方式来表达变易之意。《周易》的“易”字，本身即有变易一义。《孙子兵法》也以“无常势”“无常形”“无常胜”“无常位”来表达发展变化的思想。

精研宇宙运动变化最详密的是《易传》。《易传》认为，一切事物均在大化流行之中，整个宇宙便是一个变动不居、生生不息的大过程。《易传》认为，变化是一个根本的事实，在天成象，在地成形，从这些形象中可知变化的永恒。而事物运动变化的根源，即是阴与阳的相互对立和统一。“一阴一阳之谓道，继之者善也，成之者性也。”（《周易·系辞上传》）“道”在这里指阴阳二气的动态统一，也就是万事万物运动的过程或轨迹。“继”是接续不息的意思，这里指人道继承天道而有自然之善。人的本性正是依天道而成就事业。《易传》以阴阳二气的对立、交感作为宇宙万物运动变化的根源和规则。《易传》说，天地阴阳之道生育了万物，这是伟大的品格！“富有之谓大业，日新之谓盛德，生生之谓易。”（《周易·系辞上传》）天地创造出万物并促进万物生、长、壮、老，这是巨大的业绩。天天有新的进步就叫作崇高的品德，不断地化生就叫作“易”。这里歌颂了自然化育万物、新陈代谢不已的状态。

中国哲学家认为，自然万物无不在变化迁流之中，无一刻停息；变易本身没有什么刻板的公式可循，变化的本质是创新；宇宙是一生生不已、日新无疆的历程，一切都在创造发展着。《易传》说：《周易》这部书所讲的道理，是常常变化迁移的，不是静止的，而是普遍流动的，不可拘泥、执定于常态、纲要、公式或教条，只有适应它的变化。《易传》又说：乾阳坤阴之气一闭一开，叫作变化；变化往来没有终止，叫作通达。阴阳势力互相制约在于变化，顺着变化之理加以推行，在于通达。《周易》的道理是遇到困境就加以改革，改革之后就行得通，行得通就可以长远。变化通达是适应时代、时势、现实的需要。这就是说，仿效天地自然的流行不息，人事之道也要从实际出发，顺应时代潮流，趋时更新。

### 2.“动静互涵”“变常不二”

中国哲学往往以“动与静”和“变与常”来表达具体事物的运动与规律。一般说来，动与静指的是绝对运动与相对静止的关系，变与常指的是运动与规律的关系。老子说：众物都在变，但最后要回到老根，这就是“静”，又叫作“复命”。循环往复叫作“常”，认识常叫作“明”。不认识“常”而轻举妄动，其结果必不吉利。

在中国古代哲学中，动静首先是指事物存在的两种状态，即变动状态和静止状态。荀子认为，动与静是同时并存的。《易传》有“动静有常”的说法，即认为事物的变动与静止是有其内在的规律性的。魏晋时期玄学家王弼注《老子》和《周易》，肯定动本于静。他认为，动起于静，又复归于静。郭象注《庄子》，肯定变化的普遍性，指出天地山岳都在舍旧趋新，今日之我亦非昨日之我，一切都在变化推移。东晋佛学家僧肇也提出了动中有静、静中有动、动静不离的思想。宋明理学家认为，运动和静止是相互渗透、互为一体的；动中有静，静中有动，动极而静，静极而动；一动一静，互为其根。动静之间互相包涵，不可分割。这就是变化的根据，也是运动的弹性之所在。

中国哲学家大多肯定变化是实在的，宇宙是一如川的大流，一切物都是变动不居的。同时，很多思想家又认为变化不是紊乱的，而是有条理的。变化之中有不变不易的东西，恒长持久的东西，那就叫作“常”。“常”即变中的不变之义、不易之则，而变化自身也是一“常”。中国哲学家不仅肯定了变中之常，而且讨论了变与常的辩证关系。王夫之指出常为一，变为万，“常一而变万，常万而未改其一”；“变而不失其常”；“常亦在变之中”（《周易外传》）。可见“常”与“变”也是相互依存、相互渗透的。王夫之强调“以常治变”，“执常以迎变”。方以智反对以一个不变的原则为标准来衡量什么是“常”，什么是“变”。总之，中国古典哲学承认事物的变化是普遍存在的，是永恒的；变化之中有不变的常则；把握住变化的规律是十分重要的；规律就在运动变化之中，没有离开运动变化的常则；常则也会随着事物的运动变化而发生变化，不能以教条的方式拘执常则；变化与常则的关系是辩证的。

### 3.“积渐成著”“以著显微”

中国先民注意到变化过程中的量的积累与质的跃迁的关系。我们日常生活中的一些成语，如积羽沉舟、投鞭断流、积水成渊、积土成山、功亏一篑，等等，都蕴含着质量互变的思想。

老子说：“天下难事，必作于易；天下大事，必作于细。”（《老子》第63章）又说：“合抱之木，生于毫末。九层之台，起于累土。千里之行，始于足下。”（《老子》第64章）显然，“易”

与“难”、“细”与“大”、“毫末”与“合抱之木”、“累土”与“九层之台”、“足下”与“千里”，都是渐与著的关系；而由“足下”而至“千里”，由“累土”而至“九层之台”等等，也就是由渐而著，由量变到质变了。荀子也提出了“积微者著”的思想。他说：“尽小者大，积微者著”（《荀子·大略》）；“故不积跬步，无以至千里；不积小流，无以成江海”（《荀子·劝学》）“积土而为山，积水而为海，旦暮积谓之岁”（《荀子·儒效》）。韩非又提出了防微杜渐的思想。他说：“千丈之堤以蝼蚁之穴溃，百尺之室以突隙之烟焚。”（《韩非子·喻老》）所有这些，都是有关量变引起质变的思想，且都比较注意量变如何引起质变的问题，尤其是韩非防微杜渐的“千里之堤，溃于蚁穴”，更是量变引起质变的警句。

4.“物极必反”“革故鼎新”

“无平不陂，无往不复。”（《周易·泰卦）平地无不变为斜坡，外出者无不回还。这里指出了任何事物发展之走向自身反面或回复原初状态的必然性。而《诗经》的“高岸为谷，深谷为陵”，也以堤岸变成溪谷、深谷变成丘陵的沧桑之变，表达了事物之走向自身反面的普遍性。老子对事物发展之走向自身反面的归宿揭示得最多，如：事物壮大了就会走向衰老；正常的可变为反常，善良可变为妖孽；要求圆满，不如不干；尖利锋芒，难保久常；财宝盈室，谁能守藏；骄奢淫逸，自寻祸患；成功了便隐退，是天的法则，等等。总之，从自然到人生，从历史到现实，没有什么事物不是向自身反面运动的。老子从大量的自然、社会与历史现象中概括出万事万物的根本规律：“反者道之动。”（《老子》第40章）向相反的方向变化，是“道”的运动。

王充则以盛衰兴废表达其间的相互流转："昌必有衰，兴必有废。"（《论衡·治期》）玄学家王弼更直接以"物极则反"表达其发展观。转化的限度叫作极。他说："凡物极则反。"（《周易注·大畜》）又发挥了《易传》的思想说："凡物，穷则思变，困则谋通。"（《周易注·困》）

上述论断主要表达了两层含义。其一，任何事物的发展都将走向自身的反面。其二，任何事物的发展，往往是通过走向自身的原初出发点的方式实现的。事物变化到一定阶段，在形式上回归到出发点，而在实质上则经历了生死、始终之变，成为了新的事物或包含了许多新的内涵、新的质素。

革与鼎，是《周易》中的两个卦名。"革，去故也。鼎，取新也。"（《周易·杂卦传》）革故即去其故弊。王朝创立，必立鼎（神器）以象征新贵，故鼎必取新。革故鼎新，即除旧布新或推陈出新之意，尤其指事物之自革其故，自求其新。这正是中国辩证法自我否定、自我发展的象征。革故鼎新是中国辩证法的否定观。

中国哲学家常常讨论"因"与"革"的关系问题。"因"即因循、因袭、继承；"革"即更新、变革。西汉扬雄对因革的不同作用及相互关系作了辩证的说明："夫道有因有循，有革有化。因而循之，与道神之；革而化之，与时宜之。故因而能革，天道乃得，革而能因，天道乃驯。"（《太玄·玄莹》）就是说，自然之道有因循，有变化；革就是与时间相适宜的变化；天道所以是中正之道，就因为它包含了因而革、革而因的两面。他认为不仅天道有因有革，而且万物也有因有革："夫物不因不生，不革不成。故知因不知革，物失其则；知革不知因，物失其均。革之非时，物失其基；因之非理，物丧其纪。"（同上）这就是说，天地与万物的发展都是肯定与否定，继承与变革的统一，偏于一边不是发展的正道。变革一定要适宜，要把握时机；继承不等于拘泥保守。因革之间有着不可分割的联系。

北宋王安石说："三十年为一世，则其所因，必有革。革之要，不失中而已。"（《周官新义》附《考工记》卷上）他认为，世与世之间不仅有继承的关系，还有变革的关系。在因与革之间要善于守中，要把握这个"度"。这个中道，就是因与革的辩证统一。他明确提出"世必有革，革不必世"的主张，强调革就是要有所作为。王夫之认为，因革在社会发展中同时发挥作用。一味因循而不变革，苟且偷安，治者可能会留下祸患。但如果一味变革而不因循，恐怕还来不及革新，乱就乘革而起。他认为，因革之际，没有一定成法，即没有固定的公式，而要辩证处理。王安石与王夫之都有强烈的新故相除、趋时更新意识，但都主张慎重把握变革之"时"、因革之"度"。

革故鼎新还体现了事物发展的前进性与曲折性相统一的思想。一方面，所谓"生生不息""大化流行"以及"日新之谓盛德"，等等，都是就事物发展趋势的前进性而言的；但另一方面，君子却同时要"安而不忘危，存而不忘亡，治而不忘乱"（《周易·系辞下传》）。人们应时时提防相反的可能，居安思危，注意反复性和曲折性，积极促进事物向好的方向发展、开拓。"祸兮福之所倚，福兮祸之所伏。"（《老子》第58章）在一定条件下，坏的东西可以引出好的结果，好的东西也可以引出坏的结果。发展也要保持节奏感，"一张一弛，文武之道"（《礼记·杂记下》）。这种波浪式的前进或螺旋式的上升运动，正是事物发展的前进性与曲折性的统一。

## （四）“奇正相生”“和而不同”的经营谋略

### 1.“知己知彼”“奇正相生”

孙武立足于用兵之道，在“知彼知己，百战不殆”的前提下，发展出一套奇正相生的思想。如：“战势不过奇正，奇正之变，不可胜穷。奇正相生，如环之无端，孰能穷之。”（《孙子兵法·势篇》）意思是说，战争及其胜败之势，主要依存于奇正之间，而奇与正的相互依存与相互转化正如连环之无穷无尽。“正”是正面对阵的常规战术，“奇”是旁出奇袭的灵活战术。“正”是常规常道，“奇”是非常规非常道。孙子强调多变，指出正奇之间相互转变，不可胜穷，强调在正面箝制敌人的同时，出奇兵攻击敌人侧后部弱点，攻其无备，出其不意。所以他又说：“凡战者，以正合，以奇胜，故善出奇者，无穷如天地，不竭如江河。”（同上）就是说，大凡作战，一般都是以正兵当敌，以奇兵取胜。所以，善于出奇制胜的将帅，其战法如天地那样变化无穷，像江河那样奔流不竭。孙膑便将形胜与奇正结合起来，认为“同不足以相胜也，故以异为奇。是以静为动奇，佚（逸）为劳奇，饱为饥奇，众为寡奇，发而为正，其未发者奇也。奇发而不报，则胜矣。”（《孙膑兵法·奇正》）显然，从奇与正到劳与逸的相生关系，都是对立双方的相互统一，也就是出奇制胜的前提或基础。他认为在战争中，没有陈规可守，动静、劳逸、饥饱、众寡，相互为奇。任何一方，发动了的为正，未发动的为奇。孙膑曾以出奇制胜、避实就虚的谋略协助齐将田忌围魏救赵，解邯郸之围，大败魏军。《孙子兵法》与《孙膑兵法》闪烁着军事辩证法的光辉。我国古代兵家深通相反而后相成的道理，对战争中的己彼、主客、虚实、奇正、利害、进退、攻守、勇怯、治乱、安动、久速、迂直、劳逸、众寡、强弱、胜败等一系列矛盾运动都作了精到的动态分析。这对于商战无疑有着深刻的启示。

2.“一分为二”“合二而一”

《庄子·天下》记载了战国辩者的一个有趣的命题：“一尺之棰，日取其半，万世不竭。”意思是说，一尺长的杖（或马鞭）作为一个统一体，每天分为两个部分，这样一直分下去，永远没有完结。这里提出了一分为二的问题，包含了矛盾无限性的思想。

张载从矛盾学说的思想识度提出“一物两体”的命题。他认为，对待的两方面互相作用，是事物变化的根本原因。在他看来，气是一物两体，即阴阳对立的统一物。正因为有对待，所以发生变化；正因为有对待而又统一，所以有不测的妙用。在他看来，统一物中对立的两端是互相联系而不可分离的；如果没有阴阳两端的对立作为基础，也就无所谓统一；如果看不见统一，对立面的交互作用也就停止了。这说明对立双方是相互依存、制约的。对立两方面如虚实、动静、聚散、清浊等，归根到底，都是统一的。有了统一，事物才具有了相对稳定性而存在；有了对立，事物就有了发展变化的潜在基础。张载把天地的变化都归结于两端，主张“动非自外”，即事物运动变化的原因在于事物内部的矛盾性。中国古代思想家强调每一事物都可以分为阴阳两个方面，而每个矛盾的方面各自仍可再一分为二，以至无穷。

方以智在“一分为二”的前提下提出“合二而一”的命题。他指出：“有一必有二，二本于一”（《东西均·反因》）；同时又指出：“交也者，合二而一也”（《东西均·三征》）。他曾以水与羹汁交融的状态说明“合二而一”。“交”即对立面的相互交感、联结、渗透，即对立面的同一。方以智还说：“凡言交者，谓其互此中，而两旁之纶皆弥也。”（《易余·三冒五衍》）意思是说，矛盾双方的相互渗透不是直接由此到彼或由彼到此，而是以“中”为媒介来获得相互联系，即通过“中”的统摄使对立双方贯为一体。

王夫之以高度的辩证智慧把“一分为二”与“合二而一”结合了起来。他认为，任何事物都是兼有阴阳的统一体：“无孤阳之物，亦无孤阴之物……合两端于一体，则无有不兼体者也。”（《张子正蒙注》卷一）“因动静分而为两，迨其成又合阴阳于一也。”（同上）他还认为，矛盾并非“截然分析之物”，“反者有不反者存”，不能把对立的事物或一事物中的对立斗争关系看作如用斧劈柴或沟分水流那样。阴阳对立不是“破作两片”即截然分离或绝对对立的，它是可以互相转化并构成新的统一体的。他对矛盾运动辩证法的概括是：“天下之变万，而要归于两端，两端归于一致。”（《老子衍》）因此，不能“破析分歧”、“孤持其一”，主张“心有两端之用，而必合于一致”（《尚书引义·益稷》）。王夫之还指出：“万殊之生，因乎二气；二气之合，行乎万殊。”（《张子正蒙注》卷一）可见，矛盾的对立与统一贯穿在万事万物之中。总之，王夫之既不抹杀事物内在的矛盾、对立和斗争的关系，指出这是事物存在与发展的动因；又不把矛盾双方孤立、割裂开来，反对以瓜分豆剖的破析方式勾画阴阳两面的地盘，或者任意把一物分成二片、四片的文字游戏，认为这样做违背了“自然之理”。他最终主张矛盾的辩证综合，即在对立中把握统一，在统一中把握对立，从而认定矛盾运动的结局总是转化、和合成新的矛盾统一，并潜伏、内蕴着新的矛盾交合运动。按照他的理解，矛盾不是互不相关的两端，不会简单地“非此即彼”。正反双方总是你中有我，我中有你，相互融会贯通，不断朝着更高一层的综合而前进。

### 3.“和而不同”“执两用中”

古代哲学家曾将“和”与“同”加以比较，肯定“和”而否定“同”。西周史伯说：“和实生物，同则不继。以他平他谓之和，故能丰长而物生之。若以同裨同，尽乃弃矣。故先王以土与金木水火杂以成百物。”（《国语·郑语》）这是说，不同性质的五材相和合，可以构成丰富多彩的万事万物。“以他平他”，指对立事物的和谐统一。“和”是什么呢？春秋时晏婴说，“和”就像羹汤，是五味的调和；“和”就像乐音，是八音的和谐。总之，“和”就是有差别、且包含着差别的多样性统一。相反，“同”则是不包含差别的二者绝对的同一，好像以水兑水，味道单一。单一的东西无法比较，不能产生新的事物。事实上，同中有异，异中有同。多寓于一，一又寓于多。有差别、有对立、有矛盾才能产生新的事物，是事物发生发展的原则。这是我国古代和谐辩证法的发端。

孔子则从人生实践的角度继承了史伯“尚和去同”的思想，指出“君子和而不同，小人同而不和”（《论语·子路》）。这里的“和”与“同”指的是两种不同的为人风格。君子用自己正确的意见来纠正别人的错误意见，使一切都做到恰到好处，却不肯盲目附和；小人只是盲目附和，却不肯表示自己的不同意见。“和”在这里仍指有差别的统一。

“和”是万物生存发展的根据，对此，中国哲学家有很多说法。如史伯的“和实生物”，《礼记·乐记》的“和，故百物皆化”，

《荀子·乐论》的“乐也者，和之不可变者也”,《淮南子·氾论训》的“阴阳和平”,“天地之气，莫大于和”等等。到了张载，又把这种原初的“和”称为“太和”。这种“太和”即是现实的“和”与“合”的基础与依据。“太和”，本《周易·乾卦·彖辞》的“保合太和”，这里指阴阳未分的气。此中蕴含着阴阳二气，阳气的性质是浮的、升的、动的，阴气的性质是沉的、降的、静的。这两种气性质互相对立、互相感通，因而开始发生相激相荡、或胜或负、或屈或伸的运动变化。王夫之在解释张载的“太和”之说时，认为“太和”是矛盾的统合，是相资相成的综合。“刚柔、寒温、生杀，必相反而相为仇；乃其究也，互相以成，无终相敌之理。”(《张子正蒙注·太和》）矛盾双方不可能永远对峙下去，在客观条件下必然发生转化。因此，张载说的“仇必和而解”、王夫之说的“和而解则爱”，既是旧的矛盾的解体，又是新的矛盾的肇始。

除此之外，强调适度、合宜的“和”、“中”与“中和”的内涵，也在儒学中得到了充分的发展。如《中庸》讲：“喜怒哀乐之未发，谓之中；发而皆中节，谓之和。中也者，天下之大本也；和也者，天下之达道也。致中和，天地位焉，万物育焉。”这就是说，人的喜、怒、哀、乐等感情没有发作的时候，叫作“中”；发作出来而能合乎礼节叫作“和”。“中”是天下最重大的根本，“和”是天下通行的道路。将“中和”的原理发挥到极处，天地就清宁了，万物的生长就茂盛了。这里的“和”或“中和”，是人生实践中所能达到的最高境界，它具有通过实践追求以使现实与理想统一的意味。

中国哲学家强调整体的和谐和物我的相通。他们不仅把自然看作是一和谐的体系，不仅争取社会的和谐稳定，民族、文化间的共存互尊，人际关系的和谐化与秩序化，而且追求天、地、人、物、我之关系的和谐化。儒道诸家都表达了自然与人文和合，人与天地万物和合的追求。中国人有“天下一家，中国一人”的文化理想，在几千年历史里，不断进行民族融合与文化融合，兼容并包，共存并处，相互尊重，相互调济，相得益彰，相互促进，终而形成了我们伟大的中华民族与伟大的传统文化。《礼记·中庸》说：“万物并育而不相害，道并行而不相悖。小德川流，大德敦化。”《周易·系辞传》说：“天下同归而殊涂（途），一致而百虑。”这是在民族融合与文化融合的历史过程中产生并积淀下来的精神动力和民族的“集体无意识”。其宽容、平和、兼收并蓄、博大恢弘的品格，正是和谐辩证法的品格。

中国哲学不走极端，求得一种动态的平衡，保持弹性，追求一种整体的和谐，把原则性与灵活性统一起来。不懂得变通的办法，便是偏执一端。这就是说，“中”并不总是固定的，它不是僵死的原则。“中”不是处于与对立两端等距离的中点上，也不总是在某一点上，而是随着具体情况、具体条件的变动而变动的。中国辩证法不承认对立、矛盾双方之间有一条僵硬不变、截然不可逾越的界限。《中庸》讲“君子之中庸也，君子而时中”。“时中”指随时节制，合于中道。儒家讲“趣时”，即根据时势变化，在一定程度上打破常规，采取适宜的措施。这里的“时中”，其实也包含了“趣时更新”的一部分内容。

“统之有宗，会之有元”。以上中国古典辩证法的要点，作为中国经营管理的元方法是有其深刻底蕴的。当然，我们尚需结合现代具体的经营管理活动融会贯通，实践和发展。但不管怎么说，中国的管理智慧及经营谋略之道是世界级的瑰宝，是有生命力的。它不是小的技巧而是大的智慧，颇值得珍视、发掘与发展。

## （五）管理软件：德性修养与安身立命

现代化建设的宝贵的资源之一——传统文化和传统哲学资源，往往被人们所忽视或怀疑。这实际上已使我们付出了代价。现代管理对于管理主体提出了很高的要求。管理首先是自我管理。管理不是心机权谋，而是管理者自身的修身修心，知行合一。

### 1. 反思现代性

在我看来，现代化健康发展所面临的诸多问题，尤其是人与人性的全面发展问题，人生的安顿与人的价值、意义、终极关怀的问题，人与天、地、人、我关系的疏离与紧张的问题，工具理性超常膨胀之下目的理性之重建的问题，金钱权力拜物教下社会人心缺乏维系的问题，道德危机、教育危机、人口素质贫弱化、平面化和单面化的问题，现代社会管理与企业管理中的若干软件问题，整个国民的教养问题，他们的工作伦理、职业道德、公民意识，乃至良知自我的重建问题，市场经济秩序所要求的个体性原则与整体性原则的定位问题，如此等等，愈来愈需要我们在西方、东亚现代化经验和我国自身现代化实践基础上，重新发现、发掘、回采中国文化与中国哲学资源，并加以调适上遂的发展。在一定意义上，我们可以说，现代化过程是中国人文精神的再塑造、再发现的过程。

东亚新崛起使得人们对西方文明中的“现代性”，对传统东方文化与现代化的关系作出重新估价。这不仅反映在管理工作中，而且反映在人的终极关怀和精神寄托方面。人类不是（或者不能总是)近视的、浅显直接、急功近利、只顾得上应付近忧而没有远虑的爬行者。在当今商潮澎湃、人必曰利的氛围中，有识之士所考虑的是如何回复人的本位、保持人的尊严的问题。市场经济、民主制度、科学技术、理性精神，自由、人权、个体人格的解放和在法律面前人人平等，这样一些价值的生根，无疑是中国现代化的主潮，也是中国向西方学习的根本。另一方面，不管物质昌明、科技发达到什么程度，人的终极托附、安身立命的问题总是一个无法由科学或物质取代的问题。现代社会是一个天、地、人、我日益疏离的社会，而中国哲学所提供的根源意识和人文睿智恰恰可以救治诸如此类的现代病。

中国改革所面临的最大困难其实不仅仅在于经济的无序，而且还在于道德的沉沦。几十年来传统的道德面临着新的挑战，尤其是金钱至上、贪污腐败的挑战。几千年来儒家人文精神可供滋养现代心灵的宝贵资源，作为东方现代化源头活水的重视教育、尊师重道、重视道德人格素质培养等民族传统美德，需要我们在新形势下重新认识和发掘。这是培育现代化所需要的一代一代健康人才的一个极其重要的方面。否则，就不能调治当下的人文环境，孕育出能够托起中国未来现代化所需要的德业俱建、素质极佳的人才。纵观全球各地区的现代化，呼唤本民族传统的人文精神，以传统价值批判现代化的负面，几乎成为一大潮流，成为一个十分现实而迫切的问题。

### 2. 心灵的归乡

一个民族，一个人，活在世界上总要有“家”可归。工业化、商业化、现代化带给当代人的病痛就是在精神上流落街头，无家可归。在权钱交易、升官发财、功名利禄、醇酒妇人的追逐中，心灵方寸之地、良知自我之所，已告沉沦，那也等于失去了整个世界。人们在厌倦了名利的争逐之后，才可能转而寻找心灵的归乡与故园。因此，中国哲学所讲求的人之所以为人之道，所提倡的精神境界和人格修养，所尊崇的气节操守和道义担当，所重申的做人原则和治世原则，所阐扬的人生的意义和价值，在今天不仅没有过时，而且具有现代和后现代的意义和全世界的普遍价值。就全世界范围的现代化来说，包括西方的现代化，不借重于自己民族传统的精神文化资源，是根本不可能成功的。西方现代化以希腊、罗马文明、基督教精神和近代人文主义作为自己的源头活水，东亚现代化也以包括中国宋明理学精神在内的儒教文化作为自己的源头活水，中国大陆的现代化必定不可能将传统精英文化弃之如敝履。否则，那就是无本无根的现代化。人们在当今的现代化建设中，已开始惊呼中国物质资源的匮乏，然而还没有更多的人，包括知识分子中的大部分人，认识到中国精神资源由于近世以来片面地毁谤传统造成的严重匮乏。物质资源的短缺是一个有形的问题，精神资源的匮乏则是一个无形的问题。无形的问题无所不在，无孔不入。

所以，我认为，21世纪中国思想史的重要走向是由离异到回归，由批判到重建，由糟蹋圣贤到再建民族精神，由毁弃崇高到再建崇高，接上儒、释、道精英文化的主流和大统。重建道统，实现道统、学统、政统、治统的相互制衡，纯洁世道人心与法制社会和市场经济的秩序建设并不相矛盾，毋宁说是一种最好的补充。这还只是就社会层面的文化建设来说的，如果就人的生存处境来说，从人生终极之地的安立来说，从寻找生命托付之所、安顿我们的人生来说，儒释道的文化理想，在今天仍然是非常重要的资源，值得认真地发掘和发展。在对待我们民族的祖宗所创建、赓续的民族精神的心态上，我们提倡一种温情和敬意的态度，而不能像近世大批判运动那样，作断章取义的毁辱、歪曲。传统文化的负面在现代化运动中的淘汰、代谢，在各民族的现代化中都是一个自然过程，而不是一个主要问题。现在的主要问题是：传统文化提供给现代化的道德资源、价值资源应如何回采、重铸。

### 3. 天人之际和性命之原

儒家经典“四书”“五经”所讲的是天人之际和性命之原的问题。我们生活于其中的宇宙大生命和我们个体的小生命是相互关联的，天赋予我们人的本性，人之所以为人的本性，是目的理性、道德理性。儒家的形上学，把天道与性命、超越与内在都打通了。“天命之谓性，率性之谓道，修道之谓教。道也者，不可须臾离也，可离非道也。”“唯天下之至诚，为能尽其性。能尽其性，则能尽人之性。能尽人之性，则能尽物之性。能尽物之性，则可以赞天地之化育。可以赞天地之化育，则可以与天地参矣。”(《礼记·中庸》)这就是说，我们人的生存，是根基于天地，发明于本心的。我们有物质欲求、情感欲求，不离开平凡的生活，但我们尽伦尽职，为社会负责任尽义务，就是“率性”，即遵循天性，这就是“道”。所谓“教”，不过就是“修道”，就是让每个人觉悟到要遵循“道”。

中国传统教育是人文的教育，即在履行实践中，培育人们的道德人格。一旦人能充分地护持自己的生命理性、道德理性，人就能全面发挥其本性，可以回应天地的生命精神，把人的精神提高到同天的境界，与天地鼎足而三。儒家的学问都要落实到人的生命的价值和意义上来。人在宇宙中的地位由此而确立。儒家主张通过仁爱之心、四端之心、良知之心的推广，推广到他人，甚至推广到瓦石草木鸟兽，把人的精神提扬到超脱寻常的人与我、物与我之分别的“天人合一”之境。

与西方哲学重外在超越、以理性来追求价值之源不同，中国哲学重内在超越，价值之源在天，也在天所禀赋的人性与个体自己的心中。心灵之家而不是超越的上帝，亦成为根源之地。西方宗教与哲学强化了超越界与现实界的分裂与紧张。中国没有西方意义上的宗教，中国哲学代替了宗教的职能，但它把理想境界与现实人生统一了起来，通过“为仁由己”、“尽心知天”的内倾路径（而不是外向路径），把事实（或现实）世界与价值（或超越）世界统一了起来。这样，形而上与形而下贯穿、衔接起来了，超越形上学点化为内在形上学，通过践形尽性的工夫，使价值理想在现实人生中完全地实现出来。这样，尽管现世不免有卑浊黑暗，但人们生活于其中，照样可以超脱解放，把精神向上提升，使超越的理想在现实世界中完成、实现。

人类理性所能设想的“天”“道”，成为宇宙万物、人类生命的本原，亦是一切价值之源。儒家以其早熟的文化智慧，化原始宗教之玄秘为道德之仪轨，以理性的道德价值支配人心的情绪，这在世界文化史上都是一笔绝无仅有、不可多得的精神遗产。

### 4. 意义治疗与生命的学问

儒家提倡的“居敬”“体仁”“存养”“立诚”，在现代物欲横流、尘世喧嚣，人们疲于追逐，内心紧张焦虑，层层心防，种种顾忌，利益至上，亲情与友情沦落，人生如天涯行脚、人海漂泊之际，具有治疗学的意义，这都是不言而喻的。当心灵之“家”安立不住的时候，人存在的基础必然发生动摇。

与儒家不同，道家通过否定的方法，化解人生之忧。道家的人生哲学和人生智慧，启迪我们由现实到理想，由有限到无限，致广大，尽精微，遍历层层生命境界，求精神之超脱解放，直至个人与无限的宇宙契合无间——“天地与我并生，而万物与我为一”。佛教智慧启迪人们解脱生活的重负、忧患和痛苦。现代人对自己的心灵、生命及价值取向缺乏反省，对自己的思想与行为过分自信，对工具理性过于迷执，而佛教的人生智慧无疑可以提供治疗和调解。

尽管中国儒释道三教也有弊病，但我们如果虚怀体悟其原始意义，则不难发现它们所讲的都是“生命的学问”，其特殊的智慧都落实在“人生的方向”上。这些特殊的人生智慧，深究人类存在的最深层次的问题，有助于人们重新反省生命的意义和人生的价值，有助于人们寻找失落了的自我。其当代价值不限于我们前述的这些方面。重新发掘，批判地继承、创造地转化传统资源，以促进我国现代化的健康发展，是民族文化建设的重要的工作之一。

在中国现代化这一宏大的系统工程中，人们从不同的思维视角，关怀着不同的建设层面。作者的关怀，显然不是物质层面的关怀，不是制度层面的关怀，甚至也不是思想文化层面的关怀，只是与之有关的心性的关怀。如果我们平心静气而不是跟风赶浪般地省察西方现代化和东亚现代化，我们不难发现，人类现代化事业的一个重要的建设层面是心性层面。我们要超克西方现代病，同时要解决我们自身现代化建设中面临的困难，从长远的观点看，应当把心性建设放到一定的高度。中国传统以教育为立国之本，教育不应片面地理解为科学知识的灌输，而应理解为科学精神与人文精神的重建。中国人文教育的终极目的是培育民族精神，淳化代代人风，提高人们心灵的素养，帮助人们修养身心，达到一种真善美统一的人格境界。

人总是生存于终极信念、自然生态、社会关系、自我意识与情感等四维空间之中。中国人文精神意在使人们契合天道生生不已之德，使人自识真我，生发一种个人道德价值的崇高感，对天下万物、有情众生等各自的内在价值产生一种博大的同情心，从而洞见天地同根、万物一体。中国哲学提倡一种公正平和的心态，使一切生命、万物万有在不同的存在领域中各安其位。

中国传统哲学资源，特别是其中本体论、宇宙论、人生论的思想，有助于解决当代人精神的惶惑、形上的迷失、存在的危机、生命的困惑，有助于救治当代人“上不在天，下不在田，外不在人，内不在我”的荒谬处境。由于生活处境的复杂，同一个人在不同的主客观处境中可能有不同的心灵境界，从而出现多重人格。人生处于不同的意义与价值的网络之中，存在的多重性使得人生境界有了差别。不管我们的科技、商业如何发达，不管我们从事的现代职业如何先进、精密，人性的培育，心灵境界的提扬，人们从实然的人向应然的人的超越，总是不可代替的。这对于人类、民族与自我来说，是生命攸关的大问题。中国文化与中国哲学的资源，不仅在“用”的层面（社会与企业管理），而且在“体”的层面（安身立命），都是现代化的源头活水，不容轻视。

# 结　语

今天讨论中国智慧，特别是中国哲学智慧，我们反对不假反思地将西方哲学范畴应用于中国古代文本，我们也反对完全把中西哲学范畴看成是绝对对立、不可通约的。

## 1. 中国智慧中的"问题意识"

美国学者史华兹说："不能设想，诸如自然、理性、科学、宗教和自由之类的术语能够与诸如'道'、'理'和'气'之类在中国文化内部同样有着复杂历史的术语恰好吻合。"[①]我们运用东西方哲学范畴时特别注意的是，哲学范畴、术语的语义范围，在什么样的语境中，以什么样的方式使用它。另一方面，"超越了语言、历史和文化以及福柯所说'话语'障碍的比较思想研究是可能的，这种信念相信：人类经验共有同一个世界"[②]。因此，中西智慧、中外哲学又是可以比较，可以通约的。

中国哲学的中心问题及问题意识与西方哲学有同有异，且同中有异，异中有同。与犹太—基督教式的创世论最大的不同，中国没有至高无上的造物主上帝。牟复礼说："中国没有创世的神话，这在所有民族中，不论是古代的还是现代的，原始

---

① 〔美〕本杰明·史华兹著，程钢译，刘东校：《古代中国的思想世界》，江苏人民出版社，2004年，第12页。

② 同上。

的还是开化的，中国人是唯一的。这意味着中国人认为世界和人类不是被创造出来的，而这正是一个本然自生的宇宙的特征，这个宇宙没有造物主、上帝、终极因、绝对超越的意志，等等。”“无须置信仰于理性之上，它强调伦理和社会事务上的理性，它的知识问题很少涉及那些无法用道理来阐明的信仰。”[①] 中国上古的神话基本上是英雄神话，而没有创生神话。当然，中国有盘古开天的故事，西南少数民族有类似传说，但基本上是晚出的，公元3世纪才有最早记载，可能与印度传来的创世神话有关。

在解释宇宙如何形成的问题上，“中国的宇宙生成论主张的是一个有机的过程，宇宙的各个部分都从属于一个有机的整体，它们都参与到这个本然自生的生命过程的相互作用之中，这是个天才卓颖的观念。……李约瑟分析了中国人的宇宙模式之后，称之为‘没有主宰却和谐有序’，李约瑟描述的中国人的有机的宇宙让我们瞠目惊讶，和人类历史上其他关于宇宙的观念相比，中国人的观念是何等特别”[②]。宇宙的发展不必依赖任何外力，中国哲学的气论与宇宙自生、创生的观念是各派哲学的共识。

钱新祖指出：“中国的传统哲学不但不把人和天在本体上截然划分为两种不同存在，并且还认为人和天在存在上是一体的，以为人之成神、成圣是人的本性的自我实践。所以中国的传统哲学，在肯定人的时候，也同时肯定天；在肯定天的时候，也

① 〔美〕牟复礼著，王立刚译：《中国思想之渊源》，北京大学出版社，2009年，第19、25页。

② 同上，第21—22页。

同时肯定人。”[①]钱新祖认为中西人文主义是两种不同类型，中国是内在的人文主义，西方是外在的人文主义。中国传统的个人主义是关系性或整合性的个人主义，而不是原子论式的个人主义。“中国传统哲学的出发点往往不是团体，而是个人。譬如说，《大学》里所讲的‘八条目’，其中的第一条目就是修身，修身的身就是指的个人一己的自身。”[②]中国人肯定人与人之间的现实关系与联系，然而在西方，人伦世界里的人伦也还得依赖神这个创世主的存在而存在，因此个人之间并没有内在的直接的相互关系，因为每一个人都是上帝造的，个人间的关系是与神这个创世主的共同关系为媒介的。

历史上的中国人不承认有所谓“启示的真理”，“不承认真理是由一个高高在上、超人的神所启示给人的，而是认为真理是可以、也必须在人事中找寻得到的。……中国人认为真理是在历史的过程里显现，必须在历史的过程中去追寻和求证，也必须在我们每个个人的日常生活里去体验和实践的”[③]。所以中国哲人肯定“知行合一”“即知即行”，而且中国人有很强的历史感，有最悠久且从未间断的史学传统。同时，在历史的陈述中就寓含有褒贬即价值评价。

牟宗三指出，与西方式的以知识为中心、以理智游戏为一特征的独立哲学不同，中国哲学“是以‘生命’为中心，由此展开他们的教训、智慧、学问与修行”[④]。这里所说的生命，不是自然生命，而是道德实践中的生命。“它的着重点是生命与德性。

① 钱新祖：《中国思想史讲义》，台湾大学出版中心，2013年，第35页。
② 同上，第43页。
③ 同上，第46页。
④ 牟宗三：《中国哲学的特质》，上海古籍出版社，1997年，第6页。

它的出发点或进路是敬天爱民的道德实践，是践仁成圣的道德实践，是由这种实践注意到‘性命天道相贯通’而开出的。”[①]这里没有西方式的以神为中心的启示宗教，有的是凡俗的活生生的人，在圣贤传统下的人格修养与生命生活的实践，在现实中对生命意义的追求。

中国哲学智慧的若干向度：一是人与至上神天、帝及天道，人与自然或祖宗神灵，即广义的天人、神人关系问题；二是人与宇宙天地的关系，是宇宙论，尤其是宇宙生成论的问题，包括今天讲的人与自然的关系；三是人与社会、人与人、自我与他人的关系，社会伦理关系问题；四是性与天道、身与心，心性情才的关系问题，君子人格与人物品鉴，修养的工夫论与境界论等；五是言象意之间的关系，象数思维，直觉体悟的问题；六是古今关系即社会历史观的问题。司马迁讲“究天人之际，通古今之变，成一家之言”，除天人问题外，中国人尤重社会政治与历史发展，关注并讨论与古今关系相联系的诸问题。这都是中国哲学智慧的题中之义。

在这样的哲学问题与问题意识下，中国哲学中的天人关系论、宇宙生成论、群己关系论、治身治国论、天道性命与心性情才论、德性修养的工夫论与境界论、知行关系与古今关系论，由道德直觉到智性直观等论说，比较发达。

### 2. 中国哲学智慧的六大特点

但凡思考宇宙、人生诸大问题，追求大智慧的，都属于哲学的范畴。所谓“中国哲学”，内容非常复杂，从流派来看，有

---

① 牟宗三：《中国哲学的特质》，上海古籍出版社，1997年，第10页。

诸子百家、儒释道、宋明理学、现代各派哲学等。任何概括都有危险性，不免挂一漏万，以偏概全。笔者从儒、释、道诸家的哲学中抽绎出相对共同的思想倾向与反映中国哲学特点的若干内涵，归纳为以下六条：

第一，存有的连续与生机的自然。所谓“存有的连续”，即把无生物、植物、动物、人类和灵魂统统视为在宇宙巨流中息息相关乃至互相交融的连续体，这种观点区别于将存有界割裂为神界、凡界的西方形而上学。中国没有创世神话，不向外追求第一原因或最终本质等抽象答案。中国哲学认为自然是一种不断活动的历程，各部分成为一种有生机的整体形式，不强调主体和客体、物质和精神之间的分辨，而是一种自然的相应。中国哲学的宇宙论是生成论而不是构成论，认为世界不是宰制性的建构，而是各种主体的参与。中国哲学是气的哲学而不是原子论的哲学，气的哲学昭示的是连续性的存在，变动不居，大化流行，生机无限。宇宙绝非孤立、静止或机械排列的，而是创进不息、常生常化。由此，人类赖以生存的宇宙是一个无限的宇宙、创进的宇宙、普遍联系的宇宙，包举万有，统摄万象。

第二，整体和谐与天人合一。中国人有着天、地、人、物、我之间的相互感通、整体和谐、动态圆融的观念与智慧。中华民族长期的生存体验形成了我们对于宇宙世界的独特觉识和特殊的信仰信念，即打破了天道与性命之间的隔阂，打破了人与超自然、人与自然、人与他人、人与内在自我的隔膜，肯定彼此之间相依相待、相成相济。与这种宇宙观念相联系的是宽容、平和的心态。

中国人有着对天、天地精神的信仰及对天道天命的敬畏，并提升自己的境界以“与天地精神相往来”。这种精神上的契合与颖悟，足以使人产生一种个人道德价值的崇高感，由此对天下万物、有情众生之内在价值，油然而生出博大的同情心，进而洞见天地同根，万物一体。儒家立己立人、成己成物、博施济众、仁民爱物之仁心，道家万物与我为一、天籁、齐物之宽容，佛家普度众生、悲悯天下之情怀，都是这种精神的结晶。

第三，自强不息与创造革新。中国哲学是“尊生”、“重生”、创造日新的哲学，所崇拜的“生”即创造性本身。《周易·系辞上》云：“富有之谓大业，日新之谓盛德，生生之谓易。”宇宙间最高最大的原理就是：一切都在迁流创化中发展着，世界是一个生生不息、日化日新的历程，生长衰亡，新陈代谢，永不停息。中国的易、儒、道、释诸思想源流尊奉的“道”，就是天地自然或人文世界的永恒运动和发展变化。

世界自身的永恒运动、创新、变化、发展，自我更新、自我否定，日生日成、日新其德，革故鼎新、除旧布新，是中国哲学的主调。创新的动源，来自事物自身内部的张力或矛盾。中国哲学凸显了积极有为、自强不息的精神，强调创造进取，即人要向天地精神学习。无数的仁人志士奋发前行，不屈服恶劣的环境、势力，不向外来侵略者的凌辱压迫低头，正是这种刚毅坚卓的精神使然。

第四，德性修养与内在超越。中国哲学特别表现在道德文明层面，并且用道德取代了宗教的功能。儒、释、道三大思想资源与思想传统，最根本处是做人，是强调人的德性修养和人文教育。这三大思想传统及其内部各流派在根本目的上并无大的差别，它们彼此的分歧或纷争，主要是修身工夫入路的问题。儒家的理想人格是成圣人、贤人、君子，道家的理想人格是成真人、圣人、神人、至人、天人，佛教的理想人格是成佛、菩萨。它们的修养要旨表明，生活在俗世、现实之中的人，总是不断追求一种超脱俗世和现实的理想胜境。宋明理学是儒、释、道的创造综合。

内在超越的精神是中国传统哲学在面对超越性与内在性问题时展现出来的共同精神。儒家的天道性命之学、为己之学，道家的道德论和逍遥思想，禅宗的明心见性、转识成智、见性成佛，以及宋明理学都呈现出内在的超越性。内圣外王之道，同样为中国传统哲学各流派所共有，以此作为达到理想社会的根本办法。

第五，具体理性与象数思维。中国的理性是具体的理性。中国古代不缺乏抽象思维，有明确的概念、范畴及相关的分析。相对于西方用理性思辨的方式来考察、探究形上学的对象，中国哲人重视的则是对存在的体验，是生命的意义与人生的价值，着力于理想的追求与实践工夫的达成。中国哲学的实践性很强，不停留于“概念王国”。这不是说中国哲学没有“概念”“逻辑”“理性”，恰恰相反，中国哲学有自身的系统，中国哲学的“道”“仁”等一系列的概念、范畴，需要在自身的系统中加以理解。中国哲学有关“天道”“地道”“人道”的秩序中，含有自身内在的逻辑、理性，乃至道德的、美学的、生态学的含义。

中国哲学中有着异于西方的语言、逻辑、认识理论，如强调主观修养与客观认知有密切的关系，如有与汉语自身的特性相联系的言、象、意之辩。以象为中介，经验直观与理性直观地把握、领会对象之全体或底蕴的思维方式，有赖于以身“体”之，即身心交感地“体悟”。以《周易》为代表，中国思维方法是象数思维。这一思维方法主张取象比类，触类旁通；阴阳平衡，刚柔调和；注重生命节律，肯定周期、序列、整体综合与统筹。

第六，经世致用与知行合一。我国有经世致用精神，强调知行合一、经世济民，兼重文事武备、明体达用，反对空谈高调。知行关系问题是中国哲学家特别重视的问题之一，它所涵盖的是良知的当下呈现，也即理论理性与实践理性的统一。古代哲学家的兴趣不在于建构理论体系，不是只把思想与观念系统表达出来就达到了目的，而在于言行一致、知行统一，力行实践，自己所讲的与自家身心的修炼必相符合。他们强调知行的互动，即按照自己的哲学信念生活，身体力行，集知识与美德于一身，不断把自己修养到超越的境界。中国哲学不是讲堂教授的知识游戏，而是具体人的活生生的人格生命，其哲学自其心中流出。

### 3. 中国哲学智慧的优长与对世界可能的贡献

第一，天人的互动。长期以来，在西方，一元外在超越的上帝、纯粹精神是宇宙的创造者。人与神，心与物，此岸与彼岸，致思界与存在界，身体与心灵，主观与客观，价值与事实，理性与情感，乃至如如不动的创造者与被它创造的生动活泼的世界，统统被打成两橛。中国哲学则打破了彼此的隔阂，强调两者的互动互补。"天人合一"的主张，实包含有经过区分天人、物我之后，重新肯定的人与自然、人与超自然的统一，强调的是顺应自然而不是片面征服、绝对占有自然。中国哲学家强调整体的和谐和物我的相通。他们不仅把自然看作是一和谐的体系，不仅争取社会的和谐稳定，民族、文化间的共存互尊，人际关系的和谐化与秩序化，而且追求天、地、人、物、我之关系的和谐化。

第二，理想与现实的贯通。儒家的“极高明而道中庸”，佛教的“平常心即道心”，都表明了现实与理想的统一。人人皆可为尧舜，人人皆具佛性，是儒家与佛教的最高信仰。实际上，儒、道、佛与宋明理学都是要追求一种理想的高尚的社会，因此其共同点都在培育理想的人格境界，以出世的精神干入世的事业。

中国思想传统的道德精神并非只停留在社会精英层，相反通过教化，通过民间社会、宗教与文化的各种方式，如蒙学、家训、家礼、戏文、乡约、行规等，把以“仁爱”为中心的五常、四维、八德等价值渗透到老百姓的日用常行之中，成为他们日常生活的伦理。中国人以仁义为最高价值，崇尚君子人格，肯定“富贵不能淫，贫贱不能移，威武不能屈”的大丈夫精神，弘扬至大至刚的正气，舍我其谁的抱负，乃至“不识一个字，亦须还我堂堂地做个人”，强调人人都有内在的价值与不随波逐流的独立意志。

中国哲学特重理想社会的追求与现实社会的治理，有系统的社会治理的智慧与制度。在礼、乐、政、刑相补充相调剂的治理社会的方略中，“礼”是带有宗教性、道德性的生活规范。在“礼”这种伦理秩序中，包含了人道精神、道德价值。古代有“一夫授田百亩”的诉求并转化为计口授田制，有养老制度与“移民就谷”等荒政，对灾民、鳏寡孤独与聋哑等残疾人都有救济与保护制度。礼乐文化不仅促进社会秩序化，而且有“谐万民”的目的，即促进社会的和谐化并提升百姓的文明水准。

第三，生态的平衡。中国智慧可以救治现代人的危机。它强调用物以“利用厚生”，但不可能导致一种对自然的宰制、控御、破坏；它强调人文建构，批评迷信，但决不消解对于“天”的敬畏和人所具有的宗教精神、终极的信念与信仰。中国哲学甚至主张人性、物性中均有神性，人必须尊重人、物（包括草木、鸟兽、瓦石、山水等），乃至尽心—知性—知天，存心—养性—事天。至诚如神，体悟此心即天心，即可以达到一种精神的境界，这不会导致宗教迷狂、排他性与宗教战争，而又有安身立命的终极关怀。中国哲学并不脱离生活世界、日用伦常，相反，恰恰在庸常的俗世生活中追寻精神的超越。外王事功、社会政事、科技发展，恰恰是人之精神生命的开展。因此，中国智慧完全可以与西学、与现代文明相配合，可以弥补宗教、科技及现代性的偏弊，求得人文与宗教、与科技、与自然的和谐健康发展。

第四，人生的意境。中国人文精神，尤其表现在人生智慧与境界上。儒家是德性与礼乐教化的智慧，通过修身实践的功夫，尽心知性而知天。道家是空灵、逍遥、放达的智慧，超越物欲，超越自我，强调得其自在，歌颂生命自我的超拔飞越，肯定物我之间的同体融合。佛家是解脱的、无执的智慧，启迪人们放下外在的追逐，消解心灵上的偏执，破开自己的囚笼，直悟生命的本真。儒释道都是生命的学问，相互补充，需要我们在生活中慢慢地体悟，使我们活得有意义有价值有尊严，遇到挫折时能做到淡定从容。有人说儒家是治世的，道家是治身的，佛家是治心的，其实三家都可用于治世、治身、治心，都具有调节性。

第五，普遍的和谐。“仁爱”思想是中华民族的核心价值理念。孔子以“爱人”为“仁”，爱人、同情人、关切人，包括爱、同情、关怀他者、下层百姓，是“仁”的主旨。“忠”与“恕”接近于“仁”。“忠”是尽己之心，“己欲立而立人，己欲达而达人”；“恕”是推己之心，“己所不欲，勿施于人”，综合起来就叫忠恕之道或絜矩之道。“忠”“恕”是仁道的一体之两面。这不仅是人与人之间关系的仁道原则，推而广之，也是国家、民族、文化、宗教间相互关系的准则，乃至是人类与自然的普遍和谐之道。

总之，中国智慧关于天、地、人、物、我之间的“和谐”思想、“宽容”思想，不仅为人类自然环境的生态平衡和社会人文环境的生态平衡提供了智慧，而且也是现代社会重要思想资源。中国哲学表达了自然与人文和合，人与天地万物和合的追求。其宽容、平和、兼收并蓄、博大恢弘的品格，可以贡献给全人类。

# 后　记

本书是原原本本讲解中国古代主要哲学家大智大慧的一本书。我们读了这本书，把握其中的道理，可以在日常生活中体验、展开、落实，自然会增加我们的智慧，变得聪明起来。

我们讲的不是雕虫小技而是大智大慧，这需要我们去理解并在自己的日常生活中作创造性的转化，这样才能真正变成自己的智慧，或唤醒内在的智慧。

诸子百家、佛教禅宗与宋明理学，是我国主要的思想传统。吃透了这些思想传统，我们就可以一通百通。这些思想传统中有无限珍宝，尤其是在个人修身齐家、社会与国家治理、自然生态保护等方面，有很多借鉴意义。在人与人、人与社会、人与自然、人与内在心灵的关系方面，在人类永续存在与发展的方面，我们一定要认真吸取先哲的智慧，切不可如当下这样太过自我中心、自我膨胀。

我的书房不大，书太多，书柜顶天立地，无法装空调。今年武汉的夏天特别闷热，每天在电脑前工作，虽有小风扇吹着，汗水仍然打湿了我的衣衫，一下子书桌上就留下两条小臂的痕迹。工作一两个钟头，赶快到装有空调的卧室里去凉快一下，休息片刻，再出来工作。如此往复，写成此书。

本书写作得到朋友们的帮助：第十四章由秦平教授撰写，

第十五章前三节由孙劲松教授撰写，第十六章与第十七章的前三节由文碧芳教授撰写。谨此深致谢忱！本书除以上章节外，都由我撰写，全书由我修订、统稿，错误与缺失都应由我负责。

衷心感谢申作宏先生、李洪超先生的付出，他们的悉心编辑使本书以高品质得以问世。感谢各位读者的阅读，希望听到批评的声音，以便修订完善。

郭齐勇

2017年9月8日